Fredrik Roggan/Dörte Busch (Hrsg.)

Das Recht in guter Verfassung?

Festschrift für Martin Kutscha

Nomos

Die Deutsche Nationalbibliothek verzeichnet diese Publikation in der Deutschen Nationalbibliografie; detaillierte bibliografische Daten sind im Internet über http://dnb.d-nb.de abrufbar.

ISBN 978-3-8487-0982-3

1. Auflage 2013

Vorwort

Das Recht in guter Verfassung? Es mag ungewöhnlich anmuten, den Titel einer Festschrift mit einem Fragezeichen enden zu lassen. Gleichwohl haben wir uns als Herausgeber auf dieses Stilmittel geeinigt – und meinen, damit dem (rechts-)wissenschaftlichen Ansatz des mit dieser Festschrift geehrten Martin Kutscha durchaus gerecht zu werden. Denn nichts liegt ihm ferner als das Akzeptieren des (verfassungs-)rechtlichen *status quo*, der auch nach Ansicht der Herausgeber bis heute durchaus Raum und Anlass für Streit und Widerspruch liefert.

Martin Kutscha sucht stets den wissenschaftlichen Diskurs und ist aufgrund seiner auch kritischen Betrachtungsweise ein gefragter Experte in Parlamenten und anderen Gremien. Politische Ziele behält er dabei im Blick. Seiner Freude am rechtspolitischen Erkenntnisgewinn ging er über lange Zeit in einem mit seiner Kollegin Gerda Haufe und seinen Kollegen Hans Paul Prümm und Albrecht Dehnhard gegründeten Gesprächskreis nach, dessen Einladungen neben vielen anderen der seinerzeit amtierende Richter am Bundesverfassungsgericht Bertold Sommer sowie der Kollege und Schriftsteller Bernhard Schlink folgten. In hochschulpolitischer Hinsicht gilt seine kritische Aufmerksamkeit der Ökonomisierung der Wissenschaftslandschaft.

Als Hochschullehrer engagierte Martin Kutscha sich über viele Jahre im Akademischen Senat der Fachhochschule für Verwaltung und Rechtspflege (FHVR) und später in demjenigen der aus der Fusion mit der Fachhochschule für Wirtschaft (FHW) hervorgegangenen Hochschule für Wirtschaft und Recht Berlin (HWR Berlin). Er war früh Initiator von juristischen Projekten mit Studierenden, etwa zu Fragen des Beamtenrechts und des Datenschutzes, die er zuletzt für die Studierenden modern aufbereitet und sie lebensnah sensibilisiert hat mit Projekten zur Nutzung des Internets und von Social Media. Im Rahmen von Forschungsprojekten integrierte er Studierende nicht nur als studentische Hilfskräfte, sondern publizierte mit ihnen auch gemeinsam.

Martin Kutscha ist 65 Jahre geworden und damit verbunden ist sein Ausscheiden aus dem Dienst an der HWR Berlin. Aus diesem Anlass versammeln sich Freunde, Kollegen und andere Wegbegleiter rund um sein – gewiss nicht abgeschlossenes – wissenschaftliches Lebenswerk, wie es eindrucksvoll im abgedruckten Schriftenverzeichnis zu verfolgen ist. Sie unternehmen den Versuch, die Breite der Interessen von Martin Kutscha widerzuspiegeln. Die Inhalte der Beiträge reichen deshalb von völkerrechtlichen Fragen über solche der Sozialstaatlichkeit, des Datenschutzes, der Freiheit von Wissenschaft und Lehre, des

Polizeirechts sowie der Versammlungsfreiheit bis hin zu Überlegungen zu einer wirksameren Kontrolle exekutivischen Handelns und zur kritischen Besprechung von verfassungsgerichtlichen Entscheidungen. Die HWR Berlin möchte diese Festschrift als Dank an Martin Kutscha für die umfänglichen Verdienste für „seine" Hochschule sowohl als Wissenschaftler als auch als Hochschullehrer überreichen.

Die Herausgeber danken allen Autorinnen und Autoren sehr herzlich für ihre Beiträge – sie tragen damit maßgeblich zur Ehrung von Martin Kutscha und einer zeitnahen Publikation der Festschrift bei. Vor allem aber wünschen sie sich auch den weiteren anregenden Austausch mit Martin Kutscha – und den Diskurs über die ihm wichtigen Entwicklungen des Datenschutzes, der anderen Bürgerrechte einschließlich des Versammlungsrechts, der Sozialstaatlichkeit und nicht zuletzt auch des Völkerrechts.

Dörte Busch
Fredrik Roggan

Inhaltsverzeichnis

Völkerrecht

Norman Paech

Menschenrechte versus Völkerrecht – Zum Wandel der Rolle der Menschenrechte in der Völkerrechtsordnung

Menschenrechte sind in jüngster Zeit zu einem der zentralen Begriffe und Standardlegitimationen in der Außenpolitik geworden. Noch vor 15 Jahren konnte man weder in dem voluminösen Werk von Henry Kissinger „Vom Wesen der Außenpolitik“ noch in den tonangebenden Analysen zu Frieden, Krieg und dem System der internationalen Beziehungen, geschweige denn in den außenpolitischen Programmen der CDU/CSU, SPD, FDP und des Bündnis 90/Die Grünen ein Wort zur Bedeutung des Menschenrechte entdecken.[1] Heute gibt es kaum eine politische Konfrontation und keine militärische Intervention, die nicht die Menschenrechte als Basis der Argumentation und Legitimation ihres Eingriffes heranzieht. Woran liegt die Renaissance eines Rechts, welches ein selbstverständliches Element eines jeden demokratischen Haushalts sein sollte? Die Vermutung liegt nah , dass es nicht gut um das Recht bestellt ist, um derart immer wieder in den Vordergrund gerückt zu werden. Dieser Vermutung soll hier nachgegangen werden – doch dazu eine Vorbemerkung.

Es gibt einen oft vernachlässigten aber nicht unwesentlichen Unterschied zwischen dem Recht der Menschen und dem Recht der Völker. Richtet sich ersteres vornehmlich gegen den eigenen Staat, soll es also im Wesentlichen die Freiheiten und Pflichten im innerstaatlichen Bereich bestimmen, so soll das Völkerrecht die internationalen Beziehungen der Staaten zueinander regeln. Der Begriff „Völkerrecht“ ist also irreführend.[2] Es handelt sich vornehmlich um ein Recht der Staaten. Die Völker sind erst in ihrem Kampf um Dekolonisation auf dem Weg zu einem eigenen souveränen Staat als Rechtssubjekte anerkannt worden. Doch verbinden sich Menschen- und Völkerrecht wieder in ihrem Entstehungsprozess, denn auch die Menschenrechte werden, anders als die von ihnen abgeleiteten staatlichen Grundrechte, vor allem nach 1945 in völkerrechtlichen Verträgen formuliert. Dieses wird am sinnfälligsten in dem Recht auf Selbstbestimmung, welches in den beiden Pakten über bürgerliche und politische sowie kulturelle und soziale Menschenrechte von 1966 jeweils in Artikel 1 den Völkern als kollektives Menschenrecht zuerkannt wird. Die Aufnahme eines kollektiven

1 Vgl. Paech UTOPIE kreativ 91-92/1998, 126 ff.
2 Zutreffender ist der im Englischen und Französischen übliche Begriff „Internationales öffentliches Recht“.

Rechts in die beiden Pakte individueller Rechte ist insofern folgerichtig, als auch das Recht auf Selbstbestimmung den Völkern Freiheitsrechte gegenüber rassistischer und kolonialistischer Unterdrückung des Staates gibt.

I. Menschenrechte: vom Verfassungsrecht zum Völkerrecht

Die historisch frühesten Dokumente menschenrechtlicher Normen waren Freiheits- und Schutzforderungen gegen die eigene Herrschaft: Sei es die Magna Charta Libertatum (1215) gegen die Krone, die Petition of Rights (1628) gegen Karl I. zum Schutz der Person und des Eigentums, die Habeas Corpus Akte (1679) zum Schutz vor willkürlichen Verhaftungen oder die Bill of Rights (1689), die die „angemaßte Macht" der „königlichen Autorität" gegenüber dem Parlament einschränkte.[3] Sie alle hatten verfassungs- nicht völkerrechtlichen Charakter. Auch die ersten echten Kodifikationen der modernen Menschenrechtsgeschichte waren verfassungsrechtliche Dokumente des Unabhängigkeits- und Freiheitswunsches gegen koloniale Fremdherrschaft (Declaration of Rights of Virginia, v. 12. Juni 1776, Declaration of Independence v. 4. Juli 1776) oder gegen feudal-absolutistischen Despotismus (Déclaration des droits de l'homme et du citoyen v. 26. August 1789 und 3. September 1791 sowie 24. Juni 1793). Es waren Dokumente der republikanischen Staatsgründung aus der Idee der Menschenrechte.

Aber schon frühzeitig kommt die völkerrechtliche Dimension des menschenrechtlichen Schutzes zum Tragen, wo es um die Abschaffung der Sklaverei und das Verbot des Sklavenhandels geht. In dem berühmten Fall der Meuterei auf der Amistad vor dem Supreme Court der USA in den Jahren 1840/41ging es einerseits um das Recht auf Freiheit von Sklaverei, andererseits um die Durchsetzung dieses Rechts gegenüber den Ansprüchen eines anderen Staates, d.h. die universelle Geltung des Menschenrechts. Vor der kubanischen Küste kam es 1839 auf dem Schiff Amistad zum Aufstand von Sklaven, die kurz zuvor von Sierra Leone/Afrika nach Havanna gebracht und dort verkauft worden waren. Sie töteten den Kapitän und Schiffskoch und wollten zurück in ihre Heimat segeln. Doch der spanischen Segelmannschaft, auf die die Afrikaner angewiesen waren, gelang es, das Schiff in nordamerikanische Küstengewässer zu steuern, wo es von der US-Küstenwache aufgebracht wurde. Nun beanspruchten die Spanier als „Eigentümer" das Schiff und die Waren, worunter sie auch die Sklavenfracht der Afrikaner verstanden. Das forderte auf der anderen Seite die „Abolitionisten" heraus, die seit Jahren in den USA für die Abschaffung der Sklaverei und des Skla-

3 Vgl. Sandkühler, Recht und Staat nach menschlichem Maß, 2013, S. 126 ff.

venhandels fochten. Sie mobilisierten die Öffentlichkeit und konnten für den Fall erhebliche Aufmerksamkeit erringen. Der Supreme Court stand vor der Frage, ob die Afrikaner schlicht als Ware zu gelten haben und ob ihr Aufstand evtl. gerechtfertigt war. Denn wenn ihr Aufstand als Akt der Piraterie und Räuberei anzusehen war, mussten sie nach dem amerikanisch-spanischen Vertrag von 1795 an Spanien zurückgegeben werden. Der Supreme Court folgte Richter Joseph Story und entschied mit acht zu zwei Stimmen am 9. März 1841 „nach den ewigen Prinzipien der Gerechtigkeit und des internationalen Rechts", dass die Afrikaner freie Menschen und keine Ware seien.[4] Insbesondere sei sowohl nach US-amerikanischem wie auch nach spanischem Recht und internationalen Verträgen die Begründung von Eigentum an Sklaven nicht mehr möglich. Die „negroes" seien also nicht Sklaven, sondern illegal gekidnappte und an Bord der Amistad festgehaltene Afrikaner, die ihr Recht auf Freiheit legal zu erkämpfen versuchten und daher keine Piraten seien.

Die Bedeutung dieser Entscheidung liegt nicht nur in der Anerkennung des Freiheitsrechts, sondern auch in der Durchsetzung seiner internationalen Gültigkeit über die Grenzen des eigenen Staates hinaus und der Kompetenz des Gerichts, es auch gegen einen fremden Staat durchzusetzen. Der Kampf um das Menschenrecht der Freiheit von Sklaverei war nur in seinen völkerrechtlichen Dimensionen zu gewinnen. Heute ist das Verbot der Sklaverei in allen universellen und regionalen Menschenrechtsverträgen enthalten. Es gehört zum ius cogens des Völkerrechts, welches alle Staaten zwingend verpflichtet. Dennoch beobachten wir neue moderne Formen der Sklaverei in den Arbeitsverhältnissen – ob Kinderarbeit, Schuldknechtschaft, Zwangsarbeit und Zwangsprostitution etc., Menschenrechtsorganisationen rechnen bis zu 27 Mio. Menschen in moderner Sklaverei. Der Einklang von Völkerrecht und Menschenrechten scheint seine Kraft verloren zu haben.

II. Materialismus der Menschenrechte

Dies wird besonders deutlich, wenn man den Artikel „Menschenrechte" liest, den Gustav von Struve, radikaldemokratischer Revolutionär, geprägt von den Schriften Jean-Jaques Rousseaus, drei Jahre nach der Entscheidung des US Supreme Courts im „Staats- Lexikon oder Encyklopädie der Staatswissenschaften" von Carl von Rotteck und Carl Welcker verfasste. Er beginnt bei der Sklaverei,

4 United States v. The Libellants and Claimants of the Schooner Amistad, her Tackle, Apparel and Furniture, together with the Cargo, and the Africans mentioned in the Several Libels and Claims, 40 U.S. 518 (1841) v. 9. 3. 1841; vgl. Menzel, in: ders./Pierlings/Hoffmann (Hrsg.), Völkerrechtsprechung, 2005, S. 625 ff. m. w. N..

die weder von den Griechen, Römern oder Juden in Zweifel gezogen wurde,[5] und sah in der Lehre Christi die ersten Ansätze zur Anerkennung ewiger und unveräußerlicher Menschenrechte auf der Basis der Gleichberechtigung aller Menschen. Allerdings wurde der „Urgedanken reiner Menschlichkeit“ durch den „Gedanken der Kirche“, der schon 313 u.Z. mit dem Mailänder Toleranzedikt Kaiser Konstantins das Christentum auf den Weg zur Staatskirche brachte, verdrängt. So bedurfte es erst der Freiheitskämpfe der Völker, die bereits mit der Loslösung der Schweizer Eidgenossen vom Deutschen Reich im Krieg gegen Kaiser Maximilian I. und dem Frieden zu Basel 1499 begannen, und der literarischen Kraft der bedeutendsten Denker des 16. bis 18. Jahrhunderts in England und Frankreich,[6] um die praktischen und theoretischen Grundlagen der Menschenrechte zu legen.

Die beiden revolutionären Verfassungen Frankreichs von 1791 und 1793 enthalten bereits alle Freiheits- und Gleichheitsrechte, die auch heute den Kern der menschenrechtlichen Garantien in der Universellen Menschenrechtsdeklaration vom 10. Dezember 1948 und den beiden Internationalen Pakten über zivile und politische sowie über ökonomische, soziale und kulturelle Rechte vom 16. Dezember 1966 bilden. Nach Art. 2 der Verfassung von 1791sind diese Rechte „die Freiheit, das Eigentum, die Sicherheit, der Widerstand gegen Unterdrückung“, die Art. 2 der Verfassung von 1793 ausdrücklich um das Recht der Gleichheit ergänzt. Struve, der sich im April 1848 an dem bewaffneten Aufstand in Baden beteiligte und nach dessen Scheitern in die USA emigrierte, wo er sich auf Seiten der Union am Sezessionskrieg 1861/62 beteiligte,[7] sah die Menschenrechte durchaus materialistisch: „Die erste Voraussetzung menschlicher Kräfte ist das physische Leben und folgeweise alles dasjenige, was zur Erhaltung desselben notwendig ist…[Das erfordert] gesunde Nahrung, eine schützende Wohnung und hinreichende Kleidung. Der Mensch hat also das ewige und unveräußerliche Recht, von dem Staate, dessen Mitglied er ist, zu verlangen, sich so zu organisieren, dass jeder Mensch ohne Unterschied des Standes, des Alters und des Geschlechts diese Voraussetzungen des Lebens habe. Solange die ärmeren Klassen des Volkes Not leiden an den unvermeidlichen Bedürfnissen des Lebens, haben sie daher ein vollgültiges Recht, zu verlangen, dass die reicheren Klassen ihnen von ihrem Überflusse so viel abgeben, als zu diesem Behufe erforderlich ist“, schreibt Struve ein Jahr vor der Publikation des „Kommunistischen Manifests“. Er fordert eine „gänzliche Umwandlung unseres Steuersystems“ mit radikaler

5 Vgl. Struve, in: Klenner (Hrsg.), Rechtsphilosophie bei Rotteck/Welcker, 1994, S. 192 f.

6 So etwa Thomas Hobbes mit seinem „Leviathan” (1651), John Locke mit „Two Treatises of Government” (1689), Jean-Jaques Rousseau mit „Du contrat social” (1762), Thomas Paine mit „Rights of Man” (1791/92), um nur die Bedeutendsten zu nennen, vgl. dazu Klenner, Marxismus und Menschenrechte, 1982.

7 Vgl. Kunze, Der Freiheit eine Gasse, Traum und Leben, 1990.

Entlastung des „besitzlosen Arbeitsstandes“ und progressiv steigender Einkommens- und Erbschaftssteuer derjenigen, „welche mehr haben oder erwerben, als sie zu ihrem Lebensunterhalte bedürfen, und zwar in demselben Maße höher, als ihr Überfluss größer ist.“[8] Er hatte erkannt, dass die vollkommene Verwirklichung der Menschenrechte nur mit der radikalen Umgestaltung der materiellen Verhältnisse zu erreichen war. Er war damit nicht weit von Karl Marx entfernt, der die strukturelle wechselseitige Abhängigkeit von kapitalistischer Produktion/Zirkulation und Recht, vor allem der Menschenrechte, aufgezeigt[9] und nach der bürgerlichen die soziale Revolution gefordert hatte.

III. Menschenrechte als Völkerrecht

Diese Forderungen haben auch 160 Jahre später nichts von ihrer Aktualität verloren. Sie sind absolut modern und finden ihre völkerrechtliche Grundlage auch in den zeitgenössischen Sozialpakten. So garantieren Art. 6ff. des Internationalen Paktes für ökonomische, soziale und kulturelle Rechte neben dem Recht auf Arbeit zu gerechten und günstigen Bedingungen (Art. 6, 7), das Recht auf einen angemessenen Lebensstandard für sich und seine Familie mit ausreichender Nahrung, Kleidung und Wohnung (Art. 11), das Recht auf den höchsten Standard an körperlicher und geistiger Gesundheit (Art. 12), das Recht eines jeden auf Erziehung, verbindlich und frei für jeden (Art. 13) etc. Rechte, die den revolutionären Grundsätzen der französischen Verfassung voll entsprechen. In den verpflichtenden Worten des Art. 1: „ Der Zweck der Gesellschaft ist die allgemeine Wohlfahrt. Die Regierung ist eingesetzt, um dem Menschen den Gebrauch seiner natürlichen und unverjährbaren Rechte zu verbürgen.“ Doch was sich schon in den vergangenen 160 Jahren kaum umsetzen ließ, wird auch unter der Herrschaft des Sozialpaktes und der zahlreichen Resolutionen des Wirtschafts- und Sozialrates (ECOSOC)[10] nicht gelingen. Denn allen Vorschriften und Forderungen wird in den Staaten mit kapitalistischer Wirtschafts- und Gesellschaftsordnung, da mit dieser nicht vereinbar, notwendig die Rechtsverbindlichkeit versagt. Dies war schon die Kontroverse zwischen Churchill und Stalin 1945 über die Aufnahme der Menschenrechte in die UNO-Charta. Da Churchill die Kodifizierung der

8 Struve (Fn 5), S. 205 f.

9 Vgl. Marx, Das Kapital, in: MEW 23, S. 189: „Die Sphäre der Zirkulation oder des Warentausches, innerhalb deren Schranken Kauf und Verkauf der Arbeitskraft sich bewegt, war in der Tat ein wahres Eden der angeborenen Menschenrechte. Was allein hier herrscht, ist Freiheit, Gleichheit, Eigentum….“.

10 Vgl. Opitz, Menschenrechte und internationaler Menschenrechtsschutz im 20. Jahrhundert, 2002, Dokumente S. 293 ff.

ökonomischen und sozialen Menschenrechte ablehnte, verweigerte Stalin wiederum die Aufnahme der zivilen und politischen Menschenrechte.[11]

So konnte man sich nur auf die allgemeine Erwähnung der Menschenrechte in der UNO-Charta einigen (Art. 1 Zif. 3, 55 c). Die Kontroverse bestimmte auch die Beratungen der Universellen Menschendeklaration von 1948. Man kam zwar überein, das gesamte klassenübergreifende Spektrum der Menschenrechte zu erfassen, der Deklaration aber insgesamt die Rechtsverbindlichkeit vorzuenthalten. Der Widerspruch war unüberwindbar, sodass der internationale Druck, endlich ein verbindliches Dokument der Menschenrechte zu formulieren, 1966 zu der Trennung in zwei Pakte führte. Während die Rechtsverbindlichkeit des Paktes für zivile und politische Rechte unbestritten ist, wird sie für den Pakt für ökonomische, soziale und kulturelle Rechte vor allem von den dominanten kapitalistischen Staaten des atlantischen Bündnisses abgelehnt. Er ist von den USA noch immer nicht ratifiziert und die Europäische Menschenrechtskonvention vom 4. November 1950 blendet die ökonomischen und sozialen Rechte vollkommen aus. Die Bundesrepublik hat den Pakt zwar 1973 ratifiziert, sieht in seinen Forderungen allerdings eher eine nicht gerichtlich durchsetzbare programmatische Zielverpflichtung, die keine Entsprechung im Katalog der Grundrechte haben, als eine bindende Rechtsverpflichtung. Auch die internationalen Weiterentwicklungen zu kollektiven Rechten auf Entwicklung und Frieden (sog. 3. Generation) haben nie den Status unverbindlicher Programmatik überwinden können.[12] Das zeigt zweierlei: Menschenrechte verlassen erst dann die Sphäre der moralisch-philosophischen und literarischen Proklamation, wenn sie gesetzlich, d.h. verfassungs- oder völkerrechtlich, verfestigt werden. Sie erhalten erst mit ihrer Kodifizierung die Qualität von Menschen-Rechten. Haben sie diese Qualität – wie die zivilen und politischen Rechte – erreicht, müssen sie sich in die Hierarchie der völkerrechtlichen Normen einreihen, ihr moralisches Gewicht verleiht ihnen kein höheres, die allgemeinen Normen überragendes Gewicht. Darüber hinaus aber ist die fortschrittliche Stoßkraft, die den Menschenrechten aus ihrer Internationalisierung und völkerrechtlichen Kodifizierung einst erwuchs, weitgehend verloren gegangen. Sie hat sich sogar umgekehrt, sodass es zu einer Konfrontation zwischen den Menschenrechten und einigen Grundprinzipien des Völkerrechts gekommen ist.

11 Vgl. Paech/Stuby, Machtpolitik und Völkerrecht in den internationalen Beziehungen, Aktualisierte Aufl. 2013, S. 520 ff. Rn 10 -13.
12 Vgl. Paech/Stuby (Fn 11), S. 704 ff. Rn 161 – 164, 181 – 200.

Das ist in den letzten Jahren deutlich geworden, in denen die Menschenrechte von den großen kapitalistischen Staaten sowohl zur Legitimation ihres eigenen, weltweit nun konkurrenzlosen Gesellschafts- und Wirtschaftsmodell eingesetzt werden, als auch zur Begründung militärischer, d.h. „humanitärer" Interventionen in Randgebieten, die sich ihrem Herrschaftsanspruch bislang widersetzt haben. Dazu war der emanzipatorische Anspruch der Menschenrechte, der vornehmlich aus ihrem europäischen Ursprung der Aufklärung schöpft, schon lange zuvor in eine Abwehrhaltung gegen systemgefährdende Forderungen umgewandelt worden. Die Menschenrechte wurden an die Errungenschaften der westlichen Zivilisation koppelt und somit auf die Produktions- und Lebensweise des kapitalistischen Wirtschafts- und Gesellschaftsmodell reduziert.[13]

Vor dem Untergang der Sowjetunion hatte diese „marktwirtschaftliche" Identifizierung von Menschenrechten und Demokratie noch eher einen defensiven gegen die sozialistische Alternative gerichteten Charakter. Nach dem Untergang des ganzen „Ostblocks" haben die Menschenrechte eine zunehmend offensive, ja aggressive Bestimmung gegen widerstrebende, d.h. dem westlichen Herrschaftsanspruch feindlich gegenüberstehende Staaten erhalten. Die damit aus der völkerrechtlichen Verbannung wieder zurück geholte „humanitäre Intervention"[14] vermag sich zwar wie im Falle Jugoslawiens, Afghanistans, Iraks, Libyens, Syriens und des Iran durchaus auf mehr oder weniger gravierende Verstöße gegen Menschenrechte berufen. Diese finden sich aber ebenfalls im eigenen Herrschaftsbereich in vergleichbarer Weise (Türkei, Israel, Saudi-Arabien, Katar), ohne dass eine Intervention zur Diskussion steht.

Der entscheidende Auslöser der Interventionen, das wird heute kaum noch bestritten, ist die geostrategische Sicherung lebenswichtiger Ressourcen, wie es in den Sicherheitsstrategien NATO (1999), der USA (2002,[15] 2006,[16] 2013),[17] der EU (2003) und der Bundeswehr (2011)[18] in aller Deutlichkeit ausgeführt wird.

13 Schon in seiner Schrift zur Judenfrage hat Karl Marx kritisiert, dass „bei den Menschenrechten … sich Wort und Wesen notwendig in den Haaren liegen, weshalb die Regierenden die vorgeblichen Menschenrechte auf einen ihren jeweiligen Klasseninteressen gemäßen Inhalt zu reduzieren unternehmen."; Klenner (Fn 6), S. 82.

14 Zur Kritik der „humanitären Intervention" ausführlicher Paech/Stuby (Fn 11), S. 566 ff. Rn 113 – 119, Paech, in: Albrecht/Schäfer (Hrsg.), Der Kosovo-Krieg, 1982, S. 82 ff.

15 www.whitehouse.gov/nsc/nss.html (19.8.2013).

16 www.whitehouse.gov/nsc/nss/2006/index.html (19.8.2013).

17 www.nationalsecuritystrategy.org/pdf/pusa-report-march-2013.pdf (19.8.2013).

18 Verteidigungspolitische Richtlinien: Nationale Interessen wahren – Internationale Verantwortung übernehmen – Sicherheit gemeinsam gestalten, Berlin, den 18. Mai 2011: „Freie Handelswege und eine gesicherte Rohstoffversorgung sind für die Zukunft Deutschlands

Denn der Zugang zu den weltweiten Ressourcen bedeutet Freiheit des Marktes und Freiheit des Handels, die zu den Essentialen der Demokratie und ihrer ökonomischen Grundordnung gehören. In diesem Sinn hat US-Präsident Bush seine Nationale Sicherheitsstrategie vom September 2002 u.a. mit den Sätzen eingeleitet: „The United States will use this moment of opportunity to extend the benefits of freedom across the globe. We will actively work to bring the hope of democracy, development, free markets, and free trade to every corner of the world."[19] Diese Sätze haben auch heute noch Gültigkeit. Vor den nackten ökonomischen Interessen der langfristigen Ressourcensicherung weht der Schleier von Demokratie, Entwicklung, freiem Markt und freiem Handel, denen problemlos die Menschenrechte als normative Inkarnation menschlicher Freiheit hinzufügt werden.

Die Identifikation von Menschenrechten, Demokratie und kapitalistischer Wirtschaftsordnung in einem moralischen Prinzip der Freiheit ist total. Sie ist damit bestens geeignet, eine ebenso totalitäre Botschaft für eine Weltordnung abzugeben, die ganz auf den imperialen Anspruch der dominierenden kapitalistischen Staaten zugeschnitten ist. Werden aber Menschenrechte und Demokratie immer offener auf die Freiheiten des kapitalistischen Verkehrs reduziert, verlieren sie ganz ihren emanzipatorischen Charakter und geraten in immer deutlicheren Widerspruch zu dem nach 1945 geschaffenen Völkerrecht. Schließlich – und dieses ist eine der gefährlichsten Entwicklungen der jüngsten Zeit – wird das Konglomerat von Rechten und Werten zwischen Markt und Demokratie zu einer Kampfformel verdichtet, welche wahlweise unter dem Begriff der „westlichen Wertegemeinschaft" oder der „nationalen Sicherheit" die Völkerrechtsordnung und die Verfassungen der Staaten unterlaufen soll. Im Namen der Menschenrechte und Demokratie werden Notstandssituationen und eine „responsibility to protect"[20] ausgerufen, von denen behauptet wird, dass sie nur noch mittels militärischer Interventionen behoben und erfüllt werden können. Diese Interventionen verzichten immer offener auf die einzige Legitimation, die kriegerischen Einsätzen zu kommt: die UNO-Charta und das Völkerrecht. Allein die Kriege in Afghanistan und Irak zeigen, dass die Zerstörung ganzer Gesellschaften und Ver-

und Europas von vitaler Bedeutung. Die Erschließung, Sicherung von und der Zugang zu Bodenschätzen, Vertriebswegen und Märkten werden weltweit neu geordnet. Verknappungen von Energieträgern und anderer für Hochtechnologie benötigter Rohstoffe bleiben nicht ohne Auswirkungen auf die Staatenwelt. Zugangsbeschränkungen können konfliktauslösend wirken. Störungen der Transportwege und der Rohstoff- und Warenströme, z.B. durch Piraterie und Sabotage des Luftverkehrs, stellen eine Gefährdung für Sicherheit und Wohlstand dar. Deshalb werden Transport- und Energiesicherheit und damit verbundene Fragen künftig auch für unsere Sicherheit eine wachsende Rolle spielen." (S. 4 f.).

19 Im 6. Kapitel der Nationalen Sicherheitsstrategie wird das Konzept des Freihandels als "moral principle" auf eine menschenrechtliche Stufe gehoben.

20 Vgl. Paech, in: Crome (Hrsg.), Die UNO und das Völkerrecht in den internationalen Beziehungen der Gegenwart, 2011, S. 59 ff.

nichtung von materiellen Gütern und menschlichem Leben immer weniger in einem vertretbaren Verhältnis zu den vorgeblichen Werten stehen, die gerettet werden sollen. Abgesehen von den Opfern und Schäden eines jeden Krieges, stellt die Erosion der formellen Völkerrechtsordnung durch eine nirgends kodifizierte Werteordnung eine erhebliche Gefährdung der internationalen Friedensordnung dar. Der Mechanismus der Friedenssicherung, den die UNO-Charta mit dem VII. Kapitel dem UNO-Sicherheitsrat an die Hand gegeben hat, und damit die militärische Sanktion allein dem kollektiven Organ der UNO überantworten wollte, wird außer Kraft gesetzt und durch die Feinderklärung derjenigen Staaten ersetzt, die ihre militärische Überlegenheit gegenüber anderen Staaten ausspielen können. Das Kriterium der Intervention ist nicht mehr der Bruch oder die Gefährdung des Friedens, wie in Art. 39ff. UNO-Charta gefordert, sondern die militärische Stärke des intervenierenden Staates. Allen Beteiligten dürfte klar sein, dass dieses ein Rückfall hinter die UNO-Charta zurück in die unselige Zeit des Völkerbunds ist und der eigenen Beschwörung der rule of law Hohn spricht. So befinde wir uns derzeit in einer Epoche, in der die Menschenrechte nicht mehr ausschließlich der Stärkung des Individuums in der Völkerrechtsordnung dienen, sondern dafür ins Feld geführt werden, um die Souveränität von Staaten zu durchbrechen und die Friedensordnung der UNO-Charta und des Völkerrechts zu unterlaufen.

Dieter Deiseroth

Innerstaatliche Gerichte und Völkerrecht

> "Every Nation that proclaims the rule of law at home must respect it abroad; and every nation that insists on it abroad must enforce it at home."
>
> Kofi Annan,
> früherer UN-Generalsekretär und Friedensnobelpreisträger in einer Rede am 16.9.2004

I. Völkerrecht als Bestandteil innerstaatlichen Rechts

Wo das geltende Recht dem Handeln der Exekutive rechtliche Grenzen zieht, ist es in einem demokratischen Verfassungsstaat Aufgabe der – rechtlich von der Exekutive unabhängigen – Gerichte, im Rahmen ihrer jeweiligen Zuständigkeit ihre Aufgabe als Wahrer der "rule of law" zu erfüllen. Das gilt auch für das Völkerrecht. Nach Art. 20 Abs. 3 GG ist „die vollziehende Gewalt" – ebenso wie die Gerichte – ausnahmslos „an Gesetz und Recht gebunden." Nach Art. 25 GG sind zudem „die allgemeinen Regeln des Völkerrechts... Bestandteil des Bundesrechtes. Sie gehen den Gesetzen vor und erzeugen Rechte und Pflichten unmittelbar für die Bewohner des Bundesgebietes."

Die Relevanz völkerrechtlicher Regelungen reicht tief in die nationalen Rechtsordnungen hinein. Innerstaatliche Gerichte können deshalb wesentlich zur Stärkung des Völkerrechts gegenüber dem „Faustrecht" des Stärkeren gerade auch in den internationalen Beziehungen beitragen.

II. Besonderheiten des Völkerrechts

Bei der Auslegung und Anwendung völkerrechtlicher Normen durch innerstaatliche Gerichte sind freilich die Besonderheiten der Völkerrechtsordnung zu beachten. Daraus ziehen manche Verfassungs- und Völkerrechtler die Schlussfolgerung, Gerichte sollten sich in völkerrechtlichen Fragen eine besondere Zurückhaltung auferlegen, ja sich am besten aus völkerrechtlichen Kontroversen ganz heraushalten.

Denn die Staaten seien als Völkerrechtssubjekte nicht nur Rechtsunterworfene, sondern durch ihre Exekutive im völkerrechtlichen Verkehr im Sinne einer funktionellen Verdoppelung (dédoublement fonctionnel)[1] zugleich an der Rechtssetzung beteiligt und für die Rechtsdurchsetzung verantwortlich; dadurch komme der jeweiligen nationalen Exekutive (Regierung) auf völkerrechtlicher Ebene eine gleichsam legislative Funktion zu, die sie gerade nicht streng normgebunden, sondern vorrangig politisch-gestalterisch ausübe; denn sie versuche, durch ihre nach außen gerichteten Rechtsbehauptungen den Rechtsbildungsprozess im Völkerrechtsraum in eine Richtung zu steuern, die ihrer Sicht der nationalen Wertvorstellungen und Interessen am besten entspreche; wenn das jeweilige nationale Verfassungsgericht oder die anderen innerstaatlichen Gerichte die Rechtsbehauptungen der Exekutive des eigenen Landes desavouierten, schwängen sie sich zum Mitgesetzgeber im Völkerrechtsraum auf und übernähmen eine ihnen verfassungsrechtlich nicht zustehende politische Rolle in der Außenvertretung des Staates und beeinträchtigten zugleich eine effektive Verfolgung der nationalen Interessen im internationalen Verkehr, weil der Staat dort nicht mehr mit einer Stimme auftrete.[2]

Von diesem Ansatz aus sind verschiedene „Prinzipien" oder argumentative Mechanismen entwickelt worden, die einen „Judicial self-restraint" in völkerrechtlichen Fragen legitimieren sollen. In den USA wird insoweit mit der „doctrine of political questions"[3] und in Frankreich etwa mit der Doktrin von den „actes de gouvernement"[4] gearbeitet, mit deren Hilfe es Gerichte vermeiden, völkerrechtliche Rechtspositionen des Präsidenten und der Exekutive kritisch zu prüfen. Ähnliche Argumentationsmuster finden sich auch in manchen Entscheidungen des Bundesverfassungsgerichts (BVerfG).[5] Dieses lehnt zwar die „doctrine of political questions" aus verfassungsrechtlichen Gründen zur Vermeidung von rechtsfreien Räumen für den Geltungsbereich des Grundgesetzes strikt ab. Der von ihm für die verfassungsgerichtliche Kontrolle von Entscheidungen, die von deutschen Hoheitsträgern im Bereich der Außen- und internationalen Sicherheitspolitik getroffen werden, praktizierte Maßstab ist ihr allerdings in den Konsequenzen mitunter ähnlich.[6]

Das BVerfG räumt der Exekutive zu Recht sowohl für Vertragsverhandlungen, bei denen sich die vertraglichen Vereinbarungen auf das politisch Erreich-

1 Scelle, Le phénomène du dédoublement fonctionnel, in: Festschrift für Hans Wehberg, 1956, S. 342 ff. (331); Giegerich ZaöRV 57 (1997), 409, 453.
2 Vgl. die Nachweise bei Giegerich ZaöRV 57/1997, 409, 453 f.
3 Franck, Political Questions/Judicial Answers: Does the Rule of Law Apply to Foreign Affairs?, 1992, S. 10 ff.; Benvenisti EJIL 5/1994, S. 423, 433 f. m.w.N.
4 Neville Brown/Bell, French Administrative Law, 4. Aufl. 1993, S. 134 ff., 155 ff.
5 Z.B. BVerfG 16.12.1980, 2 BvR 419/80, BVerfGE 55, 349, 367 f. -"Rudolf Hess-Fall".
6 Franck (Fn 3), S. 107 ff., Benvenisti EJIL 5/1994, S. 423, 434 m.w.N.; Giegerich, ZaöRV 57/1997, 409, 459 f.; BVerfG 7.7.1975, 1 BvR 274/72, BVerfGE 40, 141, 178; BVerfG 18.12.1984, 2 BvE 13/83, BVerfGE 68, 1, 97 und 191.

bare beschränken,[7] als auch für „außenpolitisches Handeln insgesamt" ein „weites Ermessen" ein, weil „die Gestaltung auswärtiger Verhältnisse und Geschehensabläufe nicht allein vom Willen der Bundesrepublik Deutschland bestimmt werden kann.[8] Auch die Pflicht der Bundesrepublik Deutschland zum Schutz ihrer Staatsbürger gegenüber dem Ausland beinhaltet nach der Rechtsprechung des BVerfG allein die Pflicht zur fehlerfreien Ermessensausübung;[9] das entspricht der ganz überwiegenden Auffassung im Fachschrifttum.[10] Das betrifft allerdings nur Teilbereiche des Völkerrechts und daraus resultierender Bindungen.

III. Judicial-self-restraint der Gerichte?

Die verfassungs- und auch völkerrechtliche Grundsatzfrage, ob innerstaatliche Gerichte in völker*rechtlichen* Kontroversen einen „judicial self-restraint" verfolgen und der Exekutive einen weiten[11] Ermessens- und Beurteilungsspielraum einräumen oder nicht, muss differenziert betrachtet werden.

Soweit es etwa um die Überprüfung außen- oder sicherheits*politischer* Entscheidungen der Exekutive eines Staates geht und die *völkerrechtlichen* Rahmenbedingungen lediglich durch vage und unbestimmt gefasste Normen gekennzeichnet sind, ist der Grad der rechtlichen Bindung eher schwach; es ist dann nicht Sache der nationalen Gerichte, hier den gegebenen Handlungsspielraum der außenpolitischen Entscheidungsträger durch justizielle Konkretisierung der einschlägigen Normen aufzuheben: Wo die völkerrechtlichen Normen der Exekutive Handlungsspielräume eröffnen und belassen, darf die Judikative diese aufgrund ihrer Bindung an Recht und Gesetz (Art. 20 Abs. 3 und Art. 97 GG) nicht im Wege der Interpretation kleinarbeiten oder gar negieren.

Umgekehrt heißt dies aber auch: Wo die geltende innerstaatliche Rechtsordnung oder das Völkerrecht dem Handeln der Exekutive rechtliche Grenzen ziehen, ist es Aufgabe der Gerichte, im Rahmen ihrer jeweiligen Zuständigkeit un-

7 Vgl. BVerfG 7.7.1975, 1 BvR 274/72, BVerfGE 40, 141, 178.

8 BVerfG 16.12.1980, 2 BvR 419/80, BVerfGE 55, 349, 365.

9 U.a. BVerfG 16.12.1980, 2 BvR 419/80, BVerfGE 55, 349, 364 f.; BVerfG 29.10.1987, 2 BVR624/83, BVerfGE 77, 170, 214 f.

10 Geck ZaöRV 1956/57, 477 ff., 518, 523 ff.; Doehring, Die Pflicht des Staates zur Gewährung diplomatischen Schutzes, 1959, S. 89 ff.; Klein DÖV 1977, 704, 707; Randelzhofer, in: Maunz/Dürig, GG, Art. 16 Abs. 1 Rn 63.

11 Vgl. zu gegenteiligen Forderungen etwa des Institut de Droit International in seiner in der 66. Sitzung in Mailand am 7.9.1993 verabschiedeten Resolution: „The role of national courts in the application of international law... must be strengthened if international law is to have greater efficacy" (Annuaire Bd. 65,T. II (1994), S. 319 ff.; vgl. dazu u.a. E. Benvenisti, Judges and Foreign Affairs: A Comment on the Institut de Droit International's Resolution on „The Activities of National Courts and the International Relations on their State", in: EJIL 5/1994, S. 423.

ter Beachtung der richterlichen Unabhängigkeit ihre Aufgabe als Wahrer der „rule of law" zu erfüllen. Dies gilt umso mehr, wenn es in einem konkreten Rechtsstreit nicht um die Wahrnehmung außenpolitischer Befugnisse auf Regierungsebene, sondern etwa um die Auslegung und Anwendung eines völkerrechtlichen Vertrages oder geltenden Völkergewohnheitsrechts durch innerstaatliche Behörden geht.

Das BVerfG hat in seiner Rechtsprechung deshalb zu Recht wiederholt darauf hingewiesen, es habe im Rahmen seiner Zuständigkeiten in besonderem Maße darauf zu achten, dass Verletzungen des Völkerrechts durch innerstaatliche Organe, die unter Umständen auch eine völkerrechtliche Verantwortlichkeit der Bundesrepublik Deutschland begründen könnten, nach Möglichkeit verhindert oder beseitigt werden.[12] Gerichtliche Verfahren bieten häufig die letzte innerstaatliche Chance, Völkerrechtsverletzungen abzuwenden.

Dementsprechend hat das BVerfG auch in Verfassungsbeschwerdeverfahren[13] mehrfach geprüft, ob die Anforderungen einschlägiger völkerrechtlicher Verträge eingehalten werden. Geht es etwa um die verfassungsgerichtliche Kontrolle der Auslegung und Anwendung einer geltenden völkervertragsrechtlichen Regelung, ist deshalb „in besonderem Maße darauf zu achten, dass Verletzungen des Völkerrechts, die in der fehlerhaften Anwendung oder Nichtbeachtung völkerrechtlicher Normen durch deutsche Gerichte liegen oder eine völkerrechtliche Verantwortlichkeit der Bundesrepublik Deutschland begründen könnten, nach Möglichkeit verhindert oder beseitigt werden. Dies kann im Einzelfall eine insoweit umfassende Nachprüfung gebieten."[14]

Auch wenn völkerrechtliche Verträge, die durch das Zustimmungsgesetz nach Art. 59 Abs. 2 GG zu innerstaatlichem Recht geworden sind, „lediglich" den Rang eines innerstaatlichen Gesetzes und keinen Verfassungsrang haben, kann und darf nicht in Zweifel gezogen werden, dass sie vom innerstaatlichen Gesetzgeber und von den rechtsanwendenden Behörden und Gerichten schon aufgrund der in Art. 20 Abs. 3 GG verankerten Bindung an "Recht und Gesetz" strikt beachtet werden müssen.[15] Das entspricht auch der ständigen Rechtsprechung des BVerwG.[16]

12 BVerfG 23.6.1981, 2 BvR 1107/77, BVerfGE 58, 1 (34); BVerfG 10.11.1981, 2 BvR 1058/79, BVerfGE 59, 63, 89; BVerfG 12.5.1987, 2 BvR 1226/83, BVerfGE 76, 1, 78; vgl. auch SächsVerfGH 14.5.1996, Vf. 44-II-94, EuGRZ 1996, 437, 439.

13 Vgl. etwa in BVerfG 12.5.1987, 2 BvR 1226/83, BVerfGE 76, 1, 79 ff.

14 BVerfG 23.6.1981, 2 BvR 1007/77, BVerfGE 58, 1, 34; BVerfG 10.11.1981, 2 BvR 1058/79, BVerfGE 59, 63, 89.

15 Vgl. dazu u.a. Deiseroth DVBl. 1998, 116 ff.; ders., ZAR 2000, 7 – 16 m.w.N.

16 Vgl. u.a. BVerwG 18.5.2000, 5 C 29.98, BVerwGE 111, 200 ff. Rn 27 ff. m.w.N.

Da die internationale Gerichtsbarkeit bislang nur relativ schwach ausgebildet ist,[17] fällt den nationalen Judikativen die Aufgabe zu, das Völkerrecht dezentral schon an der Wurzel, nämlich in der jeweiligen innerstaatlichen Rechtsordnung zur Geltung zu bringen. Rechtsstaaten zeichnen sich auch dadurch aus, dass sie die Einhaltung ihrer völkerrechtlichen Verpflichtungen institutionell effektiv gewährleisten.[18]

IV. Konkrete Konsequenzen für die innerstaatliche Rechtsprechung

Die in Art. 20 Abs. 3 GG und Art. 25 GG normierten rechtlichen Bindungen haben unmittelbare Auswirkungen für alle Rechtsbereiche, und zwar in mehrfacher Hinsicht:

1. Völkerrechtskonforme Auslegung und Anwendung innerstaatlichen Rechts

Sowohl vom BVerfG[19] als auch vom BVerwG[20] ist anerkannt, dass alle deutschen Behörden und Gerichte im Rahmen ihres jeweiligen Zuständigkeitsbereichs grundsätzlich daran gehindert sind, innerstaatliches Recht in einer Weise auszulegen und anzuwenden, die das geltende Völkerrecht verletzt. Das gesamte deutsche Recht muss gemäß Art. 20 Abs. 3 GG in Übereinstimmung mit dem geltenden Völkervertragsrecht und dem Völkergewohnheitsrecht ausgelegt und angewendet werden („völkerrechtskonforme Auslegung und Anwendung").[21] Innerstaatliche Gesetze müssen auch dann „im Einklang mit den völkerrechtlichen Verpflichtungen der Bundesrepublik Deutschland ausgelegt und angewendet werden, wenn sie zeitlich später erlassen worden sind als ein geltender völkerrechtlicher Vertrag; denn es ist nicht anzunehmen, dass der Gesetzgeber, sofern er dies nicht klar bekundet hat, von völkerrechtlichen Verpflichtungen der Bun-

17 Vgl. dazu u.a. Deiseroth, Stärkung des Völkerrechts durch Anrufung des Internationalen Gerichtshofs?, 1996, S. 137 ff.

18 Giegerich ZaöRV 57/1997, 409, 419.

19 Vgl. BVerfG 26.10.2004, 2 BvR 955/00, Rn 90 ff., BVerfGE 112, 1, 24 ff.

20 Vgl. BVerwG 20.1.2009, BVerwG 4 B 45.08; ebenso bereits BVerwG 24.7.2008, BVerwG 4 A 3001.07.

21 Vgl. BVerfG 23.6.1981, 2 BvR 1007/77, BVerfGE 58, 1, 34; BVerfG 10.11.1981, 2 BvR 1058/79, BVerfGE 59, 63, 89; BVerfG 22.3.1983, 2 BvR 475/1983, BVerfGE 63, 343, 373; BVerfG 12.4.1983, 2 BvR 678/81, BVerfGE 64, 1, 20; BVerfG 31.3.1987, 2 BvM 2/86, BVerfGE 75, 1, 18 f.; BVerfG 5.11.2003, 2 BvR 1243/03, BVerfGE 109, 13, 23; BVerfG 14.10.2004, 2 BvR 1481/04, BVerfGE 111, 307.

desrepublik Deutschland abweichen oder die Verletzung solcher Verpflichtungen ermöglichen will".[22]

Allein dies entspricht der betont auf Integration Deutschlands in die völkerrechtlich gebundene internationale Staatengemeinschaft angelegten Zielsetzung des Grundgesetzes („Völkerrechtsfreundlichkeit"),[23] die in zahlreichen Grundgesetz-Bestimmungen deutlich zum Ausdruck kommt, u.a. in der Präambel sowie in Art. 1 Abs. 2, Art. 24 Abs. 2 und 3, Art. 25, Art. 100 Abs. 2 GG). Sie trägt damit zur Wahrung und Förderung der „international rule of law" gegenüber der „international rule of power" in den internationalen Beziehungen bei.[24]

2. Unterbindung völkerrechtswidriger Aktionen innerhalb und oberhalb des Bundesgebietes

Deutsche Hoheitsträger dürfen gem. Art. 20 Abs. 3 und Art. 25 GG keine völkerrechtswidrigen Handlungen oder Zustände auf oder über deutschem Hoheitsgebiet vornehmen oder dulden. Die Bindung aller hoheitlichen Gewalt in Deutschland erfordert damit, dass die vollziehende Gewalt und die Gerichte verpflichtet sind, alles zu unterlassen, was einer unter Verstoß gegen geltendes Völkerrechts vorgenommenen Handlung nichtdeutscher Hoheitsträger im Geltungsbereich des Grundgesetzes Wirksamkeit verschafft[25] und dass sie gehindert sind, an einer gegen solche Regeln verstoßenden Handlung nichtdeutscher Hoheitsträger bestimmend mitzuwirken.[26] Sie dürfen deshalb z.B. auch keine Überflugrechte gewähren, wenn diese etwa von ausländischen Streitkräften im Rahmen völkerrechtswidriger Militäraktionen in Anspruch genommen werden sollen.[27] In der neueren Rechtsprechung des BVerwG ist mehrfach darauf hingewiesen worden, dass z.B. "die Zuständigkeits- und Verfahrensvorschriften betreffend die Nutzung deutschen Luftraums geeignet (sind), eine bestimmende Mitwirkung aller deutschen

22 BVerfG 26.3.1987, 2 BvR 589/89, BVerfGE 74, 358, 370; BVerfG 23.6.1981, 2 BvR 1107/77, BVerfGE 58, 1, 34; BVerfG 10.11.1981, 2 BvR 1058/79, BVerfGE 59, 63, 89; BVerwG 18.5.2000, 5 C 29.98, BVerwGE 111, 200 = Juris Rn 25 ff.

23 Giegerich, in: Grabenwarter u.a. (Hrsg.), Allgemeinheit der Grundrechte und Vielfalt der Gesellschaft, 1994, S. 101 ff.

24 Vgl. dazu auch Art. 1 der Resolution des Institut de Droit International vom 7.9.1993, wonach nationale Gerichte völkerrechtliche Fragen in voller Unabhängigkeit und mit denselben Methoden wie internationale Gerichte entscheiden sollen (Annuaire Bd. 65, T. II [1994], S. 319 ff.); vgl. dazu u.a. Benvenisti EJIL 5/1994, 423.

25 BVerfG 21.5.1987, 2 BvR 1170/83, NJW 1988, 1462, 1463.

26 Vgl. u.a. BVerfG 31.3.1987, 2 BvM 2/86, BVerfGE 75, 1, 19 sowie Hofmann, in Umbach/Clemens (Hrsg.), Grundgesetz, 2002, Art. 25 Rn 20.

27 BVerwG 21.6.2005, 2 WD 12.04, NJW 2006, 77 – 108 = Juris Rn 214 – 256 und 259; Bothe AVR 2003, 255, 268.

Behörden an völkerrechtswidrigen Handlungen effektiv zu verhindern".[28] In der einschlägigen Entscheidung[29] heißt es dazu: "Gemäß § 96a Abs. 1 Satz 1 LuftVZO kann die Erlaubnisbehörde auch bei erlaubnisfreien Flügen den Einflug in das Hoheitsgebiet der Bundesrepublik Deutschland untersagen, u.a. wenn der Verdacht besteht, dass der Verkehr die öffentliche Sicherheit stört oder geeignet ist, Handlungen zu dienen, die verfassungswidrig i.S.d. Art. 26 Abs. 1 GG sind. Luftfahrzeugen, die an einem gegen das völkergewohnheitsrechtliche Gewaltverbot verstoßenden militärischen Einsatz bestimmend mitwirken, darf die Benutzung des deutschen Luftraums nicht gestattet werden."

3. Keine Mitwirkung an völkerrechtswidrigen Aktionen und Beschlüssen auf intern. Ebene

Da deutsche Hoheitsträger (Minister, Beamte, Soldaten, Polizisten etc.) gemäß Art. 20 Abs. 3 GG und Art. 25 GG weder im Inland noch im Ausland gegen das geltende Völkerrecht verstoßen dürfen, ist ihnen auch untersagt, im In- oder im Ausland in internationalen Gremien – etwa der EU oder der NATO – an Aktionen und Beschlüssen mitzuwirken, die einen Verstoß gegen geltendes Völkerrecht (Völkervertrags- und Völkergewohnheitsrecht) beinhalten oder bewirken. Auch dies ist gemeinsame Rechtsprechung von BVerfG[30] und BVerwG.[31]

Diese strikte Vorgabe bezieht sich auch auf das völkerrechtliche Gewaltverbot: Gemäß Art. 2 Nr. 4 UN-Charta haben alle Mitglieder der Vereinten Nationen in ihren internationalen Beziehungen jede gegen die territoriale Unversehrtheit oder die politische Unabhängigkeit eines Staates gerichtete oder sonst mit den Zielen der Vereinten Nationen unvereinbare Androhung oder Anwendung von Gewalt zu unterlassen. Dieses Gewaltverbot ist zugleich Bestandteil des völkerrechtlichen Gewohnheitsrechts und gehört zu den allgemeinen Regeln des Völkerrechts.[32]

Zu dem in Deutschland geltenden Völkerrecht, an das nach Art. 20 Abs. 3 GG alle staatlichen Organe gebunden sind, zählt u.a. nach wie vor der „Vertrag über

28 Vgl. BVerwG 24.7.2008, 4 A 3001.07 – juris Rn 84, 87 – zum militärischen Nachtflugbetrieb auf dem Flughafen Leipzig/Halle; BVerwG 20.1.2009, 4 B 45.08 – US-Flughafen Ramstein, juris Rn 22 m.w.N.

29 BVerwG 20.1.2009, 4 B 45.08.

30 BVerfG 26.10.2004, 2 BvR 955/00, BVerfGE 112, 1, 27.

31 Vgl. BVerwG 21.6.2005, 2 WD 12.04, NJW 2006, 77 ff. = juris Rn 114; BVerwG v. 20.1.2009, 4 B 45.08, juris Rn 22; ebenso bereits BVerwG 24.7.2008, 4 A 3001.07, juris Rn 86 - 88.

32 BVerfG 22.11.2001, 2 BvE 6/99, BVerfGE 104, 151, 213 und BVerfG 26.10.2004, 2 BvR 955/00, BVerfGE 112, 1, 27; BVerwG 21.6.2005, 2 WD 12.04, BVerwGE 127, 302, 343.

die Ächtung des Krieges" (Briand-Kellogg-Pakt) vom 27.8.1928,[33] dem Deutschland wirksam beigetreten ist. Deshalb ist der Briand-Kellogg-Pakt auch zu Recht in der vom Bundesjustizministerium herausgegeben aktuellen Sammlung der für Deutschland geltenden völkerrechtlichen Verträge nach wie enthalten. Dieses Abkommen sieht völkerrechtlich bindend vor, dass die Vertragsparteien „den Krieg als Mittel für die Lösung internationaler Streitfälle verurteilen" und auf ihn „als Werkzeug nationaler Politik in ihren gegenseitigen Beziehungen verzichten."

Zudem hat sich Deutschland im 2+4-Vertrag im Zuge der Wiedervereinigung 1990 völkerrechtlich bindend verpflichtet, „dass von deutschem Boden nur Frieden ausgehen wird" (Art. 2 S. 1). Das war Geschäftsgrundlage für das Ende des Kalten Krieges und das Ende der Teilung Deutschlands. Außerdem hat Deutschland in diesem zentralen Vertrag die völkerrechtliche Selbstverpflichtung abgegeben, „dass das vereinte Deutschland keine seiner Waffen jemals einsetzen wird, es sei denn in Übereinstimmung mit seiner Verfassung und der Charta der Vereinten Nationen" (Art. 2 S. 3).

4. Subjektive Rechte und Pflichten der Bürgerinnen und Bürger

Art. 25 GG statuiert in seinem Satz 1 nicht nur, dass die „allgemeinen Regeln des Völkerrechts" kraft dieses Verfassungsbefehls Bestandteil des Bundesrechts sind und allen innerstaatlichen Gesetzen vorgehen. Darüber hinaus ordnet er in seinem Satz 2 an, dass die „allgemeinen Regeln des Völkerrechts" unmittelbare Rechte und Pflichten für alle Bewohnerinnen und Bewohner des Bundesgebiets begründen.

Unstreitig ist, dass der Adressatenkreis dieser Vorschrift alle natürlichen und juristischen Personen umfasst, die sich im deutschen Bundesgebiet aufhalten oder hier ihren Sitz haben, und zwar unabhängig davon, ob sie als Deutsche i.S.d. Grundgesetzes anzusehen oder Nicht-Deutsche sind.[34]

Das ist eine revolutionäre Neuheit in der deutschen Rechtsgeschichte, auch im internationalen Vergleich. Diese Regelung ist kein Redaktionsversehen des Verfassungsgebers, sondern von den Müttern und Vätern des GG mit den sich daraus ergebenden weittragenden Folgen ausdrücklich gewollt. In den Beratungen des Verfassungsgebers, des Parlamentarischen Rates, kommt dies unmissverständlich, insbesondere in den Beiträgen Carlo Schmids, zum Ausdruck.

33 Vgl. zu den historischen Hintergründen u.a. David Swanson, When the World Outlawed War, 2011.

34 Vgl. dazu u.a. Hofmann (Fn 26), Art. 25 Rn 24 m.w.N.

Kritikern, denen die in Art. 25 GG geschaffene Regelung zu weit ging, hielt Carlo Schmid entgegen: „*Man hat in Deutschland das Völkerrecht langhin im Grunde doch nur – ich weiß genau, was ich sage – als eine Bagatelle betrachtet, als etwas, was auf den Hochschulen neben den anderen Disziplinen kaum praktische Bedeutung hatte. Wir sind hier noch weit zurück.*“[35] Unter Bruch mit einer Tradition „*die in der ungehemmten Entfaltung der Macht des Nationalstaates den eigentlichen Beweger der Geschichte und ihren letzten Sinn sah*“,[36] wollte er an eine ganz andere Tradition angeknüpft wissen, die ein „in dubio pro Völkerrecht“ eingefordert habe: „*Damit stellen wir uns in eine große deutsche Tradition, jene, die von den großen deutschen Völkerrechtslehrern, von Pufendorf angefangen über Christian Wolff zu Immanuel Kant führt und erst unterbrochen wurde, als Leute wie Zorn sich daran gemacht haben, in Deutschland das Völkerrecht zu einer Art von äußerem Staatsrecht zu bagatellisieren*“[37] Carlo Schmid beschrieb in beeindruckender und zukunftsweisender Form den Modellcharakter des Art. 25 GG: „*Den weiteren Schritt, den wir tun sollten, ist, abzuweichen von der bisherigen Doktrin des Völkerrechts, wonach das Völkerrecht nur adressiert ist an die Staaten und nicht an die einzelnen Individuen, so dass der Einzelne an völkerrechtliche Bestimmungen nur gebunden sein soll und durch sie nur berechtigt sein soll, wenn die Völkerrechtssätze durch den Landesgesetzgeber in Landesrecht transformiert worden sind. Das ist herrschende Doktrin, und sie ist heute überall praktisch in Geltung. Ich glaube, dass es nicht schaden könnte, wenn unser Land das erste wäre, das mit diesem Herkommen bricht und klar zum Ausdruck bringt, dass das Völkerrecht nicht eine Rechtssphäre irgendwo ist – die meinetwegen „dort oben hanget unveräußerlich“ -, die gerade deshalb nie zum Zuge kommt, sondern dass es eine Rechtssphäre ist, die auch unser innerstaatliches Rechtsleben bedingt und bestimmt und sich unmittelbar an den einzelnen Deutschen wendet, ihn berechtigend und verpflichtend. Ich könnte mir vorstellen, dass, wenn wir in unser Grundgesetz eine solche Bestimmung aufnehmen, auch für andere Völker eine Schwelle übersprungen wäre, eine Schwelle, die vielleicht den Weg in eine bessere Zukunft eröffnet.*“[38]

Den dahinterstehenden rechtspolitischen Leitgedanken hatte Carlo Schmid im Ausschuss für Grundsatzfragen formuliert: „*Die einzige wirksame Waffe des ganz Machtlosen ist das Recht, das Völkerrecht. Die Verrechtlichung eines Tei-*

35 12. Sitzung des Grundsatzausschusses v. 15.10.1948, in: Der Parlamentarische Rat 1948 – 1949, 1993, S. 321.

36 Carlo Schmid, Neunte Sitzung des Plenums, 6. Mai 1949, in: Werner (Bearb.), Der Parlamentarische Rat 1948-1949, Bd. 9, 1996, S. 434 ff., 443.

37 Carlo Schmid, Parlamentarischer Rat. Hauptausschuss, 5. Sitzung, 18. November 1948, S. 66.

38 Carlo Schmid, Parlamentarischer Rat. Hauptausschuss, 5. Sitzung, 18. November 1948, S. 66.

les des Bereichs des Politischen kann die einzige Chance in der Hand des Machtlosen sein, die Macht des Übermächtigen in ihre Grenzen zu zwingen.“[39]

Die wiederholt gestellten Anträge von Abgeordneten der CDU/CSU, sich im Grundgesetz-Text auf die Geltung der „allgemein anerkannten Regeln“ des Völkerrechts zu beschränken, wurden durchgehend mit den Stimmen von SPD, FDP und KPD abgelehnt.[40]

Die in Art. 25 GG verankerte strikte Bindung aller staatlichen Organe an die „allgemeinen Regeln des Völkerrechts“ umfasst nach ständiger Rechtsprechung[41] neben denjenigen Normen, denen die Qualität von völkerrechtlichem "ius cogens"[42] zukommt, das Völkergewohnheitsrecht sowie die allgemein anerkannten Rechtsgrundsätze im Sinne des Art. 38 Abs. 1 Buchst. c des Statuts des Internationalen Gerichtshofs.[43] Bestandteil des "ius cogens" sind u.a. das völkerrechtliche Gewaltverbot, das in Art. 2 Nr. 4 der UN-Charta seinen Niederschlag gefunden hat, und die grundlegenden Regeln des humanitären Kriegsvölkerrechts. Das Bestehen von Völkergewohnheitsrecht setzt dabei eine durch eine Vielzahl von – alle weltweit bestehenden Rechtskulturen repräsentierenden – Staaten befolgte Praxis ("allgemeine ständige Übung") voraus, die allgemein in der Überzeugung geübt wird, hierzu von Völkerrechts wegen verpflichtet zu sein ("opinio iuris"). Bei der Ermittlung von Normen des Völkergewohnheitsrechts ist in erster Linie auf das völkerrechtlich verbindliche Verhalten derjenigen Staatsorgane abzustellen, die kraft Völkerrechts oder kraft innerstaatlichen Rechts dazu berufen sind, den Staat im völkerrechtlichen Verkehr zu repräsentieren. Daneben kann sich eine solche „allgemeine Praxis“ aber auch in den Akten anderer Staatsorgane, wie solchen des Gesetzgebers oder der Gerichte, bekunden, zumindest soweit ihr Verhalten unmittelbar völkerrechtlich erheblich ist, etwa zur Erfüllung einer völkerrechtlichen Verpflichtung oder zur Ausfüllung eines völkerrechtlichen Gestaltungsspielraumes dienen kann.[44] Dagegen gehören völkervertragsrechtliche Regelungen, also durch rechtsgeschäftliche Akte zwischen Völkerrechtssubjekten geschlossene völkerrechtliche Verträge und Abkommen, grundsätzlich nicht zu den "allgemeinen Regeln des Völkerrechts" im Sinne von

39 Carlo Schmid, Zwölfte Sitzung des Ausschusses für Grundsatzfragen, 15. Oktober 1948, in: Pikart/Werner (Hrsg.), Der Parlamentarische Rat 1948-1949, Bd. 5/I, 1993, S. 313 ff., 321.

40 Vgl. 5. Sitzung des Hauptausschusses, S. 86; 27. Sitzung des Hauptausschusses, S. 330.

41 Vgl. u.a. BVerfG 30.10.1962, 2 BvM 1/60, BVerfGE 15, 25, 34 f. und BVerfG 14.5.1968, 2 BvR 544/63, BVerfGE 23, 288, 317 m.w.N.

42 = unabdingbares "zwingendes" Völkerrecht im Sinne von Art. 53 der Wiener Vertragsrechtskonvention (WKV) vom 23.5.1969 (BGBl. 1985 II, S. 927).

43 BGBl. 1973 II S. 505.

44 StRspr. des BVerfG: vgl. u.a. BVerfG 13.12.1977, 2 BvM 1/76, BVerfGE 46, 342, 367; BVerfG 12.4.1983, 2 BvR 678/81, BVerfGE 64, 1, 24, BVerfG 31.3.1987, 2 BvM 2/86, BVerfGE 75, 1, 21 ff.; BVerfG 21.5.1987, 2 BvR 1170/83, NJW 1988, 1462, 1463 sowie BVerfG 18.12.1984, 2 BvE 13/83, BVerfGE 68, 1, 89.

Art. 25 GG, es sei denn, in ihnen hätten Rechtsnormen des "ius cogens" oder des Völkergewohnheitsrechts (deklaratorisch) ihren Niederschlag gefunden.

Bürgerinnen und Bürger können damit nach Art. 25 Satz 2 GG in Deutschland vor innerstaatlichen Gerichten einfordern, dass die „allgemeinen Regeln des Völkerrechts“ von deutschen Hoheitsträgern uneingeschränkt eingehalten werden. Denn diese „allgemeinen Regeln“ i.S. von Art. 25 Satz 2 GG begründen unmittelbare Rechte und Pflichten für alle Bewohnerinnen und Bewohner des Bundesgebiets. Wenn von „Bewohnern des Bundesgebiets“ die Rede ist, sind damit alle natürlichen und juristischen Personen gemeint, die sich im Bundesgebiet aufhalten, also auch Ausländer und ausländische Truppen.

Ist in einem Rechtsstreit zweifelhaft, ob eine (allgemeine) Regel des Völkerrechts Bestandteil des Bundesrechts ist und ob sie unmittelbare Rechte und Pflichten für den Einzelnen erzeugt (Art. 25 GG), hat das jeweilige innerstaatliche Gericht dazu gemäß Art. 100 Abs. 2 GG die Entscheidung des BVerfG einzuholen.

Nicht völlig unstreitig ist bislang allerdings, ob es dafür ausreichend ist, dass der Rechtssatz, dessen Verletzung gerügt wird, zu den „allgemeinen Regeln“ des Völkerrechts gehört oder ob er darüber hinaus auch selbst unmittelbar „vollzugsfähige“ individuelle Rechte begründen muss.

Das BVerfG hat im Ergebnis eine Einschränkung der von Art. 25 GG erfassten Normen des Völkerrechts etwa auf unmittelbar anwendbare Normen in mehreren Entscheidungen verneint. Im sog. Botschaftskonto-Fall hat es ausdrücklich ausgeführt, dass auch staatsgerichtete Normen des Völkerrechts in ihrer jeweiligen Tragweite als Bestandteil des Bundesrechts von allen rechtsetzenden und rechtsanwendenden Organen der Bundesrepublik als objektives Recht zu beachten und je nach Maßgabe ihres Tatbestands und ihres Regelungsinhalts anzuwenden sind.[45]

Nach verbreiteter Auffassung sollen ungeachtet dessen die allgemeinen Regeln des Völkerrechts für den einzelnen Bürger nach Art. 25 GG nur dann unmittelbar geltende (subjektive) Rechte und Pflichten erzeugen, wenn dies die völkerrechtliche Norm direkt oder indirekt vorsehe;[46] insbesondere müsse die völker-

45 BVerfG 13.12.1977, 2 BvM 1/76, BVerfGE 46, 342, 363; BVerfG 22.3.1983, 2 BvR 475/78, BVerfGE 63, 343, 363 und 373 f.); im Ergebnis ebenso u.a. Rojahn in: von Münch/Kunig (Hrsg.), GG-Kommentar, 6. Aufl. 2012, Art. 25 Rn 31 m.w.N.; Hofmann (Fn 26), Art. 25 Rn 25; Kunig, in: Graf Vitzthum (Hrsg.), Völkerrecht, 4. Aufl. 2007, 2. Abschn. Rn 41; Streinz in: Sachs (Hrsg.), GG, Art. 25 Rn 40; Steinberger in: Handbuch des Staatsrechts, Bd. VII, 1. Aufl. 1992, § 173 Rn 44 ff.

46 In diese Richtung etwa BVerfG 22.3.1983, 2 BvR 475/78, BVerfGE 63, 343 (373 f.; großzügiger: BVerfG 26.10.2004, 2 BvR 955/00, BVerfGE 112, 1, 22; restriktiv ohne nähere Begründung BVerwG 1.2.1989, 1 D 2.86, BVerwGE 86, 99, 119; Heintschel von Heinegg, in: Epping/Hillgruber (Hrsg.), GG, 2009, Art. 25 Rn 35; Jarass/Pieroth, GG, 12. Aufl. 2012, Art. 25 Rn 13.

rechtliche Regel ausreichend bestimmt sein. Das sei nur bei solchen Normen des Völkerrechts (Völkergewohnheitsrecht und zwingendes Völkerrecht [ius cogens]) der Fall, die sich nach Inhalt und Zweck eigneten, in Rechtsverhältnisse des Einzelnen einzugreifen. Dabei müsse es sich um Vorschriften handeln, die innerstaatliche Rechtswirkungen intendierten[47] oder die geeignet seien, individuelle Rechte und Pflichten zu begründen. Für die subjektiv-rechtliche Umformung einer staatengerichteten Regel des Völkerrechts komme es darauf an, ob diese zumindest in einem weiteren Sinne eine individualschützende oder individualverpflichtende Finalität aufweise. Einer individuellen Inanspruchnahme zugänglich seien etwa die auch dem Individualschutz dienenden Normen des humanitären Kriegsvölkerrechts, die Freiheiten der Hohen See oder der gebotene Mindeststandard der allgemeinen Regeln des völkerrechtlichen Fremdenrechts.[48]

Eine solche restriktive Auslegung des Art. 25 Satz 2 GG ist weder mit dem Wortlaut noch mit der Entstehungsgeschichte und dem daraus folgenden Zweck der Regelung vereinbar. Insofern ist zunächst nochmals an die unmissverständliche Argumentation von Carlo Schmidt im Verfassungsgebungsprozess zu erinnern, der sich damit gegen erhebliche Widerstände im Parlamentarischen Rat auch durchsetzen konnte: *„Den weiteren Schritt, den wir tun sollten, ist, abzuweichen von der bisherigen Doktrin des Völkerrechts, wonach das Völkerrecht nur adressiert ist an die Staaten und nicht an die einzelnen Individuen, so dass der Einzelne an völkerrechtliche Bestimmungen nur gebunden sein soll und durch sie nur berechtigt sein soll, wenn die Völkerrechtssätze durch den Landesgesetzgeber in Landesrecht transformiert worden sind. Das ist herrschende Doktrin, und sie ist heute überall praktisch in Geltung. Ich glaube, dass es nicht schaden könnte, wenn unser Land das erste wäre, das mit diesem Herkommen bricht und klar zum Ausdruck bringt, dass das Völkerrecht nicht eine Rechtssphäre irgendwo ist – die meinetwegen „dort oben hanget unveräußerlich" -, die gerade deshalb nie zum Zuge kommt, sondern dass es eine Rechtssphäre ist, die auch unser innerstaatliches Rechtsleben bedingt und bestimmt und sich unmittelbar an den einzelnen Deutschen wendet, ihn berechtigend und verpflichtend."*

Es wäre sinnlos, allgemeine Regeln des Völkerrechts über Art. 25 GG in den innerstaatlichen Bereich zu übernehmen, die lediglich Rechte und Pflichten der Staaten untereinander begründen. Art. 25 GG hat gerade den – nicht zuletzt aus seiner Entstehungsgeschichte – erkennbaren Zweck, die Einhaltung aller („die") „allgemeinen Regeln des Völkerrechts" durch Übernahme in den innerstaatlichen Bereich zu garantieren. Er bewirkt, dass die allgemeinen Regeln des Völkerrechts die gleichen Rechtswirkungen für die einzelnen Bürger haben wie sonst innerstaatliches objektives Recht. Das bedeutet, dass der Einzelne sich – soweit

47 So etwa Rudolf, Völkerrecht und deutsches Recht, 1967, S. 172.
48 So Herdegen, in: Maunz/Dürig, GG, Art. 25 Rn 50 (Lfg. 37, August 2000).

es ihr Inhalt zulässt – auf diese von Art. 25 GG erfassten Regeln im Rahmen des jeweiligen gerichtlichen Verfahrens berufen kann, und zwar unabhängig davon, dass die allgemeinen Regeln des Völkerrechts als objektives Recht ohnehin von den deutschen Staatsorganen aufgrund des Rechtsanwendungsbefehls des Art. 25 S. 1 GG von Amts wegen zu beachten sind.[49] Aufgrund dieser Übernahme sind die staatlichen Organe, also Legislative, Exekutive und die innerstaatlichen Gerichte, kraft Verfassungsrechts gehalten und verpflichtet dafür zu sorgen, dass die Bundesrepublik Deutschland diese völkerrechtlichen Normen einhält.[50] Das gilt auch für das völkerrechtliche Interventions- und das völkerrechtliche Gewaltverbot.[51]

Deshalb ist davon auszugehen: Richtet sich eine allgemeine Regel des Völkerrechts nach ihrem völkerrechtlichen Inhalt nur an Staaten, so verleiht ihr Art. 25 Satz 2 GG den Charakter eines subjektiven Rechts bzw. einer Rechtspflicht auch im innerstaatlichen Bereich. Sie kann deshalb durch oder gegenüber dem Einzelnen vor den innerstaatlichen Gerichten durchgesetzt werden, und zwar ungeachtet ihrer gesetzlichen Konkretisierung.[52] Deshalb kann auch der einzelne Bürger aufgrund von Art. 25 Satz 2 GG verlangen, dass alle Organe seines Staates die allgemeinen Regeln des Völkerrechts i.S. von Art. 25 Satz 1 GG nicht verletzen.

Lässt ein innerstaatliches Gericht eine „allgemeine Regel des Völkerrechts" i.S. von Art. 25 GG in einem Rechtsstreit unbeachtet, so kann der betroffene Bürger dagegen Rechtsmittel einlegen und nach Erschöpfung des Rechtswegs eine Verfassungsbeschwerde gegen die gerichtliche Entscheidung auf eine Verletzung jedenfalls des in Art. 2 Abs. 1 GG normierten Grundrechts auf allgemeine Handlungsfreiheit in Verbindung mit Art. 25 GG stützen. Denn zur verfassungsmäßigen Ordnung i.S. von Art. 2 Abs. 1 GG, auf deren Einhaltung jeder Einzelne einen grundrechtlich verbürgten Anspruch hat, gehört auch, dass bei der Anwendung des Bundesrechts die allgemeinen Regeln des Völkerrechts gemäß Art. 25 GG beachtet werden.[53] Unterlässt das innerstaatliche Gericht trotz ernstzunehmender Zweifel an einer anzuwendenden allgemeinen Regel des Völkerrechts entgegen Art. 100 Abs. 2 GG die Vorlage an das BVerfG, so ist gegen das Urteil die Verfassungsbeschwerde auch wegen einer Verletzung des Anspruchs auf den gesetzlichen Richter (Art. 101 Abs. 1 Satz 1 GG) zulässig.[54] Begründet ist die Verfassungsbeschwerde allerdings nur dann, wenn die angegriffe-

49 Vgl. dazu u.a. Steinberger (Fn 45), § 173 Rn 2, § 173 Rn 71 zu BVerfGE 46, 342 und 63, 343; Giegerich (Fn 23), S. 107 f.; Hofmann (Fn 26), Art. 25 Rn 26 m.w.N.

50 So zu Recht u.a. Geiger, Grundgesetz und Völkerrecht, 4. Aufl. 2009, § 35 IV 2, S. 151.

51 Vgl. Geiger (Fn 50), S. 151.

52 Vgl. Pernice, in: Horst Dreier (Hrsg.), GG-Kommentar, Bd. II, 2. Aufl. 2006, Art. 25 Rn 30 m.w.N.

53 Vgl. dazu u.a. BVerfG 14.5.1968, 2 BvR 544/63, BVerfGE 23, 288, 300; BVerfG, Beschl. v. 3.3.2004 – 2 BvR 26/04, BVerfGK 3, 27; Geiger (Fn 50), § 35 VI 2, S. 154.

54 BVerfG 2.2.1999, 2 BvM 1/98, BVerfGE 100, 209, 211; Geiger (Fn 50), S. 155.

ne Entscheidung des innerstaatlichen Gerichts auf dieser Rechtsverletzung beruht.[55]

5. Auswirkungen für Befehle und Weisungen im Soldaten- und Beamtenrecht

Auswirkungen hat die in Art. 20 Abs. 3 und Art. 25 GG normierte Bindung an das Völkerrecht auch für an Soldaten gerichtete Befehle und für Beamten erteilte Weisungen ihrer Vorgesetzten.

a) Nach § 10 Abs. 4 des Soldatengesetzes (SG) dürfen Befehle nur unter Beachtung der „Regeln des Völkerrechts" erteilt werden. Der Soldat muss seinen Vorgesetzten gehorchen und ihm erteilte Befehle nach besten Kräften vollständig, gewissenhaft und unverzügliche auszuführen (§ 11 Abs. 1 SG). Die Pflicht der Untergebenen zum Gehorsam gehört zu den zentralen Dienstpflichten jedes Soldaten der Bundeswehr. Dabei handelt es sich jedoch anders als in früheren deutschen Rechtsepochen um keinen blinden oder unbedingten Gehorsam. Aus dem GG und dem SG ergeben sich vielmehr rechtliche Grenzen der militärischen Gehorsamspflicht. Drei davon sind ausdrücklich in den – gemäß § 22 Abs. 1 WStG nach allgemeiner Auffassung in Rechtsprechung und Fachschrifttum nicht[56] abschließenden – Regelungen des § 11 Abs. 1 Satz 3 Halbs. 1 Alt. 1 und 2 SG[57] und des § 11 Abs. 2 SG[58] normiert. Darüber hinaus ist ein militärischer Befehl für einen Untergebenen auch dann unverbindlich,[59] wenn er gegen Art. 25 GG („allgemeine Regeln des Völkerrechts") oder gegen Art. 26 Abs. 1 Satz 1 GG (Verbot der Vorbereitung, und damit auch Führung oder Unterstützung eines Angriffskrieges) verstößt.

Entsprechend der Vorrangwirkung des Art. 25 S. 2 GG kann im Bereich der Bundeswehr ein militärischer Befehl eines Vorgesetzten, der den "allgemeinen Regeln des Völkerrechts" widerspricht, von Untergebenen damit keinen Gehorsam nach § 11 Abs. 1 Satz 1 und 2 SG beanspruchen. Der Untergebene hat also, wenn ein Befehl "allgemeine Regeln des Völkerrechts" verletzt, diese Regeln anstelle des ihm erteilten Befehls zu befolgen. Denn Art. 25

55 Vgl. BVerfG 12.4.1983, 2 BvR 678/81, BVerfGE 64, 1, 21; Geiger (Fn 50), S. 155.
56 Vgl. u.a. BVerwG 21.6.2005, 2 WD 12.04, NJW 2006, 77 ff. = Juris Rn 112 m.w.N.; Schölz/Lingens, WStG, 3. Aufl. 1988, § 2 Rn 34; Scherer/Alff, SG, 7. Aufl. 2003, § 11 Rn 16 jew. m.w.N.
57 Die Vorschrift lautet: Ungehorsam liegt nicht vor, wenn ein Befehl nicht befolgt wird, der die Menschenwürde verletzt oder zu nicht dienstlichen Zwecken erteilt worden ist.
58 § 11 Abs. 2 SG: Ein Befehl darf nicht befolgt werden, wenn dadurch eine Straftat begangen würde.
59 BVerwG 21.6.2005, 2 WD 12.05, NJW 2006, 77 ff. = Juris Rn 113 und 114.

GG verdrängt insoweit die Rechtswirkungen des § 11 Abs. 1 Satz 1 und 2 SG und verpflichtet den Untergebenen unmittelbar.[60]

Wenn auch der militärische Vorgesetzte nach § 10 Abs. 5 Satz 1 SG die Verantwortung für die Rechtmäßigkeit und Zweckmäßigkeit seiner Befehle zu tragen hat, folgt aus der Verpflichtung jedes Soldaten, einen erteilten Befehl gewissenhaft auszuführen sowie aus der in § 7 SG normierten Pflicht zum treuen Dienen nicht nur das Recht, sondern auch die Pflicht eines Untergebenen, Gegenvorstellungen zu erheben, wenn er schwerwiegende Bedenken gegen die rechtliche oder tatsächliche Durchführbarkeit des Befehls hat.[61] Bestehen Unklarheiten über Inhalt und Umfang eines erteilten Befehls, hat ein Untergebener das Recht und die Pflicht, Fragen zu stellen, Gegenvorstellungen zu erheben sowie auf Klärung zu dringen.[62]

b) Entsprechendes gilt für Beamte. Nach den beamtenrechtlichen Regelungen sowohl des Bundes als auch der Bundesländer tragen Beamte „für die Rechtmäßigkeit ihrer dienstlichen Handlungen die volle persönliche Verantwortung“, und zwar ungeachtet dessen, dass sie als Teil der Verwaltungshierarchie weisungsgebunden sind. Dementsprechend können sie straf-, disziplinar- und haftungsrechtlich zur Verantwortung gezogen werden, wenn die von ihnen vorgenommene Handlung rechtswidrig ist und sie ein Verschulden trifft. Deshalb muss jede/r Beamte/in, bevor sie/er eine dienstliche Handlung vornimmt, deren Rechtmäßigkeit prüfen. Der Umfang der Prüfungspflicht richtet sich insbesondere nach der „amtsbezogenen Wahrnehmungszuständigkeit“ sowie der Vorbildung und den Erfahrungen des/der jeweiligen Beamten/in.

c) Was sind die Grenzen des Weisungsrechts von Vorgesetzten und damit auch der Befolgungspflicht von Untergebenen? Das geltende Recht ist sowohl auf Bundes- als auch auf Landesebene in dieser Hinsicht nicht eindeutig. Zur Klärung dieser rechtlichen Grenzen gibt es auf Verwaltungsebene das sog. Remonstrationsverfahren. Hat ein Beamter Bedenken gegen die Rechtmäßigkeit einer dienstlichen Anordnung, so muss er seine Bedenken unverzüglich, also ohne schuldhaftes Zögern, unter Einhaltung des Dienstweges bei seinem/r Vorgesetzten, der die Anordnung erlassen hat, vorbringen. Dies ist Kern seiner so genannten Remonstrationspflicht. Wenn der Vorgesetzte die Anordnung/Weisung aufrecht erhält, so muss sich der/die Beamte/in, wenn seine/ihre Bedenken fortbestehen, an den nächsthöheren Vorgesetzten wenden. Sofern dieser oder ein anderer höherer Vorgesetzter die Anordnung be-

60 BVerwG, Urt. v. 21.6.2005 – 2 WD 12.05 NJW 2006, 77 ff., Juris Rn 114; Jescheck/Weigend, Lehrbuch des Strafrechts, 5. Aufl. 1996, § 35 II 2 b, S. 393; Schölz/Lingens (Fn 56), § 2 Rn 40.

61 BVerwG 8.1.2004, 2 WD 13.03, BVerwGE 120, 105 ff. = Juris Rn 11 m.w.N.

62 BVerwG 10.8.1983, 1 WB 64.82, NZWehrr 1984, 37 f.

stätigt, so muss der/die Beamte/in diese grundsätzlich ausführen, sofern er nicht ungeachtet dessen berechtigt ist, sie nicht zu befolgen. Er kann in jedem Falle verlangen, dass die Bestätigung schriftlich erfolgt. Er ist nach Durchführung dieses Remonstrationsverfahrens von jeder persönlichen Verantwortung befreit. Die Verantwortung geht dann auf den anordnenden und den die Anordnung bestätigenden Vorgesetzten über.
Grundsätzlich lösen nach der geltenden Rechtslage in Deutschland auch rechtswidrige Anordnungen die Befolgungspflicht aus, sofern sie einen Bezug zur Dienstausübung des Beamten aufweisen.[63] Bei einer verfassungswidrigen Weisung entfällt nach überwiegender Auffassung die Befolgungspflicht des/der Beamten/in nur dann, wenn ein evidenter besonders schwerer Verfassungsverstoß vorliegt.[64] Ein solcher kann vorliegen, wenn die dem Beamten erteilte Weisung/Anordnung gegen Art. 25 oder Art. 20 Abs. 3 GG verstößt. Insoweit kann auf die obigen Ausführungen zum Soldatenrecht verwiesen werden.

63 Vgl. BVerfG 7.11.1994, 2 BvR 1117/94, NVwZ 1995, 680 f.; BVerwG 13.12.2000, 1 D 34.98, Buchholz 232 § 54 Satz 3 BBG Nr. 24 S. 30.
64 Vgl. dazu u.a. BVerfG, 5.12.1994, 2 BvR 2434/94, NVwZ 1995, 680; Weiß ZBR 1995, 197; Günther RiA 2007, 19, 21.

Sozialstaatsfragen

Karl-Jürgen Bieback

Die Relevanz der sozialen Grundrechte der Europäischen Grundrechtecharta (EuGRCh)

I. Einleitung

Martin Kutscha und ich hatten auf der Basis einer langen rechtspolitischen Zusammenarbeit 1984 das Buch „Politische Rechte der Beamten"[1] publiziert, um in den Zeiten der Berufsverbote die rigiden Beschränkungen der Meinungs- und Koalitionsfreiheit der Beamten zu kritisieren. Wir sind schon damals auf die internationalen Verbürgungen der liberalen wie der sozialen Grundrechte eingegangen. Dass Jahre später die Berufsverbotepraxis von den Kontrollgremien der ILO und das Verbot des Beamtenstreiks von denen der Sozialcharta und dem EGMR als Verstoß gegen international verbürgte Grundrechte gebrandmarkt wurden, zeigt, wie wichtig die internationalen Kodifikationen der Freiheitsrechte sind. Diesen Aspekt will ich in meinem Beitrag aufgreifen und dabei eines der heikelsten Themen der Grundrechtsdogmatik in den Vordergrund stellen, die sozialen Grundrechte.

II. Hintergrund der EuGRCh

Auf der Basis eines Entwurfs, den ein vom Rat einberufener „Konvent" erstellte, verabschiedete der Europäische Rat am 13./14. Oktober 2000 in Biarritz die EuGRCh einstimmig; sie wurde nach Zustimmung des Europäischen Parlaments und der Kommission am 7. Dezember 2000 in Nizza proklamiert (ABl 2000/C 364/01). Die Charta wurde Teil (II) des Entwurfs einer Verfassung der EU, deren Inkrafttreten aber an der Ablehnung/Nichtbehandlung in mehreren Staaten scheiterte. In leicht veränderter Form wurde sie durch den Verweis in Art. 6 Abs. 1 EUV 2007 über die Lissaboner Verträge auf die Ebene des Vertragsrechts der EU gehoben. Sie hat damit Rang und Verbindlichkeit wie die Verträge auch, wie die Grundfreiheiten und die Diskriminierungsverbote der Verträge.[2] Die EuGRCh hat bindende Wirkung nur gegenüber den Gemeinschaftsorganen – gegen-

1 Bieback/Kutscha, Politische Rechte der Beamten, 1984.
2 Deutlich: EuGH 19.1.2010, Rs. C-555/07 (Kücükdeveci), Slg. 2010, I-365, Rn 22.

über den Mitgliedstaaten nur auf dem Gebiet der direkten Ausführung des Gemeinschaftsrechts[3] (Art. 51 Abs. 1 und Abs. 2 EuGRCh).

Dies bedingte auch den zweiten Mangel, die oft sehr vage sprachliche Formulierung vieler Grundrechte der Charta und ihres Geltungsanspruchs („achten", „anerkennen", etc.). Eng damit zusammen hängt, dass die EuGRCh gem. Art. 52 durch jede verhältnismäßige Regelung eingeschränkt werden kann. Dies ist im Verhältnis zur deutschen Grundrechtsgeltung keine so gravierende Verschlechterung, denn letztlich stehen alle, auch die schrankenlos garantierten Grundrechte des Grundgesetzes unter dieser Schranke.[4]

Zu Recht haben Norman Paech[5] und Martin Kutscha[6] kritisiert, dass mit der EuGRCh das weiterhin gravierende Demokratiedefizit der EU nicht beseitigt wird und die zentralistisch-exekutivische Verfassung der EU die demokratische und föderale Struktur der Mitgliedstaaten verletzt. Nur sind Grundrechte fast immer zuerst gegen autokratische Regime erkämpft worden und ein Schritt auf dem Weg, den Gleichlauf von Demokratie und Grundrechten und erst Recht den von sozialer Demokratie und sozialen Grundrechten durchzusetzen. Es soll hier darum gehen, den relativen Fortschritt deutlich zu machen, der in der Verbürgung sozialer Grundrechte in der EuGRCh liegen kann.

III. Neuerungen der EuGRCh

Dennoch bringt die Charta einige wichtige Neuerungen. Drei davon sind:

1. Die EuGRCh enthält einen umfangreichen Katalog von Grundrechten, der voll auf dem Stand der bisherigen nationalen und internationalen Grundrechtstradition ist.
2. Die EuGRCh geht über die bisherige Tradition nationaler und internationaler Verbürgungen der Grundrechte hinaus, die klassischen Freiheitsrechte ausführlich und effektiv, die sozialen Grundrechte dagegen nur kursorisch und deutlich getrennt von den Freiheits- und politischen Rechten zu regeln. In der EuGRCh sind die sozialen Grundrechte integraler und gleichberechtigter Teil mit gleicher (allerdings beschränkter) Wirkung wie die klassischen Freiheitsrechte.

3 Sehr weit EuGH 26.2.2013, Rs. C-617/10 (Åkerberg Fransson), Rn 16 – 31; deutliche Zurückweisung in BVerfG 24.4.2013, 1 BvR 1215/07, Rn 91.

4 Bühler 2005.

5 Paech, Die Europäische Verfassung – Ein Schritt zur Demokratisierung der EU?, Arbeitspapiere für Staatswissenschaften Nr. 15, Department für Wirtschaft und Politik, 2005.

6 Kutscha KJ 1990, 425.

3. Fast alle Rechte gelten für alle Menschen („jede Person hat das Recht auf…“), selbstverständlich die Gleichheitsrechte (Art. 20-26) und sogar auch die sozialen Grundrechte. Eine Ausnahme bildet das Grundrecht auf Freizügigkeit aller Erwerbstätigen, das nur für Unionsbürger gilt (Art. 15 Abs. 2). Sogar das Recht auf Leistungen der sozialen Sicherheit (wie sie nach dem Recht der Gemeinschaft und den Mitgliedstaaten eingerichtet sind) steht „jeder Person, die in der Union ihren rechtmäßigen Wohnsitz hat und ihren Aufenthalt rechtmäßig wechselt“ zu (Art. 34 Abs. 2).

IV. Gleichheitsrechte und ihre Verzahnung mit den sozialen Rechten

Von der ökonomischen wie sozialen Logik eines gemeinsamen Marktes her hat die Verfassung der EU immer schon die Gleichbehandlung aller Bürger innerhalb der EU stark vorangetrieben.[7] Das hatte auch weitergehende Auswirkungen auf den allgemeinen Grundrechtsstatus in den Mitgliedstaaten.

So verwundert es auch nicht, dass die EuGRCh bei der Statuierung der Rechte auf Gleichheit in Kapitel III neue Wege geht. Sie enthält neben der Verbürgung der allgemeinen Gleichheit vor dem Gesetz noch alle traditionellen und weitere, neue Verbote der Diskriminierung. Einmal enthält die Charta in Art. 21 das Verbot der Diskriminierung wegen spezieller Merkmale (Geschlecht, Rasse, Hautfarbe bis hin zur sexuellen Ausrichtung, der Behinderung und dem Alter), das über den Schutz vor Diskriminierungen in Art. 19 AEUV oder den Art. 3 Abs. 3 GG in Umfang, Genauigkeit und Geltungsanspruch weit hinausgeht. Neu und wichtig sind die Garantie der Achtung unterschiedlicher Kulturen, Religionen und Sprachen (Art. 22), die Garantie der „positiven Gleichheit“ von Männern und Frauen (Art. 23), die in etwa Art. 3 Abs. 2 GG entspricht, das Recht älterer Menschen und von Menschen mit Behinderungen auf Integration (Art. 25 und 26) und die Rechte des Kindes (Art. 24). Damit ist die ganze moderne Konzeption des Rechts auf Gleichheit entwickelt: Von dem Recht auf Gleichbehandlung hin zu Rechten auf positive Gleichstellung und auf Integration sowie auf Differenz. Das sich hinter den unterschiedlichen Artikeln unterschiedliche Grade von Stringenz und Verbindlichkeit verbergen, sollte allerdings nicht übersehen werden. Aber es würde dem neuen Ansatz der Charta nicht gerecht, zu sehr diese Unterschiede zu betonen.[8]

7 Vgl. Bieback, in: Fuchs (Hrsg.), Europäisches Sozialrecht, 6. Auflage 2013, Vor Art. 19 und 157 AEUV.

8 Calliess EuZW 2001, 265; v. Bogdandy JZ 2001, 159; umfassend: Kober, Der Grundrechtsschutz in der Europäischen Union, 2009, S. 80 ff.

V. Soziale Grundrechte in der EuGRCh

Gerade die Aufnahme sozialer Grundrechte in die EuGRCh ist Gegenstand intensiver Debatten und Verhandlungen gewesen.[9] Es gab schon einen Vorläufer, die Gemeinschaftscharta der sozialen Grundrechte der Arbeitnehmer v. 1989, die aber ebenfalls keine rechtliche Wirksamkeit erlangte, da das Vereinigte Königreich ihrem Erlass durch den Rat widersprochen hatte.

1. Ein umfassender Katalog der sozialen Grundrechte

Der Teil „Solidarität" der EuGRCh enthält einen sehr breit gefächerten Katalog unterschiedlicher sozialer Grundrechte. Sie lassen sich am besten gliedern in:[10]

a) Freiheitsrechte mit sozialem Bezug: das Recht auf Kollektivverhandlungen und Kollektivmaßnahmen, das ausdrücklich den Abschluss von Tarifverträgen und das Streikrecht erwähnt (Art. 28);
b) Rechte auf sozialen Schutz und auf Inklusion (adressiert unmittelbar gegen den Arbeitgeber und/oder an den Staat): Schutz bei ungerechtfertigten Entlassungen (Art. 30), das Recht auf gerechte und angemessene Arbeitsbedingungen, das ausdrücklich auch die Begrenzung der Höchstarbeitszeit, die Gewährleistung von Ruhezeiten und bezahlten Jahresurlaub einschließt (Art. 31), das Verbot der Kinderarbeit und den Schutz der Jugendlichen am Arbeitsplatz (Art. 32), Schutz durch soziale Sicherheit und soziale Unterstützung (Art. 34), Gesundheitsschutz (Art. 35), Schutz der Familie (Art. 33), Umweltschutz (Art. 37), Verbraucherschutz (Art. 38) – sie alle gewähren keine individuellen, konkreten Ansprüche auf bestimmte Leistungen, sondern enthalten nur Verpflichtungen (der EU!) Leistungssysteme, Organisation und Verfahren einzurichten, um diese sozialen Rechte zu gewährleisten, sie sind also eher „Staatszielbestimmungen";
c) Wirtschaftliche und soziale Teilhaberechte: Das Recht auf Unterrichtung und Anhörung der Arbeitnehmerinnen und Arbeitnehmer im Unternehmen (Art. 27), das Recht auf Zugang zu einem unentgeltlichen Arbeitsvermittlungsdienst (Art. 29), Zugang zu Dienstleistungen von allgemeinem wirtschaftlichem Interesse (Art. 36), Recht auf Bildung (Art. 14), Rechte der Kinder (Art. 24) und die Rechte der älteren und der behinderten Personen

9 Van den Burg, in: Kaufmann (Hrsg.), Grundrechtecharta der Europäischen Union, 2001, 35; Riedel, in: Meyer (Hrsg.), Kommentar zur Charta der Grundrechte der Europäischen Union, 3. Aufl. 2011, Vor Art. 27, Rn 4 ff.; Kingreen, in: Ehlers (Hrsg.), Europäische Grundrechte und Grundfreiheiten, 3. Aufl. 2009, § 18 Rn 1 ff.

10 Andere, aber ähnliche Systematisierung bei Philippi, Die Charta der Grundrechte der Europäischen Union, 2002, S. 30 ff.

auf Integration (Art. 25 und 26) – sie zielen auf Teilhabe an und in Einrichtungen und Organisationen, wenn und soweit sie vorhanden sind;

d) Soziale Prinzipien und Zielsetzungen: die weniger in der EuGRCh, sondern (schon) im AEUV enthalten sind (Art. 2, 140, 158 AEUV) und zu deren Verwirklichung die EuGRCh dient.

Der gemeinsame sozialpolitische und sozialrechtliche Hintergrund aller dieser sozialen Grundrechte ist die Politik der sozialen Inklusion.[11] Hier liegt auch der Fokus der sozialpolitischen Programmatik der Kommission in den letzten Jahren.[12] Es geht dabei – entsprechend der Ausrichtung der EU als „Wirtschaftsgemeinschaft" – vor allem um eine Integration in den Arbeitsmarkt und das Erwerbsleben – ein Ansatz, der weder für Kinder und Jugendliche noch für ältere Menschen ausreichend ist und die sozio-kulturelle Einbettung der Erwerbsgesellschaft vernachlässigt.

2. Lücken und Probleme

Vergleicht man die EuGRCh mit ihrem Vorbild, der (revidierten) europäischen Sozialcharta, so fehlen in der EuGRCh folgende soziale Grundrechte: Das Recht auf Arbeit (Art. 1 ESC), das Recht auf ein gerechtes Arbeitsentgelt (Art. 4 ESC) sowie das Recht auf Schutz der Arbeitnehmervertreter im Betrieb (Art. 28 ESC). Schließlich fehlt auch das Recht auf Wohnung (Art. 31 ESC). Diese Rechte wurden nicht aufgenommen, weil man befürchtete sie gäben der EU Kompetenztitel für eine aktive Arbeitsmarktpolitik und für eine Umgestaltung der Arbeitsbeziehungen.[13]

Zudem stehen viele Verbürgungen ausdrücklich unter dem Vorbehalt des Gemeinschaftsrechts. Sie gelten nur nach Maßgabe des Gemeinschaftsrechts (Art. 27, 28, 30, 34, 35, 36). Aber auch das haben sie mit den allgemeinen Verbürgungen der sozialen Grundrechte in den Konventionen und der ESC gemeinsam.

VI. Stellenwert der EuGRCh für die allgemeine Funktion sozialer Grundrechte

Die Gleichstellung von klassischen Freiheitsrechten, Gleichbehandlungsrechten und sozialen Grundrechten in der EuGRCh ist auch insoweit wichtig, als – bei

11 So grundlegend Eichenhofer, Soziale Menschenrechte im Völker-, europäischen und deutschen Recht, 2012, S. 9-73, S. 164 ff.

12 Alles unter www.socialinclusion.eu (20.7.2013).

13 Lörcher AuR 2000, 241 ff.; Meyer/Engels ZRP 2000, 368.

allen Unterschieden – die Gemeinsamkeit dieser Grundrechte und die Gleichwertigkeit der sozialen Grundrechte mit den klassischen Freiheits- und Gleichheitsrechten betont wird. Dies wird in drei Aspekten deutlich:

1. Traditionell werden soziale Grundrechte als Staatszielbestimmungen und Forderungen an den Staat auf Schutzgewährung und Regulierung angesehen,[14] in meist falscher[15] Abgrenzung gegenüber „richtigen" Grundrechten. Daraus folgt auch die unterschiedliche Formulierung vieler, aber nicht aller sozialen Grundrechte gegenüber den Freiheitsrechten. Heißt es bei den Freiheitsrechten in der Regel „jede Person hat das Recht auf …", ist die Formulierung der sozialen Grundrechte sehr viel differenzierter. Bei den Arbeitnehmergrundrechten heißt es fast durchgängig ebenfalls „jede Person" oder „die Arbeitnehmerinnen und Arbeitnehmer haben ein Recht auf…", das aber manchmal eingeschränkt wird auf die Gewährleistungen „nach dem Gemeinschaftsrecht und den einzelstaatlichen Rechtsvorschriften" (Art. 27, 30). Bei den allgemeinen sozialen Rechten werden teilweise individuelle Rechte gewährleistet wie das Recht auf Zugang zum System der sozialen Sicherheit und zur Gesundheitsversorgung (Art. 34 und 35), teilweise werden nur Institutionen gewährleistet oder geachtet, wie der Schutz der Familie (Art. 33), der gleiche Zugang zu den Dienstleistungen von allgemeinem sozialen Interesse (Art. 36), ein hohes Umweltschutzniveau (Art. 37) und der Verbraucherschutz (Art. 38). Schließlich gibt es Bestimmungen mit unmittelbarer Wirkung wie das Verbot der Kinderarbeit und das Gebot altersangepasster Arbeitsbedingungen für Jugendliche (Art. 32).[16]
2. Hinter der Besonderheit sozialer Rechte, dass sie nicht oder nur bedingt individuell einklagbar sind, steht zudem ein anderes, erweitertes Konzept von Grundrechtsschutz, wie es sich vor allem auch in den internationalen Grundrechtskodifikationen durchgesetzt hat.[17] International verbürgte Grundrechte werden gegenüber den Mitgliedstaaten oft nur durch politische Systeme der Berichterstattung, Rüge und Brandmarkung umgesetzt. Solche Systeme sind auch in der innerstaatlichen Durchsetzung von Freiheitsrechten mittlerweile unerlässlich. Das zeigt deutlich die Umsetzung des Grundrechts auf Datenschutz oder die Wahrung der Kommunikationsfreiheit im Internet, die effek-

14 Böckenförde/Jekewitz/Ramm, Soziale Grundrecht, 1981; Alexy, Theorie der Grundrechte, 1986, S. 454 ff.; Schnapp, Soziale Grundrechte aus verfassungsrechtlicher Sicht, in: Bernd von Maydell, Soziale Rechte in der EG, 1990, S. 5.

15 Bryde RdA 2003, 5, 8; Bieback ZFSH/SGB 2003, 585, 586; Kingreen, in: Ehlers (Hrsg.), Europäische Grundrechte und Grundfreiheiten, 3. Aufl. 2009, § 18 Rn 10, 11.

16 Zu den unterschiedlichen Geltungsansprüchen Schmitz JZ 2001, 840, 841; Streinz, in: ders. (Hrsg.), EUV/AEUV 2012, Vor GR-Charta Rn 12/13.

17 Bieback KJ 2010, 230 ff..

tiv nur über Datenschutzbeauftragte etc. mit ihren Untersuchungs- und Berichtsrechten geschützt werden können.

3. Soziale Grundrechte sind Schutzaufträge an den Staat und räumen ihm gleichzeitig Kompetenzen zur Regulierung ein. Insoweit sind soziale Grundrechte genauso wie das Sozialstaatsprinzip Ermächtigungen an den Gesetzgeber, in die klassischen liberalen Freiheitsrechte der wirtschaftlichen Betätigung einzugreifen, um die soziale und personale Freiheit der Schutzbedürftigen durchzusetzen. Auch dies ist mittlerweile kein prinzipieller Unterschied mehr zu den liberalen Freiheitsrechten. Denn beginnend mit dem Mitbestimmungsurteil des Bundesverfassungsgerichts hat sich allmählich die Auffassung durchgesetzt, dass der Gesetzgeber befugt, ja sogar verpflichtet ist, in die liberalen Freiheiten der Bürger einzugreifen, um die Freiheitsentfaltung anderer, benachteiligter Grundrechtsträger zu realisieren.[18]

VII. Funktion der sozialen Grundrechte der EuGRCh im Rahmen des EU-Rechts

Die Bedeutung der EuGRCh und ihrer sozialen Rechte für die zukünftige Entwicklung der Union liegt auf fünf Gebieten.

1. Die EuGRCh baut den Status der Unionsbürgerschaft (Art. 18 AEUV) überhaupt erst zu einem vollen Bürger-Status im modernen Sinne aus. An die Seite der wenigen politischen Rechte treten jetzt die Freiheitsrechte und die sozialen Grundrechte („social citizenship"). Aber ihre rechtliche und politische Relevanz wird sich erst darin erweisen, inwieweit ihnen eine europäische Gesetzgebung und die europäischen Institutionen entsprechen. Und hier steht der Konflikt mit den nationalen Sozialstaaten an.
2. Gerade weil die EuGRCh nicht nur Individualrechte, sondern auch an die Organe der EU gerichtete Grundsätze und Rechte kennt, wird ihre Durchsetzung nicht nur über die Klage gegen die Verletzung individueller Rechte vor dem EuGH (Art. 263 Abs. 4 AEUV) oder die Verfahren der objektiven Rechtmäßigkeitskontrolle (Art. 263 Abs. 1-3 und Art. 267 AEUV), sondern vor allem auch über besondere Mechanismen ihrer Beachtung durchgesetzt. Schon früher hatte das Europäische Parlament für sich durchgehend die Verbindlichkeit der Charta anerkannt, als es sich in Artikel 58 seiner Geschäftsordnung dazu verpflichtet, bei der Prüfung eines Legislativvorschlags beson-

18 BVerfG 1.3.1979, 1 BvR 532/77, BVerfGE 50, 290; BVerfG 19.10.1993, 1 BvR 567/89, BVerfGE 89, 214, 232; BVerfG 7.2.1990, 1 BvR 26/84, BVerfGE 81, 242 (sog. Untermaßverbot).

ders darauf zu achten, ob er mit der EuGRCh vereinbar ist. Dies hat das Parlament seitdem systematisch weiterentwickelt.[19]

3. Der EuGH hat durch seine Rechtsprechung die Dominanz des Wirtschaftsrechts der Gemeinschaft gegenüber der Sozialordnung der Mitgliedstaaten durchgesetzt.[20] Gerade hier muss die (Grund-) freiheitsbeschränkende Wirkung sozialer Grundrechte eine Rolle spielen. Bei der Ausdehnung des Marktrechts muss immer mit bedacht werden, a) ob dadurch nicht der soziale Schutz der Bürger bzw. bestimmter Bürgergruppen eingeschränkt wird, und b) ob bestimmte Regelungen der Mitgliedstaaten zu sozialen Diensten oder zu sozialen Schutzrechten zwar die Grundfreiheiten beeinträchtigen, aber zur Gewährleistung sozialer Teilhabe und Freiheit i. S. der Grundrechte der Charta notwendig sind. Diese Funktion wird auch zT in der Literatur anerkannt.[21]
4. Dies lässt sich sehr gut an einem neuen Beispiel aus der Rechtsprechung des EuGH deutlich machen.[22] In den Niederlanden baut sich auf den allgemeinen Staatsbürgerversicherungssystemen in der Alterssicherung ein besonderes System von Betriebsrenten auf, das meist zwischen den Gewerkschaften und den Arbeitgebern ausgehandelt wird und mit dessen Durchführung branchenbezogene, private Betriebsrentenfonds beauftragt werden. In dieser ausschließlichen Vergabe einer Versicherungsleistung hat der EuGH an sich im Grundsatz einen Verstoß gegen das Wettbewerbsrecht der Gemeinschaft gesehen. Dennoch sei die Etablierung solcher Ausschließlichkeitssysteme durch Tarifvertrag nach Ansicht des EuGH zulässig, da der Tarifvertrag als Instrument der sozialen Gestaltung und des sozialen Schutzes auch im EG-Vertrag anerkannt worden sei. Die Koalitionsfreiheit ist hier also als Schranke des Markrechts der Gemeinschaft anerkannt. Die grundrechtliche Verbürgung der Koalitionsfreiheit muss nun nicht mehr – wie beim EuGH – indirekt aus dem AEUV und dem grundrechtlichen Mindeststandard der Mitgliedstaaten, sondern kann direkt aus Art. 28 EuGRCh abgeleitet werden.
5. Umgekehrt hat aber der EuGH schon unter Berücksichtigung der EuGRCh, aber vor ihrer Geltung über Art. 6 EUV in mehreren Urteilen den Grundfreiheiten Vorrang vor den sozialen Grundrechten gegeben ohne Abwägung oder Überlegungen zur schonenden, gegenseitigen Einschränkungen: Im

19 Wehlau/Lutzhöft EuZW 2012, 45.

20 Bieback ZFSH/SGB 2003, 579.

21 Jarass NVwZ 2012, 457, 460; Karner, in: Rengeling/Szczekalla (Hrsg.), Grundrechte in der Europäischen Union, 2004, § 4 Rn. 283; vgl. EuGH Rs. C-368/95 (Familiapress) Slg. 1997, I-3689, Rn 48 ff.

22 EuGH Rs. C-219/97 (Bokken BV), Slg. 1999 I-6121; identisch mit Albany Rs. C-67/96, Slg. 1999 I – 5751 und Brentjens u.a., Rs C-115/97, Slg. 1999 I-6025.

Verhältnis zwischen der grenzüberschreitenden Dienstleistungsfreiheit zum Recht auf kollektive Kampfmaßnahmen.[23]

6. Schon vor der Geltung der EuGRCh über Art. 6 EUV hat der EuGH die EuGRCh (und die EMRK) bei der Überprüfung eines Rechtsakts der Gemeinschaft, nämlich der Rl 2003/86/EG über den Familiennachzug, als Prüfungsmaßstab mit herangezogen.[24] Aber erst mit dem Inkrafttreten der Lissaboner Verträge 2009 hat die EuGRCh ihre volle Anerkennung durch den EuGH gefunden und wird von ihm durchgehend herangezogen.[25] Auch der Europäische Gerichtshof für Menschenrechte[26] hat ebenfalls begonnen, positive Verweise auf die Charta vorzunehmen.
7. Auf Dauer werden sich die Mitgliedstaaten dem Geltungsanspruch der EuGRCh nicht entziehen können, auch wenn die Charta für sie nicht direkt und umfassend, sondern nur bei der Ausführung von Gemeinschaftsrecht gilt.[27] Sie wird sich also mit der Verbreiterung des EU-Rechts auch verbreitern. Darüber hinaus hat eine frühe Entscheidung des Spanischen Verfassungsgerichtshofs[28] deutlich gemacht, dass die EuGRCh auch eine mittelbare Geltung für die Mitgliedstaaten hat. Die Spanische Verfassung enthält in Art. 10 Abs. 2 einen Hinweis auf die Bindung an die von Spanien ratifizierten internationalen Verträge der Menschen- und Grundrechte. Der spanische Verfassungsgerichtshof maß deshalb über den Verweis in Art. 6 EU-Vertrag auf die allgemein anerkannte Grundrechte der Gemeinschaft auch der EuGRCh Bindungswirkung zu. Einen bindenden Verweis auf den von Deutschland unterzeichneten Standard der Menschen- und Grundrechte der EG enthält das Grundgesetz nicht. Dennoch wird bei dem großen Interpretationsspielräumen, die viele Grundrechte und vor allem die „Sozialstaatsklausel" des Art. 20 Abs. 1 und 28 Abs. 1 GG lassen, genug Einfluss für die EuGRCh bestehen.
8. So ist der Einfluss der EuGRCh wohl am stärksten durch ihren Vorbildcharakter für die nationalen Rechtsordnungen und Verfassungsgerichte zumindest auch als Fixpunkt der Interpretation des nationalen Verfassungsrechts. Der Österreichische Verfassungsgerichtshof hat 2012[29] entschieden, dass die

23 Streik und Boykott gegen Lohndumping und Ausflaggung in der Seeschifffahrt EuGH, Rs. C-438/05 (Viking Line), Slg. 2007 I-10779 und EuGH, Rs. C-341/05 (Laval), Slg. 2007 I-11787.

24 EuGH Rs. C-540/03 (Europ. Parlament/Rat der Union), Slg 2006, I-5769 Rn 38 und 58.

25 Sanchez CMLR 2012, 1565.

26 EGMR Antrag Nr. 25680/94, Urteil 11.7.2002.

27 Jarass NVwZ 2012, 457.

28 Nr. 292/2000 vom 30.11.2000, Nachweis bei Rodota, in: 1. Europäischer Juristentag 2001, 2002, Bd. 1, S. 13.

29 14.3.2012 (U 466/11-18 U 1836/11-13 unter II, 4 ff. Rn 19 ff., abrufbar unter www.verfassungsgerichtshof.at.

EuGRCh – innerhalb ihres Geltungsbereichs, der nationalen Anwendung von EU-Recht, auf einer Ebene mit der österreichischen Verfassung stände und auch als Maßstab zur verfassungsrechtlichen Beurteilung neuer Gesetze diene. Vor allem im Bereich des Schutzes gegen Diskriminierungen hat sich das BVerfG[30] an die Gewährleistungen der EU-Verträge und die EuGRCh angelehnt.

VIII. Fazit

Das Fazit lautet kurz: Die Aufnahme sozialer Grundrechte in die EuGRCh ist ein Schritt in die Richtung der Entwicklung der EU hin zu einer sozialen Demokratie. Er ist klein, aber nicht unbedeutend.

30 BVerfG 7.7.2009, 1 BvR 1164/07, BVerfGE 124, 199 (Diskriminierung wegen der sexuellen Ausrichtung).

Christoph Butterwegge

Sozialstaat am Ende?

I. Einleitung

Fast ein Jahrhundert lang galt der von Reichskanzler Otto von Bismarck begründete Sozialstaat als ein Modell, das andere Staaten nachahmten und auf das man in Deutschland stolz war. Dies änderte sich im Gefolge der Weltwirtschaftskrise 1974/75, als der von einer Wirtschaftstheorie zur Sozialphilosophie avancierte Neoliberalismus auch in der Bundesrepublik die Hegemonie, d.h. die öffentliche Meinungsführerschaft errang. Seither wird der Sozialstaat unter wechselnden Regierungsmehrheiten und mit unterschiedlichen Akzenten „um-" bzw. abgebaut.[1]

CDU/CSU, FDP, SPD und Bündnis 90/Die Grünen folgten dabei – wenngleich mit unterschiedlicher Geschwindigkeit und Akzentsetzung – der Standortlogik, indem sie die Wettbewerbsfähigkeit des „eigenen" Wirtschaftsstandortes durch marktkonforme Strukturreformen zu steigern suchten. Die rot-grünen Reformen der „Agenda 2010" und die sog. Hartz-Gesetze bildeten eine besonders tiefe Zäsur, weshalb Martin Kutscha sie als politische Sargnägel für den Sozialstaat betrachtet.[2] Hier soll gefragt werden, ob der Sozialstaat am Ende und ob diese Entwicklung irreversibel ist. Handelt es sich bei den Reformen, die seit der Weltwirtschaftskrise 1974/75 implementiert wurden, um Maßnahmen zur Liquidation des Wohlfahrtsstaates oder findet „nur" eine Modernisierung der sozialen Sicherungssysteme, also eine Anpassung an die Erfordernisse der Globalisierung statt?

II. Aus dem Wohlfahrtsstaat wird ein neoliberaler Wettbewerbsstaat

Aus dem Wohlfahrtsstaat, wie man ihn bisher kannte, wurde ein „nationaler *Wettbewerbs*staat" (Joachim Hirsch), und zwar in zweierlei Hinsicht: Nach außen fördert er die Konkurrenzfähigkeit des „Wirtschaftsstandortes" auf dem Weltmarkt und nach innen überträgt er die Marktmechanismen und Gestaltungsprinzipien der Leistungskonkurrenz bzw. betriebswirtschaftlicher Effizienz auf

1 Vgl. hierzu und zum Folgenden Ch. Butterwegge, Krise und Zukunft des Sozialstaates, 5. Aufl. 2013, S. 113 ff.

2 Vgl. Kutscha Bl. f. dt. u. int. Politik 3/2006, 359 ff.

seine eigenen Organisationsstrukturen. Durch diese doppelte Transformation gewinnt der Wohlfahrtsstaat eine andere Qualität, während das Soziale seinen Eigenwert verliert und dem Ökonomischen unter- bzw. nachgeordnet wird. „Standortsicherung“ kehrt das Verhältnis von Ökonomie, Staat und Politik, die zur abhängigen Variablen der Volkswirtschaft degradiert wird, um.[3]

Bei dem durch neoliberale Prinzipien geprägten Wettbewerbsstaat handelt es sich um ein Staatswesen, das nicht mehr für alle sozialen „Kollateralschäden“ des kapitalistischen Wirtschaftens die Haftung übernimmt, die hierauf basierende soziale Ungleichheit verschärft und auf diese Weise den Boden für gesellschaftliche Ausgrenzungs- und Ethnisierungsprozesse bereitet. Auf die umfassende Liberalisierung des Kapitalverkehrs, die Deregulierung des Arbeitsmarktes, die Flexibilisierung und Ausdifferenzierung der Beschäftigungsverhältnisse sowie die (Re-)Privatisierung der öffentlichen Daseinsvorsorge gerichtet, nimmt der Neoliberalismus die Verschlechterung der Arbeits- und Lebensbedingungen eines Großteils der Bevölkerung zumindest billigend in Kauf.

Genauso wie Unternehmen und Gebietskörperschaften sollen die sozialen Sicherungssysteme nach größtmöglicher kaufmännischer Effizienz streben, während ihr eigentlicher Zweck, Menschen in schwierigen Lebenslagen wirksam zu unterstützen, deutlich dahinter zurücktritt. „Ganz im Sinne der Ökonomisierung des Sozialen verdrängt dabei ein betriebswirtschaftlich orientiertes Leitbild von Qualitätsmanagement traditionelle Orientierungen von religiös oder ethisch motivierter Nächstenliebe, von Subsidiarität und Solidarität.“[4] Wettbewerb sowie Wahlfreiheit (für von Klienten zu „Kunden“ avancierte Sozialstaatsbürger/innen) beherrschen die Wohlfahrtsstaatskonzeption des Neoliberalismus, und sein Leitbild zielt auf die Verbesserung der Konkurrenzfähigkeit des jeweiligen Wirtschaftsstandortes. „Der Sozialstaat wird nicht mehr als Ergebnis von Machtkämpfen zwischen Arbeit und Kapital, Politik und Markt gesehen, sondern als Hebel, durch gezielte Investitionen in das ‚Humankapital‘ den Standort für (internationale) Investitionen und für das Finanzkapital attraktiv zu machen.“[5]

III. Aus dem Sozial- wird ein Minimalstaat

Der „anarcholiberale“ Theoretiker Robert Nozick plädierte Mitte der 1970er-Jahre für einen „Minimalstaat“, der nur die (Rechts-)Sicherheit sowie den Schutz seiner Bürger/innen vor Dieben, Betrügern und Gewalttätern gewährleisten solle,

3 Vgl. hierzu Ch. Butterwegge/Lösch/Ptak, Kritik des Neoliberalismus, 2. Aufl. 2008.
4 Kelle PROKLA 146 (2007), 113.
5 Klein, Sozialreformen und sozialer Widerstand in der EU, in: Kindler/Regelmann/Tullney (Hrsg.), Die Folgen der Agenda 2010. Alte und neue Zwänge des Sozialstaats, 2004, S. 173 ff.

sie aber nicht mittels seines Zwangsapparates dazu bringen dürfe, „anderen zu helfen, und ebenso wenig dazu, den Menschen um ihres *eigenen* Wohles oder Schutzes willen etwas zu verbieten“, vielmehr „Gleichgültigkeit gegenüber den Bedürfnissen und dem Leiden anderer“ in Kauf nehmen müsse.[6] Der Würzburger Ökonom Norbert Berthold will die Staatseingriffe nicht ganz so drastisch verringern und betrachtet die „Garantie eines Existenzminimums“ als „eigentliches Betätigungsfeld“ des Sozialstaates, auf welches sich dieser zurückziehen soll.[7]

An die Stelle von Bedarfsorientierung und Lebensstandardsicherung im Wohlfahrtsstaat, wie man ihn bisher kannte, tritt im neoliberalen Minimalstaat eine Basisversorgung, die nicht mehr als das Existenzminimum gewährt. Entsprechend rigide Leistungskürzungen im Sozialbereich werden meistens als Sparbemühungen ausgegeben, obwohl man die Kosten der Versorgung (etwa im Gesundheitssystem) damit häufig gar nicht senkt, sie vielmehr nur von der Solidargemeinschaft auf die Leistungsempfänger/innen überwälzt. Neoliberale möchten die Sozialleistungen drastisch reduzieren und zudem auf die „wirklich“ Bedürftigen konzentrieren. Leistungskürzungen finden im modernen Wohlfahrtsstaat aber erfahrungsgemäß gerade dort besonders frühzeitig, spürbar und nachhaltig statt, wo sie die am meisten verletzlichen, am wenigsten widerstandsfähigen Bevölkerungsgruppen treffen: (Langzeit-)Arbeitslose, Alte, Kranke, Behinderte und Migrant(inn)en bzw. deren Kinder.[8]

IV. Aus dem Sozial- wird ein „Kriminalstaat“

Die aufgrund der Umverteilung von unten nach oben zuletzt stark wachsende soziale Ungleichheit, die sich im Finanzmarktkapitalismus systembedingt vertiefende Kluft zwischen Arm und Reich sowie die sich mittlerweile bis ins Zentrum der Gesellschaft ausbreitende soziale Unsicherheit beantwortet der Staat mit einem Ausbau seines Überwachungs- und Repressionsapparates. Seine (strukturelle) Gewalttätigkeit nimmt in der „Zangenbewegung“ zwischen einer „Ausweitung von Ordnungsfunktionen“ und einer „Ausdünnung von Leistungs- und Gestaltungsfunktionen“ zu.[9]

6 Nozick, Anarchie – Staat – Utopia, o.J. (1976), S. 11 (Hervorh. im Original; *Ch. B.*).

7 Siehe Berthold, Der Sozialstaat im Zeitalter der Globalisierung, 1997, S. 55 ff..

8 Vgl. dazu: Ch. Butterwegge/Klundt/Belke-Zeng, Kinderarmut in Ost- und Westdeutschland, 2. Aufl. 2008; Ca. Butterwegge, Armut von Kindern mit Migrationshintergrund. Ausmaß, Erscheinungsformen und Ursachen, 2010; Ch. Butterwegge/Bosbach/Birkwald (Hrsg.), Armut im Alter. Probleme und Perspektiven der sozialen Sicherung, 2012.

9 Siehe Dimmel/Schmee, Einleitung, in: dies. (Hrsg.), Die Gewalt des neoliberalen Staates. Vom fordistischen Wohlfahrtsstaat zum repressiven Überwachungsstaat, 2008, S. 13 ff.

Zwar wirkt der neoliberale Staat geradezu magersüchtig, „wenn es um die soziale Sicherheit und andere Leistungen der öffentlichen Daseinsvorsorge geht. Er ist allerdings ein starker Staat nach innen wie nach außen, wenn es um die Durchsetzung und Sicherung der marktwirtschaftlichen Ordnung geht."[10] Loïc Wacquant charakterisiert die Janusköpfigkeit des neoliberalen Staates, wenn er konstatiert, „dass der Neoliberalismus nicht zur Schrumpfung des Staates führt, sondern zur Errichtung eines *Kentaurenstaates*, der oben liberal und unten paternalistisch ist und den beiden Enden der sozialen Hierarchie jeweils ein radikal anderes Gesicht zeigt: ein wohlgestaltetes und zugewandtes Gesicht für die Mittel- und Oberklasse, eine furchterregende und drohende Fratze für die Unterschicht."[11]

Statt der Armut bekämpft man die davon Betroffenen: Arme werden durch Polizeirazzien und Platzverweise aus den Innenstädten vertrieben, vor allem in den USA auch zunehmend in Gefängnisse gesteckt. Gegenüber den Armen ist der neoliberale Minimalstaat eher „Kriminal-" als Sozialstaat, weil ihn die (vorgeblich aus Gründen der internationalen Wettbewerbsfähigkeit nötige) Leistungsreduktion verstärkt zur Repression gegenüber Personengruppen zwingt, die als Globalisierungs- bzw. Modernisierungsverlierer/innen und als Opfer seiner rückwärtsgerichteten „Reformpolitik" bezeichnet werden können.

Je weniger soziale Sicherheit der Wohlfahrtsstaat gewährt, umso größer wird die Innere Sicherheit geschrieben. Um die Jahrtausendwende fand das New Yorker Beispiel eines härteren Durchgreifens gegenüber „sozialen Randgruppen" wie Alkoholikern und anderen Drogenabhängigen, Obdachlosen und Bettlern sowie Angehörigen jugendlicher Subkulturen und ethnischer Minderheiten auch diesseits des Atlantiks begeisterte Nachahmer.[12] Nach dem 11. September 2001 wurden die Terroranschläge auf das World Trade Center und das Pentagon nicht nur in den Vereinigten Staaten als Vorwand für massive Einschränkungen der Bürgerrechte benutzt. Martin Kutscha stellte daraufhin die Frage, ob ein „Polizeistaat neuen Typs" die Möglichkeiten sozial Benachteiligter verringert, Widerstand gegen den „Um-" bzw. Abbau des Wohlfahrtsstaates zu leisten.[13]

10 Ptak, Grundlagen des Neoliberalismus, in: Ch. Butterwegge/Lösch/Ptak, Kritik des Neoliberalismus, 2. Aufl. 2008, S. 63 ff.

11 Wacquant, Bestrafen der Armen. Zur neoliberalen Regierung der sozialen Unsicherheit, 2009, S. 314 ff. (Hervorh. im Original; *Ch. B.*).

12 Vgl. dazu: Ortner/Pilgram/Steinert (Hrsg.), Die Null-Lösung. New Yorker „Zero-Tolerance"-Politik – das Ende der urbanen Toleranz?, 1998; Leiterer, „Zero Tolerance" gegen soziale Randgruppen? – Hoheitliche Maßnahmen gegen Mitglieder der Drogenszene, Wohnungslose, Trinker und Bettler in New York City und Deutschland, 2007.

13 Siehe Kutscha, Auf dem Weg in einen Polizeistaat neuen Typs?, in: Vogelskamp u.a. (Hrsg.), Verpolizeilichung der Bundesrepublik Deutschland. Polizei und Bürgerrechte in den Städten. Dokumentation einer Tagung des Komitees für Grundrechte und Demokratie in Kooperation mit der Evangelischen Akademie Arnoldshain vom 15. bis 17. September 2000 in Arnoldshain, 2002, S. 67 ff.

V. Aus dem Leistungs- wird ein „Gewährleistungsstaat"

Aus dem sozialen Leistungs- wird ein bloßer Gewährleistungsstaat: Nicht nur öffentliche Unternehmen und persönliche Existenzrisiken werden zunehmend privatisiert, vielmehr auch soziale Dienstleistungen, die der Wohlfahrtsstaat früher in Eigenregie erbracht hatte. Nach dem Vorbild des privatisierten Post- und Telekommunikationssektors garantiert der Sozialstaat künftig bloß noch, dass im Rahmen der öffentlichen Daseinsvorsorge für Millionen Menschen und die Gesellschaft insgesamt unerlässliche Sach- und Dienstleistungen erbracht werden, überlässt ihre Erbringung allerdings gemeinnützigen und/oder gewinnorientierten Privatanbietern, deren Arbeit er zertifiziert, überwacht und kontrolliert. Die überkommene Erfüllungsverantwortung des Staates wird also durch eine reine Gewährleistungsgarantie abgelöst, die sicherstellen soll, dass die zu Kund(inn)en mutierenden Klient(inn)en wunschgemäß auf dem neu geschaffenen (Quasi-)Markt von privaten Anbietern bedient werden, die damit ihrerseits viel Geld verdienen können.

Perspektivisch ergänzt der Gewährleistungs- den Minimalstaat insofern, als er die verbliebenen Sozialleistungen nicht mehr selbst erbringt, sondern auslagert. „Outsourcing" führt im Wohlfahrtsbereich freilich genauso wie anderswo zu einer Absenkung von Versorgungsniveau und -qualität, meist auf Kosten der Beschäftigten in Einrichtungen und von deren „Kunden". Franz Segbers weist zudem darauf hin, dass diese Umdefinition der Staatsaufgaben eine tiefgreifende Veränderung der bisherigen Kooperationsbeziehungen zwischen dem Sozialstaat und der Freien Wohlfahrtspflege nach sich zieht: „Es entwickelt sich eine neue Subsidiarität, in welcher die Anbieter Sozialer Dienstleistungen zu unselbständigen Akteuren werden, die allein in ihrer Funktion zur Erbringung sozialer Dienstleistungen in Anspruch genommen werden."[14]

Obwohl die Position, dass auch der gewährleistende Staat ein „aktiver Leistungsstaat" sein muss, bisher zumindest nicht offen in Frage gestellt wurde, weist das Projekt des „Gewährleistungsstaates" zahlreiche Nachteile für (im Sinne des Neoliberalismus) Leistungsschwächere auf, wie Berthold Vogel durchblicken lässt: „Dieses Modell verzichtet auf universale Integrationsansprüche, es bietet darüber hinaus keine auf Dauer gestellte Status- und Lebensstandardsicherung mehr, und eine Dämpfung sozialer Ungleichheit wird in diesem Modell als ökonomisch kontraproduktiv angesehen; zudem kommt dieses wohlfahrtsstaatliche Modell auch ohne einen euphorischen Bildungsbegriff aus, es leitet den arbeitsrechtlichen Abschied von einer tarifvertraglich kollektivierten Arbeitswelt ein,

14 Segbers, Sozialwirtschaft ist mehr als Sozialmarkt, in: Bedford-Strohm u.a. (Hrsg.), Jahrbuch Sozialer Protestantismus, Bd. 2: Von der „Barmherzigkeit" zum „Sozial-Markt". Zur Ökonomisierung der sozialdiakonischen Dienste, 2008, S. 34 ff.

und es zeigt sich schließlich als ein Modell, dessen Aufstiegsleitern entweder recht kurz geraten oder mühsam zu erklimmen sind."[15]

VI. Aus dem aktiven wird ein „aktivierender" Sozialstaat

An die Stelle des *aktiven* Sozialstaates, wie man ihn bisher kannte, tritt immer mehr ein *aktivierender*, d.h. Hilfebedürftige nicht ohne entsprechende Gegenleistung alimentierender Sozialstaat. Die verlangte Übernahme von „Eigenverantwortung" meint gerade nicht die Selbstbestimmung der Bürger/innen, sondern das Gegenteil: „Der Imperativ der Eigenverantwortung vereinzelt und entsolidarisiert. Er hinterfragt gar nicht, welche Bedingungen gegeben sein müssen, damit Menschen überhaupt Verantwortung für sich selbst und auch andere übernehmen können."[16] Schon der Terminus „aktivierende Arbeitsmarktpolitik" diffamiert Erwerbslose im Grunde als (zu) passiv, denn sonst könnten und müssten sie ja nicht durch geeignete Maßnahmen „aktiviert" werden.

Statt der Bedürftigkeit – wie im aktiven – löst im „aktivierenden Sozialstaat" erst die (Bereitschaft zur) „Gegenleistung" eines Antragstellers die staatliche Leistungspflicht aus. Damit hören Hilfebedürftige auf, Wohlfahrtsstaatsbürger/innen mit sozialen Rechtsansprüchen zu sein, und werden zu Objekten der von ihnen Entgegenkommen fordernden und sie nur dann ggf. fördernden Verwaltung herabgewürdigt. Dem Wohlfahrtsstaat wird hierdurch eine ihm ursprünglich fremde, nämlich die *Tausch*logik der Marktökonomie, implantiert. Ein „aktivierender Sozialstaat" ist damit kein Gegengewicht zu dieser, aber auch kein Garant demokratischer Verhältnisse mehr. Achim Trube spricht von einem „Konditionalstaat repressiven Typs", welcher keine Leistung ohne entsprechende Gegenleistung gewähren wolle: „Der Paradigmenwechsel besteht dabei vor allem darin, dass ein zuvor unbedingtes Bürgerrecht, d.h. die existenzielle Grundsicherung des eigentlichen Souveräns der Republik, zur Disposition der (Arbeits-)Auflagen durch den Staat und seine Organe gestellt wird, obwohl der Staat doch seine verfassungsrechtliche Legitimation erst durch die – auch existenziell – souveränen Bürger beziehen kann."[17]

15 Vogel, Die Staatsbedürftigkeit der Gesellschaft, 2007, S. 44 f.
16 Mührel Neue Praxis 6/2005, 679 ff.
17 Trube, Vom Sozialstaat zum Konditionalstaat – Grundzüge des Umbaus und die Folgen für das gesellschaftliche Gefüge, in: Böhning/Dörre/Nahles (Hrsg.), Unterschichten? Prekariat? Klassen? – Moderne Politik gegen soziale Ausgrenzung, 2006, S. 42 ff.

VII. Spaltung in einen Wohlfahrtsmarkt und einen Wohltätigkeitsstaat

Neoliberale möchten den Wohlfahrtsstaat am liebsten auf die Basisfunktion der Armutsbekämpfung, -vermeidung und -verringerung reduzieren. Schon Milton Friedman erklärte die Privatwohltätigkeit zu der in mehrerer Hinsicht wünschenswertesten Form der Armutsbekämpfung: „Es ist bemerkenswert, daß in der Periode des Laissez-faire, in der Mitte und gegen Ende des 19. Jahrhunderts, in den Vereinigten Staaten und in Großbritannien private Hilfsorganisationen und wohltätige Einrichtungen eine außergewöhnliche Verbreitung erfuhren. Einer der Hauptnachteile der Zunahme öffentlicher Wohlfahrt lag in der gleichzeitigen Abnahme privater Aktivitäten dieser Art.“[18] Umgekehrt haben das karitative Engagement, die ehrenamtliche Tätigkeit in der „Bürger-“ bzw. „Zivilgesellschaft“, wie sie etwa die Lebensmitteltafeln repräsentieren,[19] die wohltätigen Spenden sowie das Stiftungswesen offenbar gerade deshalb wieder Hochkonjunktur, weil man den Sozialstaat demontiert und dafür gesellschaftliche Ersatzinstitutionen braucht. An die Stelle des Sozialstaates tritt ein Staat der Stifter, privaten Spender und Sponsoren. Mit etwas Sarkasmus kann man durchaus einen politischen Hintersinn darin erkennen, dass dem Europäischen Jahr zur Bekämpfung von Armut und sozialer Ausgrenzung (2010) das Europäische Jahr der Freiwilligenarbeit (2011) folgte.

Perspektivisch droht das Gemeinwesen in einen Wohlfahrtsmarkt sowie einen Wohltätigkeitsstaat zu zerfallen: Auf dem Wohlfahrtsmarkt kaufen sich Bürger/innen, die es sich finanziell leisten können, soziale Sicherheit (z.B. Altersvorsorge durch Versicherungspolicen der Assekuranz). Dagegen stellt der „postmoderne“ Sozialstaat nur noch euphemistisch „Grundsicherung“ genannte Minimalleistungen bereit, die Menschen vor dem Verhungern und Erfrieren bewahren, überlässt sie ansonsten jedoch der Obhut karitativer Organisationen und privater Wohltäter/innen.

VIII. Aus dem Sozialversicherungs- wird ein Fürsorge-, Almosen- und Suppenküchenstaat

Kennzeichnend für den *deutschen* Wohlfahrtsstaat war seit den Sozialreformen im wilhelminischen Kaiserreich, dass die Lohnarbeiter gegen allgemeine Lebensrisiken *versichert* wurden. Durch die Zahlung von Beiträgen, an der sich ihre Arbeitgeber später halbparitätisch beteiligten, erwarben sie – mittlerweile sogar verfassungsrechtlich geschützte – Ansprüche, die beim Eintritt des Versi-

18 Friedman, Kapitalismus und Freiheit, 1984, S. 244 ff.
19 Vgl. dazu Selke, Schamland. Die Armut mitten unter uns, 2013, S. 121 ff.

cherungsfalls befriedigt werden mussten. Heute plädieren nicht bloß Neoliberale für eine stärkere Steuerfinanzierung sozialer Leistungen, obwohl oder gerade weil sie genau wissen, dass Arbeitnehmer/innen im „Lohnsteuerstaat" Bundesrepublik Deutschland erheblich stärker zur Ader gelassen werden als Kapitaleigentümer, Großaktionäre und Topmanager. Zwar entfalten die Sozialversicherungsbeiträge wegen der Beitragsbemessungsgrenze eine degressive Wirkung, die Kapitalseite würde aber von der Steuerfinanzierung sehr viel mehr profitieren.

Michael Vester charakterisiert die rot-grüne „Agenda 2010" des damaligen Bundeskanzlers Gerhard Schröder mit ihrer Verlagerung der Existenzrisiken auf Kranke und Arbeitslose als Paradigmenwechsel von einem „Sozialversicherungsstaat für alle" zu einem Fürsorgestaat, der sich nur noch um die Ärmsten kümmert.[20] Vor allem das als „Hartz IV" bezeichnete Gesetzespaket sollte die Arbeitslosigkeit (Verwaltung der davon Betroffenen) wie die Arbeit (Senkung des Reallohnniveaus) billiger und die Bundesrepublik damit auf den Weltmärkten noch konkurrenzfähiger machen. Beschönigend als „Zusammenlegung mit der Sozialhilfe" charakterisiert, war die Abschaffung der Arbeitslosenhilfe ein Markstein auf dem Weg zum Almosen- bzw. Suppenküchenstaat, weil sie mit einer Abschiebung der Langzeitarbeitslosen in die Wohlfahrt einherging. War die Arbeitslosenhilfe eine Lohnersatzleistung, die sich noch Jahre oder Jahrzehnte später nach der Höhe des vorherigen Nettoverdienstes richtete, ist das Arbeitslosengeld II genauso niedrig wie die Sozialhilfe.

Das lohn- und beitragsbezogene Sicherungssystem der Bundesrepublik entspricht aufgrund des gültigen Äquivalenzprinzips (Balance von Leistung und Gegenleistung), welches Ein- und Auszahlungsbeträge etwa in der Gesetzlichen Rentenversicherung miteinander in eine Kausalbeziehung, wenn auch nicht völlig zur Deckung bringt, weitgehend der herrschenden Leistungsideologie und einem meritorischen Gerechtigkeitsverständnis. Trotzdem droht der Sozial(versicherungs)staat, seit Bismarck darauf gerichtet, vor Standardrisiken zu schützen, als Fürsorgesystem zu enden, das einerseits weniger über Beiträge von Arbeitgebern und Versicherten als durch Steuermittel finanziert wird und andererseits nicht mehr den Lebensstandard seiner Klientel erhält, sondern dieser nur noch eine Basisversorgung (bloße Existenzsicherung) angedeihen lässt. Parallel dazu erhöht sich die gesellschaftliche Akzeptanz von Armut und sozialer Ausgrenzung, während die Akzeptanz der Armen selbst aufgrund des sich ausbreitenden Wohlstandschauvinismus, Sozialdarwinismus und Standortnationalismus zurückgeht.[21]

20 Siehe Vester, Der Wohlfahrtsstaat in der Krise. Die Politik der Zumutungen und der Eigensinn der Alltagsmenschen, in: Schultheis/Schulz (Hrsg.), Gesellschaft mit begrenzter Haftung. Zumutungen und Leiden im deutschen Alltag, 2005, S. 26 ff.

21 Vgl. hierzu ausführlicher Ch. Butterwegge, Armut in einem reichen Land. Wie das Problem verharmlost und verdrängt wird, 3. Aufl. 2012, S. 244 ff.

IX. *Fazit und Ausblick*

Martin Kutscha beschränkt seine Analyse der Wohlfahrtsstaatsentwicklung nicht auf den Arbeitsmarkt, wo die grundlegendsten Veränderungen stattfanden, bezieht vielmehr andere, oft vernachlässigte Aspekte und Sektoren der Sozialpolitik mit ein und berücksichtigt auch die durch steuerpolitische Entscheidungen des Staates geförderte Verteilungsschieflage. Gegenüber der Ausgangslage vor einigen Jahrzehnten haben bereits gravierende Veränderungen in der Architektur und Leistungsstruktur des Sozialstaates stattgefunden, die es in der Summe durchaus rechtfertigen, von seiner grundlegenden Transformation zu sprechen. Denn auch viele mehr oder weniger kleine Reformschritte, die sich aneinander reihen und systematisch vorbereitet werden, führen am Ende eines längeren Weges zu einem ganz anderen Wohlfahrtsstaat.[22]

Ob sein Niedergang anhält oder linken Kräften eine Neugestaltung, d.h. ein Um- bzw. Ausbau des Sozialstaates gelingt, hängt jedoch von den gesamtgesellschaftlichen Rahmenbedingungen, sozioökonomischen Entwicklungen sowie den politischen Kräfte- und parlamentarischen Mehrheitsverhältnissen ab, die zwar kaum exakt prognostizierbar, aber veränderbar und gestaltbar sind. Zwar behaupten Neoliberale trotz der globalen Finanz- und Weltwirtschaftskrise 2008 ff. die Hegemonie, vermögen ihre Vorstellungen zur Restrukturierung des Sozialstaates aber nicht mehr ohne Abstriche und Kompromisse in der Sache durchzusetzen. Daher entsteht auf Grundlage der neoliberalen Reformagenda einerseits sowie eines höchst komplizierten Aushandlungsprozesses andererseits ein durch Brüche und Widersprüche gekennzeichnetes Resultat.

Paradoxerweise wird der Sozialstaat restrukturiert und demontiert, obwohl er in dieser ökonomischen Krisen- und gesellschaftlichen Umbruchsituation nötiger denn je ist. „Die zunehmende Individualisierung in der Gesellschaft senkt nicht etwa, sondern erhöht den Bedarf an sozialstaatlicher Intervention.“[23] Ihre Legitimation erhält die faktische Abschaffung des Wohlfahrtsstaates, indem man sie als „Befreiung“ bevormundeter Bürger/innen feiert, was Martin Kutscha als „ideologische Verkehrung“ bezeichnet, die perfekter und wohl auch perfider kaum sein könnte: „Die Freiheit aller, unter Brücken zu schlafen, wird wiederentdeckt. Dass soziale Sicherheit jedoch die Grundlage für die Wahrnehmung auch von Freiheitsrechten ist, gerät dabei gänzlich aus dem Blick.“[24]

22 Vgl. Spindler, Kleine Schritte verändern den Sozialstaat, in: Gern/Segbers (Hrsg.), Als Kunde bezeichnet, als Bettler behandelt. Erfahrungen aus der Hartz IV-Welt, 2009, S. 107 ff.

23 Kutscha, Die Anpassung des Verfassungsrechts im „schlanken Staat“, in: Ch. Butterwegge/Kutscha/Berghahn (Hrsg.), Herrschaft des Marktes – Abschied vom Staat?, Folgen neoliberaler Modernisierung für Gesellschaft, Recht und Politik, 1999, S. 109 ff.

24 Kutscha Bl. f. dt. u. int. Politik 3/2006, 359.

In einer wohlfahrtsstaatlichen Demokratie ist Freiheit die Möglichkeit der Schwächsten, über ihr Leben selbst zu bestimmen, statt unabhängig von der eigentlichen beruflichen Qualifikation wie der familiären Situation jeden Arbeitsplatz annehmen zu müssen. Ohne einen generösen Sozialstaat gibt es im entwickelten Finanzmarktkapitalismus der Gegenwart keine Demokratie mehr. Nötig sind daher die Umgestaltung, Erweiterung bzw. Universalisierung des Sozialstaates im Sinne einer solidarischen Bürgerversicherung und eine systematische Umverteilung des privaten Reichtums von oben nach unten, was Martin Kutscha als grundlegende „Neuausrichtung der Besteuerung" charakterisiert.[25]

25 Kutscha Bl. f. dt. u. int. Politik 3/2006, 361.

Wolfgang Däubler

Lenin als Arbeitsrechtler?

I. Vorbemerkung

In den 1970-er Jahren gab es am Fachbereich Rechtswissenschaft der Uni Bremen einen Arbeitskreis „marxistische Rechtstheorie". Er tauchte allerdings in keinem Vorlesungsverzeichnis auf. Die Interessierten trafen sich meist in einer Wohnung, und es gab viel zu bereden: Wie passten die Rechtsnormen, mit denen wir uns alle befassten, und das bestehende Gesellschaftssystem mit allen seinen Defiziten zusammen? Einer der wichtigsten und engagiertesten Teilnehmer war der damalige Student Martin Kutscha.

Nach meiner Erinnerung hatten wir uns vorgenommen, Lenins Schriften zum Arbeitsrecht genau anzuschauen, um daraus vielleicht ein wenig Honig saugen zu können für die Analyse der Gegenwart. Doch dazu kam es nicht mehr: Alle waren in ihre Arbeitszusammenhänge so eingebunden, dass sich keine Zeit erübrigen ließ. „Nachdenken können" wurde zum Luxusgut; daran hat sich in der Zwischenzeit nichts, zumindest nichts zum Besseren geändert.

Ein Jubiläum schafft eine Ausnahmesituation. Der Verfasser hat sich deshalb vorgenommen, das Unerledigte von damals wieder aufzugreifen – verbunden mit der Hoffnung, dass es auch heute noch das Interesse von Martin Kutscha findet.

II. Über Lenin schreiben?

Ein Thema wie das hier gewählte weckt Irritationen. Wird es da nicht um eine nachträgliche Rehabilitierung gehen, die die einen entrüstet ablehnen und die andern sich nicht zutrauen? Doch dem Verfasser geht es nicht um eine Laudatio. Allerdings bekenne ich mich zu einer Art von Grundmisstrauen: Wenn plötzlich bestimmte Autoren zu „Unpersonen" werden und man Themen als „uralt" und überhaupt nicht in die Zeit passend bezeichnet, dann könnten sich dahinter bestimmte nicht sichtbar gemachte Interessen verbergen. Schon deshalb mag es angezeigt sein, ein wenig antizyklisch vorzugehen. Man weiß relativ viel über die Arbeitsrechtler der ersten Generation, über Sinzheimer und Lotmar in Deutschland, über die „Gründergeneration" in Italien und in Frankreich, aber man findet in der Literatur so gut wie keine Bezugnahmen auf den russischen Arbeitsrechtler Uljanow, der seit 1895 arbeitsrechtliche Texte veröffentlichte und später unter dem Pseudonym „Lenin“ in ganz anderer Rolle in die Geschichte einging.

Über die Ursachen, weshalb diese Lücke entstanden ist, kann man zunächst nur Mutmaßungen anstellen. Dass Arbeitsrechtler politische Ämter erlangen, ist in vielen europäischen Ländern verbreitet; in der Regel fördert dies den Bekanntheitsgrad der von ihnen verfassten Schriften. Mit einem Minister- oder Senatorenamt steigt die Autorität. Viele Menschen neigen dazu, sich auf solche höheren Instanzen zu beziehen, um auf diese Weise ihrer eigenen Position mehr Prestige und mehr Durchschlagskraft zu verleihen. Namen sollen nicht erwähnt werden, doch könnte man etwa in Italien und auch in Spanien nicht wenige Beispiele finden.

Bei Lenin liegen die Dinge etwas komplizierter. Alles, was die „Klassiker“ des Marxismus-Leninismus geschrieben hatten, war in der Sowjetunion und darüber hinaus vielleicht nicht die „Heilige Schrift“, aber doch ein ganz zentraler Referenzpunkt für alle Auseinandersetzungen. Wer sich auf eine Aussage von Marx, Engels, Lenin, zeitweise auch von Stalin berufen konnte, hatte im Grunde leichtes Spiel: Ein potentieller Kritiker konnte nur noch damit argumentieren, der Klassiker sei missverstanden worden und habe in Wirklichkeit etwas ganz anderes gemeint; dass er Unrecht gehabt haben könnte, war kein zulässiges Argument. Auch mit dem Hinweis, die Zeiten hätten sich seither geändert, musste man vorsichtig umgehen; in der DDR hätte man sich sehr schnell den Vorwurf des Revisionismus einhandeln können.

Warum haben sich die Arbeitsrechtler der früheren sozialistischen Länder nicht regelmäßig auf Lenins arbeitsrechtliche Schriften bezogen?[1] Warum hat man diesen Trumpf nicht ausgespielt? Man kann vermuten, dass eine offene und ehrliche Rezeption etwa im Bereich des Streikrechts das damals herrschende Weltbild ein wenig ins Wanken gebracht hätte. Widersprüche zwischen Lenins Aussagen und der Praxis wären höchst „lästig“ gewesen. Es hätte eines hohen Argumentationsaufwands bedurft, um die Dinge wieder „ins Lot“ zu bringen.

Und wie ist die Situation heute? Ersichtlich existiert keine verordnete „Wahrheit“ mehr, die nicht erschüttert werden dürfte. Dafür gibt es andere Hindernisse. Die Vorstellung, Lenin könnte auch mal Recht gehabt und vernünftige Dinge geschrieben haben, ist selbst für tolerante Menschen in unseren Breitengraden eher fernliegend. Aus der irrationalen „Vergötterung“ ist eine ebenso irrationale „Verteufelung“ geworden. Viele Wissenschaftler werden deshalb ein solches Thema meiden. Könnte man nicht am Ende selbst zum Außenseiter werden, zumindest

1 Keine Bezugnahme z. B. bei Andrejew u. a., Sowjetisches Arbeitsrecht, Moskau 1971 (deutsche Übersetzung Köln 1974); Kunz-Thiel u. a., Arbeitsrecht. Lehrbuch, 1983; Weltner, Fundamental Traits of Socialist Labour Law, Budapest 1970; kurze Erwähnung dagegen bei Kisseljow, Sowremmennji Kapitalism i Trudowoje Sakonodatelstwo, Moskau 1971, S. 8 f.

dem eigenen Ansehen und der Karriere schaden, wenn man sich um derartige Fragen kümmern würde?

Wie ist nun jenes wissenschaftliche Werk beschaffen, das zu unterschiedlichen Zeiten und aus unterschiedlichen Gründen immer ein wenig im Hintergrund blieb? Im Folgenden sollen die vier wichtigsten Arbeiten vorgestellt werden, die sich zentral mit arbeitsrechtlichen Fragen befassen. Zunächst geht es um die „Erläuterung“ zum russischen Gesetz über Betriebsstrafen von 1886, die der 25-jährige Lenin im Jahre 1895 verfasste. Es handelte sich um eine Broschüre von 40 bis 50 Seiten, die im 2. Band der „Werke“,[2] aber auch in einem deutschsprachigen Sammelwerk[3] abgedruckt ist. Einen ähnlichen Umfang besitzt der Beitrag „Das neue Fabrikgesetz“, wo es um die Begrenzung der Arbeitszeit im zaristischen Russland durch ein Gesetz von 1897 ging.[4] Als drittes sollen zwei kürzere Beiträge zum Streik vorgestellt werden. Der erste „Über Streiks“ ist 1899 geschrieben, aber erst 1924 veröffentlicht worden.[5] Beim zweiten handelt es sich um einen Beschluss des Zentralkomitees der KP Russlands Anfang des Jahres 1922, der unter maßgeblicher Beteiligung Lenins zustande kam und der die Rolle und die Aufgaben der Gewerkschaften unter den Verhältnissen der Neuen Ökonomischen Politik zum Gegenstand hatte.[6] Schließlich soll es um die Abhandlung „Über Gewerbegerichte“ gehen, die Ende 1899 geschrieben, aber erst 1924 öffentlich zugänglich wurde.[7]

III. Das Gesetz über Betriebsstrafen von 1886

Im zaristischen Russland war es in größeren Betrieben ständige Praxis, bei Disziplinwidrigkeiten, aber auch bei mangelhaftem Arbeitserfolg Geldstrafen gegen die Arbeiter zu verhängen. Ihr Umfang war beträchtlich und konnte in Einzelfällen bis zu 50 % des Monatslohns ausmachen. Dies führte zu einer Reihe von Streiks, die – so kann man aus bestimmten Umständen rückschließen – in der

2 S. 15 bis 57 der russischen und S. 15 – 63 der deutschen Ausgabe.
3 Lenin, Über die Arbeitsgesetzgebung, Berlin 1962, S. 25 ff.
4 Der Beitrag wurde 1897 geschrieben und ist in den „Werken“ Band 2, S. 243 – 291 der russischen und S. 265 – 316 der deutschen Ausgabe abgedruckt. Auch er wurde in den Sammelband „Über die Arbeitsgesetzgebung“ (S. 102 – 149) aufgenommen.
5 Abgedruckt in den „Werken“, Band 4, S. 286 – 295 der russischen und S. 305 – 315 der deutschen Ausgabe sowie in dem Sammelband „Über die Arbeitsgesetzgebung“, S. 167 – 177.
6 Abgedruckt in „Werke“, Band 33, S. 159 – 170 der russischen und S. 169 – 181 der deutschen Ausgabe, ebenso in: Über die Arbeitsgesetzgebung (Fn 3), S. 584 – 596.
7 Abgedruckt in Lenin, Werke, Band 4, S. 274 – 285 der russischen und S. 291 – 304 der deutschen Ausgabe. Der Text findet sich auch in dem Sammelband „Über die Arbeitsgesetzgebung“ (Fn 3) auf S. 153 – 166.

Bevölkerung durchaus positive Resonanz hatten. Es kam deshalb relativ schnell zu einer gesetzlichen Regelung mit vier inhaltlichen Schwerpunkten:

- Es wurden drei Tatbestände bestimmt, die Anlass für die Verhängung einer Geldstrafe sein konnten. Neben nachlässiger, unsorgfältiger Arbeit waren dies Arbeitsversäumnis von mehr als einem halben Tag und Verstöße gegen die betriebliche Ordnung, wozu auch das einfache Zu-Spät-Kommen zählte.
- Für die Sanktionen wurden – unterschiedlich für die drei Arten von Verstößen – jeweils Obergrenzen festgelegt; insgesamt durfte der Lohn nicht um mehr als ein Drittel gemindert werden. Wurde diese Grenze rechnerisch überschritten, war allerdings eine Kündigung möglich.
- Die Verhängung der Strafe war Sache des Arbeitgebers, der aus „eigener Machtvollkommenheit" handeln konnte. Lag gar kein Verstoß vor oder war die Strafe überhöht, konnte die Arbeitsinspektion eingeschaltet werden. Allerdings durfte sich ein Arbeiter bei dieser nicht „beschweren", sondern ihr nur „Mitteilung machen". Wurde dann das Verhalten des Arbeitgebers beanstandet, wurde ihm dies in Abwesenheit des Arbeitnehmers mitgeteilt, um seine Autorität nicht in Frage zu stellen.
- Die Strafen durften nicht in die Tasche des Arbeitgebers fließen, sondern mussten in einen Fonds eingebracht werden, der sie für Zwecke der Arbeiter, zum Beispiel für die Versorgung von Kranken oder Unfallopfern verwenden musste.

Diese normativen Vorgaben wurden von Lenin in einer Weise aufgearbeitet, die für die damalige Zeit höchst ungewöhnlich war.[8]

Zunächst wurden die Entstehungsbedingungen behandelt. Dabei interessierten nicht die Einzelheiten des Gesetzgebungsverfahrens. Vielmehr ging es um eine Erklärung dafür, dass der zaristische Staat entgegen allen vorherigen Erfahrungen Vorschriften zugunsten der Arbeitnehmer erlassen hatte. Maßgebend hierfür seien allein die Streiks gewesen – eine für Russland einleuchtende These, fehlten doch alle Erfahrungen mit einer vorausschauenden Sozialpolitik à la Bismarck, die durch Bekämpfung von Missständen das politische System stabilisieren will (und dieses Ziel in beeindruckendem Maße erreicht hat).

Die Rechtsnormen wurden sodann in einer vergleichsweise unprätentiösen Weise dargestellt. Stilistisch wird viel Alltagssprache verwandt, auch mal mit sehr kräftigen Farben; Adressaten sind ersichtlich Menschen, die keine juristische Vorbildung besitzen. Bisweilen leuchtet Sarkasmus auf, so wenn davon die Rede ist, der Arbeitsinspektor könne dem Arbeiter sagen: „Beschwerden gegen Geldstrafen sind gesetzlich nicht zulässig", und man sich fragen müsse, ob sich wohl viele Arbeiter finden, die alle Spitzfindigkeiten dieses Gesetzes kennen und

8 Zu den Fabrikordnungen in Preußen s. Wagner, Die Politische Pandektistik, 1985, S. 173 ff.

hierauf zu antworten wissen: „Ich beschwere mich ja gar nicht, ich mache nur eine Mitteilung“. Einzelne Bestimmungen werden einer deutlichen inhaltlichen Kritik unterzogen, so etwa die, dass das Fernbleiben vom Arbeitsplatz nur dann entschuldigt war, wenn auch das Nichterscheinen zu einer Gerichtsverhandlung z. B. wegen Krankheit hingenommen worden wäre. Es sei nicht einsichtig, dass man dieselben engen Voraussetzungen wie im Strafverfahren aufstelle, obwohl es doch nicht um ein öffentliches, sondern um ein privates Interesse gehe.

Weiter wurden den Arbeitern Hinweise und Tipps gegeben, wie sie sich gegen eine missbräuchliche Anwendung des Gesetzes zu ihren Lasten wehren konnten. Man müsse sich genau informieren, was in der (betrieblichen) Arbeitsordnung stehe, nur dann könne man sagen, dass gar kein Verstoß vorliege. Auch solle man darauf achten, dass nur noch „unsorgfältiges“ Arbeiten sanktioniert werden könne; man müsse verlangen, dass Arbeiter als Zeugen gehört würden, wenn es um andere Ursachen wie z. B. schlechtes Material gehe. Auf die Aussage von Leitungspersonal könne man sich nicht verlassen. Wolle man Leistungen aus dem „Betriebsstrafenfonds“ beantragen, sei ein Vordruck von großem Nutzen; andernfalls müsse der einzelne Arbeiter gegen Entgelt einen Schreiber bemühen.

Eingehend werden die Methoden geschildert, wie Arbeitgeber das Gesetz seit seinem Erlass umgangen haben. Sie ließen sich z. B. den Empfang von einem Rubel quittieren (ohne irgendetwas zu bezahlen) und brachten diesen Betrag dann bei der Lohnauszahlung in Abzug. Oder einfacher und „moderner“: Ein Teil des Lohnes wurde als Prämie bezeichnet, die der Arbeiter nicht erhält, wenn der Arbeitserfolg nicht wie gewünscht ausfällt. Auch kann oft sehr unklar sein, ob und wie viel Geld im Fonds ist, weil die Arbeiter keinen Überblick über die insgesamt gezahlten Strafen haben. Als Ausweg und wohl auch als Mittel gegen die Umgehungspraktiken wird die Wahl von „Deputierten“ gefordert, also von Sprechern der Belegschaften, die die nötige Transparenz herstellen könnten.

Die rechtspolitischen Perspektiven setzen beim Geltungsbereich des Gesetzes an. Dieses wurde 1886 nur in drei Gouvernements (Moskau, Petersburg und Wladimir) in Kraft gesetzt. Erst fünf Jahre später kamen wegen zahlreicher Streiks die polnischen Gouvernements Warschau und Petrokow (einschließlich Lodz) hinzu, die damals zu Russland gehörten; erst nach weiteren drei Jahren war dann der größte Teil des russischen Reiches erfasst. Ausgeklammert blieben die zu Hause Arbeitenden, weil sie sich nicht zusammengeschlossen und keinen Druck ausgeübt hätten. Kollektives Handeln wird als einziges Mittel gesehen, um über den Status quo hinauszukommen. Die Auseinandersetzungen um das Gesetz würden im Übrigen bei den Arbeitern Erkenntnisprozesse auslösen, weil sie – modern gesprochen – ihre subalterne Stellung wahrnehmen könnten und wahrnehmen würden.

Das sog. Fabrikgesetz von 1897 regelte seinem Anspruch nach die Höchstdauer des Arbeitstages und die Feiertagsruhe.[9] Der Arbeitstag durfte grundsätzlich nicht länger als 11 ½ Stunden dauern; vor Sonn- und Feiertagen (also auch an allen Samstagen) belief er sich auf 10 Stunden. Die Feiertage wurde auf 14 pro Jahr beschränkt; dies entsprach einer Reduzierung gegenüber dem vorher Üblichen um 22 Tage. Im Ergebnis blieb so die Jahresarbeitszeit mehr oder weniger konstant.

Was ist unter „Arbeitszeit" zu verstehen? Die zaristische Bestimmung war insoweit eindeutig, als es genügte, dass der Arbeiter dem Unternehmer „zur Verfügung stand", ohne dass es darauf ankam, ob und welche Tätigkeiten er verrichtete. Eine vergleichbare Festlegung findet sich heute im EU-Recht, die zu einigen Friktionen mit dem spanischen und dem deutschen Recht führte, die auf die effektiv geleistete Arbeit abstellten.[10] Allerdings blieb den russischen Unternehmen ein großes „Schlupfloch": Der Arbeitsvertrag musste die Anwesenheit im Betrieb für den gesamten Zeitraum vorsehen. Traf er insoweit keine Aussage, war das Fabrikgesetz nicht mehr anwendbar, weil es sich um gar kein Arbeitsverhältnis handelte, sondern „Arbeit auf Bestellung" vorlag. Durch umsichtige Vertragsgestaltung konnten die Unternehmer somit dem Gesetz ausweichen. Die Frage war im Gesetzgebungsverfahren – auf das hier ausnahmsweise rekurriert wird – bewusst ausgeklammert worden.

Die Obergrenzen galten nicht für Überstunden. Diese konnten schon im Arbeitsvertrag vorgesehen werden, soweit sie „produktionstechnisch notwendig" waren. Fehlte es daran, war im Einzelfall eine „besondere Vereinbarung" zu treffen. Beide Voraussetzungen waren angesichts des Ungleichgewichts im Arbeitsverhältnis unschwer zu erfüllen. Wie will ein Arbeiter beispielsweise geltend machen, die in seinem Arbeitsvertrag enthaltene Klausel sei unwirksam, weil in Wahrheit keine produktionstechnischen Notwendigkeiten vorgelegen hätten? Theoretisch kann er sich an den Arbeitsinspektor wenden, doch Lenin bemerkt, es sei „lächerlich, sich eine derartige Beschwerde auch nur vorzustellen." Auch bei der späteren „besonderen Vereinbarung" sei die Situation so, dass der Arbeiter mit dem Grundsatz konfrontiert sei: Wenn du willst, mach Überstunden, willst du nicht, so hole deine Papiere. Angesichts fehlender kollektiver Gegenmacht und einer eng mit den Unternehmern zusammenarbeitenden Arbeitsaufsicht ist dies in hohem Maße plausibel, zumal sich der Unternehmer jederzeit Er-

9 Fundstellen zum Beitrag „Das neue Fabrikgesetz" oben Fn. 4. Er wurde bereits im Sommer 1897 geschrieben, aber wegen der Zensur erst 1899 in Genf veröffentlicht.

10 EuGH 3.10.2000, Rs. C-303/98, NZA 2000, 1227 – SIMAP (zum spanisches Recht); EuGH 9.9.2003, Rs. C-151/02, NZA 2003, 1019 – Jaeger, und EuGH 5.10.2004, Rs. C-397/01 bis 403/01, NZA 2004, 1145 – Pfeiffer (zum deutschen Recht).

satz auf dem Arbeitsmarkt beschaffen konnte. Von einer „leeren und völlig sinnlosen Phrase“ ist daher bei Lenin die Rede. Das Gesetz ist – so kann man schlussfolgern – das Papier nicht wert, auf dem es geschrieben steht. Angesichts des Entwicklungsstandes der russischen Wirtschaft und des politischen Umfelds ist dies nicht weiter überraschend. Dass es ein solches Gesetz überhaupt gab, hatte – ähnlich wie beim Betriebsstrafengesetz von 1886 – damit zu tun, dass es vorher zu heftigen Streiks gekommen war.

Besonderes Interesse verdient eine andere Feststellung. Im Zusammenhang mit der Kritik am Fabrikgesetz weist Lenin darauf hin, die Petersburger Unternehmer hätten schon etliche Jahre zuvor in einer Eingabe einen 11-Stunden-Tag verlangt und pro Tag nur eine Überstunde zulassen wollen. Mit Rücksicht auf die Moskauer Unternehmer, die längere Arbeitszeiten praktizierten, hätte man sich aber für die nunmehr geltende Regelung (11 ½ -Stunden und weitgehende Freiheit für Überstunden) entschieden. Die staatliche Obrigkeit habe sich daher an den Interessen der „übelsten“ Fabrikanten orientiert. Diese moralische Wertung ist das eine. Nicht thematisiert wird die nahe liegende weitere Frage, weshalb es diese unterschiedliche Haltung gab. Hatten die Petersburger Fabrikanten die besseren Maschinen, während die Moskauer (und andere) technisch zurückgeblieben waren und deshalb auf längere Arbeitszeiten setzen mussten? Waren also die Petersburger 11 Stunden nur ein Mittel, um dem „Lohn- und Arbeitszeitdumping“ eine Ende zu bereiten und der Konkurrenz einen Kostenvorteil zu nehmen? Eine entsprechende Vermutung liegt nahe, obwohl keine weiteren Indizien in diese Richtung genannt werden.

An Sonn- und Feiertagen bestand kein generelles Arbeitsverbot. Allerdings war die Arbeit nur zulässig, wenn sie extra vereinbart war und wenn in der folgenden Woche ein freier „Ersatztag“ gewährt wurde, über dessen Lage der zuständige Arbeitsinspektor zu informieren war. Gleichzeitig wurden 22 überkommene Feiertage gestrichen; nur durch gemeinsames Handeln und hartnäckigen Kampf – so Lenin – könne es gelingen, diese über das jetzige gesetzliche Niveau hinaus zu erhalten.

Bei der Implementation des Gesetzes komme der Arbeitsinspektion kaum eine Rolle zu. Sie habe viel zu wenige Mitarbeiter. Auch hätte sie zusätzliche Aufgaben, die sie praktisch zum Polizeibüttel machen würden. Weiter sei sie nur dem Einfluss der Unternehmer ausgesetzt, was solange andauere, wie keine Versammlungsfreiheit und kein Recht existiere, Arbeiterzeitungen herauszugeben. Das Gesetz sehe auch keine eigenständigen Sanktionen vor. Der Unternehmer riskiere allenfalls eine kleine Geldstrafe nach allgemeinen Bestimmungen, die den mit einer zusätzlichen Arbeitsstunde verbundenen Gewinn bei weitem nicht aufwiege – dass Rechtsverstöße bewusst in die Kalkulation einbezogen werden, ist ein dem modernen Arbeitsrecht, aber auch dem Kartellrecht durchaus vertrauter Gedanke. Eine Kontrolle könne unter diesen Umständen nur durch die Arbeiter selbst erfolgen; es sei wirksamer als alle anderen Maßnahmen, wenn diese bei einer Gesetzesverletzung die Arbeit verweigern würden. Dem entspricht der beispielsweise im heutigen deutschen Recht anerkannte Grundsatz, dass Arbeitnehmer ihre Arbeitskraft zurückhalten, also die Arbeit verweigern dürfen, wenn der Arbeitgeber seinerseits die Pflichten aus dem Arbeitsvertrag nicht erfüllt, beispielsweise nicht für die Einhaltung des Arbeitsschutz- und des Arbeitszeitrechts sorgt.[11] Allerdings ist es schwierig (und war zu Lenins Zeiten noch schwieriger), die auch hier faktisch notwendige Kollektivität des Handelns herbeizuführen.

In einem Anhang werden die Durchführungsbestimmungen kommentiert, die schneller als erwartet erlassen wurden. Dort waren die Überstunden zwar auf 120 im Jahr beschränkt, doch galt dies nicht bei produktionstechnischen Notwendigkeiten. Die Schichtarbeit wurde eingehend geregelt. Bei „durchgehenden Arbeiten"[12] konnte an zwei Tagen bis zu 24 Stunden gearbeitet werden, was auch in der Weise möglich war, dass man am ersten Tag zwei mal acht Stunden und am zweiten erneut acht Stunden arbeitete, ohne dass ausreichend Zeit zum Schlafen übrig blieb. Man wollte die Fabrikanten nicht „beengen"; heute würde man von der Flexibilisierung der Arbeitszeit sprechen.

Ein wenig überraschend wirkt die Feststellung, schon der Erlass des Gesetzes sei ein großer Erfolg gewesen. Die Repression gegenüber Streiks habe keine Wirkung mehr gezeigt; also habe die Regierung den Arbeitern entgegenkommen müssen. Dass sie eine „Konzession" machte, die in Wirklichkeit den Status quo gar nicht veränderte, kann man nur wegen des Verzichts auf Polizeimaßnahmen als Erfolg werten. Dazu kommt als nicht thematisiertes Negativum, dass ein solches scheinbares Recht gleichwohl im Bewusstsein vieler die Obrigkeit in einem positiven Licht erscheinen lässt – vergleichbar einem modernen Konzern, der sich einen (folgelosen) Ethik-Kodex gibt.[13] Weniger Widerspruch provoziert demgegenüber die These, bei gemeinsamem Handeln vieler Arbeiter unter der Führung der „Partei der Sozialisten" würden keine so geringen Zugeständnisse mehr ausreichen.

11 So bereits BAG AP Nr. 32 zu Art. 9 GG Arbeitskampf (1963). Weitere Nachweise bei Däubler, Arbeitsrecht 1, 16. Aufl. 2006, Rn 437 ff., 683 ff.

12 Wir würden heute von „vollkontinuierlicher Arbeit" sprechen.

13 Dazu Däubler (Fn 11) Rn 809 f. m. w. N.

V. *Über Streiks*

1. Im zaristischen Russland

Im Jahre 1899 schrieb Lenin einen etwa zehn Seiten umfassenden Beitrag über Streiks, der aus nicht überlieferten Gründen erst 1924 (also nach seinem Tod) veröffentlicht wurde.[14] Er konzentriert sich ausschließlich auf die Legitimität von Arbeitsniederlegungen. Die Legalität spielt keine Rolle, weil es sich von selbst verstand, dass Streiks illegal waren, und es vermutlich auch aussichtslos gewesen wäre, etwa mit Hilfe vertragsrechtlicher Konstruktionen wie einem kollektiv ausgeübten Zurückbehaltungsrecht zu einer partiellen Legalisierung zu kommen.[15]

Zunächst sei der Streik ein reiner Protest gegen menschenunwürdige Arbeitsbedingungen und ein Teil von Maschinenstürmerei, dann verwandle er sich aber in ein Mittel für zielgerichtetes gemeinsames Handeln; die Beteiligten hörten auf, „Sklaven zu sein." Streiks beginnen die Herrschaftsverhältnisse zu erschüttern; ausdrücklich findet sich der preußische Innenminister mit seinem Ausspruch vor dem preußischen Parlament zitiert, hinter jedem Streik lauere die „Hydra der Revolution".[16] Lenin ist allerdings weit davon entfernt, diese Kampfform zu glorifizieren.

Jeder Streik bringe ähnlich wie ein Krieg eine Masse von Entbehrungen. Für erfolgreiche Aktionen brauche man „Kassen", die aber von der zaristischen Polizei häufig aufgespürt und beschlagnahmt würden. Auch müsse man Zeitpunkt und Forderungen gut wählen. Es könne nämlich auch „Absatzstockungen" geben, in denen den Unternehmern die Arbeitsniederlegung höchst willkommen sei, weil sie Lohnkosten spare und die Kassen der Arbeiter belaste. Im Übrigen sei der Streik *ein* Kampfmittel, aber nicht das einzige. Es sei Illusion zu glauben, man könne selbst mit einem Generalstreik alles erreichen.

Diese Einschätzungen beruhen verständlicherweise auf der Situation und den Erfahrungen, die für Russland am Ende des 19. Jahrhunderts charakteristisch waren.

Die meisten europäischen Gewerkschaftsbewegungen verfügen – anders als die deutsche – über keine Streikkassen oder jedenfalls nur über sehr bescheidene Mittel, die man für solche Mitstreikenden einsetzt, die in besonders große Not geraten. Nun lässt sich dem entgegen halten, dass im heutigen West- und Mitteleuropa fast jeder über so viele Rücklagen verfügt, dass er eine gewisse Zeit ohne

14 Fundstellen oben Fn 5.

15 S. aber die knappen Bemerkungen im Zusammenhang mit der Implementation des Fabrikgesetzes oben III.

16 Zitiert auch bei Blanke-Erd u. a. (Hrsg.), Kollektives Arbeitsrecht. Quellentexte zur Geschichte des Arbeitsrechts in Deutschland, Band 1, 1975, S. 74 (v. Puttkamer).

Einkommen durchstehen kann, und dass notfalls eine staatliche Minimalleistung eingreift, die das physische Überleben sichert. Das alles gab es im zaristischen Russland nicht. Auf der anderen Seite können wir seit einigen Jahren in Vietnam (nicht von den Gewerkschaften getragene) Streiks beobachten, die ohne jede materielle Absicherung der Arbeitnehmer stattfinden, obwohl die Durchschnittslöhne in den fraglichen Fabriken bei (umgerechnet) 40 bis 60 Euro im Monat liegen, also auch nicht mehr als ein notdürftiges physisches Überleben sichern können (und überdies einen Zwang zu exzessiven Überstunden ausüben).[17]

Richtig ist dagegen im Grundsatz die sozialpsychologische Wirkung von Arbeitsniederlegungen erkannt, wenngleich es Lenin ferngelegen hätte, über alternative Lebensformen nachzudenken, die sich während eines längeren Streiks entwickeln können.[18] Gleichzeitig wird betont, dass selbst der Generalstreik kein Allheilmittel zur Beseitigung eines unterdrückerischen Systems oder auch nur zur Durchsetzung bestimmter Forderungen sei. Die zahlreichen Aktionen dieser Art, die in den vergangenen zehn bis fünfzehn Jahren in Frankreich, Italien, Spanien und einmal sogar in Österreich stattgefunden haben, vermögen dies aus heutiger Sicht nachhaltig zu bestätigen.

2. Nach der Oktoberrevolution

Mit Spannung erwartet man, was Lenin über Streiks im Januar 1922 schreibt, als seine Partei gesiegt hatte und das Ancien Régime endgültig überwunden war.[19] Man befand sich in der Periode der „Neuen Ökonomischen Politik“, in der vorübergehend marktwirtschaftliche Strukturen praktiziert wurden, über deren Funktionieren der „proletarische Staat“ wachte. Man erwartet, dass der Streik für den privatwirtschaftlichen Teil der Wirtschaft bejaht, ansonsten aber mit Stillschweigen übergangen oder doch sehr in den Hintergrund gerückt wird. Die reale Stellungnahme hatte andere Schwerpunkte, wobei jedoch zu beachten ist, dass Lenin zwar als Verfasser genannt wird,[20] gleichzeitig jedoch die Stringenz der Argumentation fehlt, die seine anderen Beiträge auszeichnet. Man kann vermuten, dass das den Beschluss fassende Gremium „Zentralkomitee“ seine internen politischen Kompromisse machte, was der Folgerichtigkeit und Vollständigkeit

17 Quynh Chi Do, The Challenge from Below: Wildcat Strikes and the Pressure for Union Reform in Vietnam, Discussion Paper, 2008; Chang-Hee Lee, Recent Industrial Relations Development in China and Vietnam, Journal of Industrial Relations 48 No 3 (2006).

18 Piton, Anders leben. Chronik eines Arbeitskampfes, 1976 (Schilderung der Betriebsbesetzung bei Lip in Besançon).

19 Zu den Fundstellen des Beitrags s. oben Fn 6.

20 Lenin (Fn 3), S. 584 Fn 116.

nicht unbedingt zugute kam; ein endgültiges Urteil muss aber den Historikern überlassen bleiben.

Zunächst wird festgestellt, man mache lediglich die ersten Schritte beim Übergang vom Kapitalismus zum Sozialismus und deshalb müsse man offen anerkennen, dass der „ökonomische Kampf“ zunächst weitergehe. Das Endziel jedes Streikkampfes könne aber nicht mehr der Sturz der Staatsmacht, sondern nur die „Festigung des proletarischen Staates und der Staatsmacht der proletarischen Klasse (sein), auf dem Wege des Kampfes gegen bürokratische Auswüchse dieses Staates, gegen seine Fehler und Schwächen, gegen die sich seiner Kontrolle entziehenden Klassengelüste der Kapitalisten usw.“ Und zusammenfassend heißt es:

> „Darum können sowohl die Kommunistische Partei und die Sowjetmacht als auch die Gewerkschaften keineswegs vergessen und dürfen den Arbeitern und werktätigen Massen niemals verhehlen, dass die Anwendung des Streikkampfes in einem Staat mit proletarischer Staatsmacht ausschließlich erklärt und gerechtfertigt werden kann durch bürokratische Auswüchse des proletarischen Staates und alle möglichen Überreste der kapitalistischen Vergangenheit in seinen Institutionen einerseits und durch die politische Unentwickeltheit und kulturelle Rückständigkeit der werktätigen Massen andererseits.“

Daran ist zunächst bemerkenswert, dass auch ein Streik gegen den proletarischen Staat für möglich erklärt wird (was später scheinbar in Vergessenheit geriet) und inhaltlich lediglich von „bürokratischen Auswüchsen“ abhängig gemacht wurde. Offensichtlich verstand man den Staat nicht als Verkünder der von der Partei definierten Wahrheit, sondern als ein „lernendes System“; durch den Streik sollten die bürokratischen Auswüchse beseitigt und so der Staat letztlich gestärkt werden. Was alles zu den „Überresten der kapitalistischen Vergangenheit“ zählt, bleibt ungeklärt. Ob man dazu auch marktwirtschaftlich agierende Unternehmen mit ausgeprägtem Profitstreben zu zählen hatte, ist eine offene Frage – wobei man aus heutiger Sicht vermuten würde, dass die Partei private Investoren nicht durch ausdrückliche Nennung verprellen wollte. Im Folgenden wird lediglich ein Staatsbetrieb als Beispiel genannt, in dem es zu einem Streik gekommen war durch „unrichtige Handlungen von Wirtschaftsorganen, die Rückständigkeit gewisser Arbeitergruppen, die provokatorische Tätigkeit konterrevolutionärer Elemente oder schließlich die mangelnde Umsicht der Gewerkschaftsorganisation“. Es kann also billigenswerte und nicht billigenswerte Streiks geben – auch dies eine These, die ersichtlich später in der Praxis keine Bedeutung mehr hatte.

Wie war nun die Rolle der Gewerkschaften beschaffen, die sich ja inzwischen gebildet hatten? Sie müssen zur möglichst schnellen Lösung des Konflikts beitragen, und zwar durch einzelne Aktionen, die sich aus dem Charakter der Gewerkschaftsarbeit ergeben. Beispielhaft genannt werden das Ergreifen von Maßnahmen zur Beseitigung tatsächlicher Unregelmäßigkeiten und Missstände, die

Befriedigung berechtigter und erfüllbarer Forderungen der Massen, die politische Einwirkung auf die Massen. Gradmesser erfolgreicher Tätigkeit sei die rechtzeitige Beseitigung der Anlässe von Konflikten. Brechen diese gleichwohl aus, so sind schwierige Abwägungsprozesse angesagt: Vorteile für streikbereite oder streikende Arbeitnehmergruppen ja, aber nur, wenn andere Gruppen nicht benachteiligt werden und kein Schaden für die Entwicklung des Arbeiterstaates und seiner Wirtschaft als Ganzer entsteht. Es dürfte nicht einfach gewesen sein, diesen Anforderungen gerecht zu werden.

Die Verwendung vieler auslegungsbedürftiger Begriffe (was sind „bürokratische Auswüchse", wann liegt eine „unrichtige Handlung" von staatlichen Wirtschaftsorganen vor?) macht die Frage besonders dringend, wer im konkreten Fall die Definitionskompetenz besitzt. Dazu sagt der Beschluss von 1922 nichts. Man kann vermuten, dass die Verfasser sich selbst für berechtigt hielten, im Konfliktsfalle eine Entscheidung zu treffen. Damit ist aber die Gefahr geschaffen, dass niemals „bürokratische Auswüchse" oder „unrichtige Entscheidungen" konstatiert werden, so dass die Legitimität eines Streiks nie wirklich bejaht wird. Darauf ist zurückzukommen. Bedeutsam bleibt aber, dass nach Lenins Auffassung auch nach Überwindung des Kapitalismus Streiks nicht nur denkbar sind, sondern auch legitim sein können.

VI. Gewerbegerichte als Hoffnungsträger

Der von Lenin Ende 1899 geschriebene Beitrag über Gewerbegerichte wurde – aus welchen Gründen auch immer – wie der über Streiks erst 1924 im vierten Band der Gesammelten Werke veröffentlicht.[21] Inhaltlich geht es um die Schaffung von paritätisch aus Vertretern der Arbeiter und der Unternehmer bestehenden Arbeitsgerichten, die als „conseils de prud´hommes" in Frankreich und den linksrheinischen Gebieten Deutschlands existierten. Der Name wurde allerdings von den deutschen Gewerbegerichten entliehen, die es aufgrund eines Gesetzes von 1890 im rechtsrheinischen Deutschland gab, die aber neben den Vertretern beider Seiten auch einen neutralen Vorsitzenden hatten.[22] Lenins Aufsatz konzentriert sich auf die Vorteile eines solchen paritätisch besetzten Gerichts.

Erster Vorteil ist der einfachere Zugang. Der Arbeiter könne seinen Vertretern im Gericht sein Anliegen mündlich erläutern, er brauche nicht die bei den sonstigen Gerichten geforderten Förmlichkeiten zu erfüllen, die ihm besonders schwer

21 Fundstellen oben Fn 7. Ein kleiner Hinweis auf diese Arbeit findet sich bei Kietz, Die Entwicklung der Arbeitsgerichte in Deutschland, StuR 1956, 995, 999 Fn 20.

22 Einzelheiten bei Linsenmaier NZA 2004, 401 ff.; Däubler, Das Arbeitsrecht 2, 12. Aufl. 2009, Rn 2174 ff.

fielen. Auch würde das Gericht in der arbeitsfreien Zeit, insbesondere an Sonn- und Feiertagen zusammentreten, so dass die Arbeiter wie die Zeugen nicht in Konflikt mit ihren arbeitsvertraglichen Pflichten kommen würden.

Zweiter Vorteil: Die Richter beider Seiten verstehen mehr als die allgemeinen Gerichte von Fabrik- und Werksangelegenheiten und von den Bedingungen der lokalen Produktion. Auch wäre man an schnellen Entscheidungen interessiert, während die „Beamtengerichte" sich allein auf ein gutes Bild der Akten konzentrieren und viel unnötigen Schreibkram produzieren würden. Auch hätten die Richter der Arbeitnehmerseite jene Vorurteile nicht, wonach ein Arbeiter ein „Trunkenbold, Frechling oder Dummkopf" sei; sie würden ihm daher Gerechtigkeit widerfahren lassen.

Der dritte Vorteil wird darin gesehen, dass sich die Arbeiter mit den Gesetzen vertraut machen. Sie würden nicht nur mit dem Wortlaut, sondern auch mit den praktischen Auswirkungen konfrontiert. Auf diese Weise würden sie erkennen, in wessen Interesse die Gesetze geschrieben seien.

Weiter können sich – so der vierte Vorteil – besonders fortschrittliche Arbeiter in diesem Rahmen profilieren und so allen übrigen bekannt werden. Viele könnten sich an sie wenden; den Arbeitern würde auf diese Weise eine Stimme gegeben. Man hätte erstmals ganz offiziell Anteil an den öffentlichen Angelegenheiten. Die Arbeiterklasse werde bisher als „Lasttier" betrachtet, „das für andere zu arbeiten und sonst zu schweigen hat." Das würde sich ändern.

Die Öffentlichkeit würde – so der fünfte Vorteil – mehr über das erfahren, was sich in den Fabriken zuträgt. Über Streiks stehe bislang nichts in der Presse, die Berichte der Fabrikinspektoren würden nicht für alle zugänglich gemacht.

Schließlich würde sich – sechstens – eine sozialpsychologische Wirkung ergeben. Zwischen Arbeitern und Fabrikherrn gebe es mehr Gleichheit, der Unternehmer müsse den Arbeiter anständig behandeln, während er ihn bisher nicht als ebenbürtigen Menschen sehe. Auch sei der Fabrikant ggf. gezwungen, einer gerichtlichen Vorladung Rechnung zu tragen, was gleichfalls seine Wirkung nicht verfehle.

Wo totale Rechtlosigkeit herrscht, erscheint ein paritätisch besetztes Gericht als eine Art Vorhof zum Paradies. Gleichzeitig wird eine Reihe von restriktiven Bedingungen aus einer verständlichen, aber ein wenig naiven Begeisterung heraus nicht einbezogen. Woher will man unter Bedingungen, wo – wie es im selben Beitrag heißt – nur „sehr, sehr wenige Arbeiter Bücher lesen können", die Menschen hernehmen, die den gebildeten Vertretern der Unternehmerseite auf Augenhöhe begegnen können? Was geschieht, wenn sie als die intellektuell unterlegene Seite den Überlegungen ihres Widerparts zustimmen und so Verwirrung statt Mobilisierung stiften? Und überdies: Wäre es wirklich unter den damals herrschenden Bedingungen ein großer Vorteil gewesen, das geltende Recht zu kennen, obwohl es bei Lichte besehen kaum wirksame Schutznormen enthielt? Kann eine solche Beteiligung nicht – soweit doch die eine oder andere Schutzposition möglich war – zu einer Identifizierung mit dem Status quo führen, so dass man über den ganz kleinen Fortschritten, die man in Händen hält, die große Perspektive vergisst? Die Einwände ließen sich fortsetzen. Letztlich wäre ein solches Stück „Parität" ein Fremdkörper in einer durch und durch autoritären Gesellschaft gewesen. Die beschriebenen Folgen könnten nur unter der fiktiven Bedingung eintreten, dass die Arbeiter ausschließlich von Personen vertreten würden, die im Denken und Handeln mehr oder weniger dem Verfasser Uljanow entsprechen. Doch man sollte nicht ins Unsachliche abgleiten: Das Unmögliche zu denken und auszuformulieren kann eine gute Voraussetzung sein, um das Mögliche in näherer Zukunft zu erreichen.

VII. Perspektiven

Was lässt sich aus dem Blick in die Vergangenheit lernen? „Lernen" bedeutet in diesem Zusammenhang, neue Erkenntnisse zu gewinnen oder bestehende zu vertiefen. Es kann selbstredend auch besagen, zu einem „so nicht!" zu gelangen und aus schlechten Erfahrungen Konsequenzen zu ziehen.

Beginnen wir mit dem Positiven. Nach der Interessenlage zu fragen, die einem Gesetz oder einer Bestimmung zugrunde liegt, ist eine zeitlos gültige Vorgehensweise, die nur einem blinden Normativisten unzumutbar oder unfruchtbar erscheinen mag. Genauso wichtig ist es, die Auswirkungen eines Gesetzes in der Praxis zu bedenken. Existieren ausreichende Sanktionen bei Verstößen? Welche Umgehungsstrategien sind möglich? In disparitätischen Beziehungen wie dem Arbeitsverhältnis ist beides von besonderer Bedeutung.

Wie könnten – so die nächste berechtigte Frage – rechtspolitische Alternativen aussehen? Unter welchen Bedingungen könnten sie verwirklicht werden? Gerade dieser letzte Aspekt bleibt in der aktuellen Diskussion häufig ausgeblendet, da man bei ehrlicher Bestandsaufnahme in sehr unsicheres Fahrwasser käme. Gibt es auch in der parlamentarischen Demokratie (häufig oder in der Regel?) die Situation, dass im Ergebnis nur der durch eine feste Organisation geführte Zusammenschluss der abhängig Beschäftigten etwas bewirken kann? Schon die Frage als solche, die etwa im Zusammenhang mit der Zulässigkeit des politischen Streiks auftaucht, schafft bei vielen ein hohes Maß an Unbehagen. Dennoch lässt sie sich in der Regel nicht ausklammern.

Wenig Anregungen bekommt man demgegenüber für die traditionelle rechtsdogmatische Arbeit, für die Herausarbeitung von Grundsätzen, wie gesetzliche oder sonstige Normen in ein System gebracht und auf die unterschiedlichsten Situationen angewandt werden können. Unter den Bedingungen des zaristischen Russland wie auch (beim zweiten Beitrag zum Streik) nach dem eben zu Ende gegangenen Bürgerkrieg hatte man – etwas platt gesagt – andere Sorgen. Wesentlicher als der „Problemdruck“ ist allerdings der Zusammenhang mit funktionierenden Gerichten: Nur wenn sich diese mit hoher Wahrscheinlichkeit an Auslegungsergebnissen – und sei es an einer „herrschenden Meinung“ – orientieren, hat die systematische Aufarbeitung des Rechtsstoffes einen Sinn; andernfalls bleibt sie nutzloses Glasperlenspiel. Diese Bedingung war weder im zaristischen Russland noch im Jahre 1922 erfüllt. Darin mag ein zusätzlicher Grund gelegen haben, weshalb die hier referierten Texte in der juristischen Literatur so wenig Beachtung gefunden haben. Auch die Linke in Westeuropa nahm sie nicht wirklich zur Kenntnis. Beim Kampf der polnischen „Solidarnosc“ um die Anerkennung des Streikrechts gab es Bezugnahmen auf Lenin,[23] doch ging die etablierte polnische Arbeitsrechtswissenschaft diesen Weg nicht.[24] Arbeiten wie die Auseinandersetzung mit dem Betriebsstrafen- und dem Fabrikgesetz sucht man bis heute weithin vergebens, obwohl man viele prekär Beschäftigte ihrer faktischen Rechtlosigkeit wegen durchaus mit den russischen Arbeitern am Ende des 19. Jahrhunderts vergleichen könnte. Warum sollte man dieses Defizit nicht eines Tages beseitigen?

Die politisch brisanteste Frage ist die nach dem Streik in einer vom „proletarischen Staat“ beherrschten Wirtschaft. Weder das russische Arbeitsgesetzbuch aus dem Jahre 1918[25] noch sein Nachfolger aus dem Jahre 1922[26] erwähnen den Streik; auch eine vergleichbare Begrifflichkeit wie „Arbeitskampf“ findet sich nicht.[27] Zwischen der von Lenin entworfenen Position des Zentralkomitees der

23 So insbesondere bei Žielinski, Panstwo i Prawo 4/1981, S. 33 ff., in den entscheidenden Auszügen wiedergegeben bei Mückenberger KJ 1982, 62 f. Da Žielinski dem Marxismus-Leninismus denkbar fern stand, hatte das Argument wohl eher taktische Bedeutung.

24 Zu ihren Argumenten Mückenberger KJ 1982, 61 f. In der deutschen Begleitdiskussion spielte dagegen Lenin eine vergleichsweise größere Rolle. Vgl. dazu Perels KJ 1980, 403 ff.; Mückenberger KJ 1982, 59.

25 Abgedruckt bei Lenin (Fn 3), S. 609 ff.

26 Abgedruckt bei Lenin (Fn 3), S. 633 ff. Zur Herausnahme des Arbeitsrechts aus dem Zivilrecht vgl. Reich, Sozialismus und Zivilrecht, 1972, S. 105 ff. Zur heutigen Situation vgl. Kisseljow, Srawnitjelnoje i Mjeschdunarodnoje Trudowoje Prawo (= Vergleichendes und internationales Arbeitsrecht), Moskau 1999, S. 88 ff.

27 Bemerkenswert allerdings die 1922 nicht wieder aufgenommene Regelung des Art. 8 des Arbeitsgesetzbuchs von 1918, wonach Tarifverträge gegen den Willen des Arbeitgebers zustande kommen konnten. Wörtlich wird bestimmt: „Die Arbeitsbedingungen in allen Sowjet-, nationalisierten, öffentlichen und Privatbetrieben werden durch die von den Gewerkschaften im Einvernehmen mit den Leitern oder Inhabern der Betriebe und Wirtschaften ausgearbeitet und vom Volkskommissariat für Arbeit bestätigten Tarifbestimmungen geregelt.Anmerkung: Ist es nicht möglich, mit den Leitern oder Besitzern der Betriebe und Wirtschaften zu einem Einvernehmen zu gelangen, werden die Tarifbestimmungen von der Gewerkschaft ausgearbeitet und direkt dem Volkskommissariat für Arbeit zur Bestätigung eingereicht.“ (zitiert nach Lenin [Fn 3],S. 611).

KP und dem Gesetzesrecht klafft eine Lücke. In der Volksrepublik China war die Situation eine ähnliche. In den fünfziger Jahren hatte sich die Kommunistische Partei im Grundsatz mit vergleichbaren, aber nicht identischen Erwägungen zum Streikrecht bekannt, doch waren daraus keine juristischen Konsequenzen gezogen worden.[28] Die Ursachen könnten dieselben sein: Die Revolutionäre waren der festen Überzeugung, den Schlüssel für eine bessere Ordnung in Händen zu halten. Passte ein Streik in ihr Konzept, konnten sie jederzeit seine Berechtigung verkünden und damit jede Repression ausschließen. War dies jedoch nicht der Fall, weil er sich als Störung im Aufbau oder gar als Angriff auf die neue politische Ordnung erwies, konnten sie unschwer auf die Rechtsordnung zurückgreifen und deren Sanktionsmechanismen bemühen. Rechtsstaatliche Garantien, die ein Grundrecht auch dann respektieren, wenn es den Interessen der Regierenden zuwider läuft, waren nicht vorhanden, ja nicht einmal angedacht. Die weitere Entwicklung in Russland und der Sowjetunion verschüttete vollends eine solche Alternative. Gegenwärtige Auseinandersetzungen in Teilen Chinas belegen jedoch, dass die Frage erneut Aktualität gewinnt. Warum sollte es unmöglich sein, eine Grenze zwischen legalen und illegalen Streiks zu ziehen? Sie könnte häufig (aber eben nicht immer) mit der zwischen legitimen und illegitimen Kampfmaßnahmen identisch sein.

28 Chang Kai, The Legislation of Right to Strike in China, Beijing 2004, S. 227, 229 ff. Bemerkenswert, dass die „kulturelle Rückständigkeit" der Beschäftigten dort als Argument so gut wie keine Rolle spielte. Zur aktuellen Situation s. Chang Kai, Legitimacy and the Legal Regulation of Strikes in China: A Case Study of the Nanhai Honda Strike, The International Journal of Comparative Labour Law *and* Industrial Relations, vol. 29 (2013), S. 133 – 143.

Irmela Gorges

Die Trennung von Enquêtenforschung und wissenschaftlicher empirischer Sozialforschung in der zweiten Hälfte des 19. Jahrhunderts am Beispiel des Vereins für Socialpolitik

I. Einleitung

Martin Kutscha veröffentlicht überwiegend zu Themen, in denen er juristische mit politischen Aussagen verbindet. Die Trennung von Wissenschaft und Politik ist in den Sozialwissenschaften ein seit langem diskutiertes grundlegendes Problem.[1] Wie politisch orientierte „werturteilsgeladene" und „objektive, neutrale" Sozialforschung, die Hilfen für politische Entscheidungen leisten soll, sich vor mehr als 100 Jahren unter der Leitung der führenden Wirtschafts- und Sozialwissenschaftler in Deutschland voneinander lösten, soll in der folgenden Analyse dargelegt werden.

Der Trennungsschritt von werturteilsgeladener und objektiver Sozialforschung kann auch als Paradigmenwechsel beschrieben werden, der sich in den 1890er Jahren in den empirischen Forschungen des 1872 gegründeten Vereins für Socialpolitik vollzogen hat. Diese – in der Geschichte der Sozialforschung etwas ungewöhnliche Begriffszuweisung – scheint jedoch am besten den Strategiewechsel in der Sozialforschung innerhalb des Vereins für Socialpolitik zu erfassen. Der folgende Abschnitt dient der kurzen Einführung in den Kontext des Themas.

II. Die Gründer der historischen Schule der Nationalökonomie in Deutschland

Die Vorgänger der Gründer des Vereins für Socialpolitik waren die so genannten Vertreter der „älteren" historischen Schule der Nationalökonomie, die Professoren der Staatswissenschaften Wilhelm Georg Friedrich Roscher (1817 – 1894), Bruno Hildebrand (1812 – 1878) und Karl Knies (1821 – 1898). Sie wandten sich gegen die klassische liberalistische Theorie von Adam Smith (1723 – 1790) und David Ricardo (1772 – 1823). Der ökonomische Liberalismus stellte den Produktionsprozess in den Mittelpunkt seiner Theorie. Er nahm an, dass die Indi-

1 Vgl. Adorno/Dahrendorf/Pilot/Albert/Habermas/Popper (Hrsg.), Der Positivismusstreit in der deutschen Soziologie, 6. Aufl. 1987.

viduen um so mehr zur Prosperität der Gesamtgesellschaft beitragen würden, je mehr sie in ihrem eigenen Interesse arbeiteten. Daher sollte jeder Eingriff des Staates in die natürliche Entwicklung der Wirtschaft durch seine Gesetzgebung und die damit verbundene Behinderung der Industrialisierung vermieden werden.[2] Roscher, Hildebrand und Knies kritisierten diese „klassische Theorie“ wegen 1.) ihrer angenommenen universellen Gültigkeit, dass die behaupteten ökonomischen Gesetze für alle Länder und jedes Entwicklungsstadium der Wirtschaft gültig seien. Stattdessen suchten sie nach „allgemeinen historischen“ Gesetzen für bestimmte Entwicklungsperioden. 2.) Sie kritisierten die „rudimentäre Psychologie“ der Klassiker, der Egoismus des Einzelnen sei der einzige und hauptsächliche Antrieb für die wirtschaftliche Entwicklung und 3.) die von der klassischen Theorie verfolgte deduktive Methode, nach der das individuelle Verhalten deduktiv aus dem Verhalten einer harmonisch funktionierenden Gesamtgesellschaft erklärt werden könne.[3]

III. Die Gründer des Vereins für Socialpolitik und der Beginn der sozialwissenschaftlichen empirischen Forschung

Die nächste Generation der historischen Schule der Nationalökonomie begann seit ungefähr 1860 die theoretischen Forderungen der Begründer in praktische Forschung und politische Arbeit umzusetzen. Die wichtigsten und gleichzeitig bekanntesten Vertreter dieser „jüngeren“ historischen Schule waren die Professoren der Staatswissenschaften Adolph Wagner (1835 – 1917), Gustav Schmoller (1838 -1917) und Lujo von Brentano (1844 – 1931). 1872, ein Jahr nach der Reichsgründung und dem Einsetzen der Hochindustrialisierung, gründeten sie zusammen mit Journalisten, Vertretern der Verwaltung und Praktikern aus verschiedenen anderen Berufen den „Verein für Socialpolitik“ als eine Gegenorganisation zur Manchesterschule[4] in Deutschland.[5] Alle Teilnehmer der die Gründung des Vereins vorbereitenden Versammlung im Juni 1872 in Halle an der Saale befürworteten den Eingriff des Staates in das Wirtschaftleben zur Unterstützung der Lage der Industriearbeiter. Da viele dieser Gründer des Vereins für

2 Klaus/Buhr (Hrsg.), Marxistisch-Leninistisches Wörterbuch der Philosophie, Bd. 2, geschichtliches Denken – Opportunismus, Stichwort: Klassische bürgerliche englische politische Ökonomie, 1964, S. 582 ff.

3 Rist, Die historische Schule und der Streit der Methoden, in: Gide/Rist (Hrsg.), Geschichte der volkswirtschaftlichen Lehrmeinungen, 1913, S. 431, 445 ff.

4 Die Manchesterschule vertrat die praktischen politischen Forderungen der Liberalisten in Deutschland, vgl. Brinkmann (Hrsg.), Richard Cobden und das Manchestertum, 1924.

5 Vgl. Gorges, Sozialforschung in Deutschland 1872 – 1914, Gesellschaftliche Einflüsse auf Themen- und Methodenwahl des Vereins für Socialpolitik, 2. Aufl. 1986, S. 53 ff.

Socialpolitik Professoren waren, gaben die Mitglieder des Manchestervereins ihnen den Spottnamen „Kathedersozialisten".

IV. Die empirische Forschung der Gründer des Vereins für Socialpolitik

Auf dem Vorbereitungstreffen wählten die zukünftigen Vereinsmitglieder ein Komitee, das eine Einladung an alle willkommen hieß, die das Interesse und sittliche Pathos für die „soziale Frage" vertraten, gegen das „laissez faire"-Prinzip der Manchesterschule kämpfen wollten und sich nicht gegen eine Gesetzgebung zum Schutz der Industriearbeiter oder die Gründung von Gewerkschaften aussprachen.[6]

Schon bevor der Verein im Oktober 1872 gegründet wurde, waren sich die Teilnehmer bewusst, dass sie weder genug über die dringenden sozialen Probleme der Industriearbeiter noch über die Auswirkungen der bereits vorhandenen sozialen Gesetzgebung, wie zum Beispiel die Fabrikgesetzgebung, wussten. Auch hatte die Regierung so genannte Enquêten, beispielsweise über Frauen- und Kinderarbeit, Arbeiter in Fabriken und Bahntarife u. a. durchgeführt.[7] Zur Vorbereitung seiner ersten ordentlichen Sitzung 1873 veröffentlichte der Verein einen Band „ Über Fabrikgesetzgebung, Schiedsgerichte und Einigungsämter" mit einem Beitrag über die Frage „In welcher Weise ist eine Enquete über die Wirkungen der Fabrikgesetzgebung zu veranstalten?".[8] Eine Kommission aus Mitgliedern des zukünftigen Vereins hatte Fragen ausgearbeitet, die ausgewählte Referenten beantworten sollten und deren Berichte in diesem Band veröffentlicht wurden. Die Fragen an die Referenten lauteten sinngemäß beispielsweise: Sollte eine Enquête über die Durchführung bestehender Vorschriften zur „Beschäftigung jugendlicher Arbeiter in Fabriken (§§ 128 bis 133 der Gewerbeordnung", oder betreffs „der Baarentlohnung (§§ 134 – 139 der Gew.-Ord.), zugleich unter Erwägung der Bedürfnisse eines gesetzlichen Schutzes gegen schlechte Zahlmittel" angestellt werden?, „... ist dieselbe zu richten auf ... Arbeitsdauer, Nachtarbeit und Sonntagsarbeit?", „Von wem ist die Enquête zu unternehmen?". [9] Vier Referenten fassten ihre Antworten in monografischer Form zusammen, unter ihnen ein geheimer „Regierungsrath", ein „Landrath" und ein Professor.[10]

6 Wittrock, Die Kathedersozialisten bis zur Eisenacher Versammlung 1872, 1939, S. 184 ff.; Gorges (Fn 5), S. 55.

7 Stieda, Stichwort „Enquete", in: Conrad/ Lexis/Elster/Loening (Hrsg.), Handwörterbuch der Staatswissenschaften, Bd. 3, 3. Aufl. 1909, S. 949 ff.; Gorges (Fn 5), S. 109 ff.

8 Schriften des Vereins für Socialpolitik (im Folgenden VfS), Bd. 2, 1873, S. 1 - 15.

9 Ebenda.

10 Ebenda.

1877 analysierte ein weiteres Mitglied des Vereins, ein Sekretär der Handelskammer in Hamburg, dessen Namen nur mit „Dr. Embden" angegeben wurde, in einem Bericht über „Das Verfahren bei Enquêten über sociale Verhältnisse",[11] wie der Staat Enquêten organisieren könne. Embden unterschied zwischen „vollständig organisierten" Enquêten, die „politisch ein Kind des Parlamentarismus" [12] seien und demokratischen Zwecken dienten, und „unvollständig organisierten" Enquêten, die „politisch der Idee des Beamtenstaates"[13] verpflichtet seien und für „administrative" Zwecke durchgeführt würden. Die für demokratische Zwecke organisierte Enquete leitete eine aus Experten bestehende Kommission, die für ein jeweiliges Thema vom Parlament eingesetzt wurde. Die Kommissionsmitglieder befragten Praktiker, wie sie ein bestimmtes soziales oder wirtschaftliches Problem beurteilten und wie sie es lösen würden. Fragen und Antworten wurden stenografisch aufgezeichnet und die Kommission entwickelte aufgrund dieser protokollierten Befragungen Gesetzesvorschläge, die das Problem beheben sollten. Jeder Schritt der Kommission, einschließlich der Protokolle, wurde veröffentlicht. Dieser Typ der Enquête war als ein Instrument zur Kontrolle des Staates gedacht.[14]

Für die unvollständig organisierte Enquête für administrative Zwecke entwickelten Verwaltungsbeamte einen Fragebogen für eine große Zahl von gebildeten Praktikern in unterschiedlichen Regionen. Die schriftlichen Antworten wurden von Verwaltungsbeamten dezentral gesammelt und inhaltlich zusammengefasst, zum entsprechenden Reichsministerium geschickt, und ein höherer Beamter fasste dann das Endergebnis der Befragung zusammen. Die gesammelten Daten und die zusammenfassenden Ergebnisse wurden nicht veröffentlicht. Beide Typen von Enqueten wurden nicht nur in Deutschland, sondern auch in England und Frankreich durchgeführt.[15]

Der Verein für Socialpolitik kopierte in seinen eigenen Untersuchungen die Form der staatlichen Enquête für demokratische Zwecke, allerdings standen ihm weitaus weniger Mittel für die Durchführung seiner ´Enquêten´ zur Verfügung. Bis 1878 führte der Verein 13 Untersuchungen durch, die alle dem Prinzip der demokratisch organisierten Enquête folgten: Eine für ein jeweiliges Thema ausgewählte Kommission aus Experten des Vereins wählte ihrerseits Experten aus Praktikern aus, die umfangreiche und schwierig zu beantwortende offene Fragen zu beantworten hatten. Ihre Berichte veröffentlichte der Verein in Form von Monographien, deren Lektüre als Vorbereitung für die jeweils nächste Generalversammlung diente. Da der Verein danach strebte, einen Einfluss auf die Sozialpo-

11 VfS, Bd. 13, 1877, S. 1-15.
12 Ebenda, S. 12.
13 Ebenda.
14 Vgl. auch Gorges (Fn 5), S. 109 ff..
15 Vgl. Stieda (Fn 7), Stichwort „Enquete".

litik des Reiches auszuüben, stimmten die Teilnehmer am Ende einer jeden Generalversammlung über eine Resolution ab, die an das Parlament oder die Regierung geschickt wurde mit der Bitte, ein entsprechendes Gesetz zu verabschieden.

Bis 1878 wurde die oben geschilderte Untersuchungsmethode des Vereins kaum kritisiert. Es wurde nur bemängelt, dass nicht die so genannte „kontradiktorische" Methode, die Befragung von Experten gegnerischer Positionen, beispielsweise von Unternehmern und Arbeitern, angewandt wurde. Der Verein verfügte jedoch nicht über die finanziellen und organisatorischen Mittel, derartige Befragungen durchzuführen.[16]

1878 wurden zwei Attentate auf den Kaiser verübt, die sozialdemokratischen Initiativen zugeschrieben wurden. Das Parlament verabschiedete daraufhin das „Gesetz gegen die gemeingefährlichen Bestrebungen der Sozialdemokratie" (Sozialistengesetz), mit dem alle sozialdemokratischen Aktivitäten, nicht jedoch die sozialdemokratische Partei selbst, verboten wurden.[17] Als Reaktion auf das Gesetz beschloss der Verein, von nun an „wissenschaftliche" Forschung zu betreiben und keine Resolutionen mehr an das Parlament am Ende jeder Generalversammlung zu verabschieden.[18] Der Untersuchungsschwerpunkt sollte von Problemen der Industriearbeiter auf die „soziale Frage" der Landarbeiter verschoben werden.[19] Der Verein schien jedoch die selbst auferlegte Einschränkung auf rein wissenschaftliches Vorgehen nicht einhalten und den Verlust sozialpolitischen Engagements und politischer Macht nicht hinnehmen zu können. Vielmehr interpretierte er die Enquêten, so wie sie vorher auch schon durchgeführt worden waren, nunmehr als „Wissenschaft". In seiner die Generalversammlung von 1884 einleitenden Rede betonte Erwin Nasse (1829 – 1890), der Vorsitzende des Vereins, dass weder das Parlament, noch die Verwaltung noch die Minister die Zeit hätten, die Einzelheiten für eine Gesetzgebung sorgfältig vorzubereiten. Daher sei die wissenschaftliche Forschung notwendig, um das Parlament mit relevanten Informationen auszustatten. Von nun an würde der Verein die Aufgabe übernehmen, diese wissenschaftliche Forschung durchzuführen. Dabei würde er auf einer höheren Zinne als die der Parteipolitik stehen.[20] Im Hintergrund des aktuellen Geschehens sollte er, wie Schmoller später meinte, wie der griechische Chor, mahnend zur Mäßigung auffordern und für „das Wahre und Gute, das Billige und Gerechte" eintreten.[21]

16 VfS, Bd. 2, S. 132 ff.
17 Born, Von der Reichsgründung bis zum Ersten Weltkrieg, Band 16, 9. Aufl. 1976, S. 129.
18 „... der Verein (wird) seine agitatorische Richtung verlassen und sich ausschließlich die Aufgabe einer vielseitigen und gründlichen Erörterung ... stellen" (VfS, Bd. 188, 1939, S. 44), so ein Rundschreiben des Vereinsausschusses nach der Tagung 1879.
19 Gorges (Fn 5), S. 152 ff..
20 VfS, Bd. 28, 1884, S. 2; Gorges (Fn 5), S. 153.
21 VfS, Bd. 47, 1890, S. 4; Gorges (Fn 5), S. 213.

Als Nasse 1890 starb und Gustav Schmoller sein Nachfolger im Amt des Vereinsvorsitzenden wurde, meinte dieser jedoch rückblickend zu den 1880er Jahren: „Wir haben unsere ganz Kraft der Veröffentlichung unserer Schriften gewidmet“, aber „Einfluss auf die Politik während der 1880er Jahre zu gewinnen lag außerhalb unserer Aktivitäten ... die Politik wurde ausschließlich von Kanzler Bismarck bestimmt“.[22] Im Laufe der 1880er Jahre schritt der Prozess der „Verwissenschaftlichung“ der Untersuchungsmethoden des Vereins kaum voran. Eine „Professionalisierung“ der Methoden der empirischen Sozialforschung trat nicht ein. Die 15 während der 1880er Jahre durchgeführten Untersuchungen wurden immer noch von (in einigen Fällen sehr) langen offenen Fragen angeleitet, und die Experten aufgefordert, Beschreibungen und Urteile über und Lösungen für soziale Probleme abzugeben. Nur eine Untersuchung, eine Studie über den „Wucher auf dem Lande“,[23] wurde über die bereits in den 1870er Jahren bemängelte fehlende kontradiktorische Befragung hinausgehend kritisiert. Der Statistiker Gottlieb Schnapper-Arndt (1846 – 1904) forderte erstmals, dass die Fragebögen, die die Untersuchungen anleiten sollten, „präziser formuliert“ werden und damit die Experten befähigt werden sollten, über die „Wahrheit“ und nicht über ihre politischen Ansichten und Urteile zu berichten.[24]

V. Die zweite Generation des Vereins für Socialpolitik

Die zweite Generation von Mitgliedern begann Anfang der 1890er Jahre ihre Mitarbeit im Verein für Socialpolitik. Karl Emil Maximilian (Max) Weber (1864 – 1920) und sein jüngerer Bruder Alfred Weber (1868 – 1958), Werner Sombart (1863 – 1941) und Ferdinand Tönnies (1855 – 1936) setzten in ihren Beiträgen die eigentlichen Forderungen der 1880er Jahre um und begannen in ihren Untersuchungen differenziertere Fragebögen zu entwickeln, mit denen die „sozialen Tatsachen“ „objektiv“ erfasst werden sollten, ohne die Beimengung der Werturteile derjenigen, die sie ermittelten.

Den ersten kleinen Schritt in Richtung einer Entwicklung der heute eingesetzten Methoden der empirischen Sozialforschung unternahm Max Weber in seinem Beitrag zu der 1890 begonnenen Untersuchung der „Verhältnisse der Landarbeiter in Deutschland“.[25] Die Untersuchung spiegelte noch die konservative The-

22 VfS, Bd. 188, 1939, S. 250; Gorges (Fn 5), S. 155.
23 VfS, Bd. 35, 1887.
24 Siehe ausführlich Gorges, Fairness as an impetus for objective, scientific social research methods: The reports about Jewish Tradesmen in the 1887 usury enquête of the Verein für Socialpolitik, in: Stoetzler (Hrsg.), Antisemitism and the Constitution of Sociology (erscheint 2014).
25 VfS Band 53 – 55, 1892.

menausrichtung der 1880er Jahre wider, obwohl die Sozialistengesetze seit 1890 nicht mehr verlängert worden waren. Max Sering (1857 – 1939), der 1883 im Auftrag der Preußischen Regierung die Landwirtschaft in Nordamerika untersucht hatte und 1889 an die Landwirtschaftlichen Hochschule Berlin berufen wurde, leitete die Studie. Sering, zwanzig Jahre jünger als die Gründer des Vereins für Socialpolitik, gehörte damit der selben Generation wie Gottlieb Schnapper-Arndt an, dem ersten Kritiker der Methoden der Sozialforschung im Verein. Die eingesetzte Kommission entwickelte zwei Fragebögen, ein erster, nur aus heute so zu nennenden „Faktfragen“ bestehend, richtete sich an Landwirte, ein zweiter, an „sachkundige Personen“ gerichtet, enthielt fast ausschließlich Fragen nach Einschätzungen von Wirkungen wirtschaftlicher und politischer neuerer Entwicklungen.[26] Von 3.100 angeschriebenen ländlichen Arbeitgebern sandten 2.770 (66%) und von den 526 Experten 291 (55%) den Fragebogen zurück.[27]

Zum ersten Mal in der Geschichte der Vereinsstudien wurden ausschließlich wissenschaftliche Assistenten bestimmt, um die riesige Datenmenge zu analysieren. Die meisten Assistenten trugen die Daten in Monografien zusammen, so wie es der Verein in seinen früheren Studien getan hatte. Max Weber, einer der ausgewählten Assistenten, hatte die Aufgabe übernommen, die Daten über die Situation der Landarbeiter östlich der Elbe auszuwerten.

Max Weber war dem Verein für Socialpolitik 1888 beigetreten. Als Assistent August Meitzens (1822 – 1910), einem Statistiker und Professor an der Universität Berlin, hatte er 1889 seine Doktorarbeit fertig gestellt und schrieb nun an seiner Habilitation. Um die riesigen Datenmengen der Vereinsstudie über die „ostelbischen“ Landarbeiter zu analysieren, wandte er wohl erstmals das Konzept des Idealtypus an. Im Gegensatz zu Georg Jellinek (1851 – 1911), dem österreichischen Anwalt, der zu der Gruppe der rechtlichen Positivisten gehörte, von dem Weber angab, den Terminus des (wertenden) Idealtypus übernommen zu haben, definierte Weber aber „seinen“ Idealtypus als bestehend aus wesentlichen Charakteristiken eines empirisch beobachtbaren Phänomens.[28]

Da Weber keine regionalen Unterschiede östlich der Elbe erkennen konnte, versuchte er zunächst die „Richtung des allgemeinen Umwandlungsprozesses“ [29] zu erkennen, interpretierte die einzelnen Bezirke als „Spezialfall der großen Ge-

26 Beispielsweise wurde nach den Rückwirkungen des Arbeitskräftemangels auf die „Gutswirtschaft“ und die verbleibenden Arbeiter, oder aber nach der ´Ausbreitung und den Erfolgen der sozialdemokratischen Agitation´ gefragt; vgl. VfS, Bd. 53, 1892, S. XII; Gorges (Fn 5) S. 240 ff.

27 VfS, Bd. 53, 1892, S. XIV ff.

28 Pfister, Die Entwicklung zum Idealtypus. Die methodologische Untersuchung über das Verhältnis von Theorie und Geschichte bei Menger, Schmoller und Max Weber, 1928, S. 139.

29 VfS, Bd. 55, 1892, S. 4.

samtentwicklung",[30] um dann die Entwicklungsstufe eines Bezirks innerhalb der Gesamtentwicklung zu bestimmen. Für die einzelnen Bezirke wurden nun „nur die typischen und überall wiederkehrenden Züge der Landarbeiter und die erkennbaren Tendenzen der Fortentwicklung"[31] dargestellt. Die in dem Bericht vorgestellten Tabellen trügen daher auch keinen ausgesprochen „statistischen Charakter", sondern griffen nur typische Eigenschaften und Fragen heraus.[32]

Während der Generalversammlung des Vereins 1893 rechtfertigte Weber, dass die Landarbeiter selbst nicht befragt worden waren. Er argumentierte, dass die Arbeiter die Fragen nicht verstanden hätten und sie sowieso den Interviewern nicht vertraut und die Antworten verweigert hätten,[33] eine Auffassung, die er später änderte. Da Weber die Daten als soziale Tatsachen und nicht als wertgeladene Informationen deutete, hatte er mit seiner Analyse dennoch einen wesentlichen Schritt hin zu einer Verwissenschaftlichung der Sozialforschung unternommen.

Nach der Jahrhundertwende und als Antwort auf die mit der Hochindustrialisierung auftretenden sozialen Probleme sowie in Folge der Liberalisierung der Politik des Reiches führte der Verein für Socialpolitik bis zum Ersten Weltkrieg 18 Untersuchungen zu zeitgemäßen Themen jedoch mit altbewährter Methode durch, wie beispielsweise die Untersuchung der Wohnungsfrage,[34] die Lage der Angestellten und Arbeiter in den Verkehrsgewerben,[35] die Eisenbahntarife und Wasserfrachten[36] oder die Verfassung und Verwaltungsorgane der Städte.[37] Allein Ferdinand Tönnies (1855 – 1936), Privatdozent an der Universität Kiel seit 1881 und, wie Schapper-Arndt und Sering, zwischen der Generation der Gründer und der Max Webers geboren, unternahm in dieser Zeit einen weiteren Schritt zur Verwissenschaftlichung der Methoden der empirischen Sozialforschung. Wie Schnapper-Arndt strebte er nach „wahren" Informationen. Für eine in zwei Bänden 1902 und 1904 veröffentlichte Studie über die „Lage der in der Seeschifffahrt beschäftigten Arbeiter"[38] entwickelte er den Fragebogen. Er wählte 11 verschiedene Quellen für seine Datensammlung, die von Mitgliedern verschiedener Gewerkschaften für Seeleute, über offizielle schriftliche Quellen, bis hin zu Zeitschriften für Seeleute reichten. Die wichtigsten Informationen, so fand er, kamen von den Seeleuten selbst. Er fand es jedoch schwierig, den „Wahrheitsgehalt" der gesammelten Informationen exakt zu beurteilen, daher gewichtete er die ein-

30 Ebenda.
31 Ebenda, S. 6.
32 Ebenda, S. 767; Gorges (Fn 5), S. 243.
33 VfS, Bd. 58, 1893, S. 5 f..
34 VfS, Bde. 94 – 97, 1901.
35 VfS, Bd. 99, 1902.
36 VfS, Bd. 89,1900.
37 VfS, Bde. 117 – 123,1906 – 1908.
38 VfS, Bde. 100 -102, 1903, 1905.

zelnen Informationen je nach der sozialen Gruppe, von der Aussagen eingeholt worden waren.[39] Seinen Bericht baute er so auf, dass die unterschiedlichen charakteristischen Merkmale jeder Gruppe miteinander verglichen werden konnten, sogar kleinere Differenzen zwischen Aussagen unterschiedlicher hierarchischer Positionen sollten festgestellt werden können.

Weder die Vereinsmitglieder noch die involvierten Parteien noch andere Leser oder Politiker kritisierten in der Generalversammlung 1903 die Studie ernsthaft. Tönnies hatte offenbar eine Methode entwickelt, die einmütig von allen Seiten als wissenschaftliche und objektive empirische Forschungsmethode beurteilt wurde.

VI. Der sich herausbildende Konflikt zwischen der ersten und zweiten Generation des Vereins

Es blieb jedoch, wie die folgende Entwicklung zeigte, ein unterschwelliger Konflikt zwischen denjenigen, die, wie in den wenigen oben diskutierten Studien, tatsächlich nach einer objektiven, wissenschaftlichen Methode der Sozialforschung suchten und denjenigen, die das Argument der wissenschaftlichen Forschung vorschoben, um ihre politischen Ziele zu verbergen. Der schwelende Konflikt brach provoziert von der berühmten Studie über „Auslese und Anpassung (Berufswahl und Berufsschicksal) der Arbeiter in den verschiedenen Zweigen der Großindustrie“ aus, die von Max Weber geleitet und 1910 veröffentlicht wurde.[40]

Max Weber schrieb eine 60 Seiten lange Abhandlung zu dieser Studie mit dem Titel „Methodologische Einleitung ...“.[41] Hierin betonte er, dass der „Verein für Socialpolitik ... mit dieser Erhebung auf den Boden ausschließlich wissenschaftlichen Zwecken dienende(r) Arbeiten (tritt). ... jede unmittelbar praktische ′sozialpolitische′ Tendenz (liegt ihr) fern; ihr Zweck ist ein rein sozial′wissenschaftlicher′. ... es handelt sich ausschließlich um die sachliche und objektive Feststellung von Tatsachen.“.[42] Dennoch ließen sich auch aus den Ergebnissen der Untersuchung verwertbare praktisch politische Erkenntnisse herauslö-

39 VfS, Bd. 102, 1904, S. 511.

40 VfS, Bde. 133 - 1935, 1910 – 1912.

41 In einem ersten Teil informierte er über den generellen Charakter seiner Untersuchung, in einem zweiten Teile beschrieb er die naturwissenschaftlichen Probleme, die in der Studie enthalten waren, wie beispielsweise die Müdigkeitsstudien, und in einem dritten Teil setzte er sich mit der Methodologie der Untersuchung auseinander. Weber, Methodologische Einleitung für die Erhebung des Vereins für Socialpolitik über Auslese und Anpassung (Berufswahl und Berufsschicksal) der Arbeiterschaft in der geschlossenen Großindustrie 1908, in: ders., Gesammelte Aufsätze zur Soziologie und Sozialpolitik, 1924, S. 1 – 60.

42 Ebenda, S. 2.

sen. Die Berichterstatter seien jedoch von jeder praktischen Verwertungsmöglichkeiten frei zu machen. Klagen der Untersuchten dürften beispielsweise nicht auf ihre „Berechtigung“ hin geprüft werden, sondern müssten als „objektive“ Erscheinungen verstanden und auf ihre „objektiven“ Ursachen zurückgeführt werden.[43] Diese Berichterstatter, Experten oder junge Akademiker, wies er erstmals an, komplexe Begriffe, wie beispielsweise die „Ermüdung“[44] während der Arbeit, ähnlich der heute so bezeichneten Indikatoren zu präzisieren.[45] Die Interviewer sollten Informationen anhand eines „Arbeitsplans“ mit 27 Fragen als Leitfaden zur Analyse einzelner Betriebe sammeln und einen an die Arbeiter gerichteten Fragebogen von den Arbeitgebern verteilen lassen und nach seiner Rückgabe überwiegend statistisch auswerten. Schließlich sollten mittels eines „Zusatzfragebogens“ genaue Angaben über den Arbeitsplatzwechsel von Arbeitern ermittelt werden. Im Gegensatz zu früheren Studien des Vereins für Socialpolitik formulierte Max Weber eine klare Forschungsfrage: „Was für Menschen prägt die moderne Großindustrie kraft der ihr immanenten Eigenart, und welches berufliche (...) Schicksal bereitet sie ihnen?“.[46]

Die Schriftenbände des Vereins über die Frage der Arbeiter in der Großindustrie enthielten 13 Berichte[47] mit detaillierten statistischen Tabellen und ausführlichen Analysen. Marie Bernays (1883 – 1939),[48] eine der wenigen Frauen im Mitarbeiterstab Max Webers, stellte einen herausragenden Beitrag vor, der nicht zuletzt wegen der erstmals untersuchten Müdigkeitskurven während der verschiedenen Arbeitsphasen der Industriearbeiter und Industriearbeiterinnen große Bekanntheit erlangte.

Die Untersuchung Max Webers wurde während der Generalversammlung des Vereins 1911 diskutiert. Es hagelte Kritik. Innerhalb des Vereins wurde die nicht immer den Anweisungen Webers folgende Arbeit der Berichterstatter und Berichterstatterinnen bemängelt, außerhalb des Vereins kritisierten Journalisten in

43 Ebenda, S. 3; Gorges (Fn 5), S. 463. Verstreut in Webers methodologischen Ausführungen fanden sich Ratschläge, wie sie sich neutral gegenüber den untersuchten Personen verhalten könnten, oder aber wie sie die Befragten überzeugen sollten, ihnen zu vertrauen, und wie sie die Unternehmer und Vorarbeiter überzeugen könnten, ihre Arbeitspläne und Lohnrollen und anderes vertrauliches Material an sie zu übergeben.

44 So etwa nach „Tempo und Maß des Fortschreitens der Ermüdung“, Weber (Fn 41), S. 21 f.; Gorges (Fn 5), S. 458 ff.

45 Der heute so genannte Schritt der Operationalisierung.

46 Weber (Fn 41), S. 37.

47 VfS, Bde. 133 – 135,4, 1910 – 1912.

48 Marie Bernays war eine der ersten Frauen, die Nationalökonomie, Philosophie und Theologie an der Universität Heidelberg studiert und an der Studie über die „Auslese und Anpassung der Arbeiter...“ mitgearbeitet hatten. Ihren Teilbericht der Studie (Bernays, Auslese und Anpassung der Arbeiterschaft der geschlossenen Großindustrie, VfS, Bd. 133, 1910) reichte sie als Dissertation bei Max Weber ein. 1921 folgte sie Marianne Weber, zu dem Zeitpunkt Witwe Max Webers, auf deren Landtagssitz als Vertreterin der Deutschen Volkspartei, Nachfolgerin der Nationalliberalen Partei in der Weimarer Republik.

ihren Zeitungen, dass die an die Arbeiter gestellten Fragen unsinnig, suggestiv oder indiskret gewesen seien und dem sozialen Frieden kaum dienen würden,[49] Gewerkschaftsvertreter fanden, dass Fragen, die sich auf die Zukunft richteten, die Arbeiter doch nicht beantworten könnten.[50] Ladislaus von Bortkiewicz (1868 – 1931), Statistiker und Professor an der Universität Strassburg, lobte dagegen die detaillierten Statistiken, kritisierte jedoch auch die statistischen Fehler, insbesondere die unzulässigen Verallgemeinerungen, beispielsweise in Bezug auf die Herkunft der Arbeiter.[51] Aber weder von Bortkiewicz noch die anderen Kritiker bemängelten den Versuch einer „objektiven" Vorgehensweise selbst. Webers Methode müsse eben nur verbessert werden.

Während die exakte Methode akzeptiert wurde, enthüllte die mit ihr verbundene und schon seit Jahren schwelende Auseinandersetzung über die Werturteilsfrage, dass es dennoch methodologische Differenzen zwischen der ersten und zweiten Generation des Vereins für Socialpolitik gab.

Schon während der Generaldebatte 1905 über „das Verhältnis der Kartelle zum Staat",[52] einem Thema, das nicht durch eine empirische Studie eingeleitet worden war, hatte Friedrich Naumann (1860 – 1919), ein Vertreter der zweiten Generation des Vereins und liberaler Politiker und Pfarrer, die sozialpolitische Position der älteren Generation attackiert. Er hatte gefordert, dass der Staat nicht die Entwicklung der Kartelle beschränken sollte, da sein Eingriff nur die Großgrundbesitzer und die Mittelklasse unterstützen würde. Schmoller hatte diese Forderung scharf zurück gewiesen und Naumann einen Demagogen genannt, der die alten marxistischen Phrasen ohne realistisches Wissen unterstützen würde.[53] Max Weber beschuldigte daraufhin Schmoller, er würde seine Kompetenzen als Vorsitzender des Vereins überschreiten.[54]

Auch in der Generalversammlung 1909 hatten Max Weber und Werner Sombart am Beispiel der Diskussion über den Begriff der „Produktivität und seiner Verwendung in der Volkswirtschaft"[55] die Trennung von Wissenschaft und politischer Wertung beispielhaft dargelegt. In dieser ebenfalls nur durch Referate, nicht aber eine empirische Untersuchung vorbereiteten Debatte hatten sich Vertreter der älteren Generation des Vereins eindeutig für, Max Weber und Werner

49 VfS, Bd. 138, 1911, S. 120 f..
50 Ebenda, S. 166.
51 Ebenda S. 171 ff..
52 VfS, Bd. 166, 1905.
53 VfS, Bd. 116, 1905, S. 367; Gorges (Fn 5), S. 333 ff.
54 VfS, Bd. 188, 1939, S. 115. Die Kontrahenten führten die Debatte in Zeitungen weiter, so etwa der „Hilfe" und „Tägliche Rundschau".
55 VfS, Bd. 132, 1909, S. 566.

Sombart vehement gegen die Einbeziehung des Werturteils in die Wissenschaft ausgesprochen.[56]

Die Auseinandersetzungen 1909 waren so heftig, dass beschlossen worden war, 1914 eine besondere Sitzung für eine Debatte über das Werturteil anzuberaumen. Sie fand wegen ihrer Brisanz jedoch nicht in der Öffentlichkeit statt und wurde nicht protokolliert.

In der Generaldebatte 1911 über die Arbeiter in der Großindustrie beschränkten sich Max Weber, Werner Sombart und Edgar Jaffé (1866 – 1821) darauf, Schmollers Methode der empirischen Sozialforschung in Verbindung mit der historischen Schule aus methodologischer Sicht als einen ersten Schritt hin zur Entwicklung der Sozialwissenschaft zu deuten. In einem Artikel in dem von ihm, Sombart und Jaffé 1904 übernommenen „Archiv für Sozialwissenschaft und Sozialpolitik" führte er aus, dass in diesem, Schmollers, Stadium nicht zwischen Tatsachen und dem, was sein sollte, unterschieden würde. Inzwischen sei aber die Auffassung überwunden, dass das ´Seinsollende´ mit dem ´Werdenden´ zusammenfalle. Schmoller würde immer noch etwas wie einen „ethischen Evolutionismus mit einem historischen Relativismus" verbinden und eine Nationalökonomie als eine ethische Wissenschaft entwickeln, die auf empirischen Daten basiere.[57]

VII. Die beiden methodologischen Positionen

Nach den Verhandlungen 1911 traten die Gegensätze mit aller Schärfe zutage. Max Weber und Werner Sombart kämpften nunmehr offen dafür, wissenschaftliche Forschung und Werturteile voneinander zu trennen. Gleichzeitig unterstützten sie emphatisch die kapitalistische Entwicklung. Die Industrialisierung sollte nach ihrer Meinung durch rationale politische Entscheidungen vorangetrieben werden, die sich ihrerseits auf Ergebnisse der exakten Wissenschaft stützten.[58] Weber, wie in seinem berühmten Artikel über „die Objektivität sozialwissenschaftlichen und sozialpolitischen Wissens" beschrieben,[59] interpretierte Ge-

56 Gustav Schmoller nahm an der Debatte nicht teil, wurde aber von Sombart mit dem Satz zitiert, „es wird kein Nagel eingeschlagen in der Welt ohne irgend welche ethische Beimischung", VfS, Bd. 132, 1909, S. 566.

57 Weber, Die Objektivität sozialwissenschaftlicher und sozialpolitischer Erkenntnis, in: Winkelmann (Hrsg.), Max Weber - Gesammelte Aufsätze zur Wissenschaftslehre, 3. Aufl. 1968, S. 148, zuerst erschienen in: Archiv für Sozialwissenschaft und Sozialpolitik, Bd. 19, 1904.

58 Weber, Max, Der Sinn der Wertfreiheit der soziologischen und ökonomischen Wissenschaften (1917), in: Winkelmann (Fn 57), S. 451 – 502.

59 Weber, Die ´Objektivität´sozialwissenschaftlicher und sozialpolitischer Erkenntnis, in: ders., Methodologische Schriften, Studienausgabe, 1968, S. 1 - 64.

schichte als singuläre historisch verbundene Aktionen und Situationen und nicht, wie Schmoller, als historische Naturgesetze. Eine Vorstellung von der Form einer Gesamtgesellschaft, wie sie zusammenhängt, hatte Weber nicht.

Schmoller charakterisierte dagegen Webers Position als marxistisch.[60] Er blieb bei der Auffassung der 1870er Jahre, dass wissenschaftliche Forschung nach der politisch mittleren Linie suchen sollte. Nach und nach würden die Menschen die darin zu findenden höchsten gemeinsamen Werte, für Schmoller „objektive" Werte,[61] akzeptieren. Diese Werte würden den Zusammenhalt der Gesellschaft, die er als einen „Organismus" verstand, bewahren. Schmoller suchte damit nach den von ihm angenommenen objektiven Gesetzen der gesellschaftlichen Entwicklung.

Weber führte nach dieser Auseinandersetzung seinen methodologischen Ansatz zusammen mit Sombart und anderen in der 1909 gegründeten Deutschen Gesellschaft für Soziologie[62] weiter. Die Mehrheit des Vereins für Socialpolitik behielt den empirischen Forschungsansatz der Enquête in dem bis heute bestehenden Verein bei.

VIII. Fazit

Die Gründer- und die zweite Generation des Vereins für Socialpolitik unterschieden sich nicht nur im Hinblick auf das Verständnis von Gesellschaft, sondern auch in Bezug auf ihre politischen Ziele, die Einbeziehung von Werturteilen in die Befragungen, und damit auch auf die Auswahl derjenigen, die befragt wurden. Dieses unterschiedliche Verständnis der Methodologie der Sozialforschung lässt es gerechtfertigt erscheinen, von unterschiedlichen Paradigmen[63] der Sozialforschung beider Generationen zu sprechen und nicht, wie Weber meinte, von unterschiedlichen Stufen der Entwicklung der Sozialwissenschaften. Auch heute noch ist die enquête-ähnliche Forschung ein unterstützendes Instrument der Sozialpolitik, während Webers Ansatz die gängige Methode der wissenschaftlichen

60 Schmoller, Volkswirtschaft, Volkswirtschaftslehre und –methode, in: Conrad/Elster/Lexis/Loening (Hrsg.), Handwörterbuch des Staatswissenschaften, Bd. 8, 3. Aufl. 1911, S. 426 – 501, S. 426 ff.

61 Ebenda, S. 493.

62 Siehe Glatzer, Deutsche Gesellschaft für Soziologie - die akademische soziologische Vereinigung seit 1909, in: Bernhard Schäfers (Hrsg.), Soziologie in Deutschland - Entwicklung, Institutionalisierung und Berufsfelder, Theoretische Kontroversen, 1994, S. 215-230.

63 Das in diesem Beitrag vertretene Verständnis eines wissenschaftliche Paradigmas der Sozialforschung, das Max Weber repräsentierte, unterscheidet sich deutlich von dem ´Weber-Paradigma´ nach Gert Albert et al. (vgl. Albert, Gerd; Bienfait, Agathe; Sigmund, Steffen; Wendt, Claus(ed.): Das Weber-Paradigma. Studien zur Weiterentwicklung von Max Webers Forschungsprogramm , J.C. B. Mohr (Paul Siebeck), Tübingen 2003).

Sozialforschung geworden ist. Politische Positionen sind aber immer noch mit jedem Ansatz der Sozialforschung verbunden.

Datenschutz und Informationsfreiheit

Alexander Dix

Grundrechtsschutz durch informationelle Gewaltenteilung

I. Einleitung

Dem Schutz der Grundrechte im Allgemeinen und des Rechts auf informationelle Selbstbestimmung im Besonderen gilt seit jeher das wissenschaftliche Interesse Martin Kutschas.[1] Der Schutz informationeller Selbstbestimmung hat wie der Individualrechtsschutz generell immer auch Voraussetzungen in Organisation und Verfahren. Anders ausgedrückt: Es gibt Anforderungen an die Organisation der Datenverarbeitung, die die Verfassung zum Schutz des Einzelnen vorgibt. Die Konzentration der Verarbeitung personenbezogener Daten birgt per se Risiken für den Grundrechtsschutz, die begrenzt werden müssen. Ein Mittel dazu ist die informationelle Gewaltenteilung, sowohl im staatlichen Bereich wie auch – was bisher zu wenig beachtet wird – im Bereich der Privatwirtschaft. Die flächendeckende Überwachung der Internet-Kommunikation durch Geheimdienste zwingt dazu, diese Fragen neu zu beleuchten.

II. Staatlicher Bereich

Zur Begrenzung der Risiken personenbezogener Datenverarbeitung hat das Bundesverfassungsgericht den Begriff der „informationellen Gewaltenteilung" erstmals 1987 in einem zunächst wenig beachteten Kammerbeschluss zur Volkszählung verwandt.[2] In dem zugrunde liegenden Fall ging es um die Frage der Einbindung der Erhebungsstellen für die Volkszählung 1987 in die Kommunalverwaltung. Diese Einbindung wurde zwar für zulässig gehalten, die Weitergabe von Angaben zur Durchsetzung der Auskunftspflicht an andere Teile der Gemeindeverwaltung aber nur unter engen Voraussetzungen – insbesondere strikter Zweckbindung – zugelassen. In diesem Zusammenhang hat das Gericht hervorgehoben, dass aus der Einheit der Kommunalverwaltung keine informationelle Einheit folge, der Grundsatz der informationellen Gewaltenteilung gelte im Gegenteil auch innerhalb der Gemeindeverwaltung. Diese Vorgabe des Verfas-

1 Vgl. zuletzt Kutscha DuD 2012, 391; ders./Thomé, Grundrechtsschutz im Internet?, Baden-Baden 2013.
2 BVerfG 18.12.1987, 1 BvR 962/87, NJW 1988, 959.

sungsgerichts ist noch heute kein Allgemeingut in den Kommunalverwaltungen und mancher Bürgermeister sperrt sich gegen entsprechende Vorgaben, weil er der Meinung ist, in „seiner Gemeindeverwaltung“ dürfe es keine informationellen Grenzen geben.

Die Notwendigkeit informationeller Gewaltenteilung beruht wesentlich auf dem datenschutzrechtlichen Grundprinzip der Zweckbindung. Bürgerinnen und Bürger müssen darauf vertrauen können, dass Daten, die der Staat ihnen für einen bestimmten Zweck (z.B. Gewährung von Sozialleistungen) abverlangt, von der verantwortlichen Stelle ausschließlich zu diesem Zweck weiterverarbeitet werden. Eine Übermittlung an andere Stellen ist nur dann zulässig, wenn die empfangende Stelle die Daten für denselben Zweck benötigt, zu dem sie ursprünglich erhoben wurden. Die Datenschutzgesetze gehen deshalb teilweise explizit vom „funktionellen Begriff der verantwortlichen Stelle“ aus. So sieht etwa das Berliner Datenschutzgesetz als verantwortlich diejenige Stelle an, die „Daten für sich selbst verarbeitet oder durch andere verarbeiten lässt; nimmt diese unterschiedliche gesetzliche Aufgaben wahr, gilt diejenige Organisationseinheit als datenverarbeitende Stelle, der die Aufgabe zugewiesen ist“.[3] Das sekundäre Unionsrecht, also die Europäische Datenschutzrichtlinie von 1995 enthält eine etwas andere Legaldefinition, die aber in der Sache ebenfalls einen engen Zusammenhang zwischen der Verantwortlichkeit für die Datenverarbeitung und der Zweckbindung herstellt. Verantwortlich ist danach diejenige Stelle, die allein oder gemeinsam mit anderen über die Zwecke und Mittel der Datenverarbeitung entscheidet.[4] Sowohl die Festlegung der Zwecke und Mittel als auch die Bestimmung der verantwortlichen Stelle können die Gesetzgeber auf nationaler oder Gemeinschaftsebene vornehmen. Rechtmäßig ist eine Datenverarbeitung nach der Richtlinie nur dann, wenn sie für festgelegte eindeutige und rechtmäßige Zwecke erfolgt und die Daten nicht in einer Weise weiterverarbeitet werden, die mit diesen Zweckbestimmungen unvereinbar sind.[5] Der Entwurf der EU-Kommission für eine Datenschutz-Grundverordnung vom Januar 2012 enthält insofern keine wesentliche materielle Änderung.[6]

Eine besondere Ausformung der informationellen Gewaltenteilung findet sich in zweierlei Hinsicht im Sicherheitsbereich. Zum einen hat die verfassungsrechtliche Garantie des Bundesstaates mit der grundsätzlichen Zuweisung der Polizei an die Länder zugleich eine freiheitssichernde Funktion, auch wenn der Bundesgesetzgeber den Bundesgrenzschutz mit Billigung des Bundesverfassungsge-

3 § 4 Abs. 3 Nr. 1 BlnDSG.
4 Art. 2 f) EG-Datenschutzrichtlinie.
5 Art. 6 (1) b) EG-Datenschutzrichtlinie. Deutsche Regelungen der Zweckbindung sind allerdings teilweise sehr viel detaillierter, vgl. § 11 BlnDSG.
6 Vgl. Art 4 Abs. 5, Art. 5 b) DSGVO-E.

richts[7] mittlerweile in „Bundespolizei" umgewandelt und die Gesetzgebungskompetenz für die Zentralstellenfunktion des Bundeskriminalamts in Art. 87 GG extensiv ausgenutzt hat. Zum anderen wurde die strikte Trennung zwischen Polizei und Nachrichtendiensten in der alten Bundesrepublik durch den sog. Polizeibrief der westalliierten Militärgouverneure vom 14. April 1949 verankert. Damit sollte eine Geheime Staatspolizei mit Zwangsbefugnissen für die Zukunft ausgeschlossen werden.

Dieses Trennungsgebot ist allerdings durch zahlreiche Verschärfungen der Sicherheitsgesetze nicht erst seit dem 11. September 2001 zunehmend porös geworden. Der Polizei sind immer mehr nachrichtendienstliche Mittel zur Informationserhebung zugestanden worden, die zuvor den Geheimdiensten vorbehalten waren. Zudem darf die Polizei etwa bei der vorbeugenden Straftatenbekämpfung auch anlasslos Informationen erheben, wenn gesteigerte verfassungsrechtliche Anforderungen erfüllt sind.[8] Schließlich sind auf Bundesebene seit 2004 mehrere gemeinsame Zentren gebildet worden, die der Terrorismusbekämpfung (Gemeinsames Terrorabwehrzentrum – GTAZ), der Bekämpfung der Internet-Kriminalität (Gemeinsames Internet-Zentrum – GIZ), des Rechtsextremismus (Gemeinsames Abwehrzentrum Rechtsextremismus – GAR) und inzwischen unter Einbeziehung des GAR der Bekämpfung von Extremismus und Terrorismus (Gemeinsames Extremismus- und Terrorismuszentrum – GETZ) dienen sollen. In diesen Zentren ist die Zusammenarbeit von – im Fall des GTAZ – mehr als 40 Behörden (sowohl Polizeibehörden als auch Nachrichtendienste) derart intensiviert worden, dass die Mehrheit der zur Evaluation der Sicherheitsgesetze eingesetzten Regierungskommission zu Recht gefordert hat, jedenfalls für das Gemeinsame Terrorabwehrzentrum eine eigene gesetzliche Grundlage mit spezifischen Übermittlungsbefugnissen zu schaffen.[9] Die in den genannten Zentren, insbesondere im GTAZ, stattfindende Zusammenarbeit geht in der Tat weit über das hinaus, was der Gesetzgeber in den für die beteiligten Behörden geltenden Fachgesetzen vorgesehen hat.

Zum verfassungsrechtlichen Gehalt des Trennungsgebotes, das mittlerweile nur noch den Restbestand einer „informationellen Brandwand" zwischen Polizei und Nachrichtendiensten bildet, hat sich das Bundesverfassungsgericht erstmals definitiv in seinem Urteil zur Antiterrordatei geäußert,[10] nachdem es zuvor die

7 BVerfG 28.1.1998, 2 BvF 3/92, BVerfGE 97, 198 ff.

8 Vgl. BVerfG 2.3.2010, 1 BvR 256/08, BVerfGE 125, 260, 318 ff., 325 ff. = NJW 2010, 833.

9 Bundesministerium des Innern/Bundesministerium der Justiz (Hrsg.), Bericht der Regierungskommission zur Überprüfung der Sicherheitsgesetzgebung in Deutschland v. 28.8.2013, S. 193 ff.

10 BVerfG 24.4.2012, 1 BvR 1215/07, NJW 2013, 1499 = EuGRZ 2013, 174 = ZD 2013, 328 m. Anm. Petri.

Frage einer verfassungsrechtlich vorgeschriebenen Trennung von Polizei und Nachrichtendiensten noch offengelassen hatte.[11] Nach einer Analyse der unterschiedlichen Tätigkeitsweise von Nachrichtendiensten einerseits und Polizei- und Sicherheitsbehörden andererseits leitet das Gericht ein „informationelles Trennungsprinzip" unmittelbar aus dem Recht auf informationelle Selbstbestimmung ab.[12] Darin liegt eine gewisse Abkehr des Verfassungsgerichts von seiner früheren Rechtsprechung, die ein Trennungsgebot eher mit dem Rechtsstaats- und dem Bundesstaatsprinzip und erst in zweiter Linie aus dem Grundrechtsschutz begründen wollte.[13] Allerdings betont der Senat in seiner Entscheidung zur Antiterrordatei, dass die Aufgliederung der Sicherheitsbehörden nach fachlichen und föderalen Gesichtspunkten für den Datenschutz eine besondere grundrechtliche Dimension entfaltet, die von der Verfassung durch den Grundsatz der Zweckbindung „grundsätzlich vorgegeben und gewollt" sei.[14] Die historische Ratio des Trennungsprinzips wird sichtbar, wenn die Verfassungsrichter wörtlich formulieren: „Eine Geheimpolizei ist nicht vorgesehen."[15]

Andererseits hat das Bundesverfassungsgericht mit der Ersetzung des „Trennungs*gebots*" durch das „Trennungs*prinzip*" die Möglichkeit für eine flexiblere Handhabung eröffnet. Jeder Grundsatz kennt Ausnahmen, und der Wert eines Grundsatzes wird häufig erst deutlich, wenn der Umfang möglicher Ausnahmen bekannt ist. Hier hat das Bundesverfassungsgericht klare Grenzen gezogen und zugleich den Gesetzgebern in Bund und Ländern Aufträge erteilt, die noch zu erfüllen sind. Sie betreffen sowohl das Antiterrordatei-Gesetz als auch das Gesetz über die ähnlich strukturierte Rechtsextremismusdatei wie schließlich sämtliche Fachgesetze, die auf der Ebene des Bundes und der Länder die Voraussetzungen regeln müssen, unter denen Daten aus der Antiterrordatei zur operativen Aufgabenwahrnehmung genutzt werden dürfen. Insbesondere die zu unbestimmte Öffnung der Antiterrordatei für den Zugriff durch „weitere Polizeibehörden" ist verfassungswidrig und muss durch eine normenklare Festlegung der Behörden in einer Rechtsvorschrift ersetzt werden, denn „die Regelungen über die teilnehmenden Behörden bilden" – so das Gericht – „den Kern des spezifischen grundrechtlichen Gefährdungspotentials der Antiterrordatei."[16] Von besonderer Bedeutung ist auch die Feststellung des Verfassungsgerichts, dass schon in der Verknüpfung von anderweitig bereits erhobenen Daten aus verschiedenen Quellen in einer Verbunddatei durch die Anordnung einer Speicherpflicht ein Grundrechts-

11 BVerfG 28.1.1998, 2 BvF 3/92, BVerfGE 97, 198, 217.
12 BVerfG 28.1.1998, 2 BvF 3/92, Rn 123.
13 Vgl. BVerfGE 97, 198 ff., 217; zustimmend zu der neuen Begründung Petri ZD 2012, 348, der auch die dogmatischen Folgen dieser geänderten Ableitung beleuchtet.
14 BVerfG 24.4.2013, 1 BvR 1215/07, Abs. 113, NJW 2013, 1499, 1503.
15 BVerfG 24.4.2013, 1 BvR 1215/07, Abs. 122, NJW 2013, 1499, 1505.
16 BVerfG 24.4.2013, 1 BvR 1215/07, Abs. 141, NJW 2013, 1499, 1507.

eingriff liegt,[17] der einer besonderen Rechtfertigung bedarf. Diese Aussage dürfte auch für Verbunddateien außerhalb des Sicherheitsbereichs Bedeutung haben.[18]

So sehr eine dezentrale Datenverarbeitung grundrechtssichernde Wirkung haben kann, so deutlich sind aber auch die Kontrollprobleme, die damit verbunden sind. Ein zentrales Rechenzentrum ist fraglos durch einen zuständigen, hinreichend ausgestatteten Datenschutzbeauftragten leichter zu kontrollieren als eine Vielzahl kleiner Rechenzentren. Auch diesem Problem widmet sich das Verfassungsgericht in der Antiterrordatei-Entscheidung. In der wünschenswerten Klarheit betont es, dass die effektive Kontrolle der Antiterrordatei als Bund und Länder übergreifende Verbunddatei nicht auf Grund föderaler Zuständigkeitsunklarheiten hinter der Effektivierung des Datenaustauschs zurückbleiben darf.[19] Das ist die höchstrichterliche Reaktion auf Versuche der Sicherheitsbehörden, die Datenschutzbeauftragten des Bundes und der Länder gewissermaßen „von Pontius zu Pilatus zu schicken" und dadurch die Kontrolle faktisch unmöglich zu machen. Einer effektiven Kontrolle muss nach den verfassungsgerichtlichen Vorgaben auch die Datei mit durch Überwachungsmaßnahmen nach dem G 10-Gesetz gewonnenen Informationen unterliegen. Das unmissverständliche Fazit der Verfassungsrichter zur Datenschutzkontrolle im Bundesstaat lautet: „Wenn der Gesetzgeber eine informationelle Kooperation der Sicherheitsbehörden vorsieht, muss er auch die kontrollierende Kooperation zu Gunsten des Datenschutzes ermöglichen."[20] Wegen der „Kompensationsfunktion der aufsichtlichen Kontrolle für den schwach ausgestalteten Individualrechtsschutz"[21] ordnet das Verfassungsgericht sogar eine minimale Kontrollfrequenz von zwei Jahren für die Antiterrordatei an und ergänzt dies durch einen Hinweis darauf, dass die Datenschutzbehörden entsprechend ausgestattet werden müssen. Für die Rechtsextremismusdatei besteht ein entsprechender Kontrollbedarf.

Weitere Beispiele einer bewussten Dezentralisierung der Datenverarbeitung sind die Abschaffung des Zentralen Einwohnerregisters der ehemaligen DDR durch den Einigungsvertrag und der Ausschluss von bundesweiten Zentralregistern in den Personalausweis-, Pass-, und Meldegesetzen.

17 BVerfG 24.4.2013, 1 BvR 1215/07, Abs. 95, NJW 2013, 1499, 1501.
18 So auch Petri ZD 2013, 348.
19 BVerfG 24.4.2013, 1 BvR 1215/07, Abs. 216, NJW 2013, 1499, 1516.
20 BVerfG 24.4.2013, 1 BvR 1215/07, Abs. 216,NJW 2013, 1499, 1517.
21 BVerfG 24.4.2013, 1 BvR 1215/07, Abs. 217, NJW 2013, 1499, 1517.

III. Privatwirtschaftlicher Bereich

Auch im Bereich der Privatwirtschaft hat Dezentralisierung eine grundrechtssichernde Funktion. Das betrifft zunächst die Bereiche, in denen der Staat Private nach dem Vorbild mittelalterlicher „Hand- und Spanndienste“ zur Vorhaltung von Daten für mögliche Zugriffe staatlicher Stellen in der Zukunft verpflichtet. Das klassische Beispiel hierfür ist die vom Bundesverfassungsgericht aus bestimmten anderen Gründen kassierte Vorratsdatenspeicherung. Einen wesentlicher Grund dafür, dass die im Telekommunikationsgesetz von 2007 geregelte Vorratsdatenspeicherung nicht in toto verfassungswidrig war, sah das Gericht in der Tatsache, dass nicht der Staat selbst in einer zentralen Datensammlung die Verbindungsdaten der Telekommunikationsteilnehmer speichern sollte, sondern vielmehr die einzelnen Telekommunikationsdiensteanbieter dezentral die Daten für einen möglichen Abruf unter bestimmten Voraussetzungen in der Zukunft.[22] Auch hier liegt in der verteilten Datenhaltung bereits – ungeachtet der grundsätzlichen Problematik jeder Vorratsdatenhaltung – ein gewisses freiheitssicherndes Element. Allerdings hat sich das Gericht nicht mit der Frage befasst, was für rechtliche Folgen eine mögliche Konzentration der Telekommunikationsanbieter in Oligo-oder Monopolen hätte.

Vollends untauglich zur Herstellung datenschutzgerechter Strukturen ist allerdings der Vorschlag der US-amerikanischen National Security Agency, zur Beruhigung der Kritiker der jüngst bekannt gewordenen flächendeckenden Erfassung von Metadaten (Verbindungs- und Nutzungsdaten) künftig auf eine eigene Speicherung dieser Daten zu verzichten und stattdessen die Daten von den Telekommunikationsunternehmen vorhalten zu lassen.[23] Denn wenn der Geheimdienst auf diese anlass- und voraussetzungslos gesammelten Daten ebenso anlass- und voraussetzungslos zugreifen kann, ist durch die Dezentralisierung für den Grundrechtsschutz nichts gewonnen. Das berührt das grundsätzliche Problem, dass eine dezentrale Datenhaltung, sei es im Bundesstaat, sei es im Konzern, durch die zunehmende Vernetzung gefährdet und letztlich konterkariert werden kann. Das gilt jedenfalls dann, wenn Vernetzung die Bereitstellung zum jederzeitigen „automatisierten Abruf“ bedeutet, wie die auch insoweit veralteten Datenschutzgesetze es bezeichnen.[24] Auf die Rolle der Geheimdienste im Internet wird unter III. noch näher einzugehen sein.

Darüber hinaus ist aber die Feststellung, dass eine Konzentration der Datenverarbeitung grundrechtsgefährdend wirken kann, bisher zu sehr auf den staatli-

22 BVerfG 2.3.2010, 1 BvR 256/08, Abs. 214, BVerfGE 125, 260 (321 f.).
23 „NSA bereit zur Reform bei Datensammlung – Geheimdienstchef kann sich Auslagerung an Telefongesellschaften vorstellen“, Berliner Morgenpost v. 22.7.2013.
24 Z.B. § 10 BDSG.

chen Sektor begrenzt worden. Sie gilt zumindest in gleicher Weise, möglicherweise angesichts der immensen Datenverarbeitungskapazitäten in den Händen großer Unternehmen sogar noch mehr im Bereich der Privatwirtschaft. Hier ist es bisher allerdings versäumt worden, die Verbindung zwischen Kartellrecht und Datenschutzrecht herzustellen.

Seit geraumer Zeit bemühen sich auf beiden Seiten des Atlantiks Kartellbehörden darum, Marktmacht zu begrenzen. In den USA wurde schon 1984 die marktbeherrschende Telefongesellschaft AT&T („Ma Bell") in einem Kartellverfahren in regionale Telefongesellschaften („Baby Bells") aufgeteilt. Auch in Deutschland lässt sich gegenwärtig ein Konzentrationsprozess in der Mobilfunkbranche (zuletzt beim Zusammenschluss von Telefonica Deutschland (O 2) und E-Plus) beobachten, dessen kartellrechtliche Beurteilung noch aussteht. Andererseits ließ die U.S. Federal Trade Commission 2007 die Übernahme von Double Click durch Google ebenso zu[25] wie wenig später auch die Europäische Kommission. Die Mehrheit der FTC[26] übersah dabei, dass die Konzentration von Informationsmacht auch Auswirkungen auf die informationelle Autonomie Betroffener haben kann. Ein modernes Kartellrecht muss sowohl in Europa als auch in den USA diesem Gesichtspunkt stärker Rechnung tragen. Dabei sind jeweils auch keineswegs triviale Fragen nach dem relevanten Markt für bestimmte Produkte und Dienstleistungen im Web 2.0 zu beantworten.[27] Der Schutz der informationellen Selbstbestimmung muss künftig in kartellrechtliche Entscheidungen Eingang finden, denn informationelle Selbstbestimmung verträgt sich schlecht mit Informationsmonopolen.

Der Gedanke der informationellen Gewaltenteilung sollte auch im Bereich der Wirtschaft für Maßnahmen fruchtbar gemacht werden, die Marktmacht begrenzen und nötigenfalls auch zur Entflechtung marktbeherrschender Unternehmen führen sollten. Die selbstregulierende Kraft des Marktes ist lange Zeit überschätzt worden. Heute wird das mittlerweile hochkommerzialisierte globale Netz von Informations-Oligopolen dominiert, die sich ihre Regeln selbst setzen. Wenn es jemals realistisch war, den Schutz der informationellen Selbstbestimmung der „unsichtbaren Hand" des Marktes zu überlassen, so ist diese Annahme heute angesichts des weitgehenden Marktversagens vollends illusorisch.[28] Ziel einer Absprache z.B. im Rahmen der jetzt angestrebten transatlantischen Freihandelszone

25 In the matter of Google/DoubleClick F.T.C. File No. 071-0170.

26 Vgl. demgegenüber das Dissenting Statement of Commissioner Pamela Jones Harbour, ebda.

27 Dazu Jones Harbour/Koslov, Section 2 in a Web 2.0 world: An expanded vision of relevant product markets, Antitrust Law Journal, Vol.76 (2010), 769.

28 Vgl. Dix, Persönlichkeits- und Datenschutz im Internet – Anforderungen und Grenzen einer Regulierung, Referat in der Abt. IT- und Kommunikationsrecht, Verhandlungen des 69. Deutschen Juristentages (2012), Bd. II/1, O 9 ff., O 17 f.

(Transatlantic Trade and Investment Partnership – TTIP) müsste es sein, gemeinsame Kriterien dafür zu entwickeln, wann Marktbeherrschung auch die informationelle Selbstbestimmung der Kunden gefährdet.

IV. Das Internet – vom dezentralen Netz zur zentralen Überwachungsplattform

Das Internet wurde wie sein im Auftrag der US-Luftwaffe entwickelter Vorgänger, das Advanced Research Projects Agency Network (ARPANET) ursprünglich bewusst dezentral organisiert, um diese weltweite Kommunikationsplattform sicherer gegen Angriffe (z.B. in einem Atomkrieg) und Ausfälle einzelner Netzknoten oder Teilnetze zu machen. Alle Nachrichten werden in einzelne Datenpakete zerlegt und auf verschiedenen Wegen zum Ziel geleitet, wo sie erst wieder zusammengesetzt werden. Auch wenn sich an dieser technischen Grundstruktur bis heute nichts wesentliches geändert hat, ist doch festzustellen, dass sowohl aus politischen als auch aus ökonomischen Gründen die Nutzung des Internets immer stärker national oder sogar zentral weltweit kontrolliert wird.

Während Staaten wie China oder der Iran versuchen, das Internet zu re-nationalisieren, um ihren Bürgern den Zugriff auf den von Regierungsseite unerwünschten weltweiten Informationsaustausch zu verwehren, suchen Telekommunikationsunternehmen nach Wegen, aus wirtschaftlichen Gründen die Übertragungsgeschwindigkeit zu drosseln und sich darüber hinausgehende Bandbreiten zusätzlich bezahlen zu lassen. Letzteres ist nur möglich, wenn der Grundsatz der Netzneutralität aufgegeben wird und der Transporteur das Recht erhält, den Inhalt der transportierten Informationen zu kontrollieren. Die Netzneutralität ist selbst ein Instrument der informationellen Gewaltenteilung, das das Telekommunikationsgeheimnis des Nutzers vor dem Transporteur (früher dem Postboten) schützen soll. Ausnahmen hiervon sind allenfalls hinnehmbar, soweit sie zwingend erforderlich sind, um die Übermittlung von Schadsoftware wie Trojanern zu unterbinden.

Mit den jüngst bekannt gewordenen Programmen „PRISM" der US-amerikanischen National Security Agency und „Tempora" bzw. „Upstream" des britischen Geheimdienstes Government Communications Headquarters (GCHQ) stellt sich die Frage nach dem Schutz der Grund- und Menschenrechte im Netz verschärft. Die Unsicherheit des Netzes, also die mangelnde Vertraulichkeit unverschlüsselt übermittelter Nachrichten, war seit jeher bekannt, ebenso wie die Praxis der großen, den Markt dominierenden US-Anbieter von Diensten wie Google, Apple, Facebook und Amazon, Daten ihrer Nutzer langfristig zu speichern und zu monetarisieren. Was aber vor den von Edward Snowden veröffentlichten Dokumenten unbekannt war, ist die Totalität der Überwachung des Internets, wie sie die Geheimdienste der USA und Großbritanniens praktizieren oder jedenfalls anstreben. Begriffe wie „Mastering the Internet“ und „Full Take“ machen deutlich, dass es nach dem Willen dieser Dienste prinzipiell keine vertrauliche Telekommunikation mehr geben darf. Dies hat der frühere Präsident des Bundesnachrichtendienstes und des Bundesamtes für Verfassungsschutz, Hansjörg Geiger, mit Recht als „zutiefst verstörend“ bezeichnet.[29] Das Internet ist von einer dezentralen Plattform zur möglichst freien Kommunikation zu einer weltweiten Überwachungsplattform geworden. Dabei wird die Überwachungsintensität dadurch begünstigt, dass ein Großteil des Internetverkehrs und damit auch der immer mehr auf dem Internet-Protokoll basierenden Telekommunikation selbst dann über in den USA belegenen Netzknoten geroutet wird, wenn es sich um inner-europäischen oder sogar innerdeutschen Telekommunikationsverkehr handelt. Auch unterliegen die marktbeherrschenden Unternehmen wie Google, Facebook, Apple und Amazon den weitreichenden Zugriffsbefugnissen nach dem US-PATRIOT Act und dem Foreign Intelligence Surveillance Act, dessen extensive Interpretation durch den geheim entscheidenden Foreign Intelligence Surveillance Court keiner öffentlichen Kontrolle zugänglich ist. Offenbar bilden die offiziellen Anfragen aufgrund dieser Sicherheitsgesetze nur einen Teil der gesamten Überwachungspraxis, wenn zusätzlich der gesamte transatlantische Datenverkehr vom britischen GCHQ mittels Ausleitung aus Unterseekabeln überwacht wird. Die NSA hat gewissermaßen die Rolle einer weltweiten Telefon- und Kommunikationszentrale übernommen,[30] sie ist so etwas wie die Spinne im Netz.

Welche politischen und rechtlichen Konsequenzen aus diesen – jedenfalls nach europäischem Rechtsverständnis – selbst vor dem Hintergrund der Anschläge vom 11. September 2001 exzessiven Überwachungspraktiken zu ziehen sind, wird gegenwärtig auch in den USA intensiv diskutiert. Neben der Notwendigkeit präziser völkerrechtlicher Garantien für den Datenschutz und das Telekommunikationsgeheimnis auf der Ebene der Vereinten Nationen, wie sie einzelne Bundesminister vorgeschlagen haben, über sog. „No-Spy-Abkommen“ zwischen den Geheimdiensten, deren Inhalt noch völlig unbekannt ist und möglicherweise auch nie bekannt werden wird, bis hin zu technischen Möglichkeiten zur Erhöhung der IT-Sicherheit in von Wirtschaftsspionage bedrohten Unternehmen und Ende-zu-Ende-Verschlüsselung werden verschiedene Handlungsoptionen erörtert.

Eine weitere Option, die bisher noch zu wenig in den Blick genommen wurde, ist der Aufbau alternativer, möglichst dezentraler Netzstrukturen. Die EU-Kom-

29 SZ v. 7.8.2013, S. 5.
30 Darauf ist in den USA schon 2007 hingewiesen worden, vgl. R. Singel, NSA's Lucky Break: How the U.S. Became Switchboard to the World, WIRED v. 10.10.2007.

mission fördert gegenwärtig das CONFINE-Projekt (Community Networks Testbed for the Future Internet), in dem die Machbarkeit kommunaler Netzinfrastrukturen mit eigenen Diensten wie z.B. Suchmaschinen untersucht werden soll.[31] Dabei sollen sich die Nutzer über „Mesh-Netze" per WLAN mit allen anderen Netzteilnehmern in ihrer Reichweite verbinden können.In Athen wird im Rahmen dieses Projekts bereits ein entsprechendes kommunales „Backbone-Netz" betrieben. Auch in Deutschland setzt sich die „Freifunk"-Initiative für den Aufbau von offenen Netzen ein. Zahlreiche technische und rechtliche Fragen sind hier noch ungeklärt. Eine vom Land Berlin angestoßene Bundesrats-Initiative, die Betreiber von WLAN-Hotspots stärker von der Haftung für rechtswidrige Nutzungen freizustellen und so die Verbreitung frei zugänglicher Funknetze zu fördern, ist vor kurzem vorerst gescheitert. Aber der Grundansatz, wonach der Austausch von lokal interessanten Informationen unter den Bewohnern einer Gemeinde oder eines Kiezes über ein lokales Netz ohne Einbeziehung von weltweit verteilten Servern in Ländern mit unzureichendem Datenschutzstandard möglich sein sollte, ist plausibel. Es bleibt abzuwarten, ob der Schutz von Grundrechten wie der informationellen Selbstbestimmung und dem Telekommunikationsgeheimnis auch durch solche Techniken der Dezentralisierung künftig wiederhergestellt werden kann.

31 Vgl. Die Rückeroberung des Internets, Technology Review 6/2013, 25 ff.

Dieter Kugelmann und Jakob Dalby

Die Neuregelung der Bestandsdatenauskunft gem. § 113 TKG und die Notwendigkeit des Grundrechtsschutzes durch Verfahren

I. Nachvollziehende Gesetzgebung

Aufgrund der technischen Entwicklungen scheinen die Gesetzgeber in Bund und Ländern partiell zu Getriebenen zu werden. Treibende Kraft im Zusammenhang des Sicherheitsrechts ist nicht nur die technische Entwicklung, sondern auch die Rechtsprechung des Bundesverfassungsgerichts.[1] Die einschlägigen Entscheidungen erweisen sich dabei als detailliert und gehen auch auf schwierige Einzelfragen ein. Anschaulich wird dies etwa bei den wenigen Sätzen des Bundesverfassungsgerichts zu Ermittlungen der Polizeibehörden und Nachrichtendienste im Internet, die es als obiter dictum im Urteil zur Online-Durchsuchung geäußert hat. Danach ist das Aufrufen einer allgemein zugänglichen Website ebenso wenig ein Eingriff in das allgemeine Persönlichkeitsrecht wie das Auftreten unter Legende. Vielmehr liege ein Eingriff erst dann vor, wenn staatliche Stelle das schutzwürdige Vertrauen des Betroffenen ausnutzten.[2] Ungeachtet des inhaltlichen Kontextes des Urteils richten die Behörden ihr Vorgehen weitgehend nach diesen Vorgaben aus, die Diskussion in der Literatur sieht diese Ansätze als Fixpunkt.[3] Die Gesetzgeber formulieren die Entscheidungen des Bundesverfassungsgerichts nach, um das Risiko zu minimieren, dass das Gesetz als verfassungswidrig gesehen werden könnte. Dementsprechend folgt der Wortlaut der drei geltenden Regelungen zur Online-Durchsuchung des § 20k BKAG,[4] des Art. 34d BayPAG und des § 39a POG RP eng den diesbezüglichen Passagen des Bundesverfassungsgerichts.[5]

Ein weiterer Anwendungsfall für nachvollziehende Gesetzgebung ist die Neuregelung des manuellen Auskunftsverfahrens im Hinblick auf Bestandsdaten der Telekommunikation, die am 1. Juli 2013 in Kraft getreten ist.[6] Die Änderungen

1 Zur Rechtsprechung Würtenberger, in: Kugelmann (Hrsg.), Polizei unter dem Grundgesetz, 2010, S. 73, 80 ff..
2 BVerfG 27.2.2008, 1 BvR 370/07, Abs. 308 ff., BVerfGE 120, 274, 345.
3 Überblick aus Sicht der Strafverfolgung bei Singelnstein NStZ 2012, 593; aus Sicht der Gefahrenabwehr Kugelmann, Polizei- und Ordnungsrecht, 2. Aufl. 2012, 4. Kap Rn 204 ff.
4 Dazu Roggan NJW 2009, 257, 259.
5 BVerfG 27.2.2008, 1 BvR 370/07, BVerfGE 120, 274.
6 Gesetz zur Änderung des Telekommunikationsgesetzes und zur Neuregelung der Bestandsdatenauskunft, BGBl. I 2013, 1602.

betreffen nicht nur § 113 TKG, sondern auch eine Reihe von Sicherheitsgesetzen des Bundes[7] sowie der Polizeigesetze der Länder,[8] welche die Ermächtigung zum Zugriff auf die Bestandsdaten nach dem TKG enthalten.

Systematisch handelt es sich um ein zweistufiges Verfahren. Die Erhebung der Daten durch den Telekommunikationsdienstleister richtet sich nach dem TKG, das auch den Auskunftsanspruch gegen ihn enthält; die Zulässigkeit des Abrufs durch die Sicherheitsbehörden richtet sich nach den Sicherheitsgesetzen. Dieser Abruf stellt für die Sicherheitsbehörde eine eigene Datenerhebung dar und damit einen zu rechtfertigenden Grundrechtseingriff. Die Regelung des Abrufs obliegt den zuständigen Gesetzgebern in Bund und Ländern nach der Kompetenzordnung des Grundgesetzes (Art. 70 ff. GG). Materiell ist in der Neuregelung vor allem eine explizite Regelung der Bestandsdatenauskunft anhand dynamischer IP-Adressen ein Novum, der Gesetzgeber regelt zudem die Zugriffsvoraussetzungen für Zugangssicherungsdaten neu. Erstmals weist ein Auskunftsverfahren über Bestandsdaten nun auch verfahrensrechtliche Maßgaben zur Sicherung von Betroffenenrechten auf, hierbei handelt es sich um Benachrichtigungspflichten und einen Richter- bzw. Behördenvorbehalt.

II. Das Doppeltürmodell des Bundesverfassungsgerichts

Anlass für die Neuregelung war der Beschluss des Bundesverfassungsgerichts vom 24. Januar 2012, in dem es die Speicherpflicht nach § 111 TKG, sowie die Regelung zum automatisierten Auskunftsverfahren gem. § 112 TKG für verfassungsgemäß erklärte.[9] Die Regelung des manuellen Auskunftsverfahren gem. § 113 TKG aF wurde hingegen als teilweise verfassungswidrig erachtet und teilweise nur nach doppelt verfassungskonformer Auslegung als verfassungsgemäß.[10]

Der § 113 Abs. 1 S. 1 TKG aF beinhaltete die Übermittlungsverpflichtung der Anbieter von Telekommunikationsdiensten im Hinblick auf Daten im Sinne der §§ 95, 111 TKG. Er wurde überdies aber auch dazu herangezogen, dynamische IP-Adressen zuzuordnen, ohne dass dies explizit geregelt war. In § 113 Abs. 1

7 StPO, BKAG, BPolG, MADG, ZfDG, VerfSchG.

8 Zum Zeitpunkt der Erstellung des Beitrags haben noch nicht alle Länder ihre Vorschriften entsprechend geändert – Nds. SOG GVBl. 2013, 158; HSOG GVBl. 2013, 444; PAG Bay GVBl. 2013, 373; LVwG SH GVBl. 2013, 254; LPolG NRW GVBl. NRW 2013, 375; SOG MV GVBl. 2013, 434.

9 BVerfG 24.01.2012, 1 BvR 1299/05, Abs. 126 ff., 163, NJW 2012, 1419, 1423 ff.

10 BVerfG 24.01.2012, 1 BvR 1299/05, Abs. 164 ff, NJW 2012, 1419, 1427 ff.; doppelt verfassungskonforme Auslegung hinsichtlich des Doppeltürmodells und der Zuordnung dynamischer IP-Adressen, verfassungswidrig hinsichtlich der Beauskunftung über Zugangssicherungsdaten.

S. 2 TKG aF wurde die Möglichkeit der Herausgabe von Zugangssicherungsdaten eröffnet (PINs, PUKs, Passwörter).

Der § 113 TKG aF selbst stellte – nach allgemeiner Ansicht – keine eigenständige Ermächtigungsgrundlage für die Sicherheitsbehörden[11] zum Abruf dar, sondern nur eine datenschutzrechtliche Erlaubnisnorm.[12] Ausreichend sollte jedoch bereits sein, dass beispielsweise die Strafverfolgungsbehörden ein Auskunftsersuchen auf Basis der Ermittlungsgeneralklausel (§§ 161, 163 StPO) stellten, für die Gefahrenabwehrbehörden sollte die Generalklausel genügen. Dies ermöglichte die schnelle und einfache, weil lediglich an niedrigschwellige Voraussetzungen geknüpfte, Erlangung von Informationen.

Das Bundesverfassungsgerichts hielt die Praxis der Herausgabe und Zuordnung dynamischer IP-Adressen nur in verfassungskonformer Auslegung für rechtmäßig, die Regelung zur Herausgabe der Zugangssicherungsdaten erachtete es als unvereinbar mit den verfassungsrechtlichen Anforderungen. Die wichtigste Aussage des Beschlusses war das Erfordernis qualifizierter Rechtsgrundlagen für den Zugriff auf die Daten, die gem. § 113 TKG zur Verfügung gestellt werden müssen, also für die Daten der §§ 95, 111 TKG, für dynamische IP-Adressen und Zugangssicherungscodes.[13]

Dieses sog. Doppeltürmodell beschreibt die bereits unter dem § 113 TKG aF ausgeübte Praxis (s. II 1.), dass die Regelungen über das Auskunftsverfahren selbst nicht die Ermächtigungsgrundlage zum Zugriff darstellen, sondern nur die Übermittlungs*verpflichtung* der Diensteanbieter im Sinne einer Öffnungsklausel, die alleine nicht genügt. Die gesetzlich vorgesehene Auskunftspflicht kann erst durch ein gesetzlich vorgesehenes Recht auf Auskunft mit eigenen Voraussetzungen aktiviert werden. Das Bundesverfassungsgericht fordert in ihrer Reichweite begrenzende, spezifische Eingriffsschwellen, deren Ausformung in der alten Regelung es als „noch hinnehmbar“ bezeichnet.[14] Zukünftig sollen die Fachgesetze jedoch „normenklar“ eine Übermittlungsverpflichtung und Abrufermächtigung aufweisen, welche auf die Auskunftsverfahren verweist.[15] Grund ist der Eingriff in das Recht auf informationelle Selbstbestimmung (Art. 2 Abs. 1 i.V.m. Art. 1 Abs. 1 GG); das Bestimmtheitsgebot erfordere eine „präzise Umgrenzung des Verwendungszwecks“.[16]

Bei dynamischen IP-Adressen handelt es sich um ein Datum, das bei einer Internetnutzung dem Nutzer des Internetanschlusses zu diesem Zeitpunkt zugewie-

11 Strafverfolgungsbehörden, Gefahrenabwehrbehörden, Verfassungsschutzbehörden, BND und MAD.
12 Gercke/Brunst, Praxishandbuch Internetstrafrecht, 1. Aufl. 2010, Rn 639.
13 BVerfG 24.1.2012, 1 BvR 1299/05, Abs. 178, NJW 2012, 1419.
14 BVerfG 24.1.2012, 1 BvR 1299/05, Abs. 178, NJW 2012, 1419, 1429.
15 BVerfG 24.1.2012, 1 BvR 1299/05, Abs. 164, 168 ff., NJW 2012, 1419, 1427.
16 BVerfG 24.1.2012, 1 BvR 1299/05, Abs. 169, NJW 2012, 1419, 1428.

sen ist und ihn somit identifizierbar macht.[17] Zur Identifizierung des Anschlussinhabers muss auf die Verkehrsdaten des konkreten Telekommunikationsvorgangs zugegriffen werden, also auf Daten die Aufschluss darüber geben, wann jemand welchen Telekommunikationsdienst in Anspruch genommen hat. Hierin liegt ein Eingriff in das Telekommunikationsgeheimnis aus Art. 10 GG.[18] Das Verfassungsgericht verlangt daher ebenfalls eine „normenklare" - dynamische IP-Adressen explizit anführende - Übermittlungsberechtigung im TKG.[19]

Die Bestimmung über die Herausgabe von Zugangssicherungscodes dient nicht allein der Identifikation des Anschlussinhabers eines Telekommunikationsanschlusses, sondern ermöglicht mittelbar auch den Zugriff auf den passwortgesicherten Bereich, so dass Inhalte z.B. einer Speichereinrichtung ausgelesen werden können. Der Betroffene weist seinen Daten durch die Zugangssicherung aber eine besondere Stellung zu, er bewertet sie selbst als besonders schutzwürdig. Der Eingriff in das Recht auf informationelle Selbstbestimmung war nach Ansicht des Bundesverfassungsgerichts nicht verfassungsrechtlich gerechtfertigt, da die Auskunftserteilung unabhängig von den Voraussetzungen der Nutzung geregelt war.[20]

III. Die gesetzliche Neuregelung des Auskunftsverfahrens

Da das manuelle Auskunftsverfahren angesichts des Doppeltürmodells das Zusammenwirken zweier Normen erfordert, ist sowohl die Ausgestaltung des § 113 TKG relevant, wie auch die der jeweiligen fachgesetzlichen Abrufnorm – das Hauptaugenmerk hat sich damit von der Regelung des TKG auf die fachgesetzlichen Abrufnormen verlagert. Die geänderten Vorschriften auf der Ebene des Bundes sind am 1. Juli 2013 in Kraft getreten.[21]

1. Der geänderte § 113 TKG

Der Anwendungsbereich des § 113 Abs. 1 TKG wurde zugleich erweitert und konkretisiert. Der Satz 1 betrifft die Erfüllung von Auskunftspflichten. Der Satz 2 trifft eine neue Regelung im Hinblick auf Daten betreffend Passwörter und ähnliche Schutzvorkehrungen (sog. PINs und PUKs), die sich auf die Einbe-

17 Hoeren, Internetrecht, 5. Aufl. 2012, S. 501.
18 BVerfG 24.01.2012, 1 BvR 1299/05, Abs. 116, NJW 2012, 1419, 1422.
19 BVerfG 24.01.2012, 1 BvR 1299/05, Abs. 174, NJW 2012, 1419, 1428.
20 BVerfG 24.01.2012, 1 BvR 1299/05, Abs. 185, NJW 2012, 1419, 1430.
21 Gesetz zur Änderung des Telekommunikationsgesetzes und zur Neuregelung der Bestandsdatenauskunft, BGBl. I 2013, 1602.

ziehung in die Auskunftspflicht beschränkt. Die Voraussetzungen des Abrufs, die in der alten Regelung noch enthalten waren, werden in das Fachrecht verschoben. Die bisher nicht enthaltene Regelung des Satz 3 umfasst dynamische IP-Adressen. Der Satz 4 verpflichtet die Unternehmen, alle unternehmensinternen Datenquellen zu berücksichtigen.

Die Voraussetzungen für die Auskunftserteilung regelt § 113 Abs. 2 TKG. Danach ist eine ausdrückliche Zugriffsnorm erforderlich, die eine Datenerhebung gem. § 113 Abs. 1 TKG erlaubt. Diese ausdrücklichen Zugriffsnormen sind die fachgesetzlichen Zugriffsregelungen. Bei Gefahr im Verzug müssen die Voraussetzungen gleichermaßen erfüllt sein, lediglich die formale Anforderung des Verlangens in Textform wird insoweit modifiziert als das Verlangen auch anders übermittelt werden kann, z.B. fernmündlich, dann aber zumindest in Textform (§ 126b BGB), also auch per E-Mail,[22] bestätigt werden muss (§ 113 Abs. 2 S. 3 TKG). Liegen die Voraussetzungen des Abrufs vor, erhebt § 113 Abs. 4 TKG die Übermittlungsberechtigung zur Pflicht.

Eine Eingrenzung der auskunftsberechtigten Stellen nimmt § 113 Abs. 3 TKG vor, der eine unveränderte abschließende Aufzählung enthält. Die Einrichtung einer elektronischen Schnittstelle in § 113 Abs. 5 Satz 2 TKG dient ausweislich der Gesetzesbegründung der Datensicherheit bei Unternehmen mit einem großen Kundenstamm.[23]

2. Die Zugriffsregelungen in den Fachgesetzen[24]

Die Zugriffsregelungen der zu ändernden Bundesgesetze sind parallel konstruiert. [25] Sie enthalten die ausdrücklichen Rechtsgrundlagen zum Abruf für die Behörden. Dieser Ermächtigung entspricht dann die Regelung der Auskunftspflicht im TKG.[26] Die Ermächtigungsgrundlagen müssen den Forderungen des BVerfG

22 JurisPK-BGB / Junker, 6. Aufl. 2012, § 126b BGB Rn 14.

23 BT-Drucks. 17/12034, 8; wobei gerade diese Schnittstelle kritisiert wird, da über sie Daten in großem Umfang abgefangen werden könnten, sei es durch Hacker oder staatliche Stellen (vgl. die Kritik der Piratenpartei in ihrer Initiative zur Sammelverfassungsbeschwerde gegen die Bestandsdatenauskunft - http://stopp-bda.de/bestandsdatenauskunft/).

24 Die verschiedenen Zugriffsregelungen bieten viel Diskussionspotential, in diesem Beitrag werden jedoch die Gemeinsamkeiten betrachtet ohne auf spezifische Fragen einzugehen – zur Auseinandersetzung mit spezifischen Fragen siehe v.a. die Sachverständigengutachten zur Anhörung im Bundestag, abrufbar unter: www.bundestag.de/bundestag/ausschuesse17/a04/Anhoerungen/Anhoerung26/Stellungnahmen_SV/; lesenswert insbesondere betreffend Abrufregelungen des BKAGs die Stellungnahme von Bäcker, Ausschussdrucks. 17(4)680 C.

25 Vgl. §§ 100j StPO, 7, 20b, 22 BKAG, 22a BPolG, - die Ländergesetze weisen zum Teil Unterschiede auf, so enthält das Polizeigesetz des Landes NRW bspw. keine Ermächtigung zum Zugriff auf Zugangssicherungsdaten (vgl. § 20a PolG NRW, GV. NRW 375).

26 BVerfG 24.01.2012, 1 BvR 1299/05, Abs. 123, NJW 2012, 1419, 1422 f.

entsprechend die Voraussetzungen eines Zugriffs normenklar umschreiben und dem Eingriff in Grundrechte differenziert Rechnung tragen.

In die kommunikationsbezogenen Ermittlungsmaßnahmen der Strafprozessordnung (§§ 100a ff. StPO) reiht sich die Zugriffsnorm auf Bestandsdaten, der § 100j StPO ein. Systematisch befindet er sich im Kontext der Auskunft über Verkehrsdaten gem. § 100g StPO. Die Änderungen des Bundeskriminalamtsgesetzes führen das Zugriffsrecht dreimal ein: Zur Erfüllung der Zentralstellenfunktion, zur Bekämpfung des internationalen Terrorismus und zum Schutz der Mitglieder von Verfassungsorganen.[27] Bundespolizeigesetz und Zollfahndungsdienstgesetz betreffen polizeiliche und strafverfolgende Aufgaben. Die nachrichtendienstlichen Aufgaben des Bundesamtes für Verfassungsschutz, des Bundesnachrichtendiensten und des Militärischen Abschirmdienstes können ebenfalls durch den Zugriff auf Bestandsdaten erfüllt werden.

Die jeweilige fachgesetzliche Norm verweist auf den § 113 TKG. Danach sind Auskunftsersuchen regelmäßig auf die Erforschung des Sachverhalts oder die Ermittlung des Aufenthaltsortes einer Person gerichtet – ein bekannter Passus.[28] Für den Zugriff auf Passwörter wird angeordnet, dass auch die Voraussetzungen für deren Nutzung vorliegen müssen. Dies ist vor allem im Hinblick auf das repressiv staatliche Handeln begrüßenswert, denn die Zugriffsregelung des § 100j StPO trifft nunmehr eine hinreichend bestimmte Regelung für den Abruf von Bestandsdaten. Damit wird die strafprozessuale Generalklausel für Ermittlungsmaßnahmen der §§ 161, 163 StPO als Ermächtigungsgrundlage abgelöst – wenn auch der Regelungsgehalt der neuen Formulierung zur „Sachverhaltsermittlung“ nicht über deren Gehalt hinausgeht. Jedoch wird die Änderung hinsichtlich der Auskunft über Zugangssicherungsdaten nun an die zusätzlichen Voraussetzungen des Vorliegens einer Norm geknüpft, die den Zugriff auf die hinter den Zugangssicherungsdaten liegenden Inhalte gestattet, und damit erheblich höhere Zugriffsvoraussetzungen aufstellt als unter der alten Regelung.[29]

Die Auskunft erstreckt sich auch auf die Zuordnung anhand dynamischer IP-Adressen, wobei auf § 113 Abs. 1 S. 3 TKG verwiesen wird. Desweiteren beinhalten die Regelungen einen Richter- bzw. Behördenvorbehalt für den Zugriff auf Passwörter. Bei der Zuordnung dynamischer IP-Adressen hingegen besteht nur eine Benachrichtigungspflicht. Einige Regelungen umfassen zudem die Entschädigungspflicht nach § 23 des Justizvergütungs- und Entschädigungsgesetzes.

27 §§ 7, 20b, 22 BKAG.
28 § 20g Abs. 2 Nr. 3 BKAG, §§ 100a, c, 100g - i StPO.
29 Genauer hierzu Dalby CR 2013, 361, 364 f.

IV. Verfassungsrechtliche Anforderungen

Durch die Bestandsdatenauskunft wird – unabhängig von deren Gegenstand – in das Grundrecht auf informationelle Selbstbestimmung gem. Art. 2 Abs. 1 S. 1 GG eingegriffen.[30] Bei der Beauskunftung anhand dynamischer IP-Adressen tritt ein Eingriff in das speziellere Telekommunikationsgeheimnis des Art. 10 GG hinzu.[31] Diesen Eingriffen ist entsprechend ihrer Intensität und ihrem Ziel in der Ausgestaltung der fachgesetzlichen Regelungen differenziert Rechnung zu tragen.

1. Eingriffe in das Recht auf informationelle Selbstbestimmung

a) Erhebung, Speicherung und Übermittlung von Kundendaten i.S.d. §§ 95, 111 TKG

Bei den Kundendaten der §§ 95, 111 TKG handelt es sich um konkrete in § 111 TKG aufgeführte und in eine Kundendatei aufzunehmenden Daten (u.a. Rufnummer und andere Anschlusskennung, Anschrift, Name, Geburtsdatum) und um die als Bestandsdaten legal definierten Daten eines Teilnehmers, die für die Begründung, inhaltliche Ausgestaltung, Änderung oder Beendigung eines Vertragsverhältnisses über Telekommunikationsdienste erhoben werden (vgl. § 3 Nr. 3 TKG).

Mit der Verwendungsberechtigung von Daten i.S.d. § 95 TKG und der Speicherpflicht von Daten zur Führung der Kundendatei des § 111 TKG liegen Eingriffe in das Recht auf informationelle Selbstbestimmung vor. Da es jedoch um die bei Verträgen üblichen Daten geht, die nicht als besonders sensibel bewertet werden können, ist der Grundrechtseingriff verhältnismäßig, wenn eher niedrige Eingriffsschwellen erreicht sind.[32] Der legitime Zweck, die Aufgabenwahrnehmung der staatlichen Sicherheitsbehörden zu verbessern, rechtfertigt den Eingriff. Geeignet sind die Auskünfte nach 111 TKG selbst dann, wenn ihr begrenzter Informationsgehalt nur Anknüpfungspunkt weiterer Ermittlungen ist. Als erforderlich zu beurteilen ist vor allem die Ergänzungsfunktion des § 111 TKG zu den Daten, die ein Anbieter von Telekommunkationsdiensten nach § 95 TKG ohnehin erheben muss, denn zu einer verlässlichen Auskunftserteilung sind auch

30 BVerfG 24.01.2012, 1 BvR 1299/05, Abs. 121 ff, NJW 2012, 1419, 1422 ff.
31 BVerfG 24.01.2012, 1 BvR 1299/05, Abs. 116, NJW 2012, 1419, 1422.
32 Vgl. Kugelmann, Stellungnahme zum Gesetz zur Änderung des TKG und zur Neuregelung der Bestandsdatenauskunft, Ausschuss-Drucks. 17(4)680 E, 10.

Daten notwendig, die nicht zur Vertragsdurchführung benötigt werden.[33] Für die Erhebung dieser Daten ist einziges, und damit mildestes, Mittel die Ergänzung der Datenbasis nach § 95 TKG durch die Erhebungspflicht gem. § 111 TKG, andernfalls gingen diese Daten nämlich flächendeckend verloren.

In der Führung von Kundendateien zum Zwecke der sicherheitsrechtlichen Aufgabenwahrnehmung liegt keine Vorratsdatenspeicherung, da nur punktuell Daten mit begrenztem Informationsgehalt zu einem bestimmten Verwendungszweck vorgehalten werden. Dieser begrenzte Informationsgehalt, der sich daraus ergibt, dass diese Daten weder „höchstpersönliche Informationen" sind noch „die Erstellung von Persönlichkeits- oder Bewegungsprofilen" ermöglichen,[34] reduziert die Intensität des Eingriffs. Hinzu tritt, dass der Kunde um die Erhebung seiner Daten weiß und hierin eingewilligt hat.

b) Erhebung, Speicherung und Übermittlung von Zugangssicherungsdaten

Hinsichtlich der Zugangsdaten gilt das oben Gesagte, sie sind „gewöhnliche" Kundendaten um deren Erhebung der Nutzer eines Telekommunikationsdienstes weiß.[35] In ihrer konkreten Gestalt sind sie nicht als sensible Informationen zu qualifizieren. Eine Erhebung, Speicherung und Übermittlung greift in das Recht auf informationelle Selbstbestimmung ein, nicht in Art. 10 GG. Allerdings hat das Bundesverfassungsgericht den Sinn und Zweck einer solchen Abfrage herausgearbeitet, nämlich die Verschaffung des Zugangs zu sensiblen Inhalten der zugangsgesicherten Speichereinrichtung.[36] Obwohl es sich bei den Zugangssicherungsdaten (nur) um Kundendaten handelt, ist daher eine niedrige Eingriffsschwelle nicht ausreichend um den Eingriff in das Recht auf informationelle Selbstbestimmung zu rechtfertigen.

2. Eingriff in das Telekommunikationsgeheimnis

Durch die Zuordnung dynamischer IP-Adressen wird in das Telekommunikationsgeheimnis des Art. 10 GG eingegriffen. Dies folgt jedoch nicht schon aus der

33 Vor allem im Falle der Nutzung von Pre-Paid-Karten, bei denen die Speicherung der Kundendaten nicht zur Vertragsdurchführung notwendig ist, vgl. BVerfG, 24.01.2012, 1 BvR 1299/05, Abs. 135, NJW 2012, 1419, 1424.

34 BVerfG 24.01.2012, 1 BvR 1299/05, Abs. 139, NJW 2012, 1419, 1424.

35 Beispiel hierfür ist die Funktion „Passwort vergessen" über die z.B. bei einigen E-Mail-Anbietern die Auskunft über das alte Passwort erlangt werden kann.

36 BVerfG 24.01.2012, 1 BvR 1299/05, Abs. 182 ff., NJW 2012, 1419, 1429.

Einordnung dynamischer IP-Adressen als Verkehrsdaten.[37] Entscheidend ist, dass bei einer Zuordnung der zu einem bestimmten Zeitpunkt zugewiesenen dynamischen IP-Adresse durch den Telekommunikationsdiensteanbieter auf rechtmäßig gespeicherte Telekommunikationsverbindungen zugegriffen werden muss. Nur so ist die Zuordnung dynamischer IP-Adressen zu Personen für einen bestimmten Zeitpunkt möglich. Der Eingriff in Art. 10 GG korreliert also nicht schon mit der Bezeichnung des Datums als Verkehrsdatum, sondern mit dem Vorgang der Informationsgewinnung - dem „Zugriffsweg" - und dem hieraus resultierenden Eingriffs- und Grundrechtsgefährdungspotential. Vor diesem Zugriff auf die Verkehrsdaten des Telekommunikationsvorgangs bedarf es des Schutzes, auch wenn kein Zugriff auf die Inhalte der Telekommunikation erfolgt, denn auch die näheren Umstände einer Telekommunikation sind schutzwürdig.[38] Die Schutzwürdigkeit beruht zudem auf dem Informationspotential der Verkehrsdaten selbst, denn diese können in ihrer Fülle eine detaillierte Profilerstellung ermöglichen unter Einschluss von Informationen darüber, welche Inhalte eine Person zu einem bestimmten Zeitpunkt aufgerufen hat.[39]

3. Rechtfertigung der Grundrechtseingriffe

a) Das Erfordernis verfahrensrechtlicher Vorkehrungen im Verhältnis zur Intensität des Eingriffs

Grundrechtsschutz durch Verfahren ist im Recht der Gefahrenabwehr und Strafverfolgung von erheblicher Bedeutung, weil eine Vielzahl von Maßnahmen in Grundrechte eingreift und zugleich für den Betroffenen nicht erkennbar oder in ihrer Reichweite schwer einzuschätzen ist.[40]

In sicherheitsrechtlichen Zusammenhängen werden Behördenleitervorbehalte oder Richtervorbehalte angewendet, um Eingriffe besonderer Intensität in die Grundrechtssphäre der Betroffenen verfahrensrechtlich abzufedern. Sie bezwecken vorbeugenden Rechtsschutz. Allerdings kann ein Richtervorbehalt nicht die

37 Für die Einordnung dynamischer IP-Adressen als Verkehrsdaten statt vieler Gercke/Brunst (Fn 12), Rn 702.

38 V. Mangoldt-Klein-Starck/Gusy, Art. 10 GG, Rn 45; lesenswert Kutscha LKV 2008, 481, der die Ansicht vertritt, dass „sämtliche individualbezogenen Verkehrsdaten unabhängig vom Ort ihrer Speicherung einbezogen werden", was auch bereits gespeicherte Daten außerhalb eines Telekommunikationsvorgangs umfassen würde. Kutscha fordert daher auch eine Modernisiserung des Grundrechtskatalogs und des „überkommenen Fernmeldegeheimnisses" zu einem „umfassenden Telekommunikations- und Telemediengeheimnis", in: Möllers/v. Ooyen (Hrsg.), JBÖS 2010/2011, 2011, S. 377, 385.

39 Kutscha (Fn 38), S. 377, 379.

40 Vgl. allgemein Bonin, Grundrechtsschutz durch verfahrensrechtliche Kompensation bei Maßnahmen der polizeilichen Informationsvorsorge, 1. Aufl. 2012.

Unbestimmtheit gesetzlicher Ermächtigungsgrundlagen ausgleichen.[41] Zur Sicherung des nachträglichen Rechtsschutzes dienen Mitteilungspflichten. Nur wenn der Betroffene von der Maßnahme weiß, kann er sich gegen sie wehren. Zur Kompensation der Schwere von Informationseingriffen können auch Maßnahmen der Datensicherheit unter Einbeziehung der Datenschutzbeauftragten beitragen.

Die Auskunft über Bestandsdaten und der Zugriff auf diese Daten erfordern ausgleichende Maßnahmen dann, wenn die Eingriffe in die Grundrechte eine besondere Intensität erreichen. Die Intensität des Grundrechtseingriffs hängt von mehreren Faktoren ab. Dabei spielt das Grundrecht in seiner Ausgestaltung eine Rolle, indem bereits ausdrücklich geforderte Vorkehrungen wie z.B. in den Konstellationen des Art. 13 GG notwendig auf die gesetzlichen Eingriffsschwellen durchschlagen.[42] Da keine Hierarchie der Grundrechte besteht, ist grundsätzlich jedes Grundrecht geeignet, im Fall eines intensiveren Eingriffs die Notwendigkeit gesteigerter gesetzlicher Schutzvorkehrungen zu begründen. Umgekehrt gilt jedoch auch, dass nicht allein aus einer bestimmten Betroffenheit eines Grundrechts bereits auf eine erhöhte Intensität geschlossen werden kann. So ist ein Eingriff in das Telekommunikationsgeheimnis durch die Auskunft über Verkehrsdaten und den Zugriff auf Telekommunikationsvorgänge nicht per se der - gegenüber einem Eingriff in das Recht auf informationelle Selbstbestimmung durch Auskunft über Bestandsdaten - intensivere Eingriff. Eine erhöhte Eingriffsintensität liegt insbesondere dann vor, wenn der Eingriff heimlich erfolgt.[43] Falls die Daten besonders sensibel sind, kommt der Form der Datenerhebung ein größeres Gewicht zu, was das Bundesverfassungsgericht im Fall von Kontostammdaten angenommen hat.[44]

b) Verfahrenserfordernisse im Auskunftsverfahren

Unter dem Vorzeichen der Verhältnismäßigkeit ist das Bundesverfassungsgericht in seinem Beschluss vom 24.01.2012 auf den Rechtsschutz gegen die Erteilung von Auskünften nach § 113 TKG eingegangen und hat die Auffassung vertreten, der Rechtsschutz gegenüber der abschließenden Behördenentscheidung reiche

41 Weber, Die Sicherung rechtsstaatlicher Standards im modernen Polizeirecht, 1. Aufl. 2011, S. 121 m.N. zur verfassungsgerichtlichen Rechtsprechung.

42 Art. 13 Abs. 3 und 4 GG fordern bei Heimlichkeit der Maßnahme eine richterliche Anordnung.

43 Beck-OK/Baldus Art. 10 GG Rn 45.

44 BVerfG 13.6.2007, 1 BvR 1550/03, NJW 2007, 2464, 2471.

aus.[45] Diese Äußerung betrifft den nachträglichen Rechtsschutz und lässt keine Rückschlüsse auf die Notwendigkeit eines Richtervorbehalts zu.

Mitteilungspflichten hält das Bundesverfassungsgericht nicht flächendeckend für erforderlich.[46] Da es insoweit auf das Fachrecht verweist, ist aber zumindest für Differenzierungen Raum, die von den Gegebenheiten der Zugriffsnormen bestimmt werden. Diese konnte das Bundesverfassungsgericht nicht bewerten, da es ihre Einführung gerade fordert. Eine Bewertung der Notwendigkeit von Mitteilungspflichten ist demnach für Auskunftspflichten und Abrufrechte hinsichtlich von Bestandsdaten ebenso wenig vorentschieden wie die Notwendigkeit von Richtervorbehalten. Es kommen daher die allgemeinen verfassungsrechtlichen Anforderungen zum Tragen.

Das Auskunftsverfahren enthält nicht in § 113 TKG, aber in den nunmehr neu gestalteten Fachgesetzen die angesprochenen verfahrensrechtlichen Vorkehrungen zum Schutz der Betroffenen. Diese gelten jedoch nicht ausnahmslos für jeden der Auskunftsgegenstände. Die Bestandsdatenauskunft über Daten i.S.d. §§ 95, 111 TKG wird ohne eine Verfahrenssicherung gestattet, die Auskunft über dynamische IP-Adresse ist an Mitteilungspflichten geknüpft, die Auskunft von Zugangssicherungsdaten bedarf darüber hinaus eines Richtervorbehalts und ist mit nachträglichen Mitteilungspflichten verbunden. Diese Instrumente vorbeugenden und nachträglichen Rechtsschutzes sind teilweise verfassungsrechtlich geboten. Dabei ist zwischen dem Richtervorbehalt und den Benachrichtigungspflichten zu unterscheiden.

V. Der Richtervorbehalt

Sinn des Richtervorbehalts ist nach Auffassung des Bundesverfassungsgerichts die vorbeugende Kontrolle durch eine unabhängige und neutrale Instanz.[47] Er ist Voraussetzung für die Verhältnismäßigkeit der eingreifenden staatlichen Maßnahme. Die gesetzlichen Neuerungen sind nur dann verfassungsgemäß, wenn sie verfassungsrechtlich erforderliche Vorkehrungen auch enthalten. Das Erfordernis eines Richtervorbehalts war in die Fachgesetze aufzunehmen, nicht in das TKG. Das TKG ist im Schwerpunkt ein Gesetz, das sich an diejenigen wendet, die auf dem Gebiet der Telekommunikation wirtschaftlich tätig sind. Dies folgt aus seinen Zwecken, Wettbewerb und zugleich angemessene Dienstleistungen zu gewährleisten (§ 1 TKG). Eingriffe in die Grundrechte durch informatorische Maß-

45 BVerfG 24.01.2012, 1 BvR 1299/05, Abs. 186, NJW 2012, 1419, 1429.
46 BVerfG 24.01.2012, 1 BvR 1299/05, Abs. 187, NJW 2012, 1419, 1429.
47 BVerfG 3.3.2004, 1 BvR 2378/98, BVerfGE 109, 279, 357 f.; Überblick zu den Funktionen Rabe v. Kühlewein, Richtervorbehalt in Polizei- und Strafprozessrecht, 2001, S. 410 ff.

nahmen staatlicher Stellen regeln die Sicherheitsgesetze. Dort sind die Anforderungen an die Rechtmäßigkeit dieser Eingriffe festzulegen. Das gilt auch für die Verfahrensvorkehrungen und die Gewährleistung von Rechtsschutz. Die Frage, ob ein verfassungsrechtliches Erfordernis eines Richtervorbehaltes besteht, ist für die drei Konstellationen des § 113 TKG einzeln zu prüfen.

1. Erfordernis des Richtervorbehalts für die Auskunft über Daten i.S.d. §§ 95, 111 TKG

Zunächst betrifft die Frage nach dem Erfordernis des Richtervorbehalts die Grundkonstellation der Auskunft über die „gewöhnlichen“ Kundendaten. Ist die Auskunft über die nach §§ 95, 111 TKG erhobenen Daten bereits unter Richtervorbehalt zu stellen, gilt dies auch für die intensiveren Eingriffe (dynamische IP-Adressen und Zugangssicherungsdaten).

Das Recht auf informationelle Selbstbestimmung (Art. 2 Abs. 1 i.V.m. Art. 1 Abs. 1 GG) findet zu Gunsten des Betroffenen Anwendung und wird durch die Auskunft über die Bestandsdaten auch berührt. Für die Einschaltung vorbeugenden Rechtsschutzes spricht dessen Warnfunktion. Eine Verletzung der Privatheit in erhöhter Intensität liegt aber nicht vor. Es geht um die bei Verträgen üblichen Daten, die nicht als besonders sensibel bewertet werden können. Der Grundrechtseingriff kann bereits durch die Erfüllung der tatbestandlichen Voraussetzungen hinreichend gerechtfertigt werden. Damit besteht kein verfassungsrechtliches Gebot, einen Richtervorbehalt einzuführen.

2. Erfordernis des Richtervorbehalts für die Zuordnung dynamischer IP-Adressen

Besondere Anforderungen sind für den Eingriff in Art. 10 GG durch die Zuordnung der dynamischen IP-Adressen zu errichten. Im Zusammenhang der Ermittlungs- oder Erforschungstätigkeit der Behörde handelt es sich um einen heimlichen Eingriff. Die vorbeugende Kontrolle der Rechtmäßigkeit ist bei heimlichen Eingriffen in Art. 10 GG in aller Regel verfassungsrechtlich geboten.[48] Denn der Betroffene kann seine Interessen nicht selbst wahrnehmen, wofür die Einbeziehung des Gerichts einen Ausgleich bietet.[49] Die Erhebung von Daten unter Zuhilfenahme der dynamischen Zuweisung von IP-Adressen und damit der Ver-

48 Beck-OK/Baldus Art. 10 GG Rn 45.
49 BVerfG 27.2.2008, 1 BvR 370, Abs. 258, BVerfGE 120, 274 (331) mit Verweis auf SächsVerfG 14.5.1996, Vf. 44-II-94, JZ 1996, 957, 964.

kehrsdaten führt somit zur grundsätzlichen Notwendigkeit eines Richtervorbehalts.

Von diesem Grundsatz kann dann abgewichen werden, wenn sich neben dem abstrakten Gefahrenpotential aus der Heimlichkeit der Maßnahme keine erhöhte Gefahr in der konkreten Ausgestaltung des Zugriffs ergibt. So lässt sich beim Zugriff auf dynamische IP-Adressen einwenden, dass die Zuordnung selbst, und damit der Eingriff in die Telekommunikationsverbindung, allein durch die Telekommunikationsdiensteanbieter erfolgt und die anfragende Sicherheitsbehörde hieraus nur das konkrete Verkehrsdatum „dynamische IP-Adresse" erlangt, welches sich in seiner Qualität sodann nicht mehr von einem Bestandsdatum unterscheidet.[50] Dies bekräftigt den Schluss, dass nicht die Bezeichnung eines Datums über die Intensität des Eingriffs und damit über die verfahrensrechtlichen Schutzmechanismen entscheidet, sondern die Gesamtbeurteilung der Informationsgewinnung unter Berücksichtigung des Zugriffswegs. Dieser wird jedoch allein von den Anbietern beschritten. Darin liegt eine grundrechtlich relevante Verfahrenssicherung durch Ausgrenzung der Konkretisierung der zu beauskunftenden Daten aus dem staatlichen Bereich, die zu einem eventuellen Richtervorbehalt oder der Mitteilungspflicht hinzutritt. Diese Konstruktion könnte auch für die verfassungsrechtliche Beurteilung der Vorratsdatenspeicherung noch Bedeutung erlangen.

Angesichts der neuesten Entwicklungen in Sachen Kooperation zwischen Sicherheitsbehörden und Diensteanbietern (Prism, Tempora, XKeyscore) erscheint die Verfahrenssicherung unter Zuhilfenahme eines privaten Dritten, in dessen Händen diese Verfahrenssicherung liegt, mittlerweile jedoch in ihrer Effektivität zweifelhaft.[51] Ohnehin ist sie allein aber nicht ausreichend zur Rechtfertigung von Grundrechtseingriffen. Sie vermag weder Richtervorbehalt noch Benachrichtigungspflichten zu ersetzen, die durchaus auch eingeführt werden können, wenn sie verfassungsrechtlich nicht zwingend sind. Weitere Schutzmechanismen wie eine Zuständigkeit von Beauftragten oder besondere gerichtliche Zuständigkeiten können ergänzend in Betracht gezogen werden.

50 Vgl. Dalby CR 2013, 361, 365; Graf scheint sich der Ansicht, dass es auf die „Qualität" des Datums, das weitergegeben wird, ankommt, und sich das Verkehrsdatum „dynamische IP-Adresse" und das Bestandsdatum „statische IP-Adresse" in ihrem Informationsgehalt nicht unterscheiden, anzuschließen, BeckOK-StPO/Graf § 100j Rn 19a.

51 Ohne Einwände vor den Enthüllung des Guardian und Edward Snowden so noch vertreten, Dalby CR 2013, 361, 366 f.

3. Erfordernis des Richtervorbehalts für die Auskunft über Zugangssicherungsdaten

Die Auskunft über Bestandsdaten, bei denen es sich um Zugangssicherungsdaten (PIN, PUK u.ä.) handelt, greift in das Recht auf informationelle Selbstbestimmung ein (Art. 2 Abs. 1 i.V.m. Art. 1 Abs. 1 GG). Ein Richtervorbehalt ist dann verfassungsrechtlich geboten, wenn die heimliche Ermittlungstätigkeit der staatlichen Stellen besonders geschützte Zonen der Privatheit berührt oder besonders eingriffsintensiv ist.[52] Wenn eine Person den Zugang zu ihren Daten besonders sichert, dann hat sie diese Sphäre als besonders schutzwürdig festgelegt. Darin prägt sich das Recht, über die eigenen personenbezogenen Daten selbst bestimmen zu können und zu wollen, klar aus. Personen, die der Datensicherheit hohes Gewicht beimessen, treffen Selbstschutzmaßnahmen, die rechtlich zulässig sind.[53] Diese Konstellation unterscheidet sich erheblich von der Freigabe einer Telefonnummer im Telefonbuch. Damit wird eine besonders geschützte Zone der selbstdefinierten Privatheit verletzt, wenn Zugriff auf die Zugangssicherungscodes genommen wird. Die Abfederung durch einen Richtervorbehalt ist daher verfassungsrechtlich geboten.

4. Die Ausgestaltung des Richtervorbehalts

Die Ausgestaltung des Richtervorbehalts kann in unterschiedlichen Fachgesetzen unterschiedlich vorgenommen werden. Im Hinblick auf die Nachrichtendienste sind jedoch spezifische Ausgestaltungen angebracht. Sowohl für den Bundesnachrichtendienst wie den Militärischen Abschirmdienst wird dies durch Verweis auf § 8d BVerfSchG der wiederum auf § 8b BVerfSchG verweist geregelt, sodass vorbeugender Rechtsschutz durch die G 10-Kommission gewährleistet wird.[54]

VI. Die Mitteilungspflichten

Der Grundrechtsschutz durch Verfahren führt regelmäßig zu einem Gleichklang der Erfordernisse des Richtervorbehalts und der Mitteilungspflichten. Aus ver-

52 BVerfG 27.2.2008, 1 BvR 370/ 07, Abs. 257, BVerfGE 120, 274, 331.
53 Gerhards, (Grund-)Recht auf Verschlüsselung?, 1. Aufl. 2010, S. 78 ff., 381.
54 Letztlich sind hier Grundfragen der Kontrolle der Nachrichtendienste angesprochen, dazu Kornblum, Rechtsschutz gegen geheimdienstliche Aktivitäten, 2011; vgl. auch Kutscha in seiner Stellungnahme zur Stärkung der parlamentarischen Kontrolle von Geheimdiensten abrufbar unter www.bundestag.de/bundestag/ausschuesse/a04/anhoerungen/Anhoerung_23/Stellungnahmen_SV/.

fassungsrechtlicher Sicht ist allerdings eine differenzierende Beurteilung vorzunehmen, da der Richtervorbehalt vorbeugenden Rechtsschutz, die Mitteilungspflichten nachträglichen Rechtsschutz betreffen. Die Mitteilung an den Betroffenen dient seinem Schutz bei heimlichen Maßnahmen der Behörden. Sie kann aber erst erfolgen, wenn der Erfolg der Maßnahme nicht mehr gefährdet ist. Eine Mitteilung über die Maßnahme an den Betroffenen bezweckt den effektiven Rechtsschutz, der durch Art. 19 Abs. 4 GG i.V.m. mit dem jeweils berührten Grundrecht gewährleistet wird.[55]

1. Mitteilungspflichten für die Auskunft über Daten i.S.d. §§ 95, 111 TKG

Die Auskunft über die Daten nach §§ 95, 111 TKG weist auch aus der Perspektive nachträglichen Rechtsschutzes keine erhebliche Eingriffstiefe auf. Der Betroffene hat in die Preisgabe der Vertragsdaten eingewilligt. Im Zusammenhang der Untersuchung, ob das Recht auf informationelle Selbstbestimmung intensiv berührt oder die Privatheit besonders betroffen ist, spielt der Aspekt, dass der Betroffene gar keine andere Wahl als die Einwilligung hat,[56] keine Ausschlag gebende Rolle. Der Gesetzgeber ist von Verfassungs wegen nicht gezwungen, Mitteilungspflichten einzuführen.

2. Mitteilungspflichten für die Zuordnung dynamischer IP-Adressen

Die Eröffnung des Schutzbereiches von Art. 10 GG i.V.m. Art. 19 Abs. 4 GG im Fall der Zuordnung dynamischer IP-Adressen erfordert effektiven Rechtsschutz zur Absicherung des Telekommunikationsgeheimnisses. Durch den Rückgriff auf die Verkehrsdaten werden konkrete Kommunikationsvorgänge in die Auskunft einbezogen. Eine heimliche Datenabfrage, die einzelne Kommunikationsvorgänge betrifft, ist ein erheblicher Eingriff in das Grundrecht.[57] In dieser Konstellation sind daher Mitteilungspflichten zwingend in den Fachgesetzen vorzusehen.

55 BeckOK/Baldus Art. 10 GG Rn 57.

56 Alle Telekommunikationsunternehmen sind nach §§ 95, 11 TKG verpflichtet die entsprechenden Daten zu erheben. Kutscha (Fn 38) nennt die Freiwilligkeit der Einwilligung gem. § 4a BDSG daher zutreffend Datenschutz der nur „auf dem Papier" besteht, S. 377, 387.

57 Vgl. BVerfG 2.3.2010, 1 BvR 256/08, Abs. 244, BVerfGE 125, 260, 336.

3. Mitteilungspflichten für die Auskunft über Zugangssicherungsdaten

Für die Auskunft über Zugangssicherungsdaten (PIN, PUK usw.), die das Recht auf informationelle Selbstbestimmung berührt (Art. 2 Abs. 1 i.V.m. Art. 1 Abs. 1 GG) ist an die besondere faktische Gestaltung anzuknüpfen. Der Betroffene erfährt zunächst nicht, dass die von ihm errichteten Zugangshindernisse zur Kenntnis staatlicher Stellen gelangt sind. Sein Wille ist aber gerade, besondere Sicherungen seiner Daten einzubauen. Bereits der effektive Schutz des Rechts auf informationelle Selbstbestimmung erfordert die nachträgliche Mitteilung, damit der Betroffene neue Zugangssicherungen erstellen kann. Der Rechtsschutz tritt hinzu. Auch insoweit ist damit das Aufstellen von Mitteilungspflichten in den Fachgesetzen verfassungsrechtlich geboten.

4. Ausgestaltung der Mitteilungspflichten

Die Ausgestaltung der Mitteilungspflichten kann in den unterschiedlichen Fachgesetzen ebenfalls unterschiedlich ausgestaltet werden. Besonderes Augenmerk ist vor dem Hintergrund der jüngsten Enthüllungen der Datensammlung auf die Ausgestaltung der Benachrichtigungspflichten der Nachrichtendienste zu richten. Bei der Beurteilung des Zeitpunkts der Mitteilung haben diese eine Beurteilungsermächtigung (§ 4b MADG iVm § 8d Abs. 3 BVerfSchG, § 2b BNDG iVm § 8d Abs. 3 BVerfSchG), die resultierende eingeschränkte richterliche Überprüfung ist angesichts der Schwere des Grundrechtseingriffs aber nur schwer zu rechtfertigen.[58]

VII. Fazit

Der Gesetzgeber auf Bundesebene hat mit der Neuregelung der Bestandsdatenauskunft nachvollziehbare Konsequenzen aus den verfassungsrechtlichen Vorgaben gezogen. Die Befugnis ist wichtig, sie muss aber unter Beachtung von Verfahrensvorkehrungen ausgeübt werden. Die verfahrensrechtlichen Anforderungen des Richtervorbehalts und der Mitteilungspflichten können die Unbestimmtheit von Ermächtigungsgrundlagen nicht vollständig kompensieren, sie können

58 So auch Roggan, Artikel 10-Gesetz, Kommentar, 1. Aufl. 2012, § 12 Rn 5 zu § 12, der den gleichen Wortlaut wie § 8d Abs. 3 BVerfSchG aufweist, wonach „die Benachrichtigung erfolgt, soweit und sobald eine Gefährdung des Zwecks der Auskunft und der Eintritt übergreifender Nachteile für das Wohl des Bundes oder eines Landes ausgeschlossen werden können".

aber eine hinreichend bestimmte Befugnisnorm ergänzen, um insgesamt eine verfassungsrechtlich haltbare Lage zu schaffen.

Die Notwendigkeit der verfahrensrechtlichen Anforderungen richtet sich nach dem Gesamtbild. Einfache Merksätze wie „Bestandsdatum heißt: ohne richterlichen Beschluss" oder umgekehrt „Verkehrsdatum heißt: mit richterlichem Beschluss" erschöpfen die Problematik nicht. Eine bloße Datenkategorisierung liefert allein keinen Aufschluss über die Intensität des Grundrechtseingriffs. Dies sieht auch das Bundesverfassungsgericht, wenn es festhält, dass ein Zugriff auf ein reines Bestandsdatum „das Zugangspasswort" erheblich intensiver sein kann, als der Zugriff auf ein Verkehrsdatum unter Eingriff in eine Telekommunikationsverbindung. Einschlägige Vorschriften müssen zudem technikoffen sein, da die Entwicklungen der Informationstechnik schwer absehbar sind. Die kommende Einführung der IPv 6, die statt dynamischer nun die Vergabe einer Vielzahl statischer IP-Adressen ermöglicht, bestätigt diese Perspektive. Dieses Bestandsdatum lässt unter Umständen noch weitere Einblicke in die Privatheit der Lebensgestaltung zu, als es eine umfangreiche Sammlung von Verkehrsdaten könnte: jedes internetfähige Gerät kann mit einer eigenen, gerätefesten, eindeutig zuordnungsbaren IPv 6-Nummer gekennzeichnet werden – eine Profilbildung wird damit bereits anhand eines Bestandsdatums möglich.[59]

Nur eine Gesamtbetrachtung der Informationsgewinnung und des technischen Zugriffswegs, die Ziele und Gefährdungspotentiale der (möglichen) Datenerhebung und Datenverwendung einbezieht, erlaubt die abschließende Bewertung der Intensität des Grundrechtseingriffs. Aus dieser Gesamtbeurteilung ergibt sich die tatsächliche Qualität des Datums. Auf dieser Grundlage können die rechtliche Ausgestaltung des Zugriffs auf die Daten und die Notwendigkeit des Schutzes der Betroffenenrechte durch Verfahrenssicherungen beurteilt werden.

59 Zur Problematik Schaar, Internetprotokoll Version 6 (IPv 6) Wo bleibt der Datenschutz?, www.bfdi.bund.de/SharedDocs/Publikationen/Infobroschueren/TagungsbandSymposium-IPv 6.pdf?__blob=publicationFile .

Peter Schaar und Nils Bergemann

„Trennung ist unser Los, Wiedersehen ist unsere Hoffnung" – Die Antiterrordatei, das Trennungsgebot und das Bundesverfassungsgericht

Nein, das Bundesverfassungsgericht hat die Antiterrordatei mit seinem Urteil[1] nicht ausrangiert. Die Nachrichtendienste und Polizeibehörden des Bundes und der Länder dürfen auch in Zukunft gemeinsame Dateien einrichten, um einen weitergehenden Informationsaustausch anzubahnen und vorzubereiten, auch wenn das Bundesverfassungsgericht das Antiterrordateigesetz an einigen Stellen begrenzt und modifiziert. Bedeutsam ist das Urteil vor allem wegen seiner allgemeinen Aussagen. Es fügt sich in die bisherige Rechtsprechung des Gerichts ein, die festgelegt hat, unter welchen Voraussetzungen und Bedingungen die Sicherheitsbehörden heimlich in die Grundrechte der Bürgerinnen und Bürger eingreifen dürfen. Die Entscheidung gibt dem Gesetzgeber weiteren Anlass, die von ihm geschaffene „Sicherheitsarchitektur" auf den Prüfstand zu stellen und konkretisiert die Grenzen, die er dabei zu beachten hat. Er muss jetzt mit einer grundsätzlichen Trennung der Datenbestände leben. Die jeweiligen Sicherheitsbehörden dürfen nur in begründeten Ausnahmefällen in von anderen Behörden angelieferte Daten Einsicht nehmen und diese nutzen.

I. Trennungsprinzip als grundrechtliche Selbstverständlichkeit

Das Bundesverfassungsgericht leitet aus dem Grundrecht auf informationelle Selbstbestimmung – nunmehr auch ausdrücklich – ein „informationelles Trennungsprinzip" ab.[2] Die Literatur hatte zuvor in einem lange währenden Streit erörtert, ob sich ein Trennungsgebot aus dem Bundesstaatsprinzip oder aus dem Rechtsstaatsprinzip herleiten ließe.[3] Das Bundesverfassungsgericht hat diese Er-

1 Urteil des Bundesverfassungsgerichts zur Verfassungsbeschwerde gegen das Antiterrordateigesetz, BVerfG 24.4.2013, 1 BvR 1215/07, NJW 2013, 1499.

2 BVerfG 24.4.2013, 1 BvR 1215/07, NJW 2013, 1499, 1505, im Leitsatz 2 ist insoweit nur von „den Grundrechten" die Rede, vgl. Petri ZD 2013, 348.

3 Ausführlich zum Streitstand siehe etwa Maunz-Dürig/Ibler, Grundgesetz-Kommentar, 67. Ergänzungslieferung 2013, Art. 87 Rn 143; Stubenrauch, Gemeinsame Verbunddateien von Polizeien und Nachrichtendiensten, eine verfassungsrechtliche Untersuchung am Beispiel

wägungen in der aktuellen Entscheidung weder berücksichtigt noch erwähnt, den Streit wohl trotzdem weitgehend entschieden. Das Gericht benutzt allerdings nicht den Begriff des "Trennungsgebots", sondern es spricht von einem "informationellen Trennungsprinzip". Da ein Prinzip durchbrochen werden kann, stellt das Gericht klar, dass es Ausnahmen von der Trennung zulassen will.[4] Diese Ausnahmen darf der Gesetzgeber allerdings nur zum Schutz eines herausragenden öffentlichen Interesses vorsehen.[5]

1. Grundrechte als Ausgangspunkt

An den Grundrechten macht das Bundesverfassungsgericht fest, welche Informationsgrenzen der Gesetzgeber zwischen Polizei und Nachrichtendiensten festlegen muss und welche Formen der Zusammenarbeit er erlauben darf.[6] Das informationelle Trennungsprinzip konkretisiert den Grundsatz der Zweckbindung, dieser wiederum den Grundsatz der Verhältnismäßigkeit.

Arbeiten Polizei und Nachrichtendienste zusammen und geben sich gegenseitig Informationen zu einzelnen Personen, dann kann sich dies für diese erheblich auswirken. Die durch die Informationsübermittlung bewirkten Eingriffe sind also schwerwiegend.[7] So haben die Nachrichtendienste ein sehr weites Aufgabenspektrum. Sie nehmen ihre Aufgaben mit sehr weitgefassten und sehr wenig bestimmten Befugnissen wahr, die „weder hinsichtlich der konkreten Tätigkeitsfelder noch hinsichtlich der jeweils einzusetzenden Mittel detailscharf ausgestaltet sind".[8] Zudem handeln sie in der Regel geheim und ohne justizförmiges Verfah-

der Antiterrordatei, 2008, S. 27 ff.; Klee, Neue Instrumente der Zusammenarbeit von Polizei und Nachrichtendiensten, Geltung, Rang und Reichweite des Trennungsgebots, 2009, S. 24 ff.; für ein Trennungsgebot etwa Kutscha ZRP 1986, 194; Gusy ZRP 1987, 45; Kutscha, in: Roggan/Kutscha (Hrsg.), Handbuch zum Recht der Inneren Sicherheit, 2. Aufl. 2006, S. 79; Petri, in: Lisken/Denninger, Handbuch des Polizeirechts, 5. Aufl. 2012, Kap. G Rn 103; Schaefer NJW 1999, 2572; Zöller, Informationssysteme und Vorfeldmaßnahmen von Polizei, Staatsanwaltschaft und Nachrichtendiensten, 2002, S. 318; Schünemann NStZ 2008, 205, 306; a.A. dagegen etwa Albert ZRP 1995, 105, 108; Nehm NJW 2004, 3289, 3290; Baumann DVBl. 2005, 798, 803; Droste, Handbuch des Verfassungsschutzrechts, 1. Aufl. 2007, S. 14 ff.

4 Vgl. Petri ZD 2013, 348.

5 BVerfG 24.4.2013, 1 BvR 1215/07, NJW 2013, 1499, 1505 (dort Abs. 123).

6 Vgl. dazu bereits König, Trennung und Zusammenarbeit von Polizei und Nachrichtendiensten, 2004, S. 302 f.; Geiger, Stellungnahme zum Gemeinsame-Dateien-Gesetz, Dt. Bundestag, A-Drs. 16(4)131 I, S. 3.

7 BVerfG 24. 4. 2013, 1 BvR 1215/07, NJW 2013, 1499, 1503 (dort Abs. 110); zu den Auswirkungen einer Durchbrechung des Trennungsgebotes siehe etwa Kutscha, in: Handbuch zum Recht der Inneren Sicherheit (Fn 3), S. 79 ff.

8 BVerfG 24.4.2013, 1 BvR 1215/07, NJW 2013, 1499; siehe dazu ausführlich Bergemann, in: Lisken/Denninger, Handbuch des Polizeirechts, 5. Aufl. 2012, Kap. H Rn 44 ff. und 83 ff., insbesondere zur Unbestimmtheit der Vorschriften.

ren für den Betroffenen. Entscheidend ist zudem, welche potentiellen Folgen die Betroffenen durch die Datensammlung nicht ohne Grund zu befürchten haben.[9] So kann eine Datenerhebung durch den Nachrichtendienst für den Betroffenen konkrete Folgen entfalten, wenn er bei einer Sicherheits- oder Zuverlässigkeitsprüfung[10] scheitert, ihm – nach einer Übermittlung der gesammelten Daten – eine Steuervergünstigung oder Subvention nicht gewährt wird[11] oder er zum Gegenstand polizeilicher Ermittlungen wird.

Umgekehrt haben die Polizeibehörden ihrerseits Zwangsbefugnisse, die die Nachrichtendienste nicht haben. Dabei handelt es sich auch, aber nicht nur, um „Handlungsbefugnisse", die auf Grundlage erhobener Daten durchgeführt werden. Die Polizeibehörden verfügen zusätzlich über Datenerhebungsbefugnisse, die einen Zwangscharakter haben und den Nachrichtendiensten nicht zur Verfügung stehen, so z.B. Durchsuchungsbefugnisse. Übermittelt die Polizei diese mit Zwangsmitteln erfassten Erkenntnisse an einen Nachrichtendienst, kann dieser sein ohnehin möglicherweise weit gefasstes Datenbild zu einer Person nochmals erweitern und weitere geheime Ermittlungen veranlassen. Letztlich kann dies zu einem fortwährenden Wechselspiel führen, mit immer tieferen Eingriffen in die Persönlichkeitsrechte der Betroffenen.

2. Zusammenwirken der Grundrechtseingriffe

Folgerichtig stellt das Gericht deshalb auf das "Zusammenwirken der hierfür maßgeblichen Grundrechtseingriffe ab, die nicht isoliert betrachtet werden können".[12] Das Gericht stellt damit ein weiteres Mal klar: datenschutzrechtliche Vorschriften sind immer in ihrem gesamten Zusammenhang zu beurteilen.[13]

Jede weitere Verarbeitung oder Nutzung personenbezogener Daten ist deshalb grundsätzlich an den Zweck gebunden, zu dem die Daten ursprünglich erhoben wurden; jede Durchbrechung dieser Zweckbindung ist ein neuer, eigenständiger Grundrechtseingriff.[14] Grundrechtsbezogene Beschränkungen des Einsatzes bestimmter Ermittlungsmethoden dürfen durch eine Zweckänderung niemals um-

9 Vgl. u.a. BVerfG 14.7.1999, 1 BvR 2226/94, BVerfGE 100, 313, 376; BVerfG 3.3.2004, 1 BvR 2378/98, 1084/99, BVerfGE 109, 279, 353; BVerfG 4.4.2006, 1 BvR 518/02, BVerfGE 115, 320, 347.

10 Vgl. etwa § 5 SÜG.

11 Vgl. etwa § 51 Abs. 3 AO; vgl. auch die Antwort der Bundesregierung zum Programm „Toleranz fördern, Demokratie stärken", BT-Drs. 17/4269.

12 BVerfG 24.4.2013, 1 BvR 1215/07, NJW 2013, 1499, 1503 (dort Abs. 111).

13 So bereits BVerfG 3.3.2004, 1 BvF 3/92, BVerfGE 110, 33, 46 f.; vgl. auch BVerfG 4.4.2006, 1 BvR 518/02, BVerfGE 115, 320, 341 m.w.N.

14 BVerfG 24.4.2013, 1 BvR 1215/07, NJW 2013, 1499, 1503 (dort Abs. 113 f.).

gangen werden.[15] In diesem Sinne ist das „informationelle Trennungsprinzip" als besondere Ausformung des Zweckbindungsgrundsatzes[16] zu verstehen. Es wird deutlich: Das „informationelle Trennungsprinzip" ist nichts neues, sondern geradezu eine grundrechtliche Selbstverständlichkeit.

II. Trennung ist das Prinzip, Datenübermittlung ist die Ausnahme

1. Gemeinsame Dateien

Unzweifelhaft gilt das informationelle Trennungsprinzip für gemeinsame Dateien. „Danach dürfen Daten zwischen den Nachrichtendiensten und Polizeibehörden grundsätzlich nicht ausgetauscht werden. Einschränkungen der Datentrennung sind nur ausnahmsweise zulässig."[17] Dies kommt der verbreiteten Annahme zum Trennungsgebot entgegen, die daraus zwar kein generelles Verbot der Übermittlung personenbezogener Daten folgert, jedoch eine weitgehende Verschmelzung und einen planmäßigen Austausch solcher Daten zwischen Polizei und Nachrichtendiensten ausschließt.[18]

Gibt ein Nachrichtendienst personenbezogene Daten an eine Polizeibehörde weiter, die diese benötigt, um operativ tätig zu werden, dann müsse dies grundsätzlich einem herausragenden öffentlichen Interesse dienen. Dieses muss nach Ansicht des Gerichts so gewichtig sein, dass es ausnahmsweise den Zugriff auf Daten erlaubt, „die unter den erleichterten Bedingungen, wie sie den Nachrichtendiensten zu Gebot stehen", erhoben wurden. Diese Grenzen muss der Gesetzgeber durch ausdrückliche und normenklare Übermittlungsregelungen sicherstellen, die konkrete und qualifizierte Eingriffsschwellen enthalten.[19]

2. Routinemäßiger Datenaustausch

Aus dem Trennungsgebot wurde gefolgert, dass Datenübermittlungen zwischen Nachrichtendiensten und Polizeibehörden grundsätzlich einzelfallbezogen, also „nicht regelhaft-standardisiert" erfolgen dürfen.[20] Diese Auffassung wird durch die Annahme eines informationellen Trennungsprinzips untermauert. Die Daten-

15 BVerfG 24.4.2013, 1 BvR 1215/07, NJW 2013, 1499, 1503, 1505 (dort Abs. 114 und 123), m.w.N.
16 Vgl. zu diesem Grundsatz und seiner Entwicklung etwa Kutscha (Fn 7), S. 38 f. m.w.N.
17 BVerfG 24.4.2013, 1 BvR 1215/07, NJW 2013, 1499, 1505 (dort Abs. 123).
18 Kutscha NVwZ 2013, 324, 325; Roggan/Bergemann NJW 2007, 876; Gusy ZRP 1987, 45, 89; a.A Nehm NJW 2004, 3289.
19 BVerfG 24.4.2013, 1 BvR 1215/07, NJW 2013, 1499, 1505 (dort Abs. 123).
20 Petri ZD 2013, 3, 5; ähnlich Roggan/Bergemann NJW 2007, 876.

trennung wird nicht nur durch gemeinsame Dateien, sondern auch durch weitere Formen des systematischen Datenaustausches untergraben. Bedeutung haben die Ausführungen des Gerichts daher vor allem für alle Formen eines „routinemäßigen" Datenaustausches zwischen Nachrichtendiensten und Polizei. So haben die Polizeibehörden in der Vergangenheit mit dem „Kriminalpolizeilichen Meldedienst in Fällen politisch motivierter Kriminalität (KPMD – PMK)" umfassend Daten an die Verfassungsschutzbehörden übermittelt.[21] Es genügt nicht, wenn die Übermittlung nur allgemein der Aufgabenerfüllung des Empfängers oder Zwecken der öffentlichen Sicherheit dient.[22] Es bedarf einer differenzierten Grenzziehung, mit der eine Datenübermittlung nach dem „Gießkannenprinzip" nicht zu vereinbaren wäre.

Die Bund-Länder-Kommission Rechtsterrorismus hatte noch vorgeschlagen, die Informationswege weiter auszubauen und ein „standardisiertes Verfahren für eine strukturierte Informationsübermittlung" zu entwickeln.[23] Dieser Vorschlag dürfte im Lichte des Urteils nicht mehr aufrecht zu erhalten sein.[24]

3. „Einfache" Übermittlungsregeln

Auswirkungen hat das informationelle Trennungsprinzip auch auf Einzelübermittlungen.[25] Das Gericht formuliert wenig zurückhaltend Hinweise an den Gesetzgeber, wie er die „einfachen" Übermittlungsregelungen im Recht der Nachrichtendienste auszugestalten hat.[26] Es spricht davon, dass Daten nach dem Trennungsprinzip nicht „ausgetauscht" werden dürfen und die „Datentrennung" nur ausnahmsweise durchbrochen werden darf und benutzt die Begriffe „Austausch" und „Übermittlung" synonym. Denn die Antiterrordatei vollziehe den Datenaustausch im Normalfall nicht selbst, sondern bereite diesen – in Form von Einzelübermittlungen – nur vor.[27] Vor allem aber ist das informationelle Trennungs-

21 Bruch/Jost/Müller/Vahldieck, Abschlussbericht der Bund-Länder-Kommission Rechtsterrorismus, S. 255 (dort Abs. 578 ff.); vgl. zu weiteren Programmen des Datenaustauschs Petri ZD 2013, 3, 5.

22 BVerfG 24.4.2013, 1 BvR 1215/07, NJW 2013, 1499, 1505 (dort Abs. 126).

23 Bruch/Jost/Müller/Vahldieck (Fn 21), S. 261 (dort Abs. 598).

24 Töpfer, Informationsaustausch zwischen Polizei und Nachrichtendiensten strikt begrenzen. Konsequenzen aus dem Urteil des Bundesverfassungsgerichts zur Antiterrordatei, Policy Paper des Deutschen Instituts für Menschenrechte Nr. 21, Juni 2013, S. 18.

25 A.A. wohl Petri ZD 2013, nach dem „der singuläre, einseitige Übermittlungsakt" von der Formulierung des Urteils her als wohl nicht erfasst anzusehen sei; siehe zu den betroffenen Vorschriften insb. §§ 18 bis 20 BVerfSchG.

26 BVerfG 24.4.2013, 1 BvR 1215/07, NJW 2013, 1499, 1505 (dort Abs. 126), 1518 (dort Abs. 232).

27 BVerfG 24.4.2013, 1 BvR 1215/07, NJW 2013, 1499, 1505 (dort Abs. 125).

prinzip, wie dargelegt, letztlich nur eine Konkretisierung allgemeinerer Grundsätze.

III. Konkrete Ausstrahlwirkungen des Urteils

Für die Antiterrordatei ist der Gesetzgeber nun gehalten, insbesondere den betroffenen Personenkreis einzugrenzen, die beteiligten Behörden klarer zu bezeichnen, Transparenz und Dokumentation zu verbessern, Recherchemöglichkeiten zu begrenzen und wirksame Kontrollen und Berichtspflichten sicherzustellen. Das Urteil entfaltet darüber hinaus Ausstrahlwirkungen, die deutlich über weitere gemeinsame Dateien und sogar über den Datenaustausch unter den Sicherheitsbehörden hinausgehen. Denn die vom Bundesverfassungsgericht formulierten Anforderungen dienen allgemein dazu, die Grundrechtseingriffe auf ein verträgliches Maß zu beschränken.

1. Gemeinsame Dateien und Datenaustausch

a) Rechtsextremismusdatei und Analyseverbünde

Neben der Antiterrordatei sieht das Bundesrecht als Gemeinsame Dateien die Rechtsextremismusdatei (§ 1 ff. RED-G) und die sog. Projektdateien vor (insb. § 22a BVerfSchG, § 9a BNDG, § 9a BKAG).

Die Antiterrordatei diente dem Gesetzgeber zwar als Vorbild für die Rechtsextremismusdatei. Mit dieser ist der Gesetzgeber aber weiter gegangen. Er hat nämlich die gespeicherten Daten in § 7 RED-G umfangreich zur Analyse freigegeben.

Das Bundesverfassungsgericht hat die Antiterrordatei aber vor allem deshalb im Grundsatz für mit der Verfassung vereinbar gehalten, weil sie im Wesentlichen als bloße Hinweisdatei ausgestaltet ist, was ihr Eingriffsgewicht mindert..[28] Die Zulässigkeit der Antiterrordatei begründet das Gericht wesentlich damit, dass „eine Rasterung, Sammelabfragen oder die übergreifende Ermittlung von Zusammenhängen“ gerade nicht erlaubt seien.[29]

Diese Begrenzung einer Datei wird aber mit § 7 RED-G überschritten, der die gespeicherten Daten selbst als „Rohmasse“ für umfassende Analysen freigibt, etwa mit Hilfe von Data-Mining bzw. Analysewerkzeugen. Werden die Daten genutzt, um Verflechtungen oder Beziehungen herauszufiltern, beschränkt sich die

28 BVerfG 24.4.2013, 1 BvR 1215/07, NJW 2013, 1499, 1505 (dort Abs. 124 ff.).
29 BVerfG 24.4.2013, 1 BvR 1215/07, NJW 2013, 1499, 1514 (dort Abs. 194).

Datei nicht mehr auf die bloße Anbahnung von Einzelübermittlungen. Gemäß § 7 Abs. 1 Satz 1 RED-G dürfen die beteiligten Behörden die gespeicherten Daten insbesondere zur „Sammlung und Auswertung von Informationen" über bestimmte Sachverhalte „erweitert nutzen". Dazu dürfen sie die Daten gemäß § 7 Abs. 2 RED-G umfassend abgleichen, verknüpfen oder sonst „statistisch" auswerten. Zugeschnitten ist die Regelung auf technische Werkzeuge zur umfassenden Datenauswertung. Auch die Verknüpfung mit Erkenntnissen aus anderen Datenbeständen ist nicht ausgeschlossen. Die Regelungen in § 7 RED-G sind daher verfassungsrechtlich höchst problematisch.

Auswirkungen haben diese Überlegungen auch auf Analyseverbünde der Polizeibehörden, wenn diese darin Informationen aus dem Gefahrenvorfeld zusammenführen.[30] Dies gilt erst recht, wenn es um internationale Verbünde geht und nicht in allen beteiligten Staaten ein informationelles Trennungsprinzip verankert ist.[31]

b) Projektdateien

Die Vorschriften über Projektdateien[32] hat der Gesetzgeber gemeinsam mit denen zur Antiterrordatei verabschiedet.[33] Sie waren zwar nicht Gegenstand der Verfassungsbeschwerde, sind gleichwohl verfassungsrechtlich nicht zu halten.

Das Gesetz grenzt nicht näher ein, was ein solches Projekt sein kann und unter welchen Voraussetzungen die beteiligten Behörden es einrichten können. Der Gesetzgeber hat es unterlassen, zulässige Ziele und Umfang der Projekte sowie den zulässigen Umfang der zu speichernden Daten oder betroffene Personenkreise festzulegen.[34] Er lässt nämlich „projektbezogene" Dateien, den Austausch und die Auswertung von Erkenntnissen zu gewaltbezogenen Bestrebungen zu, wenn die Voraussetzungen der allgemeinen Übermittlungsvorschriften vorliegen (z.B. § 22a Abs. 1 BVerfSchG). Dabei dürfen die beteiligten Behörden eine gemeinsame Datei einrichten, wenn es „im Rahmen ihrer Befugnisse" und „zur Erfüllung ihrer Aufgaben erforderlich" ist.

Für die insoweit enger ausgestaltete Antiterrordatei hat das Bundesverfassungsgericht den Kreis der betroffenen Personen als zu weit angesehen.[35] Den

30 Siehe dazu etwa BfDI, 24. Tätigkeitsbericht, Nr. 7.4.5, S. 97.
31 Siehe zu Europol unten III.2.c.
32 § 22a BKAG, § 9a BKAG, § 9a BNDG.
33 BGBl. I 2006, 3409.
34 Roggan/Bergemann NJW 2007, 876, 879.
35 Vgl. BVerfG 24.4.2013, 1 BvR 1215/07, NJW 2013, 1499, 1510 (dort Abs. 161 ff.); siehe dazu noch unten III.2.a.

Umfang der zu speichernden Daten hat es im Grundsatz akzeptiert.[36] Dafür sei allerdings maßgeblich, „... dass der Gesetzgeber den Behörden vorliegend nicht etwa eine Blankettvollmacht erteilt, sondern die Merkmale konkretisierungsfähig umschrieben hat".[37] Eine solche konkretisierungsfähige Umschreibung fehlt für die Projektdateien völlig. Der Gesetzgeber verzichtet also auf konkrete Eingrenzungen des Speicherungsumfangs und überlässt diese den Sicherheitsbehörden. Der allgemeine Verweis auf die Übermittlungsregelungen hilft diesem Missstand nicht ab.

c) Übermittlungsregeln

Dass die bestehenden Übermittlungsregelungen der Polizei- und Nachrichtendienstgesetze[38] ebenfalls – zumindest teilweise – verfassungswidrig sind, hat das Gericht mehr oder weniger deutlich hervorgehoben: „Diese müssen dann freilich ihrerseits den verfassungsrechtlichen Anforderungen genügen und können sich jedenfalls für Datenübermittlungen zwischen den Nachrichtendiensten und der Polizei nicht mit vergleichbar niederschwelligen Voraussetzungen wie der Erforderlichkeit für die Aufgabenwahrnehmung oder der Wahrung der öffentlichen Sicherheit begnügen."[39] Das Gericht begnügt sich aber nicht mit diesem Hinweis, sondern setzt dem Gesetzgeber am Ende der Entscheidung eine großzügige Frist. Damit will es dem Gesetzgeber die Möglichkeit geben, nicht nur das Antiterrordateigesetz und ihm ähnliche Vorschriften zu überarbeiten. Es geht vielmehr geradezu selbstverständlich davon aus, dass der Gesetzgeber sich darüber hinaus die Datenübermittlungsvorschriften weiterer Sicherheitsgesetze genau anschauen wird.[40] Damit ist der Bundesgesetzgeber in der Pflicht, vor allem die §§ 18 – 20 BVerfSchG zu überarbeiten. So lässt es § 19 Abs. 1 Satz 1 BVerfSchG etwa genügen, wenn „... der Empfänger die Daten ... sonst für Zwecke der öffentlichen Sicherheit benötigt". Damit entspricht die Vorschrift dem vom Gericht aufgezeigten Schema einer verfassungsrechtlich unzulässigen Vorschrift, die ausreichende Eingriffsschwellen zum Schutz der Grundrechte der Be-

36 Vgl. BVerfG 24.4.2013, 1 BvR 1215/07, NJW 2013, 1499, 1511 (dort Abs. 166 ff.). .
37 BVerfG 24.4.2013, 1 BvR 1215/07, NJW 2013, 1499, 1513 (dort Abs. 182).
38 Siehe dazu ausführlich etwa: Zöller, in: Roggan/Kutscha, Handbuch zum Recht der Inneren Sicherheit, 2. Auflage 2006, S. 447 ff.; Petri in: Lisken/Denninger, Handbuch des Polizeirechts, 5. Auflage 2012, Kap. G Rn 467; Bergemann (Fn 8), Kap. H Rn 110 ff.
39 BVerfG 24.4.2013, 1 BvR 1215/07, NJW 2013, 1499, 1505 (dort Abs. 126).
40 BVerfG 24.4.2013, 1 BvR 1215/07, NJW 2013, 1499, 1518 (Abs. Nr. 232); kritisch zu diesen Vorschriften auch Denninger/Poscher in: Lisken/Denninger, Handbuch des Polizeirechts, 5. Auflage 2012, Kap. B Rn 119; Bergemann (Fn 8), Kap. H Rn 116, 120; zu Recht kritisch zu fehlenden Regelungen zur Übernahme der Daten durch Strafverfolgungsbehörden Zöller (Fn 38), S. 501 ff.

troffenen vermissen lässt.[41] Entsprechend werden die Landesgesetze zu prüfen sein.

2. Eingriffsschwellen

Ausgangspunkt der Überlegungen des Bundesverfassungsgerichts ist die Frage, mit welchen Eingriffsschwellen und Verfahrensregelungen die Grundrechtseingriffe „aufgefangen" werden können, um verhältnismäßig zu bleiben (siehe oben I.). Daher lassen sich aus den Ausführungen des Gerichts Folgerungen für andere schwere Grundrechtseingriffe ableiten. Beispielsweise kann auch die länger andauernde heimliche Beobachtung einer Person durch einen Nachrichtendienst in besonders schwerer Weise in Grundrechte eingreifen.[42] Das aktuelle Urteil zur Antiterrordatei zwingt Gesetzgeber und Praxis also, sich auf breiter Ebene damit auseinanderzusetzen, welchen Personenkreis Sicherheitsgesetze und Maßnahmen umfassen dürfen.[43]

a) Betroffener Personenkreis und Rückbindung an „konkrete Ereignisse"

Eine Person zur vorbeugenden Gefahrenabwehr zu speichern, bedarf einer fundierten rechtlichen und faktischen Grundlage. Dies hat das Gericht erneut angemahnt und für die Antiterrordatei den zu erfassenden Personenkreis wegen Verstoßes gegen den Bestimmtheitsgrundsatz und gegen das Übermaßverbot eingeschränkt.[44] Auch bei Personen im engeren Fokus der Terrorismusbekämpfung – namentlich möglichen Angehörigen einer terroristischen Vereinigung oder ihren Unterstützern – darf eine Speicherung „nicht auf bloßen Spekulationen beruhen".[45] Angesichts des hohen Gewichts effektiver Terrorismusbekämpfung sei es ausreichend, die Grundlage in „tatsächlichen Anhaltspunkten" zu sehen. Diese müssten aber zwingend an „konkrete Ereignisse" rückgebunden sein.

Befinden sich die Personen nicht im engeren Fokus, verlangt das Gericht engere Grenzen. Dies gilt zunächst für die „Unterstützer der Unterstützer". Hier

41 Ebenso Denninger/Poscher (Fn 40), Kap. B Rn 119, Bergemann (Fn 8), Kap. H Rn 116.
42 Vgl. z.B. zu einer fast vier Jahrzehnte umfassenden nachrichtendienstlichen Beobachtung einer Person VG Köln 20.01.2011, 20 K 2331/08.
43 Vgl. dazu etwa Bergemann (Fn 8), Kap. H Rn 44 ff.
44 BVerfG 24.4.2013, 1 BvR 1215/07, NJW 2013, 1499, 1508 ff. (dort Abs. 145 ff.).
45 BVerfG 24.4.2013, 1 BvR 1215/07, NJW 2013, 1499, 1508 (dort Abs. 146).

stellt das Gericht maßgeblich auf die subjektive Seite der Betroffenen ab.[46] Das Verhalten dieser Personen müsse sich gerade als willentliche Unterstützung terroristischer Aktivitäten darstellen. Die Speicherung von reinen „Befürwortern" rechtswidriger Gewalt akzeptiert das Gericht hingegen nicht. Es ist nicht mit der Verfassung vereinbar, allein auf die innere Haltung einer Person abzustellen, etwa wenn diese Gewalt „befürwortet".[47]

b) Insbesondere: Kontakt- und Begleitpersonen

Von besonderer praktischer Bedeutung ist die Speicherung von Kontakt- und Begleitpersonen. Diese werden in verschiedenen Gesetzen im Polizeibereich genannt, so z.B. in § 8 Abs. 4 Satz 1 BKAG, § 8 Abs. 4 Satz 1 ZFdG. Das Bundesverfassungsgericht hatte sich bereits in der Vergangenheit mit diesem Begriff auseinandergesetzt[48] und konkretisiert seine Aussagen im aktuellen Urteil weiter. Kontakt- und Begleitpersonen geraten nur deshalb in den Fokus von Sicherheitsbehörden, weil sie mit einer anderen Person – etwa einem Verdächtigen oder dem Anhänger einer extremistischen Bestrebung – „in Kontakt stehen". Für sie ist kennzeichnend, dass sie selbst ansonsten keinen Anlass für eine Überwachung gegeben bzw. nicht selbst gegen Gesetze verstoßen haben. Dies zwingt den Gesetzgeber, ihre Erfassung tatbestandlich besonders einzugrenzen. Die bisherigen Regelungen in § 2 Satz 1 Nr. 3 ATDG sind insoweit zu unbestimmt und unverhältnismäßig.[49] Für die Antiterrordatei hält das Gericht aber die Speicherung für möglich, soweit die Kontaktperson Aufschluss über die als terrorismusnah geltende Hauptperson vermitteln kann.[50] In ähnlicher Weise hatte das Gericht bereits früher verlangt, im polizeilichen Kontext den Begriff der Kontakt- und Be-

46 Siehe zur sonst vorherrschenden rein objektiven Betrachtungsweise bei der nachrichtendienstlichen Erfassung von Personen insb. BVerwG NVwZ 2011, 161, 170 f., OVG Münster 13.12.2009, 16 A 845/08 (Abs. 349; „nützlicher Idiot"); dazu kritisch Bergemann (Fn 8), Kap. H Rn 49.

47 Abs. Nr. 161; so bereits Poscher, Stellungnahme in der Anhörung des Innenausschusses des Deutschen Bundestages, A-Drs. 16(4)131 J, S. 5; Stubenrauch (Fn 3), S. 242; krit. auch Roggan/Bergemann NJW 2007, 876, 878.

48 Z.B. BVerfG 27.7.2005, 1 BvR 668/04, NJW 2005, 2603, 2608; BVerfG 25.4.2001, 1 BvR 1104/92, NVwZ 2001, 1261.

49 BVerfG 24.4.2013, 1 BvR 1215/07, NJW 2013, 1499, 1511 (dort Abs. 162); vgl. dazu bereits etwa Zöller JZ 2007, 763, 770; Roggan/Bergemann NJW 2007, 876, 878; Wolff/Scheffczyk JA 2008, 81, 88; sowie die Stellungnahmen von Geiger, (S. 7); Poscher (S. 5) und Schaar (S. 6 f.) in der Anhörung des Innenausschusses des Deutschen Bundestages, A-Drs. 16(4) 131.

50 BVerfG 24.4.2013, 1 BvR 1215/07, NJW 2013, 1499, 1511 (dort Abs. 165); vgl. kritisch Petri ZD 2013, 348.

gleitperson restriktiv auszulegen.[51] Dies setze „konkrete Tatsachen für einen objektiven Tatbezug und damit für eine Einbeziehung in den Handlungskomplex der Straftatenbegehung, insbesondere eine Verwicklung in den Hintergrund oder das Umfeld der Straftaten" voraus.[52] Darüber hinaus soll die Person nach der aktuellen Entscheidung wohl nicht mehr als eigenständiger Datensatz speicherbar sein, sondern nur noch als Annex – allerdings verdeckt recherchierbar – dem Datensatz der „Hauptperson" zugespeichert werden.[53]

c) Gesetzgeberischer Anpassungsbedarf

Insgesamt sollte der Gesetzgeber nach der Entscheidung sein Augenmerk darauf richten, den von heimlichen Überwachungsmaßnahmen betroffenen Personenkreis normenklar und verhältnismäßig einzugrenzen. Dies betrifft vor allem die Frage, ob und unter welchen Voraussetzungen Personengruppen überwacht und dateimäßig erfasst werden dürfen, die selbst keinen Anlass für eine staatliche Überwachung gegeben haben, so etwa Hinweisgeber oder Unbeteiligte. Dies zeigen nicht zuletzt die Ausführungen des Gerichts zu den „Befürwortern" und zu „Kontakt- und Begleitpersonen".

Änderungsbedarf lässt sich an den zwei Beispielen Verfassungsschutz und Europol deutlich machen:

- Die §§ 3, 4 BVerfSchG grenzen den betroffenen Personenkreis nur äußerst unpräzise ein.[54] Insbesondere für Kontakt- und Begleitpersonen, Hinweisgeber und Unbeteiligte fehlen in den meisten Verfassungsschutzgesetzen präzise Vorschriften; ihre Speicherung ist insoweit mangels einer klaren gesetzlichen Grundlage unzulässig.[55] Sofern der Gesetzgeber also die Speicherung von Kontaktpersonen in der Antiterrordatei neu regelt, müsste er die Regelungen in §§ 3, 4 BVerfSchG ebenfalls anpassen.

51 BVerfG 25.4.2001, 1 BvR 1104/92, NVwZ 2001, 1261, 1262 unter Hinweis auf BbgVerfG LKV 1999, 450, 457 f.

52 BVerfG 25.4.2001, 1 BvR 1104/92, NVwZ 2001, 1261, 1262 unter Hinweis auf Albers, Die Determination polizeilicher Tätigkeit in den Bereichen der Straftatenverhütung und der Verfolgungsvorsorge, 2001, S. 291f.

53 BVerfG 24.4.2013, 1 BvR 1215/07, NJW 2013, 1499, 1511 (dort Abs. 165); vgl. dazu Petri ZD 2013, 348.

54 Dazu ausführlich Bergemann (Fn 8), Kap. H Rn 44 ff.

55 Bergemann (Fn 8), Kap. H Rn 53 ff.

- Das Europäische Polizeiamt (Europol) darf in den von ihm errichteten Arbeitsdateien für Analysezwecke[56] zu „Kontakt- und Begleitpersonen" sehr weitgehende Informationen verarbeiten (z.B. zu Verhalten, wirtschaftlichen und finanziellen Verhältnissen). Nach Art. 6 Abs. 3 Satz 2 des Beschlusses des Rates vom 30. November 2009 sind „Kontaktpersonen" alle Personen, die „sporadisch (...) in Kontakt stehen" mit der jeweiligen Zielperson (Beschuldigte, Verdächtige, Verurteilte, potentielle Straftater). „Begleitpersonen" sind alle Personen, die „regelmäßig" mit der Zielperson in Kontakt stehen (Art. 6 Abs. 3 Satz 3 dieses Beschlusses). Zur Speicherung genügt bereits, wenn „ausreichende Gründe für die Annahme bestehen", dass Informationen beschafft werden können, die „für die Analyse relevant" sind. Diese Formulierungen sind schon für sich äußerst vage und unbestimmt. Noch problematischer ist es, wenn Europol sogar über Kontakt- und Begleitpersonen von Kontakt- und Begleitpersonen Daten speichern darf (Umkehrschluss aus Artikel 6 Abs. 3 Unterabsatz 3 Buchstabe d, zweiter Halbsatz). Diese Legaldefinitionen stehen zudem in diametralem Widerspruch zu den Vorgaben des Bundesverfassungsgerichts (siehe oben b). Hieraus resultieren zahlreiche, bis dato ungeklärte Probleme. Verschärfend tritt hinzu, dass die Europäische Kommission diese Legaldefinitionen wortidentisch in den von ihr am 27. März 2013 öffentlich vorgestellten Entwurf für eine Verordnung als neue Rechtsgrundlage für Europol übernommen hat.[57] Die nationalen Stellen der Europol-Mitgliedstaaten sind verpflichtet, Kontakt- und Begleitpersonendaten an Europol zu übermitteln. Europol wiederum darf diese Daten umfassend analysieren. Es muss die Mitgliedstaaten unterstützen, indem es die Daten und Analyseergebnisse übermittelt. Darunter fallen auch Daten aus Drittstaaten. Nicht auszuschließen ist, dass darin auch von Geheimdiensten erhobene bzw. übermittelte Daten enthalten sind. Angesichts unterschiedlicher Datenschutz- und Befugnisregelungen im Polizei-, Straf- und Geheimdienstrecht der Mitgliedsstaaten ist das sog. Befugnishopping vor diesem Hintergrund von besonderer Bedeutung. Das Bundesverfassungsgericht hat bei der Antiterrordatei verfassungsrechtliche Wassereinbrüche im nationalen Recht geschlossen. Nun stellt sich die Frage: Wer kümmert sich um den gebrochenen Damm der Europol-Beschlüsse?

56 Zu deren Rechtsgrundlagen, inhaltlichen Ausgestaltung und den Betroffenen siehe Artikel 14 des Beschlusses des Rates 2009/371/JI vom 6. April 2009 zur Errichtung des Europäischen Polizeiamtes (Europol) – Amtsblatt der Europäischen Union, L 121 vom 15.05.2009, S. 37 ff.- i.V.m. Artikel 6 des Beschlusses des Rates 2009/936/JI vom 30. November 2009 zur Annahme der Durchführungsbestimmungen für die von Europol geführten Arbeitsdateien zu Analysezwecken – Amtsblatt der Europäischen Union, L 325 vom 11.12.2009, S. 16 ff.

57 COM (2013) 173 final, 2013/0091 (COD.).

3. Neue Anforderungen Verfahrenssicherungen

Das Bundesverfassungsgericht stellt besondere Anforderungen an Transparenz, Dokumentation, und Kontrolle. Diese dienen „als Ausgleich für die Offenheit und Konkretisierungsbedürftigkeit“ der Vorschriften.[58] Andererseits sind sie Voraussetzung für wirksamen Rechtsschutz[59] bzw. sie ersetzen diesen, wenn die handelnde Sicherheitsbehörde die Betroffenen über ihre heimlichen Maßnahmen in Unkenntnis lässt. Die Forderungen des Urteils sind daher für alle heimlichen Maßnahmen von Bedeutung.

a) Transparenz

Die in der Antiterrordatei zu speichernden Daten hat der Gesetzgeber nicht abschließend beschrieben, vielmehr sind die gesetzlichen Merkmale konkretisierungsbedürftig. Dafür verlangt das Bundesverfassungsgericht einen Ausgleich. Die Sicherheitsbehörden müssen nachvollziehbar dokumentieren und veröffentlichen, wie sie die gesetzlich umschriebenen Merkmale konkretisieren.[60]

Das Gericht hebt hervor, dass "die Anwendung der vorliegenden Datei in der Regel von den Betroffenen nicht wahrgenommen wird und sich die Konkretisierung der unbestimmten Rechtsbegriffe damit nicht im Wechselspiel von Verwaltungsakt und gerichtlicher Kontrolle vollzieht. Mangels verwaltungsgerichtlicher Kontrolle fällt somit ein zentraler Mechanismus notwendiger Begrenzung unbestimmter Befugnisnormen weitgehend aus."[61] Damit greift das Gericht zutreffend den Gedanken auf, wonach „der durch förmliche Verfahren bewirkte Argumentations- und Rechtfertigungszwang des Staates (...) hier weitgehend“ entfällt.[62] Das führt dazu, dass die jeweilige Sicherheitsbehörde für die durch unbestimmte Rechtsbegriffe geregelten Eingriffsvoraussetzungen die alleinige Definitionsmacht hat.[63] Damit entzieht sich die Informationssammlung sehr weitgehend der Kontrolle durch die potentiell Betroffenen. Veröffentlicht die Behörde aber ihre grundsätzlichen Erwägungen und Festlegungen, kann dieser Mangel zumindest zu einem Teil gemindert werden. Vor allem aber kann die „Transparenz der Datenverarbeitung (...) dazu beitragen, dass der Umgang mit den Daten in einen demokratischen Diskurs eingebunden bleibt“.[64]

58 BVerfG 24.4.2013, 1 BvR 1215/07, NJW 2013, 1499, 1513 (dort Abs. 183).
59 BVerfG 24.4.2013, 1 BvR 1215/07, NJW 2013, 1499, 1513 (dort Abs. 206).
60 BVerfG 24.4.2013, 1 BvR 1215/07, NJW 2013, 1499, 1513 (dort Abs. 183).
61 BVerfG 24.4.2013, 1 BvR 1215/07, NJW 2013, 1499, 1513 (dort Abs. 184).
62 Rachor, in: Lisken/Denninger, Handbuch des Polizeirechts, 5. Auflage 2012, Kap. E Rn 161.
63 Rachor (Fn 62), Kap. E Rn 161.
64 BVerfG 24.4.2013, 1 BvR 1215/07, NJW 2013, 1499, 1515 (dort Abs. 206).

b) Dokumentation

Glaubwürdige Transparenz setzt eine umfassende Dokumentation von Überwachungseingriffen voraus. Zudem ist sie notwendig, um „einer uferlosen oder missbräuchlichen Anwendung“ der Vorschriften vorzubauen.“[65] Sie zwingt die Behörde, sich auf bestimmte Kriterien festzulegen, bevor sie eine Maßnahme durchführt. An diesem Maßstab kann sie bei Kontrollen gemessen werden. In Bezug auf die Antiterrordatei hat das Gericht die Errichtungsanordnungen gemäß § 12 ATDG nicht als ausreichend angesehen, „die derzeit im Hinblick auf viele Merkmale nur wenig über den Gesetzeswortlaut hinausgehen“.[66] Es hat damit vielmehr eine feingliedrigere Dokumentation, etwa durch einen Katalog der zu speichernden Merkmale, verlangt. Der Sache nach dürfte bei anderen heimlichen Speicherungen – etwa im polizeilichen Informationssystem INPOL[67] – nichts anderes gelten.[68]

c) Kontrolle statt Individualrechtsschutz

Grundlegend sind die Aussagen des Gerichts zur datenschutzrechtlichen Kontrolle. Das Gericht betont dabei vor allem den Zusammenhang zu den Rechtsschutzmöglichkeiten der Betroffenen.[69] Diese werden unterlaufen, wenn die Informationsverarbeitung den Betroffenen verborgen bleibt, weil die Sicherheitsbehörden heimlich arbeiten. Wer nicht weiß, dass er gespeichert ist, der kann dagegen nicht bei Gericht klagen. Dies ist unverhältnismäßig, wenn die mangelnden Rechtsschutzmöglichkeiten der Betroffenen nicht hinreichend durch eine objektivrechtliche Kontrolle kompensiert sind.[70] Das Bundesverfassungsgericht stellt nun erstmals klar, dass die Datenschutzbeauftragten dafür ausreichend ausgestattet sein müssen.[71] Dies muss sowohl für die sachliche und personelle Ausstattung als auch für die Kompetenzen gelten. Hier fordert das Gericht beispielsweise die vollständige Protokollierung von Zugriffen und Änderungen auf die Daten.[72] Wenn diese nicht funktioniert, können die Datenschutzbeauftragten nicht prüfen, an welchen Stellen die Daten gelandet sind.

65 BVerfG 24.4.2013, 1 BvR 1215/07, NJW 2013, 1499, 1513 (dort Abs. 184).
66 BVerfG 24.4.2013, 1 BvR 1215/07, NJW 2013, 1499, 1513 (dort Abs. 186).
67 Vgl. insb. §§ 12, 34 BKAG.
68 Vgl. zur ähnlichen Kritik an bestehenden Errichtungsanordnungen des polizeilichen Informationssystems INPOL: BfDI, 24. Tätigkeitsbericht, Nr. 7.4.5, S. 98.
69 BVerfG 24.4.2013, 1 BvR 1215/07, NJW 2013, 1499, 1515 (dort Abs. 206 ff.).
70 BVerfG 24.4.2013, 1 BvR 1215/07, NJW 2013, 1499, 1515 (dort Abs. 207).
71 BVerfG 24.4.2013, 1 BvR 1215/07, NJW 2013, 1499, 1517 (dort Abs. 217).
72 BVerfG 24.4.2013, 1 BvR 1215/07, NJW 2013, 1499, 1516 (dort Abs. 215).

Martina Schlögel

Das Teilhaberecht auf Informationszugang: Der schwierige Abschied vom Arkanum in der deutschen Verwaltung*

I. Der Ruf nach Transparenz

Die Süddeutsche Zeitung leitete unlängst ein Interview mit dem Philosophen Byung-Chul Han mit der Feststellung ein: „Egal an welchem Tag man die Zeitung aufschlägt, alle fordern mehr Transparenz: Die Piraten sowieso, aber auch die Katholiken, die Arbeitnehmer, die Verbraucher, die Politiker Seehofer, Trittin und Altmaier. (…) Warum ist das so?"[1] In der Tat ist der Begriff „Transparenz" geradezu omnipräsent. Partizipation wird im politischen Diskurs als Zauberwort gehandelt und die 2010er Jahre werden als „Partizipationsdekade"[2] tituliert. Einen wichtigen gesetzgeberischen Beitrag für mehr Transparenz und Partizipation sollen die Informationsfreiheitsgesetze des Bundes und der Länder leisten. Nach § 1 des Landesinformationsfreiheitsgesetzes des Landes Rheinland Pfalz (LIFG RLP) lautet der Gesetzeszweck wie folgt:

> „Zweck dieses Gesetzes ist es, den Zugang zu amtlichen Informationen zu gewähren und die Voraussetzungen festzulegen, unter denen derartige Informationen zugänglich gemacht werden sollen. Es soll die Transparenz der Verwaltung vergrößern, die Möglichkeiten der Kontrolle staatlichen Handelns durch die Bürgerinnen und Bürger verbessern und damit die demokratische Meinungs- und Willensbildung in der Gesellschaft fördern."

In der den Informationsfreiheitsgesetzen zugrunde liegenden Denkart sind Transparenz und Partizipation dergestalt miteinander verbunden, dass Informationen der öffentlichen Hand den Bürgerinnen und Bürgern sowohl eine zielgerichtete und effektive Teilhabe an politischen Prozessen ermöglichen als auch staatliches Handeln nachvollziehbar und einer Überprüfung zugänglich machen sollen. Doch hebt die Welt nun an zu singen? Wurden die Tradition des Amtsgeheimnisses und das Arkanum der Amtsstuben abgelöst von einer Ära der offenen und

* Die Autorin arbeitet als Referentin für Informationsfreiheit beim Landesbeauftragten für den Datenschutz und die Informationsfreiheit Rheinland-Pfalz, doch dieser Beitrag gibt ausschließlich ihre persönliche Auffassung wieder.

1 http://sz-magazin.sueddeutsche.de/texte/anzeigen/39059 (1.08.2013).

2 Klatt APuZ 46-47/2012, 3, 3.

bürgernahen Verwaltung? Im Folgenden sollen Wunsch und Wirklichkeit der Informationsfreiheit in Deutschland betrachtet und die Hemmnisse skizziert werden, die einer Kongruenz von Anspruch und Realität entgegenstehen.

II. Normierung der Informationsfreiheit

Pionier der Informationsfreiheit ist Schweden. Dort wurden im Jahre 1766 in einem Gesetz über die Pressefreiheit Bestimmungen aufgenommen, die der Öffentlichkeit ein Recht auf Informationen über die Arbeit der Behörden einräumten.[3] Der Grundstein für die damals einzigartige und bis heute fortschrittliche Regelung wurde vom schwedischen Reichstag im so genannten Zeitalter der Freiheit in den Jahren 1720 bis 1722 gelegt, als dieser politische Macht gewinnen und die Rolle des Königs auf repräsentative Pflichten beschränken konnte.[4] Heute zählt die Transparenz neben der Volkssouveränität, der repräsentativen Demokratie, der Rechtsstaatlichkeit und dem Parlamentarismus zu den Grundprinzipien der schwedischen Verfassung.

In der Bundesrepublik hingegen gibt es keine Tradition einer Verwaltungstransparenz. Vielmehr gelang es der Verwaltung, sich in verschiedenen Phasen der Geschichte, die von den anderen Gewalten mit Erfolg eine zunehmende Publizität des Handelns einforderten, das Amtsgeheimnis zu verteidigen und zu wahren, das zum Herrschaftsinstrument einer erstarkenden Ministerialbürokratie im ausgehenden 19. und beginnenden 20. Jahrhundert geworden war.[5] Auch in der jungen Bundesrepublik war das Misstrauen gegen Öffentlichkeit im Allgemeinen und die öffentliche Meinung im Besonderen noch so ausgeprägt, dass die Amtsverschwiegenheit und der Geheimhaltungsgrundsatz aller Demokratisierung des Staatswesens zum Trotz eine erfolgreiche Fortsetzung fanden.[6]

Als erstes Land eröffnete Brandenburg 1998 mit dem brandenburgischen Akteneinsichts- und Informationszugangsgesetz allen Interessierten die Möglichkeit, Akten öffentlicher Stellen einzusehen. Das Informationsfreiheitsgesetz des Bundes (IFG) trat mit erheblicher Verspätung im Januar 2006 in Kraft. In den Ländern Bayern, Baden-Württemberg, Hessen, Niedersachsen und Sachsen existiert bis heute keine landesgesetzliche Normierung eines voraussetzungslosen Zugangsrechts zu Informationen öffentlicher Stellen. Im Oktober 2012 entstand

3 Swanström, Schweden: Die Kultur der Offenheit – Informationszugang als wirksames Mittel öffentlicher Machtausübung, in: Hart/Welzel/Garstka (Hrsg.), Informationsfreiheit, 2004, S. 71.
4 Swanström (Fn 3), S. 72.
5 Wegener, Der geheime Staat, 2006, S. 296.
6 Wegener (Fn 5), S. 297.

mit dem Hamburgischen Transparenzgesetz (HamTG)[7] in der Freien und Hansestadt Hamburg eine neue Generation von Informationszugangsgesetzen. Das hamburgische Gesetz verpflichtet öffentliche Stellen, von sich aus – ohne eine vorangegangene Bürgeranfrage – die in § 3 HamTG aufgelisteten Daten und Informationen in einem allgemein zugänglichen Informationsregister kostenfrei öffentlich zu machen. Insofern kann mit ein wenig Ironie durchaus von einer informationsrechtlichen „Drei-Klassen-Gesellschaft“[8] in Deutschland gesprochen werden. Dieses Phänomen der „Informationsfreiheit der drei Geschwindigkeiten“ verhindert es, dass das Teilhaberecht auf Informationszugang gemeinhin als Instrument zur Förderung der Bürgerbeteiligung und damit der Demokratieförderung wahrgenommen werden kann.

Die öffentlichen Skandale der vergangenen Monate und Jahre – seien es die umfassenden und anlasslosen Überwachungsmaßnahmen ausländischer Geheimdienste, insbesondere der US-amerikanischen National Security Agency, der Verkauf von umetikettiertem verdorbenem Fleisch, die Beschäftigung von Familienangehörigen durch Abgeordnete, deren neben ihrem Mandat ausgeübte Vortrags- und Beratungstätigkeit oder auch mit Geheimverträgen verbundene Millionenzuwendungen von Großkonzernen an Hochschulen – lassen den Eindruck eines eklatanten Mangels an Transparenz entstehen. Es scheint bisweilen vielmehr so, als gäbe es eine gegenläufige Tendenz: Während staatliche Akteure zunehmend im Verborgenen agieren, erhält die Privatsphäre der Bürgerinnen und Bürger Risse durch das Ausspähen ihrer Daten im Rahmen hoheitlicher Maßnahmen oder durch den von Gewinnstreben getriebenen Zugriff Privater.

So stellt sich die Frage: Welche Form von Transparenz ist gewollt in einem demokratisch verfassten Gemeinwesen im 21. Jahrhundert? Wo ist Transparenz unabdingbar und wo sind ihre Grenzen? Der Philosoph Byung-Chul Han wendet sich gegen die Vorstellung, Transparenz könne Vertrauen schaffen:

> „Die Transparenz ist ein Zustand, in dem jedes Nichtwissen eliminiert ist. Wo die Transparenz herrscht, ist kein Raum für das Vertrauen. Statt »Transparenz schafft Vertrauen« sollte es eigentlich heißen: »Transparenz schafft Vertrauen ab«. (…) Die lautstarke Forderung nach Transparenz weist gerade darauf hin, dass das moralische Fundament der Gesellschaft brüchig geworden ist, dass moralische Werte wie Ehrlichkeit oder Aufrichtigkeit immer mehr an Bedeutung verlieren. An die Stelle der

7 Das HamTG geht zurück auf eine Initiative von „Mehr Demokratie e.V.“, Transparency International und dem Chaos Computer Club Hamburg, die unter Verweis auf die Schwierigkeiten beim Bau der Hamburger Elbphilharmonie die nötigen Unterschriften für ein Volksbegehren gesammelt und den Entwurf des HamTG in den Gesetzgebungsprozess eingebracht hatten, vgl. Kleindiek, Machen Volksgesetzgebung und Transparenz unsere Demokratie besser?, in: Bäuerle/Dann/Wallrabenstein (Hrsg.), Demokratie-Perspektiven, Festschrift für Brun-Otto Bryde, 2013, S. 175, 176.

8 Caspar ZD 2012, 445, 445.

wegbrechenden moralischen Instanz tritt die Transparenz als neuer gesellschaftlicher Imperativ."[9]

Normieren die Informationsfreiheitsgesetze in der Tat einen neuen gesellschaftlichen – misstrauensgeleiteten – Imperativ? Säen sie Misstrauen und leisten einer Auflösung der Gesellschaft Vorschub statt Vertrauen zu stärken und mit der Einladung zur gesellschaftlichen und politischen Teilhabe den Zusammenhalt zu fördern? Die Antwort „weder noch" liegt auf der Hand, eine unaufgeregte Debatte steht noch aus.

III. Hindernisse auf dem Weg zur transparenten Verwaltung

Wie ist es um die Realität der Informationsfreiheit in Deutschland bestellt? Das IFG und das LIFG RLP wurden beide wenige Jahre nach ihrem in Kraft treten aufgrund entsprechender gesetzgeberischer Vorgaben evaluiert. Beide Evaluationen wurden vom Institut für Gesetzesfolgenabschätzung und Evaluation in Speyer durchgeführt und geben Aufschluss über das Befinden dieses Teilhaberechts, dem der Aufstieg in den Stand eines Grundrechts vom Deutschen Bundestag[10] im April 2013 verweigert wurde. Der Evaluationsbericht zum IFG des Bundes[11] benennt sechs Konfliktfelder: der zuweilen unklare Anwendungsbereich des Gesetzes, die gegenläufigen Interessen von Behörden und Bürgern, die für Anfragen erhobenen Gebühren und Auslagen, die im Gesetz normierten Ausschlussgründe,[12] anhängige Rechtsstreitigkeiten und die bislang unzureichende Informationspolitik seitens der Behörden. Das Hauptproblem der Informationsfreiheit liegt jedoch in ihrem geringen Bekanntheitsgrad. Das ist für ein Gesetz, das mit dem Ziel erlassen wurde, die Teilhabe der Bürgerinnen und Bürger zu fördern, fatal. Der Bundesbeauftragte für den Datenschutz und die Informationsfreiheit (BfDI) und die Landesbeauftragten für den Datenschutz, die in den Ländern, in

9 www.zeit.de/2012/03/tranzparenzgesellschaft (1.08.2013).

10 Ein entsprechender Antrag der Bundestagsfraktion von Bündnis 90/Die Grünen auf Aufnahme eines Grundrechts auf freien Informationszugang in das Grundgesetz (BT-Drs. 17/13097) wurde im April 2013 mit den Stimmen von Union, FDP und SPD im Bundestag abgelehnt.

11 Zum IFG des Bundes wurden der 565-seitige Evaluationsbericht und eine gesonderte Zusammenfassung und Empfehlungen zur Weiterentwicklung veröffentlicht von Ziekow/Debus/Musch, zu finden unter www.datenschutz.rlp.de/infofreiheit/de/ifgs/eval/Gutachten_IFG.pdf bzw. www.datenschutz.rlp.de/infofreiheit/de/ifgs/eval/Gutachten_IFG_Zusammenfassung.pdf (1.8.2013).

12 In der Wissenschaft wird bisweilen vermutet, der Gesetzgeber hätte Angst vor der eigenen Courage bekommen und daraufhin – als Zugeständnis an das Parlament – eine große Zahl an Ausnahmetatbeständen normiert, vgl. Schnabel, Der Schutz öffentlicher Belange vor der Informationsfreiheit, in: Dix et al. (Hrsg.): Informationsfreiheit und Informationsfreiheitsrecht – Jahrbuch 2011, 2011, S. 153, 176.

denen ein Informationsfreiheitsgesetz existiert, in Personalunion das Amt des Informationsfreiheitsbeauftragten (LfDI) wahrnehmen, mühen sich zwar nach Kräften, dem Gesetz zu mehr Publizität zu verhelfen, doch fehlen ihnen für diese Aufgabe die sachlichen und personellen Mittel und die entsprechenden Kommunikationskanäle für ihre Botschaft. Von Nöten wären „Anwälte der Informationsfreiheit" in der Politik – eine Lobby für die Informationsfreiheit –, doch das Interesse der Politik ist außerhalb von Wahlkampfzeiten oder aktuellen Krisen eher verhalten. Die parteiliche Aufmerksamkeitskurve verläuft nach den Gesetzen der medialen Aufmerksamkeitslogik, also der Dringlichkeit des Aktuellen und Unmittelbaren mit einem raschen Erlahmen und der Ablösung durch das nächste, das öffentliche Interesse auf sich bündelnde Thema. So wurden in den vergangenen Jahren die Topoi Transparenz, Bürgerbeteiligung und Open Government Data – also der offene Zugang zu Daten der Öffentlichen Hand über entsprechende Portale[13] im Internet – nicht nachhaltig verfolgt.

Die Verwaltung fühlt sich mit ihrer neuen Aufgabe zuweilen überfordert und alleine gelassen. In einer Stellungnahme eines Ressorts des Bundesministeriums des Inneren (BMI) wurde beklagt, durch das IFG sei "der Arbeitsaufwand in den Bundesbehörden beträchtlich gestiegen". Umfangreiche Anfragen führten dazu, "dass einige Arbeitseinheiten über einen längeren Zeitraum hinweg nahezu ausschließlich mit der Bearbeitung von IFG-Anfragen beschäftigt sind und in dieser Zeit ihre eigentlichen Aufgaben nur eingeschränkt wahrnehmen können".[14] Die Aussage verdeutlicht, dass die Verwaltung den Informationsanspruch des Bürgers nicht als Teil ihrer genuinen Dienstleistungsaufgaben versteht, sondern eher als Störfaktor. Der BfDI schätzt die Situation ähnlich ein und sieht in der Informationsfreiheit auch ein Generationenproblem: "Ein Mitarbeiter, der in den siebziger oder achtziger Jahren in der Verwaltung groß wurde, sieht das IFG sicher anders als viele, die sich heute mit Information und Transparenz beschäftigen".[15] Gezielte Schulungen der Verwaltungsmitarbeiter könnten in die Materie einführen und helfen, mögliche Berührungsängste oder Aversionen abzubauen.

13 Allen Portalen ist die Idee gemein, Daten der öffentlichen Hand, deren Veröffentlichung keine datenschutzrechtlichen oder sonstigen Schutzbestimmungen entgegenstehen, der Allgemeinheit möglichst kostenfrei und in maschinenlesbaren Formaten zur Verfügung zu stellen. Die technische Realisierung erfolgt zumeist über Portale, in denen mittels Metadaten nach den begehrten Informationen gesucht werden kann, die wiederum dezentral bei den öffentlichen Stellen vorgehalten werden, die über die entsprechenden Inhalte verfügen; vgl. Wager/Schlögel, Medienkompetenz macht Mühe – Wider die digitale Convenience, in: Hill/Martini/Wagner (Hrsg.), Transparenz, Kooperation, Partizipation. Die digitale Verwaltung neu denken, i.E.

14 www.heise.de/newsticker/meldung/innenminister-informationsfreiheit-laehmt-die-verwaltung-1816757.html (1.8.2013).

15 www.zeit.de/digital/internet/2013-04/ifg-schaar (1.8.2013).

Der Evaluationsbericht zum IFG regt darüber hinaus die Einrichtung des Amtes des behördlichen Informationsfreiheitsbeauftragten „als behördlichen Kümmerer“[16] an. Laut Gutachten könnte dieser die Bürgerinnen und Bürger

> „schon bei der sachgerechten Formulierung des Antrags beraten, für die Entgegennahme und Weiterleitung des Antrags an die über den Antrag entscheidende Stelle zuständig sein und dem Antragsteller während des Verfahrens als Ansprechpartner zur Verfügung stehen. Darüber hinaus könnte es seine Aufgabe sein, den Bekanntheitsgrad des mit dem IFG verfolgten Ansatzes innerhalb der Behörden zu steigern sowie Beratungsleistungen sowohl zur Anwendung des IFG als auch zu praktischen Fragen der Aktenführung zu erbringen“.[17]

Das Dilemma der informationsrechtlichen Drei-Klassen-Gesellschaft liegt auch in dem oben beschriebenen inhaltlichen Auseinanderdriften aufgrund der unterschiedlichen gesetzgeberischen Geschwindigkeiten: Länder ohne LIFG – wie beispielsweise Bayern – versuchen sich mit kommunalen Informationsfreiheitssatzungen zu behelfen, während die Spitze der Open Data-Bewegung den Informationszugang auf Antrag schon für einen Anachronismus hält und die digitale Avantgarde, die vor allem aus überdurchschnittlich gut ausgebildeten jungen Menschen besteht, für Transparenz durch offene Daten wirbt und für die breite Masse der Bevölkerung nur schwer nachvollziehbare Diskussionen[18] über Lizenzmodelle zur freien Datennutzung führt.

Auch das in den Kommunikationswissenschaften oft erörterte Phänomen des „digital divide“, also die Teilung der Gesellschaft in Gruppen, die das Internet nicht, nur kaum oder sehr intensiv nutzen, erschwert die Verbreitung der Informationsfreiheit. Das Online-Portal www.fragdenstaat.de ermöglicht es, einen Antrag auf Informationszugang mit einem Aufwand von wenigen Klicks zu stellen, doch nur denen, die um ihr Recht wissen und sich entsprechend souverän im Internet bewegen können.[19]

16 Ziekow/Debus/Musch (Fn 11), S. 22.

17 Ziekow/Debus/Musch (Fn 11), S. 22.

18 Stellvertretend für viele sei hier auf einen Brief des Chaos Computer Clubs an das Bundesministerium des Inneren mit dem Titel „Zugängliche Plattformen und offene Lizenzen für unsere Daten“ vom Februar 2013 verwiesen, www.ccc.de/de/updates/2013/offenerbriefopendata (1.8.2013).

19 Vierzig Prozent der Bundesbürger ist das Netz selbstverständlicher und zentraler Bestandteil ihres Alltags; sie gelten als so genannte „digital natives“. Dies ist im Wesentlichen die „Generation Internet“, deren Kern eine digitale Avantgarde bildet, die aus etwa einem Prozent der Onliner besteht und aktiv im Web 2.0 teilnimmt, indem sie dort eigene Videos einstellt, bloggt oder twittert. Rund 20 Prozent der Bundesbürger sind so genannte „digital immigrants“, die zwar durchaus vertraut mit dem Netz sind, dies aber insgesamt weniger

Bei allen Angeboten zur Digitalisierung der Demokratie[20] darf zudem nicht außer Betracht gelassen werden, dass ein Online-Angebot zur politischen Partizipation per se noch keine Nachfrage erzeugt. Online wie offline stellt sich das Problem des oft geringen gesellschaftlichen Interesses für Politik, das in der realen wie der virtuellen Welt seiner Bewältigung harrt. Das Entstehen einer Informations- und Einwenderelite, also einer kleinen Gruppe, die sich der durch staatliche Portale geschaffenen, zusätzlichen Möglichkeit der Information zur besseren Durchsetzung eigener Ziele bedient, liefe der grundlegenden Intention von Informationsfreiheit und Open Government Data zuwider.

IV. Open Government Data – Die Zukunft der Informationsfreiheit

Das Konzept von Open Government Data beruht auf drei Säulen: Der Transparenz, der Partizipation und der Kooperation.[21] Bund und Länder kämpfen derzeit mit der Realisierung der ersten Säule; konkrete Konzepte, wie neben der Information der Öffentlichkeit deren Partizipation und die Zusammenarbeit der öffentlichen Hand mit den Bürgerinnen und Bürgern aussehen soll, gibt es noch nicht. Dabei könnten Staat und Verwaltung durch moderne Informations- und Kommunikationstechnologien Transparenz schaffen, indem sie Vorgänge, Argumente, Entscheidungen und deren Resultate von innen und außen nachvollziehbar machen.[22] Das Ziel von Open Government Data besteht eindeutig nicht in einer Neuordnung des Verhältnisses von plebiszitären und repräsentativen Elementen,[23] doch könnte die Öffentlichkeit in die Lage versetzt werden, unmittelbaren Zugang zu Informationen zu erhalten. Zudem würden die Möglichkeit der Beteiligung und des sich Einbringens in Entscheidungsprozesse eröffnet.[24]

nutzen, weil sie sich dort sehr selektiv bewegen und vielen Online-Entwicklungen skeptisch gegenüberstehen. Die verbleibenden 40 Prozent sind „digital outsiders", die das Internet kaum oder gar nicht nutzen. Vgl. van Eimeren, Internet und „klassische Medien" – Konkurrenz oder Symbiose? Neueste Erkenntnisse und Daten der Medienforschung zur Internetnutzung, in: Schröder (Hrsg.), Die Web-Revolution. Das Internet verändert Politik und Medien, 2012, S. 39 ff.

20 Wagner/Schlögel, Medienkompetenz macht Mühe – Wider die digitale Convenience, in: Hill/Martini/Wagner (Hrsg.): Transparenz, Kooperation, Partizipation. Die digitale Verwaltung neu denken (im Erscheinen).

21 Klessmann/Denker/Schieferdecker/Schulz, Studie Open Government Data Deutschland – Kurzfassung der Studie im Auftrag des Bundesministeriums des Inneren, S. 2, www.bmi.bund.de/SharedDocs/Downloads/DE/Themen/OED_Verwaltung/ModerneVerwaltung/opengovernment_kurzfassung.pdf?__blob=publicationFile (1.8.2013).

22 Von Lucke Kommune21, 12/2012, 16.

23 Fraenkel, Die repräsentative und die plebiszitäre Komponente im demokratischen Verfassungsstaat, in: v. Brünneck (Hrsg.), Deutschland und die westlichen Demokratien, 9. Aufl. 2011, S. 165 ff..

24 Allerdings wird Open Government Data vereinzelt als bloße Öffentlichkeitsarbeit des Staates missverstanden, vgl. Gusy DVBl 2013, 941, 948.

Das Portal GovData[25] bietet einen zentralen Zugang zu weiterverwendbaren Daten von Bund, Ländern und Kommunen, läuft – entstanden aus einer Arbeitsgruppe aus Bund und Ländern – seit Februar 2013 im Testbetrieb und soll im Jahr 2014 in den Wirkbetrieb überführt werden. In den bestehenden Portalen – die in absehbarer Zeit unter dem Dach des Portals Gov Data zusammengeführt werden sollen – wird mit Ausnahme der Länder Bremen und Hamburg, die über einen gesetzlich normierten Katalog verpflichtend bereitzustellender Daten verfügen, noch nach dem Grundsatz der Freiwilligkeit verfahren. Öffentliche Stellen können Daten einstellen, werden dazu aber nicht gezwungen. Ebenso ist jede Behörde frei zu entscheiden, welche Daten mit welcher Lizenz zugänglich gemacht werden. Diese halbherzig anmutende Vorgehensweise hat dem Portal GovData zu seinem Start reichlich Kritik und Spott eingebracht. So titelte die ZEIT: „Deutsches Datenportal bisher weder offen noch erreichbar".[26] Auch der BfDI äußerte sich kritisch:

> „Daher finde ich es so schade, dass die Bundesregierung es vermeidet, die Verbindung zwischen offenen Daten, offenem Regierungshandeln und Informationsfreiheit herzustellen. Informationen öffentlich zu machen, sollte der Grundsatz sein, Informationen zurückzuhalten nur die Ausnahme. Was Behörden derzeit in das Datenportal der Regierung stellen, ist nur ein Minimalkatalog. Einen rein technokratischen Open-Data-Ansatz halte ich nicht für zukunftsfähig."[27]

Dass es bislang kaum gesetzliche Verpflichtungen gibt, welche Daten frei zugänglich gemacht werden müssen, ist im Wesentlichen zwei Faktoren geschuldet. Zum einen wenden sich etliche Bereiche der öffentlichen Hand grundlegend gegen ihre Einbeziehung in den Anwendungsbereich von Informationsfreiheit und Open Government Data. Die Bereichsausnahmen in den Informationsfreiheitsgesetzen sind in den Ländern und auf Bundesebene unterschiedlich normiert, doch der Verfassungsschutz, Teile der Polizei und auch die Hochschulen setzen sich beharrlich gegen auf ihre Verwaltungstätigkeit zielende Transparenzforderungen zur Wehr. Allerdings täten gerade die Geheimdienste nach dem Skandal um das jahrelang unerkannte Agieren des Nationalsozialistischen Untergrunds gut daran, sich zu öffnen, wenn auch nur im administrativen Bereich, um auf die massiven Vertrauensverluste in der Bevölkerung zu reagieren. Der Bundesbeauftragte Peter Schaar wendet sich als prominentester Streiter für Transpa-

25 www.govdata.de (1.8.2013).
26 www.zeit.de/digital/internet/2013-02/govdata-offene-daten (1.8.2013). Ursprünglich sollte auch der Begriff „open" im Namen des Portals enthalten sein. Nach heftiger Kritik an den verwendeten Lizenzmodellen wurde das Portal umbenannt und erhielt seinen heutigen Namen „GovData".
27 www.zeit.de/digital/internet/2013-04/ifg-schaar/seite-2 (1.8.2013).

renz dagegen, Nachrichtendienste pauschal von jeglichen Informationszugangsrechten auszunehmen.[28]

Zum anderen scheitern verpflichtende Vorgaben für Open Government Data an monetären Restriktionen. Bei den Portalen der öffentlichen Hand handelt es sich bislang ausschließlich um Metadatenportale. Das bedeutet, dass die Daten und Informationen nicht im Portal selbst vorgehalten werden, sondern bei der Stelle, die über die jeweiligen Daten verfügt. Diese ist auch für deren Pflege und Aktualisierung verantwortlich. Die Metadaten beschreiben die Inhalte der einzelnen Dateien und ermöglichen so die gezielte Suche nach Informationen. Der Nutzer wird von den Portalen im Rahmen seiner Recherchen durch entsprechende Verlinkung auf die Internetpräsenz der datenhaltenden Stelle geführt. Auf Länderebene bedeutet das, dass eine landesgesetzliche Verpflichtung der kommunalen Ebene, bestimmte Daten bereitzustellen und vorzuhalten, nach dem Konnexitätsgrundsatz mit der Verpflichtung einherginge, den Kommunen die für die Wahrnehmung der Aufgabe erforderlichen Mittel zur Verfügung zu stellen. Bei diesem Aspekt begibt sich die aktuelle Debatte – in Zeiten von Schuldenbremse und Haushaltskonsolidierung – aus demokratietheoretischer Perspektive auf dünnes Eis. Zu den am häufigsten genannten Argumenten gegen die Verpflichtung und die Bereitstellung der dafür erforderlichen Mittel gehören die verhaltenen Zugriffszahlen auf die noch jungen staatlichen Angebote. Auf kommunaler Ebene ist es zwar nachvollziehbar, dass bei schlechter Haushaltslage einem schadhaften Schuldach im Moment Vorrang vor der Veröffentlichung großer Datenmengen eingeräumt wird. In der landes- und bundespolitischen Diskussion müsste dringend Abstand davon genommen werden, die Frage nach der genuin demokratischen Publizität staatlichen Handelns nach ökonomischen Kennzahlen zu bewerten. Fundamentale demokratische Werte und Errungenschaften wie die Transparenz hoheitlicher Aufgabenwahrnehmung, deren Nachvollziehbarkeit und die Möglichkeit deren Kontrolle müssen absolut gelten und dürfen nicht an die Haushaltslage gekoppelt werden. Auch eine „nachfragegerechte" Bereitstellung von Informationen dergestalt, dass Inhalte versuchsweise online gestellt werden, und – falls diese nicht ausreichend „nachgefragt" werden – aus dem Bestand gelöscht werden, um die Kosten der Datenbereitstellung zu reduzieren, muten vor dem gedanklichen Fundament von Informationsfreiheit und Transparenz befremdlich an.

28 www.zeit.de/digital/internet/2013-04/ifg-schaar/seite-2 (1.8.2013).

V. Fazit

Was ist der Informationsfreiheit für die kommenden Jahren zu wünschen? Drei Dinge könnten den Abschied vom Arkanum besiegeln: Das wäre das Schließen der gesetzgeberischen Lücke in den verbliebenen fünf deutschen Ländern ohne Informationsfreiheitsgesetz. Ein mutiges Weiterentwickeln der Informationsfreiheitsgesetze zu Transparenzgesetzen mit verpflichtenden Open Data Katalogen. Und schließlich sollte sich zum Dritten die Erkenntnis durchsetzen, dass Demokratie Mühe macht und nicht ohne Anstrengungen – auch finanzieller Art – zu erlangen ist. Das erstrebenswerte Ziel hat Immanuel Kant im Jahre 1795 in seiner Schrift „Zum ewigen Frieden“ zeitlos überzeugend in seiner transzendentalen Formel des öffentlichen Rechts formuliert: „Alle auf das Recht anderer Menschen bezogenen Handlungen, deren Maxime sich nicht mit der Publicität verträgt, sind unrecht."

Thilo Weichert

Die Meinungsfreiheit des Algorithmus

I. Meinungsfreiheit contra Datenschutz

In der mit Sarah Thomé veröffentlichten Publikation „Grundrechtsschutz im Internet“ befasst sich Martin Kutscha mit dem Konflikt zwischen dem Recht auf informationelle Selbstbestimmung nach Art. 2 Abs. 1 i. V. m. Art. 1 Abs. 1 GG und dem „Recht auf Kommunikationsfreiheit nach Art. 5 Abs. 1 GG“, also den Grundrechten der Meinungsfreiheit, der Informations- und der Pressefreiheit.[1] Kutscha kommentiert dabei kritisch die „Spickmich-Entscheidung“ des Bundesgerichtshofs (BGH), wo dieser dem Recht auf Meinungsfreiheit von anonymen Internetnutzenden mehr Gewicht beimisst als dem Recht auf informationelle Selbstbestimmung sowie sonstigen Ausprägungen des allgemeinen Persönlichkeitsrechts, etwa als Abwehranspruch gegen Anprangerungen als Schutzgewährleistung für den sozialen Geltungsanspruchs des Einzelnen, von bewerteten Lehrkräften.[2] Anerkannt wird von Kutscha, dass der BGH technische Anforderungen bei der Abwägung der im Spiel befindlichen Grundrechte stellt.[3]

Kutscha befasst sich mit der klassischen Grundrechtsabwägung zwischen dem Schutz von natürlichen Personen: einerseits der sich als Subjekt im Internet Äußernden sowie andererseits der Objekte dieser Äußerungen. Er weist darauf hin, dass die Ermöglichung des weltweiten Austauschs persönlicher Meinungen nicht als Meinungsäußerung der Internetunternehmen verstanden werden kann und darf. Die Bereitstellung der Internetportale sei lediglich „Mittel zum Zweck, Einnahmen durch die Nutzung entsprechend ausgewerteter Personendaten … zu erzielen. Auch die Rundfunkfreiheit könnten derartige Unternehmen für sich nicht in Anspruch nehmen, jedenfalls wenn die Inhalte nicht redaktionell verantwortet und aufbereitet, sondern lediglich elektronisch verbreitet werden. Grundrechtlich einschlägig ist so „nur“ die Berufsfreiheit gemäß Art. 12 GG, die allerdings lediglich von „inländisch juristischen Personen“ (Art. 19 Abs. 3 GG) in Anspruch genommen werden kann, „soweit sie ihrem Wesen nach auf diese anwendbar“

1 Kutscha, in: Kutscha/Thomé, Grundrechtsschutz im Internet?, 2013, S. 88 ff.
2 BGH 23.6.2009, VI ZR 196/08, NJW 2009, 2888 = MMR 2009, 609 = CR 2009, 593 = RDV 2010, 27 = DuD 2009, 565 = JZ 2009, 429.
3 Siehe dazu unten V., 2. Absatz.

ist. Dies gilt beispielsweise nicht für Unternehmen in den USA, die als Anbieter im Internet derzeit dominieren.[4]

Verblüffend und zugleich erschreckend ist, wie wenig diese verfassungsrechtlich geforderte Grundrechtsgewichtung mit der gelebten Realität beim Einsatz der Informations- und Kommunikations-(IuK-)Technik im Allgemeinen sowie im Internet im Besonderen im Einklang steht. Tatsächlich wird das Recht auf informationelle Selbstbestimmung im Netz täglich millionenfach verletzt, ohne dass dies mit der Wahrnehmung von Grundrechten durch andere gerechtfertigt werden könnte. Dies ist eine Herausforderung für die Wissenschaft und die Politik, also den beiden Professionen, zwischen denen das Wirken von Martin Kutscha angesiedelt ist. In diesem Kontext gewinnen technische Konstellationen an Bedeutung, über die bisher nur in kleinen Kreisen der Fachwelt und des Feuilletons diskutiert wird, aber noch kaum in der Politik, geschweige denn auf dem Boulevard: Diese Konstellationen sind jeweils von dem Umstand geprägt, dass sich Technik zwischen das Subjekt und das Objekt der Meinungsäußerung drängt. Dies geschieht schon bei der aggregierten Personenbewertung à la Spickmich, die nicht mehr der Ausdruck der Meinung einer natürlichen Person ist, sondern eine automatisierte Zusammenfassung vieler Meinungen. Dieser Mechanismus wirkt auch bei Scorings und Ratings im Internet, wo der Meinungscharakter der aggregierten Inhalte weiter in den Hintergrund gerät und ersetzt wird durch scheinbar objektivierte, digitalisierte Fakten. Diese können ihren Ursprung in digitalen „Sozial"-Kontakten haben, in „Likes", Internetaufrufen oder Ähnlichem. Wohin die Reise geht, machen uns Dienste aus den USA vor, die die soziale, berufliche oder sonstige Gewichtigkeit von Menschen „messen", also bewerten und dadurch die sozialen, wirtschaftlichen und sonstigen Möglichkeiten dieser Menschen beeinflussen.[5]

Grundrechte werden bisher insbesondere über nationale Verfassungen, etwa über unser Grundgesetz gewährleistet. Im Hinblick auf die europäische Integration ist es ein Fortschritt, dass seit 2009 in der Europäischen Union mit der Grundrechtecharta ein europäisches Regelwerk vorliegt. Mit den Artikeln 8 und 11 EuGRCh werden die personenbezogenen Daten und Meinungsäußerungen unter Schutz gestellt. Deren Schutzbereiche unterscheiden sich nicht von denen des deutschen Grundgesetzes.

Im Kampf um die Verfügungsmacht über die personenbezogene Datenverarbeitung versuchen die informationsverarbeitenden Unternehmen, die Meinungsfreiheit für ihre Geschäftstätigkeit in Stellung zu bringen. Zugleich sind sie gezwungen, ihr Angebot von Meinungsäußerungen zu bereinigen, die offensichtlich gegen nationales Recht verstoßen. Dabei besteht ein Konflikt darin, dass die

4 Kutscha (Fn 1), S. 49 f.
5 Klout DatenschutzNachrichten (DANA) 3/2012, 130; DANA 2/2013, 75.

Informationsangebote grundsätzlich weltweit abrufbar sind, die nationalen Gesetze und Kulturen sich aber massiv unterscheiden, was an Meinungsäußerung zulässig ist und gesellschaftlich akzeptiert wird.[6]

II. Die Bonitätsscore-Entscheidung des BGH

Von der Datenschutzdiskussion bisher weitgehend unbeachtet hat der Bundesgerichtshof (BGH) am 22.2.2011 ein Urteil gefällt, das die unternehmerische Meinungsfreiheit als zentrales Abwehrargument gegen den Datenschutz mobilisiert, die „Bonitätsscore-Entscheidung".[7] Eine Klägerin, ein Unternehmen in Thüringen, wehrte sich gegen die negative Bonitätsbewertung durch eine Auskunftei mit dem Wert „500" (bei einer Skala von „100" bis „600") und der damit verbundenen Bewertung der Zahlungsweise „langsam und schleppend". Der Bonitätsbewertung lagen u. a. vier Forderungen von insgesamt etwa über 1.000 Euro sowie weitere Auskunftsmerkmale zugrunde. Nach Klageerhebung sank die Bonitätsbewertung auf „363" mit der Erläuterung der Zahlungsweise „meist innerhalb vereinbarter Ziele, teils auch länger". Die Klage auf Unterlassung wurde vom BGH zurückgewiesen.

Hiergegen wäre aus Datenschutzsicht allenfalls aus Gründen mangelnder Transparenz der Bewertung und mangelnder Verhältnismäßigkeit des Scores etwas einzuwenden. Doch bemühten sowohl das Berufungsgericht, das Oberlandesgericht Jena, wie auch der BGH als Revisionsinstanz die Meinungsfreiheit: Es bestünden keine zivilrechtlichen Unterlassungsansprüche nach den §§ 823, 824 BGB bei Bonitätsbeurteilungen, „soweit es sich um Meinungsäußerungen handelt", insbesondere „wenn die als Meinungsäußerung zu qualifizierende Bonitätsbeurteilung auf einer zutreffenden Tatsachengrundlage beruht". Vor abwertenden Meinungsäußerungen und Werturteilen böte die Anwendung des § 824 BGB wie in sonstigen Zusammenhängen keinen Schutz ebenso wenig wie vor Tatsachenbehauptungen. Wesentlich für die Einstufung als Tatsachenbehauptung sei, dass eine Aussage einer Überprüfung auf ihre Richtigkeit mit den Mitteln des Beweises zugänglich ist. Die Bonitätsbewertung durch ein Scoringverfahren stelle eine Bewertung dar, die auf Tatsachen beruhe. Diese werden nach vorgegebenen Bewertungskriterien gewichtet und flössen so in ein Werturteil ein, „das aber dadurch nicht selbst zu einer Tatsachenbehauptung wird". Eine Tatsachenbehauptung läge nur vor, „wenn bei der Äußerung aus Sicht des Empfängers die

6 Sengupta, On the web rules vary widely when grappling with free speech issues, The New York Times, selected for Süddeutsche Zeitung (SZ) 24.9.2012, 4.

7 BGH 22.2.2011, VI ZR 120/10, NJW 2011, 2204 = DuD 2011, 498 = RDV 2011, 188 = DSB 6/2011, 16; zustimmend Kamlah, in: Plath (Hrsg.), BDSG, § 28b, Rn 7; kritisch Weichert, in: Däubler/Klebe/Wedde/Weichert (Hrsg.), BDSG, 4. Aufl. 2013, § 28b Rn 4.

Elemente der Stellungnahme, des Dafürhaltens oder Meinens gegenüber den zugrunde liegenden Tatsachen in den Hintergrund treten". Eine Bewertung werde insgesamt von der Schutzwirkung des Art. 5 Abs. 1 GG erfasst, wenn „Tatsachenbehauptungen und Wertungen zusammenwirken", weil durch die Verknüpfung von Tatsachen und Bewertungen „der Grundrechtsschutz der Meinungsfreiheit nicht dadurch verkürzt werden darf, dass ein tatsächliches Element aus dem Zusammenhang gerissen und isoliert betrachtet wird".

Der Bonitätsindex wurde im konkreten Fall mathematisch-wissenschaftlich aus 15 Merkmalen, z. B. Kapitalausstattung, Umsatz, Produktivität, insolvenz- und branchenanalytische Untersuchungen, berechnet. Vor diesem Hintergrund seien die textlichen Bewertungen der Scores als Meinungsäußerungen ohne Rechtsfehler, auch wenn von diesen Auskünften Vertragspartner der Auskunftei wirtschaftliche Entscheidungen abhängig machen. Es handele sich um eine „zusammenfassende Interpretation" von Finanzdaten.

Der BGH prüfte als Gegenanspruch nicht das Recht auf informationelle Selbstbestimmung, sondern den Schutz des eingerichteten und ausgeübten Gewerbebetriebs. Doch nimmt der BGH eine Abwägung vor, die auf das Datenschutzrecht übertragen werden kann. Dies gilt ebenso für die Äußerungen zu zivilrechtlichen Abwehransprüchen nach den §§ 823, 824 BGB. Insofern besteht eine hohe Relevanz im Hinblick auf das Verhältnis von Meinungsfreiheit und Datenschutz. Vom BGH wird zugunsten des Grundrechtseingriffs gegenüber dem Betroffenen die „Funktionsfähigkeit des Wettbewerbs" ins Feld geführt, dessen Grundlage „ein möglichst hohes Maß an Informationen der Marktteilnehmer über marktrelevante Faktoren" sei. Hierfür seien zutreffende Bonitätsauskünfte von erheblicher Bedeutung, so dass der BGH zu dem Schluss kommt: „Eine Abwägung der widerstreitenden Grundrechte wird in solchen Fällen in der Regel zugunsten einer Zulässigkeit der Bonitätsauskunft ausgehen." Es genüge, wenn die dem Scoring zugrunde liegenden Tatsachen der Wahrheit entsprechen.

III. Der Schutz der Meinungsfreiheit

Die Abweisung der Revision ist im konkreten Fall sicherlich auch hinsichtlich des Ergebnisses zu hinterfragen. Hierauf soll aber hier nicht der Fokus gerichtet werden. Fehlerhaft und als Präzedenzfall gefährlich ist vor allem die Mobilisierung des Artikel 5 GG zur Rechtfertigung der per Scoring zusammengefassten Bonitätsauskunft: Scoring ist ein vorprogrammierter technischer Vorgang, bei dem im besten Fall wahre Tatsachen nach bisher mathematisch-wissenschaftlich festgestellten Gesetzmäßigkeiten auf einen konkreten Sachverhalt angewendet werden. Meinungsfreiheit hat damit nichts zu tun.

Dem Begriff der Meinung i. S. v. Art. 5 Abs. 1 S. 1 GG immanent ist die Subjektivität einer Wertung, ein Dafürhalten oder Meinen, was durch das Grundrecht geschützt werden soll, wobei es nicht darauf ankommt, ob die Begründung emotional oder rational, „richtig“ oder „falsch“ ist.[8] Wissenschaftlich begründete Meinungen können zusätzlich unter dem Schutz der Wissenschaftsfreiheit stehen, wobei es aber auch hier auf die Individualität der meinenden wissenschaftlich tätigen Person oder Institution ankommt. Unstreitig ist inzwischen, dass Tatsachenmitteilungen von der Meinungsfreiheit mit umfasst werden können. Nicht geschützt sind jedoch erwiesen oder bewusst unwahre Tatsachenbehauptungen.[9] Es kommt darauf an, dass die Behauptung einem Grundrechtsträger individuell zugerechnet werden kann.

Grundrechtsträger sind bei dem Jedermann-Grundrecht des Art. 5 Abs. 1 GG grds. natürliche Personen. Seinem Wesen nach ist ein Grundrecht gemäß Art. 19 Abs. 3 GG auf inländische juristische Personen oder auch nichtrechtsfähige Personenvereinigungen anwendbar, nicht aber beispielsweise auf staatliche Organe. Zielrichtung des Grundrechtsschutzes sind die Persönlichkeitsentfaltung der sich Äußernden sowie seine „schlechthin konstituierende Bedeutung“ für den öffentlichen Meinungsbildungsprozess und damit seine Notwendigkeit für die freiheitliche Demokratie.[10]

Unstreitig dürfte sein, dass Maschinen keine Grundrechtsträgerschaft zugewiesen werden kann, selbst wenn es sich um äußerst „intelligente“ Maschinen handelt, also etwa leistungsfähige Computer oder Roboter. Tatsächlich wird beim Einsatz der Informations- und Kommunikationstechnik (IuK-Technik) allenfalls Meinung vermittelt, nicht aber eigenständig generiert. In der verfassungsrechtlichen Diskussion fand die Frage, in welcher Art diese Vermittlung durch IuK-Technik erfolgen muss und kann, um den Schutz des Art. 5 Abs. 1 GG zu genießen, bisher keine besondere Aufmerksamkeit.[11] Dies führte auch dazu, dass der BGH diese zentrale Frage in seiner oben dargestellten Entscheidung nicht einmal thematisierte, obwohl es hierauf wesentlich ankommt.

Der Schutz der Meinungsfreiheit zielt auf den Inhalt der Meinung ab. Dieser kann sich auch auf den wirtschaftlichen Wettbewerb im Sinne der kommerziali-

8 BVerfG 14.3.1972, 2 BvR 41/71, BVerfGE 33, 1, 14; BVerfG 22.6.1982, 1 BvR 1376/79, BVerfGE 61, 1, 7; BVerfG 25.1.1984, 1 BvR 272/81, BVerfGE 66, 116, 151; BVerfG 9.10.1991, 1 BvR 1555/88, BVerfGE 85, 1, 15; Starck, in: von Mangoldt/Klein (Hrsg.), GG, 6. Aufl. 2010, Art. 5 Rn 22.

9 BVerfG 22.6.1982, 1 BvR 1376/79, BVerfGE 61, 1, 8 f.; BVerfG 9.10.1991, 1 BvR 1555/88, BVerfGE 85, 1, 15.

10 BVerfG 17.8.1965, 1 BvB 2/51, BVerfGE 5, 87, 205; BVerfG 15.1.1958, 1 BvR 400/51, BVerfGE 7, 198, 219; BVerfG 25.1.1961, 1 BvR 9/57, BVerfGE 12, 113, 125; BVerfG 5.8.1966, 1 BvR 586/62, BVerfGE 20, 162, 174 ff.; Starck (Fn 8), Rn 11; Degenhard, in: Bonner Kommentar GG, Juni 2005, Rn 1 ff.; Bethge, in: Sachs, GG, 6. Aufl. 2011, Art. 5 Rn 22 m. w. N.

11 Vgl. aber Milstein/Lippold NVwZ 2013, 182 ff.

sierten Meinungsverbreitung beziehen.[12] Von Art. 5 Abs. 1 GG nicht geschützt ist aber die kommerzielle Verwertung von geäußerten Meinungen; insofern können lediglich Art. 12 bzw. 2 Abs. 1 GG geltend gemacht werden.[13]

Für den Grundrechtsschutz im Internet ist von großer Bedeutung, wie das Verhältnis zwischen Nutzenden und Diensteanbieter zu bewerten ist, das privatrechtlich ausgestaltet ist. Bei der Auslegung des Privatrechts ist der Meinungsfreiheit Rechnung zu tragen.[14] Dies gilt umso mehr, je intensiver das Grundrecht betroffen ist, also etwa, wenn das Handeln des Diensteanbieters geeignet ist, die Bereitschaft zu mindern, von dem Grundrecht Gebrauch zu machen.[15] Insofern ist von einer „Drittwirkung" des Grundrechtsschutzes die Rede.[16] Je größer die wirtschaftliche und soziale Macht eines Internetanbieters ist, desto größer wird die staatliche Schutzverantwortung. Ausnahmsweise, etwa bei offensichtlicher Verletzung verfassungsrechtlicher Mindeststandards, kann sich der normative Gehalt der Meinungsfreiheit auch ohne ausgestaltendes Gesetz ergeben und unmittelbar gegen Träger wirtschaftlicher oder sozialer Macht zur Anwendung gebracht werden.[17]

IV. Transparenz, Wissenschaftlichkeit und Hinterfragbarkeit

Beim Meinungsschutz wird unterschieden zwischen Werturteilen, die stark subjektiv geprägt sein können, und Tatsachenmitteilungen, die einem Wahrheitsbeweis zugeführt werden können.[18] Digitale Auswertungsprogramme sind insofern eine besondere Kategorie, dass sie von ihren Anwendern als objektiv, wissenschaftlich begründet und als Tatsachenfeststellungsverfahren gepriesen und so vom Publikum rezipiert werden, selbst wenn dies nicht der Realität entspricht. Wurde ein Analyseprogramm korrekt programmiert, so mag die Auswertung – abgesehen von nicht vorhergesehenen technischen Fehlern – objektiv und quasi unfehlbar sein. Das Programmieren selbst ist ein subjektiver individueller Akt.

12 BVerfG 23.3.71, 1 BvL 25/61, BVerfGE 30, 336, 352 f.; BVerfG 19.1185, 1 BvR 934/82, BVerfGE 71, 162, 175; BVerfG 22.1.1997, 2 BvR 1915/91, BVerfGE 95, 173, 182.
13 BVerfG 23.3.1988, 1 BvR 686/86, BVerfGE 78, 101, 102; BVerfG 2 BvR 1915/91, BVerfGE 95, 173, 95, 181 f.
14 BVerfG 26.6.1990, 1 BvR 1165/89, BVerfGE 82, 272, 280; BVerfG 19.5.1992, 1 BvR 126/85, BVerfGE 86, 122, 128 f.; BVerfG 11.3.2003, 1 BvR 426/02, BVerfGE 107, 275, 280.
15 BVerfG 25.3.1992, 1 BvR 514/90, BVerfGE 86, 1, 10; Jarass, in: Jarass/Pieroth, GG, 11. Aufl. 2011, Art. 5 Rn 12.
16 Degenhart (Fn 10), Rn 52; Bethge (Fn 10), Rn 30a.
17 AK-GG/Hoffmann-Riem, 3. Aufl. 2001, Rn 45.
18 BVerfG 13.4.1994, 1 BvR 23/94, BVerfGE 90, 241, 247; BVerfG 13.2.1996, 1 BvR 262/91, BVerfGE 94, 1, 8; Starck (Fn 10) Rn 27; Bethge (Fn 10) Rn 28.

Dessen Zielrichtung ist aber nicht Subjektivität, sondern größtmögliche Objektivität.

Personenbezogenen Ergebnissen wird deshalb ein hoher Grad von Objektivität beigemessen, so auch vom BGH, wobei es diesem genügte, dass die einfließenden Merkmale der Wahrheit entsprechen. Schon diese Annahme ist regelmäßig bei digital ausgewerteten Daten nicht selten falsch. Vor allem fehlt es aber an der Hinterfragbarkeit der vermeintlich objektiven computerbewerteten Ergebnisse und des Verfahrens, aus dem diese hervorgehen. Dieser Hinterfragbarkeit werden regelmäßig Urheberrechte bzw. Betriebs- und Geschäftsgeheimnisse an den Programmen entgegengestellt.[19] Selbst der staatlichen Aufsicht ist es deshalb oft nur möglich, eine (unwissenschaftliche) Plausibilitätsprüfung vorzunehmen. Die bestehenden datenschutzrechtlichen Transparenzregelungen, also die §§ 6a Abs. 3, 34 Abs. 2 u. 4 BDSG, sind nicht im Ansatz in der Lage, die Aussagen von Computerbewertungen nachzuvollziehen, in Frage zu stellen, geschweige denn zu widerlegen.[20] Dies gilt generell für viele technische Vorgänge, besonders jedoch bei komplexen Computerprogrammen, selbst wenn diese auf einer strengen Logik basieren. Erst recht gilt dies für Computeranalysen, die als selbstlernende Systeme konzipiert werden, so wie dies bei sog. „Big-Data“-Auswertungen oft der Fall ist.[21]

Werden Open-Source-Produkte bei der Analyse eingesetzt, so besteht zumindest theoretisch die Hinterfragbarkeit. Kommen jedoch proprietäre Systeme zum Einsatz, deren Logik von den Anwendern oder gar von den – datenschutzrechtlich überhaupt nicht zur Verantwortung zu ziehenden – Herstellern oder Dienstleistern geheim gehalten wird, so erhalten wir die „Meinung“ eines Computers, der die Beteiligten ohnmächtig gegenüberstehen. Oft sind Systeme nicht hinreichend dokumentiert, was Voraussetzung für ein späteres Nachvollziehen von Ergebnissen ist. Klare Dokumentationspflichten bestehen derzeit rechtlich nicht, diese lassen sich allenfalls aus dem allgemeinen Datenschutzgrundsätzen der Transparenz ableiten.[22] Bei selbstlernenden Systemen ist die spätere Nachvollziehbarkeit schon deshalb regelmäßig nicht möglich, weil – selbst wenn das System selbst dokumentiert ist – die einfließenden Daten, die zur Selbstkorrektur führen und so die Ergebnisse bestimmen, in der Praxis nicht protokolliert werden.

In der Volkszählungsentscheidung hat das Bundesverfassungsgericht ausgeführt, dass statistische Erhebungen reine Tatsachenmitteilungen seien, „die mit

19 Unabhängiges Landeszentrum für Datenschutz (ULD – Kamp/Weichert), Scoringsysteme zur Beurteilung der Kreditwürdigkeit, 2005, S. 98; Mackenthun, in: Taeger/Gabel (Hrsg.), BDSG, 2010, § 6a Rn 25.

20 Weichert, in: Däubler/Klebe/Wedde/Weichert (Hrsg.), BDSG, 4. Aufl. 2013, § 6b Rn 16.

21 Weichert ZD 2013, 253.

22 Weichert ZD 2013, 257, 258.

Meinungsbildung nichts zu tun haben".[23] Die Anwendung dieser Aussage auf heutige komplexe digitale Auswertungen wie das Scoring entzögen der Argumentation des BGH schon vom Beginn an die Grundlage. Angesichts der Weiterentwicklung sowohl der technischen Entwicklung wie deren rechtlicher Bewertung mögen Differenzierungen nötig sein. Fehlen Transparenz und der Nachweis der Wissenschaftlichkeit, so scheitert die Einstufung als Tatsachenfeststellung. Ein Zirkelschluss wäre es nun, eine Aussage deshalb zur Wertung zu machen, weil sie einem Wahrheitsbeweis nicht zugänglich ist und die Wertung unter den Schutzbereich der Meinung nach Art. 5 Abs. 1 GG zu stellen.[24]

V. Die automatisierte Auswertung von Meinungen

Das Verhältnis von Meinungsbildung und Information, von objektiver Datenauswertung und subjektivem Diskursbeitrag wird durch die IuK-Technik rechtlich wie praktisch vor völlig neue Fragestellungen gestellt. Analysetools ermöglichen die Ableitung von „objektiven" Aussagen über Gefühle und subjektive Meinungen aus objektiven Fakten: Schweizer Forschende meinen eine Formel gefunden zu haben, um den Ursprung von Spam-Mails, Computerviren, aber auch von sich verbreitenden Gerüchten und Unwahrheiten auf die Spur zu kommen.[25] Anfang Januar 2013 hat die US-Zeitung „Washington Post" einen Prototyp von einem „Truth Teller" vorgestellt, mit dem es möglich sein soll, die Aussagen z. B. von Politikerreden im Fernsehen in Echtzeit einem Wahrheitscheck zu unterwerfen.[26] Google hat einen Patentantrag zu einem Programm gestellt, das automatisiert feststellt, ob ein digitaler Text gegen Korrektheitsvorgaben verstößt.[27] Mit der „affektiven Informatik" sollen aus digital erfassten menschlichen Gesichts-, Sprach- oder Verhaltensausdrücken Rückschlüsse auf den Gefühlszustand der Betroffenen möglich sein.[28]

Dass die automatisierte Objektivierung des Subjektiven oft reine Spekulation ist, hat sich seit den 20er Jahren des letzten Jahrhunderts nicht geändert, also seitdem Lügendetektoren zum Einsatz kommen.[29] Spekulationen sind einem Wahrheitsbeweis nicht zugänglich, selbst wenn sie mit noch so technischem oder wissenschaftlichem Aufwand angestellt werden.

23 BVerfG 15.12.1983, 1 BvR 209/83, NJW 1984, 419, 421 = BVerfGE 65, 1, 41.
24 Diesen Fehler machen z. B. Milstein/Lippold NVwZ 2013, 185 u. 186.
25 Formel soll Spammer und Virenprogrammierer aufspüren, www.sueddeutsche.de (10.8.2012).
26 Automatisierter Echtzeit-Wahrheitscheck, DANA 1/2013, 31.
27 Weichert, Google will „Policy Violation Checker" patentieren lassen, www.datenschutz.de/news/detail/?nid=5960 (23.6.2013).
28 Affektive Informatik im Dienste von Kundenbindung und Sicherheit, DANA 1/2013, 36.
29 Dazu aufschlussreich schon Westin, Privacy and Freedom, 1967, S. 133 ff., 211 ff.

Im Spickmich-Urteil hat der BGH die Vermittlung von Meinung in Bewertungsportalen durch Aggregierung vieler individueller, sogar anonymer Meinungen unter den Grundrechtsschutz gestellt – meines Erachtens zu Recht: Grundlage der automatisiert berechneten Bewertungen sind subjektive Angaben natürlicher Personen. Der BGH hat die Anwendung des Presseprivilegs nach Art. 5 GG ausdrücklich abgelehnt.[30] Damit den Bewertungen ein Schutzanspruch als Meinung zusteht, wurden vom BGH hohe technische Anforderungen festgelegt, die einerseits deren Repräsentativität gewährleisten sollen, andererseits aber auch, dass die Subjektivität der einfließenden Meinungen gewährleistet bleibt. Maßstab waren das Persönlichkeitsrecht und das Recht auf Kommunikationsfreiheit unter datenschutzrechtlicher Würdigung der „schutzwürdigen Interessen" der Betroffenen: Beschränkung des Datensatzes auf die Sozialsphäre, technische Vermeidung von Mehrfachbewertungen und externer Einflussnahmen durch ein spezielles Registrierungsverfahren, Mindestzahl von Bewertungen, Plausibilitäts- und Löschroutinen, Ausschluss der Suchmaschinenerfassung sowie sonstiger maschineller Zugriffe und Beschwerdemanagement.[31] Bei anderen Aggregierungen sind möglicherweise weitere oder andere technisch-organisatorische Sicherungen nötig, um den geforderten Ausgleich zwischen Meinungsfreiheit und Persönlichkeitsrechten herzustellen.

Meinungsäußerungen im Internet können selbst im Anklicken von „Gefällt-mir"-Buttons liegen. Zwar ist der Aussagewert solcher Klicks sowohl für das Individuum wie für die demokratische Meinungsbildung regelmäßig gering. Bei einem Anklicken einer exponierten politischen, weltanschaulichen oder religiösen Position mag das aber schon völlig anders sein. Die Aggregierung dieser Klicks erfolgt in der Praxis fast ausschließlich für kommerzielle Zwecke. Dies ändert aber nichts an dem Umstand, dass hier die Meinungsfreiheit einschlägig ist, was nicht nur staatlichen Instanzen, sondern auch möglicherweise dem privaten Diensteanbieter entgegengehalten werden kann.[32] Der Diensteanbieter kann durch die Computeranalyse z. B. der „Likes" erkennen, was Menschen denken, fühlen, ja welche politische Überzeugungen, sexuelle Vorlieben oder welchen IQ diese haben. Die Computerprogramme können auch so gestaltet werden, dass menschentypische Vorurteile, etwa Diskriminierungen wegen Rasse, Geschlecht oder Alter keine Chance erhalten; sie werden dadurch aber nicht menschlicher. Ein Computer kann einen Menschen besser kennen als ein Psychologe, doch kann er seine psychologischen Ergebnisse nicht rechtfertigen.[33]

30 BGH 23.6.2009, VI ZR 196/08, NJW 2009, 2888, 2890.
31 BGH 23.6.2009, VI ZR 196/08, NJW 2009, 2888, 2892 f.
32 Facebook: „Likes" stehen unter dem Schutz der US-Verfassung, www.heise.de (8.8.2012).
33 Kosinski in „Der Computer kennt Sie besser als Ihre Mutter", www.welt.de (6.5.2013).

VI. Subjektive Ergebnisse aus objektiven Daten?

Bei den meisten technischen Bewertungsverfahren wird der umgekehrte Weg begangen: Grundlage der Bewertung sollen objektive Tatsachen sein, die insbesondere digital erfasst und mit möglichst hoher mathematisch-wissenschaftlicher Präzision ausgewertet werden. Das Ergebnis ist unabhängig von jeder individuellen subjektiven Bewertung des Einzelfalls und wird ausschließlich davon bestimmt, welche Daten des Einzelfalls in die Bewertung einfließen und welche Aussagekraft das Auswerteverfahren hat.

Ein aus persönlichkeitsrechtlicher Sicht eklatantes Beispiel für die Auswertung objektiver Daten ist die Autocomplete-Funktion der Suchmaschine Google. Gibt man bei der Suchmaschine einen Namen ein, so werden zur Sucherleichterung die am meisten zu dem jeweiligen Namen eingegebenen Suchbegriffe angegeben und vermitteln damit den – oft falschen – Eindruck, der Suchvorschlag mache eine Aussage zu der mit Namen genannten Person, während tatsächlich nur das objektiviert angegeben wird, was quantitativ von neugierigen, oft stark subjektiv motivierten Suchenden eingegeben wurde. Die Aussagen haben also nichts mit objektiven Merkmalen der bewerteten Person zu tun, sondern nur mit Zuordnungen durch im Internet Suchende, wobei diese Personen mit ihrer subjektiven Suche keine Meinung gegenüber Dritten äußern wollen, sondern nur für sich meinen, durch Eingabe des Suchbegriffs etwas über diese Person zu erfahren. In Frankreich führte das bei vielen Prominenten in Form einer Objektivierung von einem gesellschaftlich weit verbreiteten Vorurteil dazu, dass zu deren Namen als erste Option der Begriff „juif“ (französisch für „Jude“) angezeigt wurde, was berechtigterweise nicht nur die Betroffenen, sondern auch Menschenrechtsorganisationen wie z. B. SOS Racisme empörte.[34] In Deutschland wurde u. a. die frühere Präsidentengattin – provoziert durch im Internet verbreitete Gerüchte[35] – derart mit dem Rotlichtmilieu in Verbindung gebracht. Zu dieser Konstellation einer Internetaussage stellte der BGH in einem anderen Verfahren – ohne Rückgriff auf Art. 5 GG – eine unzulässige Persönlichkeitsverletzung fest.[36]

Was für die Autocomplete-Funktion gilt, gilt erst recht für das Anzeigen von Internet-Suchergebnissen generell. Die Eingabe der Suchbegriffe ist keine Meinungsäußerung, geschweige denn deren automatisierte Auswertung. Die per

34 Rassismusvorwurf gegen Google wegen „Autocomplete“-Suchangebot, DANA 2/2012, 89f.

35 Der Spiegel 16/2013, 14; Niggemeier Der Spiegel 38/2012; 36ff.; Prantl SZ 15./16.9.2012, 13; Leyendecker SZ 10.9.2012, 5; Leyendecker/Wiegand SZ 08./9.9.2012,.

36 Anders noch Vorinstanz OLG Köln 10.5.2012, 15 U 199/11, MMR 2012, 840; BGH 14.5.2013, VI ZR 269/12; ähnlich der französische Cour de cassation MMR Fokus 12/2012, X.

Ranking gewichtete Anzeige der Suchergebnisse, eventuell gar personalisiert auf den Suchenden, kann den Schutz der Meinungsfreiheit nicht für sich in Anspruch nehmen. Sämtliche Auswerteschritte erfolgen vollautomatisch. Der Versuch von Google, dem argumentativ mit einem Gutachten von Volokh/Falk „First Amendment Protection for Search Engine Search Results" etwas entgegenzusetzen, verfolgt die durchsichtige Zielsetzung, sich der staatlichen Regulierung zu entziehen.[37]

Beim Scoring, bei Ratingverfahren, bei Trefferanzeigen von Suchmaschinen oder auch z. B. bei Zuordnungsverfahren wie dem Autocomplete wird das Ergebnis ausschließlich vom Computer auf der Basis von Auswertungslogiken, den Algorithmen, generiert. Zwar besteht zumeist der Anspruch, dass das Ergebnis generell wie im Einzelfall möglichst aussagekräftig ist. Da aber die Entwicklung der Auswertungslogik bzw. des Algorithmus völlig unabhängig vom erst später berechneten Einzelergebnis ist, wird dieses ausschließlich vom Computer generiert und kann daher nicht den Grundrechtsschutz des Art. 5 Abs. 1 GG für sich in Anspruch nehmen. Dabei spielt es keine Rolle, dass die Entwicklung des Algorithmus bzw. des Programms, der bzw. das zum Einsatz kommt, Kreativität und wissenschaftlicher Verstand eingeflossen ist. Der Einsatz des Algorithmus nach seiner von Art. 5 GG geschützten Erzeugung ist ein eigenständiger Prozess, der an diesem Grundrechtsschutz keinen Anteil mehr nehmen kann.

Wohl kann es Ziel der Programmentwicklung sein, bestimmte subjektive Ergebnisse zu erzeugen, etwa besondere Webseiten, Personen, Produkte o. Ä. zu bevorzugen oder zu benachteiligen. Automatische Textgeneratoren sind sogar in der Lage, aus angelieferten Grunddaten journalistisch daherkommende Meldungen über Sport, Wirtschaft oder Politik zu produzieren.[38] Dieser Prozess wird aber nicht vom Grundrechtsschutz erfasst, wenn als Auswertungsgrundlage digitale Fakten, also Tatsachen genommen werden. Dies gilt selbst, wenn selbstlernende Auswertungsprogramme eingesetzt werden, bei denen die digital errechneten Ergebnisse auf Basis einer eigenständigen Richtigkeitsprüfung überprüft werden, woraus das Programm eigenständig „Verbesserung" des verwendeten Algorithmus vornimmt.[39] Ein digitales Programm mag überraschende Ergebnisse zutage bringen, es mag irrtümlich, genial oder einfach programmiert sein, es wird aber nie ethische Kompetenzen entwickeln und subjektive Meinungen generieren können.[40] Letztlich kann die Anwendung derartiger Programme gesellschaftlich oder ökonomisch katastrophale Prozesse, etwa einen Börsencrash, auslösen, ohne dass dabei direktes menschliches Tun im Spiel ist.[41]

37 Siehe www.volokh.com 20.4.2012 bzw. 9.5.2012; Hintermeier FAZ 14.5.2012, 27.
38 Marsiske c't 25/2012, 72 ff.
39 Bunz SZ 20./21.10.2012, 16.
40 Hässler SZ 30.03.-1.4.2013, V2/4, 5.
41 Bernau SZ 22./23.6.2013, 30.

Computer sind zweifellos in der Lage, komplexere Aufgaben zu erledigen als Menschen. Sie können aber in keinem Fall hierfür verantwortlich gemacht werden. Ebenso wenig wie manipulierte Tatsachen keinen Grundrechtsschutz genießen, gilt dies für Ergebnisse digitaler Auswertungen, auch wenn sie mit dem Anspruch wissenschaftlicher Objektivität präsentiert werden. Es fehlt an der Möglichkeit der subjektiven Bewertung, es fehlt an einem bewussten individuellen Beitrag zum sozialen Handeln.[42] Computerergebnisse sind nicht in der Lage, „einen Beitrag zum geistigen Meinungskampf in einer die Öffentlichkeit wesentlich berührenden Frage" zu leisten.[43]

Als Grundrechtsträger kann auch nicht anstelle des Computers die sie nutzende juristische Person eingesetzt werden. Soweit diese ihren Sitz in Deutschland hat, ist der Schutz nach Art. 5 GG im Prinzip eröffnet. Doch fehlt es an einer durch die verantwortliche Stelle vorgenommenen Wertung mit subjektivem Charakter.[44] Von Art. 5 Abs. 1 GG geschützt ist die Äußerung des Ergebnisses eines Entscheidungsprozesses einer juristischen Person. Dieser muss nicht intern in einer natürlichen Person reifen; er kann sich auch in Form einer Erklärung durch einen Repräsentanten einer juristischen Person nach einem mehr oder weniger festgelegten innerorganisatorischen oder technischen Prozess ergeben. Wird dieser Prozess jedoch vollständig automatisiert, so fehlt es an dem für die Meinung konstitutiven subjektiven Element. Es ist nicht ausgeschlossen, dass die Wertung der sich mit ihrer Meinung äußernden Stelle automatisiert vorbereitet wurde. Um Meinung sein zu können, muss die Stelle sich diese bewusst zu eigen machen und als subjektive Bewertung kommunizieren. Dies ist regelmäßig bei Ranking- oder Scoringverfahren nicht der Fall. Vielmehr ist die Stelle zumeist wegen der Komplexität der eingesetzten Verfahren nicht einmal in der Lage, das automatisiert erstellte Ergebnis nachzuvollziehen und zu begründen bzw. rechtfertigen.

Dieses Ergebnis lässt sich übrigens auf die Kunst übertragen: Computer mögen in der Lage sein, äußerst schöne Kunstwerke zu produzieren; sie sind aber nicht in der Lage, diese Ergebnisse über Kreativität bzw. schöpferische Gestaltung, was wesentliches Merkmal der Kunstfreiheit ist, zu erreichen.[45]

Die Bonitätsscore-Entscheidung des BGH ließe sich nur dadurch retten, dass der Auskunftei unterstellt würde, sie habe auf der Grundlage der Berechnung des Bonitätsscores der Klägerin eine subjektive individuelle Entscheidung zu dessen Bewertung vorgenommen. Hierzu enthält das Urteil aber keinerlei Aussage. Eine solche Aussage widerspräche zugleich der Zielsetzung des Scoring-Verfahrens,

42 Morozov www.faz.net (9.4.2013).
43 Ständige Rspr. des BVerfG seit BVerfG 15.1.1958, 1 BvR 400/51, BVerfGE 7, 198, 208.
44 Dies ignorieren Milstein/Lippold NVwZ 2013, 185.
45 Starck, in: von Mangoldt/Klein (Hrsg.), GG, 6. Aufl. 2010, Art. 5 GG, Rn 304.

das nach § 28b Nr. 1 BDSG zur mathematisch-statistischen Wissenschaftlichkeit verpflichtet ist und darauf abstellt und gerade nicht auf Subjektivität.

VII. Ergebnis

Begeisterung über die Möglichkeiten des Einsatzes von IuK-Technik ist mehr als begründet. Sie macht unser Leben einfacher, angenehmer, produktiver, abwechslungsreicher… IuK-Technik ist aber nicht in der Lage, Menschen zu ersetzen. Dies gilt auch im Hinblick auf die Äußerung von Meinungen. Bei aller Technikaffinität unseres Grundgesetzes und deren Interpretatoren insbesondere im Bundesverfassungsgericht ist unsere Verfassung im Hinblick auf die demokratischen Grundrechte menschenzentriert. Hierüber kann auch noch so hohe Computerintelligenz nicht hinwegtäuschen. Die Mobilisierung sozialer und demokratischer Grundrechte durch IuK-Unternehmen für sich selbst ist raffiniertes Lobbying, aber nicht – ganz im Sinne von Martin Kutscha – rechtsdogmatisch anzuerkennen. Computer müssen ihre dienende Funktion bewahren; alles andere könnte schnell sehr gefährlich werden.

Lawrence Lessig hat schon 2000 die Gefahren für unsere Freiheiten beschrieben, wenn der Algorithmus zum Gesetz wird und so das Motto „Code is law" zur Geltung gebracht wird.[46] Er hat ebenso überzeugend dargelegt, dass die Programmierung des Codes sich an Verfassungswerten messen muss. Diese Erkenntnis würde auf dem Kopf gestellt, wenn der Code selbst und die von ihm generierten Resultate unter Verfassungsschutz gestellt würden, um dadurch Werte wie das allgemeine Persönlichkeitsrecht in der Form des Rechts auf informationelle Selbstbestimmung zu relativieren.

46 Lessig, http://harvardmagazine.com/2000/01/code-is-law-html.

Versammlungsrecht

Hartmut Brennelsen

Freiheitsentziehende Maßnahmen im Versammlungsgeschehen – Zugleich eine Besprechung von VG Schleswig 4.2.2013 – 3 A 91/12

I. Einleitung

Freiheitsentziehenden Maßnahmen kommt im Schutzbereich des Art. 8 GG eine besondere Bedeutung zu. Dies gilt im Versammlungsvorfeld ebenso wie in der Haupt- oder Nachphase. Polizeitaktische Eingriffe können dabei sehr unterschiedlich ausgestaltet sein. Denkbar sind zum Beispiel die einschließende Begleitung von Aufzügen, die stationäre Einschließung im Versammlungsraum, die Unterbringung in ausgewiesenen Gewahrsamsräumen oder die Herbeiführung einer räumlichen Distanz in den Sonderformen des Verbringungs-, Rückführungs- oder Zerstreuungsgewahrsams. Nachfolgend werden am Beispiel einer konkreten Versammlungslage Probleme der Rechtslagebeurteilung aufgezeigt, Lösungsalternativen diskutiert und mit der dazu ergangenen Entscheidung des VG Schleswig abgeglichen.

II. Versammlungslage „Rechts/Links" in Neumünster

Für den 1.5.2012 war durch den Landesverband Schleswig-Holstein der NPD eine als Wahlkampfveranstaltung bezeichnete Demonstration in Neumünster angemeldet worden. Aufgrund der in einem Kooperationsgespräch erzielten Vereinbarung stellten sich Versammlungsbehörde und Polizei darauf ein, dass sich die Teilnehmer zunächst am Hauptbahnhof einfinden, um von dort geschlossen zum Ort der Auftaktkundgebung geleitet zu werden. Am Hautbahnhof trafen allerdings zunächst nur etwa 50 Angehörige der NPD ein, während rund 100 anreisende Demonstranten mit dem Leiter und den vorgesehen Rednern bereits am zwei Kilometer entfernten Südbahnhof, der letzten Bahnstation vor dem Hauptbahnhof, ausstiegen und sich von dort geschlossen in Richtung Innenstadt bewegten. Um ein Aufeinandertreffen mit der gewaltbereiten Antifa-Szene zu verhindern, stoppte die Polizei zunächst die NPD-Anhänger und forderte sie auf, zum Südbahnhof zurückzukehren. Da die Betroffenen den polizeilichen Anordnungen nicht Folge leisteten, wurden sie im weiteren Verlauf in Gewahrsam genommen und erst am späten Nachmittag bzw. am Abend sukzessive entlassen. Außerdem wurde ihnen gegenüber ein Platzverweis bis zum Ablauf des Tages für den Innenstadtbereich von Neumünster ausgesprochen.

III. Rechtslagebeurteilung

Für die rechtliche Beurteilung der polizeilichen Maßnahmen ist zunächst die Frage von Bedeutung, ob sich die in Gewahrsam genommenen NPD-Anhänger noch in der Vorphase oder bereits in der Hauptphase der Versammlung befanden.[1] Die Anreise zum Kundgebungsort ist zunächst zweifelsohne der Vorphase zuzurechnen.[2] Allerdings wurden im vorliegenden Fall nach dem Aufstoppen durch die Polizeikräfte bereits mitgeführte Transparente entrollt und per Megaphon Reden gehalten, so dass durchaus auch die Hauptphase angenommen werden kann.

Unabhängig davon ist der Grundsatz der *„Polizeifestigkeit"* oder *„Polizeirechtsfestigkeit"* der Versammlungsfreiheit zu berücksichtigen, dessen Reichweite seit vielen Jahren in der fachspezifischen Literatur streitig diskutiert wird.[3] Es geht in diesem Zusammenhang um die Frage der Anwendbarkeit des allgemeinen Gefahrenabwehrrechts im Versammlungsgeschehen. Enders et al.[4] sprechen hier von einem *„notorisch problematische(n) Verhältnis"* der Rechtsnormen, Knape/Schönrock[5] plakativ von einem *„rechtsdogmatischen Stellungskrieg"*. Das Versammlungsrecht entfaltet im Schutzbereich des Art. 8 GG eine Sperrwirkung. Wo diese endet, sind die Regelungen des allgemeinen Polizeirechts einschlägig. Fraglich ist nur, wann dies der Fall ist, ob die Sperrwirkung auch im Vorfeld gilt und welche Rolle das verfassungsrechtliche Zitiergebot aus Art. 19 Abs. 1 Satz 2 GG spielt, das laut Jarass[6] allerdings nur bei unmittelbaren bzw. gezielten Einwirkungen greifen soll. Zurzeit hat das Zitiergebot jedenfalls

1 Zu den Phasen der Versammlungsfreiheit vgl. Kniesel/Poscher, in: Lisken/Denninger/Rachor (Hrsg.), Handbuch des Polizeirechts, 5. Aufl. 2012, S. 1159; Dietel/Gintzel/Kniesel, Versammlungsgesetz, 16. Aufl. 2011, S. 49; Brenneisen/Wilksen, Versammlungsrecht, 4. Aufl. 2011, S. 92.

2 Schulze-Fielitz, in: Dreier (Hrsg.), Grundgesetz-Kommentar, Bd. I, 3. Aufl. 2013, Art. 8 Rn 33; Hoffmann-Riem, in: Merten/Papier (Hrsg.), Handbuch der Grundrechte, Bd. IV, 2012, § 106 Rn 69.

3 Vgl. dazu z.B. Schulze-Fielitz (Fn 2), Art. 8 Rn 87; Pieroth/Schlink/Kniesel, Polizei- und Ordnungsrecht, 7. Aufl. 2012, S. 351; Hoffmann-Riem (Fn 2), § 106 Rn 101; Brenneisen/Wilksen (Fn 1), S. 224; Ott/Wächtler/Heinhold, Gesetz über Versammlungen und Aufzüge, 7. Aufl. 2010, S. 38.

4 Enders et al., Musterentwurf eines Versammlungsgesetzes, 2011, S. 30.

5 Knape/Schönrock Die Polizei 2012, 297.

6 Jarass, in: Jarass/Pieroth (Hrsg.), Grundgesetz für die Bundesrepublik Deutschland-Kommentar, 12. Aufl. 2012, Art. 19 Rn 4 (unter Hinweis auf BVerfG NJW 1999, 3400); einschränkend Dreier, in: ders., Grundgesetz-Kommentar, Bd. I, 3. Aufl. 2013, Art. 19 I Rn 21 (unter Hinweis auf BVerfGE 49, 89).

nur in den allgemeinen Gefahrenabwehrgesetzen der Länder Bayern, Niedersachsen und Rheinland-Pfalz Berücksichtigung gefunden.[7]

1. Lösungsansätze für die Vorphase

Auch wenn eine Freiheitsentziehung als Vorfeldmaßnahme bewertet wird, ist grundsätzlich eine versammlungsgesetzliche Ermächtigung erforderlich, da damit zweifellos eine unmittelbare Einwirkung auf die Versammlungsfreiheit verbunden ist. Zu kurz dürfte die Auffassung von Schäffer[8] greifen, der feststellt: „Das VersG beginnt erst dort, wo die Anreise der Teilnehmer endet." Fraglich ist nur, welche Befugnisnorm im Einzelfall Anwendung finden kann.

Eine Auflösung nach § 15 Abs. 3 VersG oder ein Ausschluss nach § 18 Abs. 3 bzw. § 19 Abs. 4 VersG kommt im Vorfeld zumindest noch nicht in Betracht, da die Versammlung selbst noch nicht besteht. Im Gegensatz zum NVersG[9] enthält das in Schleswig-Holstein anzuwendende Bundesrecht[10] darüber hinaus keine Rechtsgrundlage für eine präventive Teilnahmeuntersagung.

Der älteren Literatur[11] ist noch zu entnehmen, dass das Vorfeld von Versammlungen nicht in den Schutzbereich des Art. 8 GG fällt und damit unmittelbar allgemeines Polizeirecht anzuwenden ist. Diese Auffassung ist indes bereits seit dem Brokdorf-Beschluss des BVerfG,[12] der *„Magna Charta"* der Versammlungsfreiheit, nicht mehr haltbar. Sie würde den herausragenden Stellenwert des Art. 8 GG auch unterlaufen und ist daher nach ganz herrschender Meinung abzulehnen.[13]

Allgemeines Gefahrenabwehrrecht kann dann Anwendung finden, wenn es um die Konkretisierung der verfassungssystematischen Schranken geht. Dies gilt insbesondere für die verfassungsunmittelbaren Gewährleistungsschranken der Friedlichkeit und Waffenlosigkeit aus Art. 8 Abs. 1 GG und für die adressatenbezogenen Beschränkungen aus Art. 9, 18 und 21 GG.[14] Dem Schutzbereich des Art. 8 GG werden in diesem Fall durch die Verfassung selbst und nicht durch die zur Konkretisierung herangezogenen Eingriffsnormen Grenzen gesetzt. Diese Voraussetzungen lagen hier jedoch nicht vor. Im Gegenteil: Die relevante Gefahr

7 Vgl. Art. 74 BayPAG, § 10 NdsSOG, § 8 POG RP.
8 Schäffer Die Polizei 2012,183.
9 § 10 Abs. 3 NVersG; vgl. dazu Ullrich, Niedersächsisches Versammlungsgesetz 2011, S. 211 und OVG Lüneburg 28.6.2013, 11 LA 27/13.
10 Zum aktuellen Stand vgl. Brenneisen et al., in: Brenneisen/Wilksen/Staack/Martins/Warnstorff (Hrsg.), Ein Versammlungsgesetz für Schleswig-Holstein, 2013, S. 11.
11 Vgl. z.B. Hoffmann NVwZ 1987, 769 und Schipper DPolBl 3/1987, 8.
12 BVerfG 14.5.1985, 1 BvR 233/81, BVerfGE 69, 315.
13 Schulze-Fielitz (Fn 2), Art. 8 Rn 33 (m.w.N.).
14 Zu den Schranken der Versammlungsfreiheit vgl. Kniesel/Poscher (Fn 1), S. 1169 ff.

für die Rechtsordnung des Staates und für wesentliche Individualrechtsgüter ging von den Angehörigen der Gegendemonstrationen bzw. von gewaltbereiten Störergruppen und nicht von den Anhängern der NPD aus. Ein anderes Ergebnis ist auch über die Rechtsfigur der Zweckveranlassung nicht zu erzielen. Dabei kann an dieser Stelle offen bleiben, ob im Versammlungsgeschehen überhaupt eine Verlagerung der Verantwortlichkeit auf den *„kommunikativ provozierenden Hintermann"* zulässig ist.[15]

Zum Teil wird der Versuch unternommen, Maßnahmen, die überwiegend auf die Verhütung von versammlungsbezogenen Normverletzungen gerichtet sind, direkt auf allgemeines Polizeirecht zu stützen. Diese auch als *„Schutztheorie"*[16] bezeichnete Interpretation soll nach vereinzelter Auffassung sogar die polizeiliche Ingewahrsamnahme tragen.[17] Allerdings widerspricht sie der Rechtsprechung des BVerfG[18] und berücksichtigt nicht in ausreichendem Maße die Wirkung des hoheitlichen Handelns. Entscheidend für die Beurteilung der Grundrechtsqualität einer Maßnahme ist aber gerade die Wirkung auf Grundrechtsträger und nicht vorrangig das Ziel des hoheitlichen Eingriffshandelns.[19]

Grundsätzlich denkbar ist es, dass den gefährdeten Personen die Brisanz der konkreten Lage bewusst ist und sie ausdrücklich um Schutzgewahrsam nachsuchen. In diesem Fall ist von einem partiellen Grundrechtsverzicht und damit von einem *„unechten Gewahrsam"* auszugehen.[20]

Letztlich ist die Argumentation über eine Minusmaßnahme zum Versammlungsvollverbot in Verbindung mit der Ergänzungstheorie des BVerwG[21] denkbar. Über diesen rechtstheoretischen Ansatz kommen die Standardmaßnahmen des allgemeinen Polizeirechts auf der Rechtsfolgeseite unter den tatbestandsmäßigen Voraussetzungen des § 15 Abs. 1 VersG zur Anwendung. Damit wird dem Bedeutungsgehalt des Art. 8 GG aber auch den Bedürfnissen der Verwaltungspraxis umfassend Rechnung getragen.[22] Allerdings ist ein Minus stets der „Ausschnitt von etwas Größerem",[23] während sich durch den Polizeigewahrsam die Eingriffsqualität regelmäßig zu Lasten der betroffenen Grundrechtsträger er-

15 BVerfG 1.9.2000, 1 BvQ 24/00, NVwZ 2000, 1406; dazu Roos Kriminalistik 2012, 14; Hoffmann-Riem (Fn 2), § 106 Rn 103.

16 Vgl. dazu umfassend Brenneisen/Wilksen (Fn 1), S. 142.

17 So Dietel/Gintzel/Kniesel (Fn 1), S. 263; vgl. dazu auch Pieroth/Schlink/Kniesel (Fn 3), S. 353.

18 Vgl. z.B. BVerfG 12.5.2010, 1 BvR 2636/04, NVwZ-RR 2010, 625; dazu Brenneisen et al. Die Polizei 2012, 121.

19 Vgl. dazu BayVGH 7.11.2012, 7 K 10.5853; BayVGH 15.7.2008, 10 BV 07.2143, DÖV 2008, 1006.

20 Zu den Möglichkeiten und Grenzen des Grundrechtsverzichts siehe Pieroth/Schlink, Grundrechte – Staatsrecht II, 28. Aufl. 2012, S. 37 ff.

21 BVerwGE 64, 55 („Mörderbande-Fall").

22 Schulze-Fielitz (Fn 2), Art. 8 Rn 87.

23 So berechtigt Schäffer Die Polizei 2012, 183.

höht. Neben der Rechtsposition des Art. 8 GG ist auch die Freiheit der Person aus Art. 2 Abs. 2 Satz 2 GG betroffen. Damit kann aber nicht von einer minderschweren Maßnahme gesprochen werden und der methodische Erst-Recht-Schluss *argumentum a maiore ad minus* entfaltet keine Wirkung. Eine Minusmaßnahme liegt vielmehr nur dann vor, wenn der Ingewahrsamnahme zugleich eine *„Ermöglichungsfunktion"* zugeschrieben werden kann. Dies ist beispielsweise dann der Fall, wenn durch die kurzfristige Freiheitsentziehung eine bestehende Gefahr abgewehrt und die Wahrnehmung des hochrangigen Versammlungsrechts im Ergebnis tatsächlich gewährleistet wird. Dies war hier allerdings nicht so. Die NPD-Anhänger wurden gegen 13.00 Uhr in Gewahrsam genommen und die Entlassung erfolgte erst am späten Nachmittag bzw. am Abend und wurde darüber hinaus mit einer nachfolgenden Platzverweisung für den Innenstadtbereich verbunden. Im Übrigen hätten für die Zulässigkeit der Maßnahmen zusätzlich die Voraussetzungen des polizeilichen Notstandes[24] vorliegen müssen, da die Gefahr von gewalttätigen Störern ausgegangen ist und die Argumentation mit einer Missachtung versammlungsbehördlicher Beschränkungen allein nicht tragen kann.

2. Lösungsansätze für die Hauptphase

Etwas anders stellt sich die rechtliche Ausgangslage in der Hauptphase einer Versammlung dar. Die Lückenhaftigkeit des VersG wird primär für das Vorfeld angenommen, so dass sich mit Beginn der Hauptphase alle Maßnahmen unmittelbar am spezialgesetzlichen Gefahrenabwehrrecht zu orientieren haben.

Wie in der Vorphase könnte zwar auch hier mit der *„Schutztheorie"* argumentiert werden. Die mit diesem methodischen Ansatz verbundenen rechtsdogmatischen Schwächen wurden allerdings bereits dargestellt. Und auch ein ausdrücklicher Grundrechtsverzicht wird nur in wenigen Fällen festzustellen sein.

Es ist in Rechtsprechung und Literatur vielmehr weitgehend unstrittig, dass freiheitsentziehende Maßnahmen erst nach dem Ausschluss gröblich störender Versammlungsteilnehmer oder nach Auflösung der Versammlung zulässig sind.[25]

24 Brenneisen/Wilksen (Fn 1), S. 230.

25 BVerfG 26.10.2004, 1 BvR 1726/01, NVwZ 2005, 80; BVerfG 30.4.2007, 1 BvR 1090/06, NVwZ 2007, 1180; OVG Lüneburg 28.6.2013, 11 LA 27/13; OVG Schleswig 14.2.2006, 4 LB 10/05, NordÖR 2006, 16; OVG Münster 2.3.2001, 5 B 273/01, DÖV 2001, 651; BVerwG 14.1.1987, 1 B 219/86, NVwZ 1988, 250; OVG Bremen, 4.11.1986, 1 BA 15/86, DÖV 1987, 253; siehe dazu Kniesel/Poscher (Fn 1), S. 1238; Hettich DÖV 2011, 954; Brenneisen/Wilksen (Fn 1), S. 376; Roos/Bula, Das Versammlungsrecht in der praktischen Anwendung, 2. Aufl. 2009, S. 85; a.M. Schwabe DÖV 2010, 720; ders. DÖV 2011, 961.

Knape/Schönrock konstatieren:[26] „Ausschluss- und Auflösungsverfügung sind insoweit rechtsgestaltende Verwaltungsakte. Sie machen den Weg frei zum allgemeinen Polizei- und Ordnungsrecht." Wird im konkreten Fall anders verfahren, handelt die Polizei rechtswidrig. Zu berücksichtigen ist weiter, dass sich für die Versammlungsteilnehmer durch Ausschluss- oder Auflösungsverfügungen gemäß § 18 Abs. 1 i.V.m. § 11 Abs. 2 bzw. § 13 Abs. 2 VersG als unmittelbare Rechtsfolge eine Entfernungspflicht aber auch ein Entfernungsrecht ergibt. Insofern entfaltet die Versammlungsfreiheit auch einen nachwirkenden Schutz. Allein deshalb sind ausdrückliche und eindeutige Anordnungen geboten. Konkludentes Handeln reicht nicht aus.[27] Insbesondere in den sogenannten *„Kesselentscheidungen"*[28] hat die Verwaltungsgerichtsbarkeit den erweiterten Schutzbereich des Art. 8 GG in Gestalt des freien Abzuges bestätigt.

Fraglich ist, ob der Polizeigewahrsam im Ausnahmefall als Minusmaßnahme zur Auflösung in Betracht kommen kann. Im Gegensatz zu § 15 Abs. 1 und Abs. 2 enthält § 15 Abs. 3 VersG zunächst keine ausdrückliche Befugnis zum Erlass beschränkender Verfügungen. Da minderschweren Maßnahmen jedoch im Rahmen des Übermaßverbotes stets Vorrang zukommt, darf der Schluss von der Auflösungsermächtigung auf die Befugnis zum Erlass beschränkender Verfügungen gezogen werden. Nach dem logischen Schlussverfahren a fortiori sind damit nicht nur beschränkende Verfügungen zum Vollverbot vor einer Versammlung, sondern auch als Minusmaßnahmen zur Auflösung während einer Versammlung möglich.[29] Allerdings kommt der Polizeigewahrsam unter diesen Bedingungen tatsächlich nur in Betracht, wenn er im konkreten Fall kurzfristig angelegt ist, ihm eine *„Ermöglichungsfunktion"* zugeschrieben und das Versammlungsrecht nachhaltig gesichert werden kann.

IV. Entscheidung des VG Schleswig

Im Rahmen einer Fortsetzungsfeststellungsklage durch den Versammlungsleiter hatte das VG Schleswig am 4.2.2013[30] über die polizeilichen Maßnahmen gegen die NPD-Anhänger, die geltend gemachte Verletzung des Versammlungsgrundrechts sowie ein bestehendes Rehabilitationsinteresse des Klägers zu befinden.

26 Knape/Schönrock Die Polizei 2012, 297.

27 Kniesel/Poscher (Fn 1), S. 1238; Knape/Schönrock Die Polizei 2012, 297.

28 Vgl. z.B. VG Hamburg 30.10.1986, 12 VG 2442/86, NVwZ 1987, 829; Übersicht über die wesentliche Rechtsprechung bei Ott/Wächtler/Heinhold (Fn 3), S. 195 ff. und Brenneisen/Wilksen (Fn 1), S. 376.

29 Dietel/Gintzel/Kniesel (Fn 1), S. 306; Brenneisen/Wilksen (Fn 1), S. 351; Roos/Bula (Fn 25), S. 50.

30 VG Schleswig 4.2.2013, 3 A 91/12.

Zunächst ging das Gericht vom Vorliegen einer bereits bestehenden öffentlichen Versammlung aus und begründete diese Annahme damit, dass bereits die „mitgeführten Transparente entrollt und per Megaphon Reden gehalten wurden".

Weiter wurde dargelegt, dass weder von der Versammlungsbehörde noch von der „dafür unzuständigen" Polizei eine Verfügung erteilt worden ist, der die Rechtsqualität einer Auflösung im Sinne von § 15 Abs. 3 VersG beigemessen werden könnte. Unter Bezugnahme auf die Rechtsprechung des BVerfG[31] stellte das Gericht fest: „Da es an einer Versammlungsauflösung fehlte, und der Kläger auch nicht von der Versammlung ausgeschlossen wurde, sind die Ingewahrsamnahme des Klägers sowie der für ihn später ausgesprochene Platzverweis wegen der Sperrwirkung des Versammlungsrechts als rechtswidrig zu bewerten."

Im Hinblick auf die Anwendung der Minusmaßnahmentheorie ergänzte das Gericht, dass die mit dieser Interpretationsmethode verbundenen Grundsätze nur dann herangezogen werden können, „wenn es sich tatsächlich um Maßnahmen handelt, die die Rechte der Versammelten weniger einschränken, als es die Auflösung der Versammlung bewirken würde." Diese Voraussetzungen wurden im vorliegenden Fall allerdings als nicht gegeben angesehen.

V. Bewertung

Das vorgenannte Urteil des VG Schleswig ist in den Grundzügen schlüssig und wird dem hohen Stellenwert des Art. 8 GG gerecht.

Auch wenn das Geschehen durchaus dem Vorfeld zugerechnet werden könnte, ist die Einstufung des Rückmarsches zum Südbahnhof als Teil der Hauptphase einer Versammlung unter Berücksichtigung der gehaltenen Reden und der ausgerollten Transparente nachvollziehbar.

Mit dem Hinweis auf die Sperrwirkung des VersG und der unmissverständlichen Forderung nach einer vorausgehenden Auflösungsverfügung nimmt das Gericht die zitierte Rechtsprechung des BVerfG, der Verwaltungsgerichtsbarkeit sowie die ganz herrschende Literaturmeinung auf. Eine andere Bewertung wäre wegen der Bindungswirkung verfassungsgerichtlicher Leitsätze nach §§ 93c Abs. 1 und § 31 Abs. 1 BVerfGG auch unzulässig gewesen.[32]

Die Ausführungen zur Minusmaßnahmen- und Ergänzungstheorie bewegen sich im Rahmen der gesicherten Rechtsprechung. Aus der Urteilsbegründung kann abgeleitet werden, dass durch den Spruchkörper im Einzelfall auch ein

31 Hier ausdrücklich auf die Entscheidung BVerfG 30.4.2007, 1 BvR 1090/06, NVwZ 2007, 1180.

32 So auch Schwabe DÖV 2010, 720 (trotz heftiger Kritik an den Kammerentscheidungen des BVerfG zur Sperrwirkung der Ausschluss- bzw. Auflösungsverfügung).

kurzfristiger Polizeigewahrsam als milderes Mittel „zur vollständigen Auflösung der Versammlung" als zulässig erachtet wird. Dass dies hier nicht der Fall war, wurde damit begründet, dass alle Versammlungsteilnehmer in Gewahrsam genommen und „von dem Ort der Versammlung fortgeschafft" wurden. Damit war im konkreten Fall erkennbar nicht die nachhaltige Sicherung der Versammlungsfreiheit der betroffenen Personen sondern die Abwehr konkreter Gefahren für die Rechtsordnung des Staates und hochrangige Individualrechtsgüter vorrangiges Ziel der handelnden Polizei.

Nicht durchgehend überzeugend sind hingegen die Ausführungen des Gerichts zu Fragen der Zuständigkeit. Die Vollzugspolizei kann unter den Voraussetzungen der Eilkompetenz des § 168 Abs. 1 Nr. 3 LVwG durchaus für eine Auflösungsverfügung sachlich zuständig sein.[33] Sie fungiert in diesem Fall keinesfalls allein *„als Erklärungsbote"* sondern handelt eigenverantwortlich an Stelle der originär zuständigen Versammlungsbehörde.

VI. Fazit und Ausblick

Als eine der wesentlichen Problemstellungen im Demonstrationsgeschehen haben sich in den letzten Jahren die Unvollständigkeit und die fehlende Bestimmtheit des versammlungsgesetzlichen Normengefüges herauskristallisiert. Insofern ist nach der Föderalismusreform I[34] auf neue und normenklare Ländergesetze, in diesem Fall auf ein überzeugendes Landesversammlungsgesetz für Schleswig-Holstein zu hoffen.

Zumindest die Konturen sind in Schleswig-Holstein auch bereits erkennbar, so dass berechtigt mehr Rechtssicherheit für die betroffenen Grundrechtsträger und die handelnde Verwaltung zu erwarten ist. Neben der Einführung konkreter Befugnisse für das Versammlungsvorfeld wie die Teilnahmeuntersagung und die Einrichtung von Kontrollstellen, soll insbesondere die Anwendbarkeit des allgemeinen Gefahrenabwehrrechts in einem fest definierten Rahmen nach dem Vorbild der *„Ergänzungstheorie"* geregelt werden.[35]

Allerdings kann auch ein neues und dem Bestimmtheitsgebot gerecht werdendes Versammlungsgesetz nicht vor handwerklichen Fehlern bei der Rechtsumsetzung schützen, die im vorliegenden Fall ohne Zweifel zu bemängeln und der Urteilsbegründung des VG Schleswig deutlich zu entnehmen sind. Berechtigt

33 Brenneisen/Wilksen (Fn 1), S. 222.

34 Enders et al. (Fn 4), S. 1; zu den bereits vorliegenden Gesetzen siehe Brenneisen/Wilksen (Fn 1), S. 67 ff. und Dietel/Gintzel/Kniesel (Fn 1), S. 439 ff.

35 Vgl. dazu Gesetzentwurf der FDP-Fraktion, LT-Drucks. SH 18/119 und Änderungsantrag der Fraktionen von SPD, Bündnis 90/Die Grünen und der Abgeordneten des SSW, LT-Umdruck SH 18/1269; siehe auch Brenneisen et al. (Fn 10), S. 11.

stellen Knape/Schönrock fest:[36] „Die Einheit von Recht und Taktik ist evident.“ Auch in besonders stressbelasteten Einsatzsituationen ist daher durch geeignete Verfahren sicherzustellen, dass alle taktischen Maßnahmen unmittelbar am Recht ausgerichtet werden.

36 Knape/Schönrock Die Polizei 2012, 297.

Martin H. W. Möllers

Bundesverfassungsgerichtsentscheidungen zum Demonstrationsrecht zwischen „Staatsräson", „Rechtsprechungstradition", „Liberalismus" und „Zeitgeist"

I. Einleitung zur Grundrechts-Rechtsprechung des Bundesverfassungsgerichts

In den Entscheidungen des Bundesverfassungsgerichts (BVerfG) sind Grundrechte subjektiv-öffentliche „Abwehrrechte" der Menschen gegen alle Maßnahmen des Staates. Nur über die Konstruktion,[1] dass die Grundrechte gleichzeitig Elemente objektiver Wertordnung sind, können sie auch im „nichtstaatlichen", zivilrechtlichen Bereich eine – jedoch nur mittelbare – Wirkung zwischen „Privatrechtssubjekten" entfalten, zumeist über die sog. Generalklauseln des BGB, die im Lichte der Grundrechte auszulegen sind.[2]

Diese systematische Konzeption der Staatsbezogenheit der Grundrechte bedingt eine „liberal-etatistische" Ambivalenz: Denn auf der einen Seite lässt sich in der Rechtsprechung des BVerfG immer wieder eine „echte" Liberalität nachweisen, die sowohl den Konflikt mit den höchstrichterlichen Fachgerichten nicht scheut, als auch den aktuellen Versuchungen des „Zeitgeistes" meistens widersteht, die Menschenrechte angesichts angespannter Sicherheitslagen einfach drastisch einzuschränken. Andererseits verhält sich dieses Verständnis auf den Staat bezogener Abwehrrechte blind gegenüber allen „nichtstaatlichen" Formen von politischer Macht, sodass der Grundrechtsschutz hier leer läuft. Dabei zeigt sich zugleich eine Traditionslinie der Grundrechtsinterpretation, die dem BVerfG nicht nur einen erheblichen Entscheidungsspielraum eröffnet, sondern seine Entscheidungen bisweilen ganz erheblich zulasten der individuellen Freiheit „staatsräsonistisch" kippen lässt.[3] Diese Ambivalenz des „liberalen Etatismus" lässt sich nachfolgend beispielhaft an der Rechtsprechung zur Demonstrations- und Versammlungsfreiheit darstellen. Ob in dieser Rechtsprechungstradition auch die jüngeren Entscheidungen des BVerfG zum Demonstrationsrecht liegen, soll die anschließende Untersuchung zeigen.

1 Seit dem Lüth-Urteil ständige Rechtsprechung: BVerfGE 7, 198 – Lüth (1958).

2 Vgl. Classen AöR 1997, 65; Möllers, Grundrechtsschutz bei Polizeimaßnahmen, 2013, S. 42 f.

3 Z. B. Ladeur, Meinungsfreiheit, in: Däubler/Küsel (Hrsg.), Verfassungsgericht und Politik, 1979, S. 102.

II. Der Brokdorf-Beschluss als Grundsatzentscheidung des Bundesverfassungsgerichts

Bis zur ersten Grundsatzentscheidung des BVerfG zum Demonstrationsrecht im so genannten „Brokdorf-Beschluss" vom 14. Mai 1985[4] wurde überwiegend in der Bevölkerung davon ausgegangen, dass Versammlungen unter freiem Himmel einer „Genehmigung" des Staatsapparats bedürften. Der Erste Senat nutzte die herangetragene Verfassungsbeschwerde, ausführlich die Bedeutung, Funktion und den Umfang der Versammlungsfreiheit zu erörtern.[5]

Die Anerkennung der Versammlungsfreiheit als demokratisches Teilhaberecht schrieb das Gericht gleich im 1. Leitsatz fest. Es übernahm damit anerkannte Auffassungen in der Literatur, dass Versammlungen wesentliches Element demokratischer Offenheit sind und die Möglichkeit zur öffentlichen Einflussnahme auf den politischen Prozess bieten. Es stufte die Versammlungsfreiheit nicht nur als Mittel der politischen Einflussnahme ein, sondern etablierte es als Ausdruck von unmittelbarer Demokratie. Denn in einer Gesellschaft, in welcher der direkte Zugang zu den Medien und die Chance, sich durch sie zu äußern, auf wenige beschränkt ist, verbleibt dem Einzelnen neben seiner organisierten Mitwirkung in Parteien und Verbänden im allgemeinen nur eine kollektive Einflussnahme durch Inanspruchnahme der Versammlungsfreiheit für Demonstrationen.[6] Ob tatsächlich durch das Veranstalten von Demonstrationen Staatsgewalt ausgeübt werde, ist später in der Literatur bezweifelt worden.[7]

Das BVerfG räumte der Versammlungsfreiheit einen besonderen Rang als Freiheit zur kollektiven Meinungskundgabe und Berücksichtigung des Minderheitenschutzes im parlamentarischen Repräsentativsystem zu, indem das Selbstbestimmungsrecht des Veranstalters über Ort, Zeitpunkt, Art und Inhalt der Veranstaltung festgeschrieben wurde. Außerdem flankierte das Gericht die demokratische Bedeutung des Demonstrationsrechts mit entsprechenden Regelungen über die verfassungsmäßigen Anforderungen an Beschränkung, Verbot und Auflösung einer Versammlung.

Das BVerfG sah die Versammlungsfreiheit im Zusammenhang mit der freien Entfaltung der Persönlichkeit nach Art. 2 Abs. 1 GG, die gemeinsam mit der Vereinigungsfreiheit gemäß Art. 9 GG die Persönlichkeitsentfaltung in Gruppen-

4 BVerfG 14.5.1985, 1 BvR 233, 341/81, NJW 1985, 2395, BVerfGE 69, 315-372.
5 Pabel BVerfGE 69, 315 – Brokdorf, in: Menzel (Hrsg.), Verfassungsrechtsprechung, 2000, S. 373.
6 BVerfG 14.5.1985, 1 BvR 233, 341/81, NJW 1985, 2395, BVerfGE 69, 315, 346 f.
7 Vgl. Pabel (Fn 5), S. 375, Götz DVBl.1985, 1347-1352.

form gewährleisten soll,[8] und legte sich im Brokdorf-Beschluss ganz liberal auf einen weiten Versammlungsbegriff fest. Danach schützt die Versammlungsfreiheit „Versammlungen und Aufzüge – im Unterschied zu bloßen Ansammlungen oder Volksbelustigungen – als Ausdruck gemeinschaftlicher, auf Kommunikation angelegter Entfaltung... Dieser Schutz ist nicht auf Veranstaltungen beschränkt, auf denen argumentiert und gestritten wird, sondern umfaßt vielfältige Formen gemeinsamen Verhaltens bis hin zu nicht verbalen Ausdrucksformen. Es gehören auch solche mit Demonstrationscharakter dazu, bei denen die Versammlungsfreiheit zum Zwecke plakativer oder aufsehenerregender Meinungskundgabe in Anspruch genommen wird."[9] Die strengen Anforderungen an Verbot und Auflösung einer Versammlung übertrug das BVerfG schon auf die Beschränkungen der Versammlungsfreiheit mit dem Ziel, staatliche Eingriffe in das Grundrecht abzuwehren. Ausgangspunkt dafür war die Bestimmung, die Wechselwirkungslehre auch im Bereich der Versammlungsfreiheit anzuwenden.[10] „Die grundrechtlich geschützte Versammlungsfreiheit hat nur dann zurückzutreten, wenn eine Güterabwägung unter Berücksichtigung der Bedeutung des Freiheitsrechts ergibt, dass dies zum Schutz anderer gleichwertiger Rechtsgüter notwendig ist."[11] Da das Grundrecht und nicht das Versammlungsgesetz die Zulässigkeit von Versammlungen und Aufzügen verbürge, kann das VersG lediglich Beschränkungen vorsehen, die zur Aufrechterhaltung der öffentlichen Sicherheit oder Ordnung[12] erforderlich sind.

Daraus ergab sich für das Gericht, dass bei Spontandemonstrationen die Pflicht zur rechtzeitigen Anmeldung entfällt.[13] Es stellte außerdem fest, dass das unfriedliche Verhalten einzelner Versammlungsteilnehmer nicht schon zur Auflösung einer Demonstration führen kann, denn unfriedliche Täter hätten es sonst in der Hand, „Demonstrationen, umzufunktionieren‘ und entgegen dem Willen der anderen Teilnehmer rechtswidrig werden zu lassen."[14] Die Polizei habe den friedlichen Teil der Versammlung zu schützen, Provokationen und Aggressions-

8 Herzog, in: Maunz/Dürig u. a.: Grundgesetz, Loseblatt-Kommentar, 45. Ergänzungslieferung, 2005, Art. 8 Rn 13. Herzogs Kommentierung erfolgte unmittelbar nach dem „Brokdorf-Beschluss" in der 26. Ergänzungslieferung Ende der 1980er Jahre.

9 BVerfG 14.5.1985, 1 BvR 233, 341/81, NJW 1985, 2395, BVerfGE 69, 315, 343.

10 BVerfG 14.5.1985, 1 BvR 233, 341/81, NJW 1985, 2395, BVerfGE 69, 315, 348 f.

11 BVerfG 14.5.1985, 1 BvR 233, 341/81, NJW 1985, 2395, BVerfGE 69, 315, 353; zustimmend auch der EuGH 12.6.2003, Rs. C-112/00 (Schmidberger), EuZW 2003, 592; Kutscha, Marktfreiheiten contra Grundrechte, in: Müller-Heidelberg u. a. (Hrsg.), Grundrechte-Report 2004, S. 93-96.

12 Begriffsdefinitionen BVerfG 14.5.1985, 1 BvR 233, 341/81, NJW 1985, 2395, BVerfGE 69, 315, 351.

13 Vgl. Dietel/Gintzel/Kniesel, Demonstrations- und Versammlungsfreiheit. Kommentar zum Gesetz über Versammlungen und Aufzüge vom 24. Juli 1953, 14. Aufl. 2005, § 14 VersG Rn 18 ff., insb. 21 f. m. w. N.

14 BVerfG 14.5.1985, 1 BvR 233, 341/81, NJW 1985, 2395, BVerfGE 69, 315, 361.

anreize zu unterlassen und mit dem Veranstalter der jeweiligen Versammlung zu kooperieren.

Resümierend ist zur liberalen Brokdorf-Entscheidung hervorzuheben, dass sie die etatistische Rechtsprechungstradition durchbrach und das Bürgerrecht der Demonstrationsfreiheit erheblich stärkte. Der Beschluss hatte auf die Rechtsprechung der Verwaltungsgerichte und infolgedessen auch auf die polizeilichen Maßnahmen erheblichen Einfluss genommen. Gab es noch in den ersten 1980er Jahren die berüchtigten „Polizeikessel“,[15] die einher gingen mit weiträumigen Absperrungen und Kontrollen sowie massenhafter Ingewahrsamsnahme, ist inzwischen vermehrt das Prinzip der Deeskalation bei der Polizei eingetreten.[16]

Inzwischen ist das BVerfG aber wieder von dem im Brokdorf-Beschluss vertretenen *weiten* Versammlungsbegriff abgerückt, indem es den Versammlungszweck auf die Teilhabe an der öffentlichen Meinungsbildung beschränkte.[17]

III. Die Folgewirkungen des liberalen Brokdorf-Beschlusses auf aktuelle Entscheidungen des Bundesverfassungsgerichts zum Demonstrationsrecht

Diese und auch spätere versammlungsfreundliche Grundentscheidungen des BVerfG führten auf der negativen Seite dazu, dass Versammlungen und Aufmärsche von Rechtsextremisten durchgeführt werden konnten, weil sie die Billigung der zuständigen Verwaltungsgerichte erhielten.[18] Deshalb hatte auch das BVerfG immer wieder maßgebende Entscheidungen zum Versammlungsrecht zu treffen. Von besonderer Bedeutung in jüngerer Zeit waren darunter der sog. Wunsiedel-Beschluss vom 4. November 2009[19] und das sog. Fraport-Urteil vom 22. Februar 2011.[20]

15 Vgl. Kutscha, in: Roggan/Kutscha (Hrsg.), Handbuch zum Recht der Inneren Sicherheit, 2. Aufl. 2006, S. 49 ff.; vgl. Hofmann-Hoeppel DÖV 1992, 867 ff.

16 Zu den Entwicklungen der polizeilichen Maßnahmen nach der Brokdorf-Entscheidung vgl. insb. Pabel (Fn 5), S. 377 f. und Kutscha, Demonstrationsfreiheit, 1986, S. 28.

17 BVerfG 24.10.2001, 1 BvR 1190/90; 1 BvR 2173/93; 1 BvR 433/96, NJW 2002, 1031; BVerfGE 104, 92, 104; kritisch Tschentscher NVwZ 2001, 1243-1246; vgl. auch Dietel/Gintzel/Kniesel, a. a. O. (Fn 13), § 1 VersG Rn 8; Pieroth/Schlink, Grundrechte, 21. Aufl. 2005, Rn 693.

18 Vgl. Kutscha NJ 2001, 346 f.; Röger, Demonstrationsfreiheit für Neonazis?, 2004, S. 12; Höllein NVwZ 1994, 635.

19 BVerfG 4.11.2009, 1 BvR 2150/08, Abs. 1-110.

20 BVerfG 22.2.2011, 1 BvR 699/06, Abs. 1-128.

1. Der Wunsiedel-Beschluss im Lichte der Brokdorf-Entscheidung

Die von Rechtsextremisten für den 20. August 2005 angemeldete Versammlung am Grab von Rudolf Heß in Wunsiedel mit dem Thema „Gedenken an Rudolf Heß“ und dem Motto „Seine Ehre galt ihm mehr als die Freiheit“[21] wurde durch Polizei und Verwaltungsgericht unter Hinweis auf die Gefährdung der öffentlichen Sicherheit, die in der Verletzung des neu eingeführten § 130 Abs. 4 StGB gesehen wurde, verboten. Der Erste Senat des BVerfG hielt die Verbotsverfügung für verfassungsgemäß und wies die Verfassungsbeschwerde ab. Kernpunkt der Entscheidung ist vor allem die Feststellung, dass § 130 Abs. 4 StGB mit dem Grundgesetz vereinbar ist, obwohl die Rechtsvorschrift kein „allgemeines Gesetz“ i. S. d. Art. 5 Abs. 2 GG darstellt.

Seit dem Lüth-Urteil gilt, dass „allgemeine Gesetze“ i. S. d. Art. 5 Abs. 2 GG Normen sind, die sich weder gegen bestimmte Meinungen als solche richten noch Sonderrecht gegen den Prozess freier Meinungsbildung darstellen.[22] Die Allgemeinheit des Gesetzes ist damit Ausdruck des Verbots der Ungleichbehandlung nach Art. 3 Abs. 3 S. 1 GG.[23] Dagegen sind Gesetze, die sich gegen eine bestimmte Meinung als solche richten und ignorieren, dass niemand wegen seiner politischen Anschauungen benachteiligt oder bevorzugt werden darf, Sondergesetze.[24] § 130 Abs. 4 StGB stellt ein solches Sonderrecht dar, indem es die Billigung, Verherrlichung und Rechtfertigung lediglich der nationalsozialistischen Gewalt- und Willkürherrschaft, nicht aber anderer totalitärer Gewalt- und Willkürherrschaften unter Strafe stellt. Das BVerfG sieht mit der Begründung, dass „für Bestimmungen, die der propagandistischen Gutheißung der nationalsozialistischen Gewalt- und Willkürherrschaft Grenzen setzen, eine Ausnahme vom Verbot des Sonderrechts für meinungsbezogene Gesetze immanent“ sei.[25] Damit weicht das Gericht von seiner bis dahin strikten Rechtsprechungstradition ab.

Mit dieser Interpretation beschreitet das BVerfG einen neuen Weg und kehrt von seiner bisherigen Rechtsprechung ab. Es begründet diese Ausnahme zusätzlich damit, dass propagandistische Gutheißung der historischen nationalsozialistischen Gewalt- und Willkürherrschaft nicht zuletzt auch im Ausland tiefgreifende Beunruhigung auslösen können.[26]

21 BVerfG 4.11.2009, 1 BvR 2150/08, Abs. 7.
22 BVerfG 15.1.1958, 1 BvR 400/51, NJW 1958, 257; BVerfGE 7, 198, 209, 210.
23 Schaefer DÖV 2010, 383.
24 So schon Anschütz, Die Verfassung des Deutschen Reichs vom 11. August 1919, Nachdruck 1960, Art. 118 WRV Nr. 3, S. 554.
25 BVerfG 4.11.2009, 1 BvR 2150/08, 1. Leitsatz.
26 BVerfG 4.11.2009, 1 BvR 2150/08, Abs. 66.

Der Wunsiedel-Beschluss markiert daher eine Zäsur, die bereits ihre Kritiker gefunden hat.[27] Denn durch diese Entscheidung wird ausdrücklich Sonderrecht gegen rechtsextreme Ansichten gerechtfertigt. Der Bruch mit dem herkömmlichen Verständnis der Meinungsfreiheit und das Eintreten für eine strafgesetzliche Gesinnungskontrolle durch das BVerfG[28] lässt sich nur damit erklären, dass der „Zeitgeist" über den „Liberalismus" gesiegt hat.

Dass der Erste Senat mit dieser Entscheidung nicht komplett zufrieden war, lässt sich daran erkennen, dass es in „Rechtsprechungstradition" seit Brokdorf staatliche Beschränkungen der Meinungsfreiheit nur dann als legitim ansieht, wenn sie auf Unterbindung von Rechtsgutverletzungen zielen und „die Schwelle zur individualisierbaren, konkret fassbaren Gefahr einer Rechtsverletzung überschritten"[29] wird. Dies sei insbesondere bei Meinungsäußerungen gegeben, die über die Überzeugungsbildung hinaus mittelbar auf Realwirkungen angelegt sind. Die Beabsichtigung von Realwirkungen sieht das BVerfG vor allem bei Appellen zum Rechtsbruch, bei aggressiven Emotionalisierungen oder bei der Herabsetzung von Hemmschwellen, sodass rechtsgutgefährdende Folgen unmittelbar ausgelöst werden können.[30] Das BVerfG unterscheidet somit „rein geistige Wirkungen" und „rechtsverletzende Wirkungen", räumt aber zugleich ein:[31] „Rein geistige Wirkungen und rechtsverletzende Wirkungen von Meinungsäußerungen stehen dabei nicht in strenger Alternativität zueinander. Sie sind nicht rein formal abgrenzbar und können sich überschneiden."[32] Wann denn eine Demonstration von Rechtsextremisten „nur" eine rein geistige Wirkung erzielen oder wann rechtsverletzende Wirkungen eintreten, wird letztlich von der persönlichen Einstellung der Entscheidungsträger abhängen und daher willkürlich sein. Das lässt sich etwa an dem Beschluss der 1. Kammer des Ersten Senats zur Demo gegen die Wehrmachtsausstellung in Bielefeld mit dem Motto „Die Soldaten der Wehrmacht waren Helden, keine Verbrecher" ablesen, von der – so das Gericht – nur eine rein geistige Wirkung ausgehen sollte.[33]

2. Das Fraport-Urteil im Lichte der Brokdorf-Entscheidung

Die Fraport AG wurde und wird mehrheitlich von der öffentlichen Hand gehalten. Sie ist Eigentümerin des Flughafengeländes und betreibt den Flughafen

27 Vgl. Schaefer DÖV 2010, 379-387; Volkmann NJW 2010, 417-420.
28 Vgl. Schaefer DÖV 2010, S. 380 f.
29 BVerfG 4.11.2009, 1 BvR 2150/08, Abs. 73.
30 Ebd.
31 Im Ergebnis Schaefer DÖV 2010, S. 381.
32 BVerfG 4.11.2009, 1 BvR 2150/08, Abs. 75.
33 BVerfG 1.3.2002, 1 BvQ 5/02, NVwZ 2002, 982. Vgl. Möllers, in: Möllers/van Ooyen, Bundesverfassungsgericht und Öffentliche Sicherheit 1, 3. Aufl. 2013, S. 125 ff.

Frankfurt/M. In der von ihr aufgestellten, vom Land Hessen genehmigten Flughafenbenutzungsordnung (FBO) wurden seit 2008 Versammlungen in den Gebäuden des Flughafens ausdrücklich generell verboten. Eine Aktivistin der „Initiative gegen Abschiebungen“ hatte mit fünf weiteren Mitgliedern in der Abflughalle im März 2003 an einem Abfertigungsschalter Flugblätter verteilt und daraufhin von der Fraport AG ein „Flughafenverbot“ erhalten. Dagegen klagte sie erfolglos durch alle drei Instanzen. Vor dem BVerfG hatte die Verfassungsbeschwerde Erfolg, da mit dem Urteil des Ersten Senats alle Urteile aufgehoben wurden.

In seinem ersten Leitsatz erweitert das BVerfG die Grundrechtsbindung des Staates auch auf privatrechtlich organisierte Unternehmen, soweit sie mehrheitlich im Eigentum des Staates stehen.[34]

Die Grundrechtsgebundenheit des privaten Verwaltungshandelns ist – außer für das so genannte Verwaltungsprivatrecht – in der Rechtswissenschaft nach wie vor umstritten.[35] Allerdings ist festzustellen, dass Art. 1 Abs. 3 GG keine Differenzierung vorsieht, sodass der Staat selbst bei Geschäften des täglichen Bedarfs und bei der Auftragsvergabe der Grundrechtsbindung unterliegen muss. Denn er handelt nicht als grundrechtsgeschützter Privater sondern im Gemeinwohlinteresse; dieses öffentliche Interesse ist damit die Grundmotivation allen staatlichen Handelns und auf keinen Fall die Privatnützigkeit.[36] Insofern ist von der Grundrechtsgebundenheit des privaten Verwaltungshandelns grundsätzlich auszugehen.[37] Unbestritten ist daher die Annahme der Grundrechtsbindung für juristische Personen des Privatrechts, die im Alleineigentum des Staates liegen. Im Urteil des BVerfG ist die Sachlage jedoch insofern anders, als die Fraport AG neben den hoheitlichen Eigentümern im Jahre 2003 auch rund 30 % Eigentümer in privatem Streubesitz hatte, die inzwischen auf 48 % angewachsen sind.[38] Die Fraport AG ist somit ein gemischtwirtschaftliches Unternehmen. Die besondere Problematik könnte außerdem darin liegen, dass die öffentlichen Anteilseigentümer verschiedenen Trägern staatlicher Gewalt angehörten, nämlich dem Bund, dem Land Hessen und der Kommune Frankfurt/M., die ihrerseits über ein hundertprozentiges Tochterunternehmen beteiligt ist. Zu bedenken ist jedoch, dass Grundmotivation allen staatlichen Handelns *das öffentliche Interesse* ist. Dieses ist unteilbar und unabhängig von parteipolitischen Belangen. In diesem öffentli-

34 BVerfG 22.2.2011, 1 BvR 699/06, Abs. 1-128., 1.Leitsatz.

35 Zu den unterschiedlichen Auffassungen vgl. Ehlers, Verwaltung in Privatrechtsform, 1984.

36 Höfling, in: Sachs (Hrsg.), Grundgesetz, Kommentar, 6. Aufl. 2011, Art. 1 Rn 103.

37 Vgl. Starck, in: von Mangoldt/Klein/Starck (Hrsg.), Kommentar zum Grundgesetz in 3 Bänden, 6. Aufl. 2010, Art. 1 Rn 221; Jarass, in: Jarass/Pieroth, Grundgesetz für die Bundesrepublik Deutschland, Kommentar, 12. Aufl. 2012, Art. 1 Rn 25; Herdegen, in: Maunz/Dürig u. a.: Grundgesetz, Loseblatt-Kommentar, 67. Ergänzungslieferung, 2012, Art. 1 Rn 95.

38 BVerfG 22.2.2011, 1 BvR 699/06, Fn 20, Abs. 2.

chen Interesse ist der „Interessengleichlauf" zu sehen. Dass erst eine verbindliche Koordination der Einflusspotentiale gesellschaftsrechtlich verankert sein muss, widerspricht der Ausgangslage.[39] Das Bundesverfassungsgericht hat somit die Grundrechtsbindung des Staates auch auf privatrechtlich organisierte Unternehmen erweitert, soweit sie mehrheitlich im Eigentum des Staates stehen, unabhängig davon, ob die öffentlichen Anteilseigentümer verschiedenen Trägern staatlicher Gewalt angehören.

Durch diese Grundrechtsbindung hat das BVerfG die Versammlungsfreiheit und die Meinungsfreiheit räumlich zunächst ausgedehnt, indem es den Schutzbereich der Grundrechte in die Abfertigungshallen des Flughafengebäudes des Frankfurter Flughafens hinein erweitert und die Abfertigungshallen zu einem öffentlichen Forum erklärt, weil „die Kommunikationsfunktion der öffentlichen Straßen, Wege und Plätze zunehmend durch weitere Foren wie Einkaufszentren, Ladenpassagen oder sonstige Begegnungsstätten ergänzt wird". Das Gericht geht aber – in einem obiter dictum – noch weiter, indem es bei dieser Gelegenheit seine rechtspolitische Auffassung mitteilt, dass sogar solche Kommunikationsräume, die gänzlich in privater Trägerschaft liegen, ebenfalls vom Schutzbereich der Versammlungsfreiheit erfasst werden, soweit Private im Wege der mittelbaren Drittwirkung in Anspruch genommen werden können.[40] Ob die Flächen sich in eigenen Anlagen befinden oder in Verbindung mit Infrastruktureinrichtungen stehen, ob sie überdacht oder im Freien angesiedelt sind, sei grundrechtlich ebenso unerheblich wie die rechtliche Basis, also, ob ein solcher Kommunikationsraum mit den Mitteln des öffentlichen Straßen- und Wegerechts oder des Zivilrechts geschaffen wird. Denn zwischen der Eröffnung eines Verkehrs zur öffentlichen Kommunikation durch den grundrechtsverpflichteten Staat und der Versammlungsfreiheit bestehe ein unaufhebbarer Zusammenhang.[41] Durch die Genehmigung des Staates, dass in Einkaufszentren und Ladenpassagen Verkehr zur öffentlichen Kommunikation eröffnet wird, werden Private im Wege der mittelbaren Drittwirkung in Anspruch genommen, sodass sie die Versammlungsfreiheit in ihren öffentlichen Kommunikationsräumen grundsätzlich zulassen müssen.

Es ist nicht davon auszugehen, dass staatliches Handeln darauf abzielt, durch eine Privatisierung des öffentlichen Raums die für Versammlungen zur Verfügung stehenden Flächen merklich zu beschneiden. Das Urteil des BVerfG bestimmt jedenfalls, dass eben solche Absichten nicht zur Aufhebung der Grundrechtsbindung führen. Insofern ist das Urteil richtungsweisend. Allerdings sind

39 Höfling (Fn 36), Art. 1 Rn 103.
40 BVerfG 22.2.2011, 1 BvR 699/06, Abs. 68, vgl. auch Abs. 124.
41 BVerfG 22.2.2011, 1 BvR 699/06, Abs. 68.

Versammlungen nur dort geschützt, „wo ein allgemeiner öffentlicher Verkehr eröffnet ist.“[42] Kein Zutrittsrecht wird zu beliebigen Orten gewährt.

Das BVerfG hat mit dieser Entscheidung das Demonstrationsrecht seit Brokdorf weiter gestärkt und herausgestellt, dass Versammlungen nicht unter einen generellen Erlaubnisvorbehalt auf der Grundlage des Hausrechts gestellt werden dürfen. Allerdings erkennt es eine Anzeigepflicht nicht nur gegenüber der zuständigen Behörde sondern auch gegenüber dem Flughafenbetreiber an.[43] „Verhältnismäßig ist diese jedoch nur, sofern sie nicht ausnahmslos gilt, sondern Spontan- oder Eilversammlungen zulässt, und ein Verstoß gegen die Anmeldepflicht nicht automatisch das Verbot der Versammlung zur Folge hat.“[44] Hier schließt sich der Kreis der „Rechtsprechungstradition“: Ein bisschen dem „Zeitgeist“ geschuldeter Liberalismus für die Menschen und pragmatische „Staatsräson“ zur Vermeidung von Rechtskollisionen – eben „liberaler Etatismus“.

42 BVerfG 22.2.2011, 1 BvR 699/06, Abs. 66. Vgl. auch Kutscha KJ 2011, 223 ff.

43 BVerfG 22.2.2011, 1 BvR 699/06, Abs. 89.

44 BVerfG 22.2.2011, 1 BvR 699/06, Abs. 89; vgl. mit Blick auf den Brokdorf-Beschluss BVerfG 14.5.1985, 1 BvR 233, 341/81, NJW 1985, 2395, BVerfGE 69, 315, 350 f. sowie 85, 69 (74 f.).

Elke Steven

Kein Ende in Sicht – Zum Streit um die Grundrechte auf Versammlungs- und Meinungsfreiheit

I. Unbelehrbar und rechtswidrig

Als im Jahr 2012 ein breites Bündnis von Gruppen und Organisationen unter dem Namen „Blockupy" im Mai zu Protesten gegen die europäische Krisenpolitik und die Verarmung breiter Bevölkerungsgruppen in der EU aufrief, versuchte die Stadt Frankfurt, die Innenstadt gänzlich für Versammlungen zu sperren. Das Ordnungsamt erließ für vier Tage ein Versammlungsverbot für Blockupy, das auch für alle anderen Versammlungen in der Stadt gelten sollte, und teilte mehr als 400 Bürgern und Bürgerinnen mit, dass sie zugleich ein Aufenthaltsverbot für die gesamte Innenstadt hätten. Die Stadt Frankfurt befürchtete, von diesen Protesten gingen schwerwiegende Gefahren für die Stadt aus. Die Vielzahl der Demonstrierenden und die beabsichtigten Blockaden könnten den „Frankfurter Einwohnern und den hier Geschäftsansässigen sowie den Reisenden und allen übrigen Menschen, die sich an diesen Tagen in die Frankfurter Innenstadt begeben (…) in Abwägung ihrer ebenfalls schützenswerten Grundrechte nach Artikel 2 (Freiheit der Person), 4 (Gewissensfreiheit), 12 (Berufsfreiheit), 14 (Eigentum; alle Erläuterungen durch d. Verf.) des Grundgesetzes nicht zugemutet werden", teilte sie in den Verbotsverfügungen mit. Insbesondere wurde befürchtet, die Funktionsfähigkeit der Europäischen Zentralbank wie auch anderer Banken könnte beeinträchtigt werden. Erst Klagen führten zur Ermöglichung einer Demonstration am Samstag und zur Aufhebung der Aufenthaltsverbote. Erst nachträglich führte die Klage gegen das Verbot einer vom Komitee für Grundrechte und Demokratie angemeldeten „Versammlung für das uneingeschränkte Grundrecht auf Versammlungsfreiheit" zur Feststellung, dass dieses rechtswidrig war.[1]

Auch im Jahr 2013 meldete das Bündnis von Blockupy Versammlungen in der Stadt Frankfurt an. Immerhin konnte der Streit um ein Camp, von öffentlicher Aufmerksamkeit und Protest begleitet, diesmal so geführt werden, dass ein Camp auf dem Rebstockgelände möglich wurde. Auch die Großdemonstration wurde vom Ordnungsamt der Stadt nicht gänzlich verboten, sondern „nur" mit

1 Verwaltungsgericht Frankfurt 10.10.2012, 5 K 2229/12.F.

Auflagen bedacht. Neben weiteren zu beklagenden Auflagen, wollte die Stadt den Demonstrationszug nur weit außerhalb der City, am Main entlang ziehen lassen. Sie argumentierte, jede Nähe zur Europäischen Zentralbank gefährde die öffentliche Sicherheit. Die Klage des Anmelders hatte bezüglich der Wegstrecke Erfolg. Das Gericht befand, dass die Gefahr nicht konkret belegt sei und entschied, der Demozug könne seinen gewünschten Weg gehen.

Diese Niederlage mochte die Stadt nicht hinnehmen. Die Großdemonstration wurde am Samstag kurz nach ihrem Start polizeilich verhindert. Die inhaltlichen Auseinandersetzungen, die die Öffentlichkeit erreichenden Kundgebungen, die beabsichtigten gemeinsamen Planungen eines europäischen Protests konnten nicht stattfinden. Ein Demonstrationszug durch die Frankfurter Innenstadt war unmöglich. Über neun Stunden wurden ca. 1.000 Demonstrierende unmittelbar von der Polizei eingekesselt, die anderen Teilnehmenden waren sozusagen psychisch mit festgesetzt. Wie hätten sie einen Teil ihres gemeinsamen Zuges einfach alleine der Polizeigewalt überlassen können? Der von einem breiten Bündnis getragenen Demonstration war das Grundrecht auf Versammlungsfreiheit entzogen. Oberste Einsatzleitung und Ordnungsbehörde verhinderten jeden Kompromiss zwischen örtlicher Einsatzleitung und Versammlungsleitung und bestanden auf einer individuellen Kontrolle aller Eingeschlossenen.

Das polizeiliche Vorgehen gegen die Blockupy-Demonstration in Frankfurt am 1. Juni 2013, das politisch zu verantworten ist, macht deutlich, dass sich am obrigkeitsstaatlichen Umgang mit Demonstrationen seit Jahrzehnten kaum etwas verändert hat.

II. Polizeikessel

Eine halbe Stunde nach Aufbruch der Demo drangen martialisch ausgerüstete Polizeieinheiten kurz hinter der Spitze der Demonstration und weitere Einheiten hinter dem antikapitalistischen Block in die Demo ein. Die Polizei erklärte, dieser Teil von ca. 1.000 Demonstrierenden sei aus der Versammlung ausgeschlossen. Die anderen Demonstrierenden könnten ihren Weg fortsetzen. Sie wolle die Personen dieses Blocks durchsuchen und durch eine Personenkontrolle schleusen. Es zeugt von keinerlei Verständnis für das Grundrecht auf Versammlungsfreiheit, zu glauben, man könnte einen Teil einer Demonstration einfach polizeilich ausschließen und die anderen würden sich darum nicht kümmern und weiterziehen.

Am Anfang flogen zwei oder drei Farbbeutel, ansonsten nahm dieser Block von „gewaltbereiten und vermummten Straftätern“ – wie die Polizei behauptete – diese Provokation hin und führte damit der Öffentlichkeit vor, wie gewalttätig die vermummte Polizei und die hinter ihr stehende Politik sind. Nach fast sechs Stunden begann die Polizei, in den Kessel einzudringen und führte die Personen unter Anwendung schmerzhafter Polizeigriffe ab. Verletzte blieben auf der Straße liegen und mussten von Sanitätern behandelt werden.

Seit dem „Hamburger Kessel" 1986 ist juristisch geklärt, dass solche polizeilichen Kessel rechtswidrig sind. Die Polizei hatte damals eine entstehende Versammlung in eine Ecke getrieben und über Stunden eingekesselt. Die Polizei argumentierte, sie hätte eine Auflösungsverfügung „durch schlüssiges Verhalten, nämlich durch die Einschließung, erlassen. Sie glaubte, Teilnehmer hätten sich passiv bewaffnet, z. B. durch wetterfeste Kleidung, und ein milderes Mittel hätte sie nicht gefunden. Das Verwaltungsgericht Hamburg urteilte klar und eindeutig,[2] dass ein solches Vorgehen gegen eine Versammlung rechtswidrig ist. „Das pauschale Vorgehen der Beklagten, ohne Rücksicht darauf, ob sie friedliche oder störende Teilnehmer vor sich hatte, wurde der Bedeutung der Versammlungsfreiheit nicht gerecht." „Eingriffe in die Versammlungsfreiheit sind Eingriffe in ein für die Demokratie konstitutives Grundrecht ..." Die Kläger erstritten damals vor Zivilgerichten ein Schmerzensgeld von 200,- DM.

Seit dem Brokdorf-Beschluss des Bundesverfassungsgerichts von 1985 stellen Gerichte immer wieder fest, dass polizeiliche Maßnahmen rechtswidrig waren. Martin Kutscha schreibt: „Aber der,Brokdorf-Beschluss' gehört vermutlich in der Tat zu denjenigen Verfassungsgerichtsentscheidungen, die von der Exekutive am häufigsten missachtet werden (...) Es gibt wohl kaum einen anderen öffentlichrechtlichen Bereich, in dem die Verwaltungsgerichte so häufig (mitunter auch erst im Nachhinein) die Rechtswidrigkeit staatlichen Handelns feststellen mussten."[3] So sind auch seit 1986 immer wieder Demonstrierende eingekesselt worden und ist immer erneut von Gerichten nachträglich festgestellt worden, dass diese Kessel rechtswidrig waren. Der Münchner Kessel, der Göttinger Kessel, der Braunschweiger Kessel, der Mainzer Kessel, der Dortmunder Kessel[4] und diverse Kessel im Wendland[5] folgten diesem Muster. Die mickrigen Schmerzensgelder führen aber zu keiner Veränderung des polizeilichen Handelns. Und so hat auch das Landgericht Frankfurt am 2. Juli 2013[6] wieder einmal feststellen müssen, dass der Kessel, mit dem am 31. März 2012 Demonstrierende in Frankfurt festgehalten wurden, rechtswidrig war.

2 VG Hamburg 30.10.1986, 12 VG 2442/86.
3 Kutscha, www.vdj.de/index.php?id=38,48,0,0,1,0 (19.8.2013).
4 Vgl. Müller-Heidelberg, in: ders. u.a. (Hrsg.), Grundrechte-Report 2007, S. 124 ff.
5 Das Komitee für Grundrechte und Demokratie hat viele der Demonstrationen gegen die Castor-Transporte beobachtet. Die Berichte darüber sind in der Geschäftsstelle zu beziehen und unter www.grundrechtekomitee.de.
6 5/27 Qs 38/13.

III. Schutzwaffen und Vermummung

Begründet wurde der Kessel damit, diese Demonstrierenden hätten sich „bewaffnet“ und „vermummt“. Dabei ging es nicht um Waffen, mit denen Angriffe ausgeführt werden sollten, sondern um eine „Schutzbewaffnung“, also Gegenstände, die vor Angriffen schützen sollen – um „passive Bewaffnung“. 1985 ist § 17 a in das Versammlungsgesetz eingefügt worden. Darin heißt es:

> (1) Es ist verboten, bei öffentlichen Versammlungen unter freiem Himmel, Aufzügen oder sonstigen öffentlichen Veranstaltungen unter freiem Himmel oder auf dem Weg dorthin Schutzwaffen oder Gegenstände, die als Schutzwaffen geeignet und den Umständen nach dazu bestimmt sind, Vollstreckungsmaßnahmen eines Trägers von Hoheitsbefugnissen abzuwehren, mit sich zu führen.
> (2) Es ist auch verboten,
> 1. an derartigen Veranstaltungen in einer Aufmachung, die geeignet und den Umständen nach darauf gerichtet ist, die Feststellung der Identität zu verhindern, teilzunehmen oder den Weg zu derartigen Veranstaltungen in einer solchen Aufmachung zurückzulegen. (...)

Dieser Paragraph ist ein gutes Beispiel für die Vorwärtsverrechtlichung und die Verwendung unbestimmter Rechtsbegriffe, die der Polizei eine grundrechtswidrige Definitionshoheit geben.[7] Kurz nach dem 1. Juni zählte die Polizei die gefährlichen „Waffen“ auf, die sie in dem Block gefunden hatte: Sonnenbrillen, Schirme … Am Tag vorher hatte es geregnet, überall waren Schirme zu sehen. Darf man keine Sonnenbrillen mehr zu einer Demonstration mitnehmen? Erst wenn die Polizei unterstellt, dass Gegenstände dazu bestimmt sind, „Vollstreckungsmaßnahmen eines Trägers von Hoheitsbefugnissen abzuwehren“, werden sie zu verbotenen Gegenständen. Aber keiner kann wissen, wann eine solche Definition zutrifft. Einige Demonstrierende hatten „Bücher“ dabei, Platten, auf denen Buchtitel oder Parolen standen, z.B. „Die einen haben Kapital, wir anderen lesen es“ oder „Öl – Upton Sinclair“, ein Buch, das im Manesse Verlag neu aufgelegt wurde und als „Schlüsselroman über die Tyrannei des Raubtierkapitalismus“ beworben wird. Vielleicht hätten diese Bücher gegen Schlagstockeinsätze etwas schützen können, Waffen zum Angriff auf die Europäische Zentralbank sind es jedenfalls nicht.

Die Schirme, den Europäischen Rettungsschirm symbolisierend, eng beieinander getragen, könnten auch die Wirkung haben, dass ein möglicher polizeilicher Hubschrauber nicht gesehen hätte, was darunter getan wurde. Aber gibt es eine Pflicht der Demonstrierenden, der Polizei die Rundum-Überwachung zu ermöglichen? Tatsächlich erfolgen die Videoaufnahmen der Polizei oft rechtswidrig.

7 Pütter/Narr/Busch Bürgerrechte & Polizei/CILIP 82 (3/2005), 6.

IV. Polizeiliche Waffen

Die bis zu den Zähnen bewaffnete, mit Schutzkleidung ausgerüstete und unkenntliche Polizei setzte gegenüber den Demonstrierenden ihre Waffen ohne Bedenken ein. Zu den die körperliche Unversehrtheit verletzenden Griffen, den Demütigungen beim Abführen, kommt hinzu, dass die Polizei sofort zu Schlagstock und der neuen Abstandswaffe „Pfefferspray" griff.

Viele Verletzte gab es auch in dem von der Polizei als friedlich definierten ausgesperrten Teil der Demonstration. Die Polizei stürmte mit Gewalt in diesen Teil der Demonstration und bedrängte die Teilnehmenden. Davon, dass eine Demonstration prinzipiell „staatsfrei" ist (Brokdorf-Beschluss),[8] war nichts zu spüren. Der Schlagstock wurde eingesetzt, Pfefferspray wurde wahllos in die Menge gespritzt. Kinder, Frauen, Männer, Alte und Junge, Journalisten, die ihrer öffentlichen Aufgabe der Berichterstattung nachgingen, wurden verletzt. Die Demo-Sanitäter berichteten später von geschätzten 320 Verletzten. „Dazu kommen noch alle, die sich selbst helfen konnten oder die im Chaos keinerlei Behandlung erfuhren."[9]

Pfefferspray wurde vor einigen Jahren eingeführt, da es als „milderes" Mittel den Einsatz der Schusswaffe häufiger überflüssig machen sollte. Der Einsatz von Pfefferspray kann jedoch potentiell immer auch tödlich enden. Diese Gefährlichkeit leugnet die Polizei jedoch und verharmlost den Einsatz. In Frankfurt wurde ein 13-Jähriger bei seiner ersten Demonstration von Pfefferspray verletzt.[10] Er war einerseits nervlich fertig, andererseits empört und schrie seine Wut, nachdem die schlimmsten Wirkungen verklungen waren, der Polizei entgegen. Sein Vater fragte sich, wie er seinem Sohn noch eine politische Perspektive vermitteln solle.

Der Rückgriff auf und der selbstverständliche Einsatz von Abstandswaffen ist ein Rückfall in das Konzept der Bekämpfung von Bürgern, die für ihre Rechte eintreten. Es gab Zeiten, in denen die Auseinandersetzungen auf Demonstrationen stärker von Kommunikation geprägt waren. Das waren Zeiten, in denen die Abstandswaffen zumindest nur eine geringe Rolle spielten. In den 1950er Jahren fiel die Entscheidung, den Gebrauch der Schusswaffe bei Demonstrationen auszuschließen[11] – auch danach ist die Schusswaffe im Kontext von Versammlungen immer wieder gezogen worden. Nach den Zeiten des Einsatzes von Wasser-

8 BVerfG 14.5.1985, 1 BvR 233/81, BVerfGE 69, 315.

9 www.nachrichtenspiegel.de/2013/06/05/blockupy-frankfurt-unheimliche-nachlese-zum-1-6-2013-burger-trifft-markte/ (16.8.2013.).

10 Das Komitee für Grundrechte und Demokratie hat während der Protesttage eine Demonstrationsbeobachtung organisiert und wird noch ausführlich berichten.

11 Noch 1952 setzte die Polizei Schusswaffen in einer Demonstration gegen die bundesdeutsche Wiederbewaffnung ein. Philpp Müller wurde dabei getötet, zwei weitere Demonstrierende wurden durch die Polizeikugeln schwer verletzt.

werfern mit und ohne CS-Gas und dem Angriff mit Hubschraubern, etwa in Brokdorf, entstand in den 1980er/1990er Jahren eine Orientierung an Gespräch und Konfliktlösung. Nun lässt die relativ neue Ausrüstung mit dem individuell verfügbaren Pfefferspray die Polizei jedoch leicht davon Gebrauch machen, obwohl auch dies eine latent tödliche Waffe ist. Dieser Gebrauch verstärkt die Orientierung an einer Art Aufstands-Bekämpfung entlang von Frontlinien. Inzwischen wird sogar verstärkt nach einer weiteren Abstandswaffe gerufen, den Gummigeschossen. In einem Interview mit Prof. Michael Knape (Direktor beim Polizeipräsidenten Berlin) betont dieser dagegen die ganz andere Orientierung und Ausbildung der Polizei: „Aber die Polizei ist ganz anders ausgebildet: Wir wollen beweissichere Festnahmen erzielen. Dabei wenden wir Taktiken an, die wir in besonderer Weise trainiert haben, um an die Täter heranzukommen, möglicherweise auch im Schutze von Wasserwerfern. Distanzwaffen helfen nur, Menschenmengen, eher unter notstandsähnlichen Gesichtspunkten, zu zerstreuen. Aber selbst der Einsatz von Wasserwerfern ist nicht ungefährlich, man denke nur an Wasserstöße und die Verletzungsmöglichkeiten von Personen im Kopfbereich. Die Beimischung von CN ist immer nur ultima ratio.“[12] Das Foto von dem älteren, vom Wasserwerfer verletzten Demonstranten bei den Protesten gegen den Umbau des Stuttgarter Bahnhofs ist sicherlich vielen noch im Gedächtnis.

Diese Beweissicherungs- und Festnahmeeinheiten waren auch in Frankfurt massiv präsent. Sie drangen aber allenfalls in die Demo vor, um Abwehr und Gewalttätigkeiten hervorzulocken und wurden gerade nicht gemäß ihren Aufgaben eingesetzt. Nun ist das Vorgehen dieser Einheiten oft auch nicht unproblematisch. Ihre Maßnahmen treffen längst nicht immer Straftäter, Festnahmen erfolgen oft genug ohne Beweise. Mit ihrem Eindringen in eine Demonstration verletzten sie deren Integrität und rufen Auseinandersetzungen hervor oder verstärken sie, wie in Rostock beim Protest gegen den G8-Gipfel zu beobachten war. Auch diese Einheiten gehen oft unverhältnismäßig vor, weil sie die ihnen im Weg stehenden Demonstrierenden angreifen.

Der in Frankfurt erfolgte Angriff auf die Demonstration insgesamt ist als politischer Angriff auf ein Grundrecht zu werten. Die Verantwortung für diesen Einsatz ist im politischen Betrieb zu suchen. Die Polizei muss sich allerdings auch fragen lassen, wieso sie sich so rechtswidrig einsetzen lässt.

12 Interview mit Prof. Michael Knape zu Abstandswaffen, speziell Gummigeschossen, Deutsche Polizei 7/2012, 27 ff., abrufbar auch unter www.gdp.de/gdp/gdp.nsf/id/dp201207/$file/DP_2012_07.pdf (19.8.2013).

V. Überall Versuche, das Grundrecht einzuschränken

Aktuell gehen die Ordnungsbehörden dazu über, Zelte, Stühle, wärmende Decken und Unterlagen im Kontext von Demonstrationen zu verbieten. Protestierenden soll es so unbequem wie möglich gemacht werden. Es fing mit der von New York ausgehenden Occupy-Bewegung an, dic mit dem Slogan „We are the 99%“ und dem Ruf nach „wirklicher Demokratie“ das Zelten auf öffentlichen Plätzen verband. Überall wurden die Protestierenden mehr oder weniger schnell Opfer polizeilicher Gewalt. Das Verbot, zu campen, wurde dann auch bei den Protesten der Flüchtlinge angewandt und wird nun auf anderen politischen Protest ausgedehnt, der über mehrere Tage stattfinden soll. Das Verwaltungsgericht Berlin[13] hat am 2. November 2012 zumindest die Nutzung von Sitzunterlagen, also Sitzkissen oder kleinen Pappen, erlaubt. Das Gericht stellte fest: „Wird aber über einen längeren Zeitraum durchgehend auch nachts demonstriert, zieht dies zwangsläufig das Bedürfnis nach einem zeitweiligen Ausruhen der einzelnen Versammlungsteilnehmer nach sich, so dass auch derartige Ruhepausen von Art. 8 GG geschützt sind, um eine effektive Kundgabe des Anliegens der Versammlungsteilnehmer zu gewährleisten. Es kann dementsprechend nicht verlangt werden, dass die Teilnehmer einer Dauermahnwache nur stehen. Dies zugrunde gelegt, kann von den Teilnehmern ebenfalls nicht erwartet werden, sich den Witterungsbedingungen vollkommen ungeschützt auszusetzen. Denn dies liefe wegen der damit verbundenen Gesundheitsgefährdung im Ergebnis darauf hinaus, dass sich die Grundrechtsträger an der Ausübung ihres Rechts auf Versammlungsfreiheit jedenfalls in der kalten Jahreszeit gehindert sehen könnten.“[14] Der Streit um Schutzräume bei Mahnwachen dauert an.

Im August 2013 will die Stadt Kerpen das Klimacamp „ausgeCO2hlt“ nicht als Versammlung betrachten, sondern nur als Veranstaltung.[15] Zum dritten Mal sollen mit diesem Camp das Klima und dessen Gefährdung in den Mittelpunkt von Protesten gestellt werden und die Bodenzerstörung durch den Braunkohletagebau und die Landnutzung von RWE thematisiert werden. Wenn man sich mehrere Tage trifft, debattiert und mit Aktionen die öffentliche Aufmerksamkeit anspricht, dann muss ein solches Treffen insgesamt unter das Grundrecht auf Versammlungsfreiheit fallen.

Die Landesversammlungsgesetze sind noch in keinem Fall dazu genutzt worden, das Versammlungsrecht demokratiekonform zu reformieren. Im Gegenteil, sie verfestigen die grundrechtswidrigen Regelungen, z.B. das Vermummungsverbot und das Verbot der passiven Bewaffnung. Solche Gesetze, die Eingriffe in

13 VG Berlin 2.11.2012, VG 1 L 299.12.
14 VG Berlin 2.11.2012, VG 1 L 299.12, 6.
15 WWW.AUSGECO2HLT.DE/KLIMACAMP/ (19.8.2013).

Grundrechte legalisieren sollen, müssten durch ein hohes Maß an Genauigkeit, Transparenz, innerer Stimmigkeit und Verständlichkeit ausgezeichnet sein. Im Gegensatz zu diesen Anforderungen sind Versammlungsgesetze wie Polizeigesetze jedoch zunehmend gespickt mit Generalklauseln, unbestimmten Rechtsbegriffen und offenen Formulierungen, die der Polizei eine Handhabe nach eigenem Gutdünken erlauben und Eingriffsmaßnahmen ermöglichen, die sich der gerichtlichen Kontrolle entziehen. Das widerspricht dem Gebot der Rechtssicherheit.

VI. „Wehrhafte Demokratie"

Betrachten wir die Geschichte der Bundesrepublik Deutschland, so wird deutlich, dass schon das Grundgesetz von Anfang an geprägt war vom Misstrauen gegenüber den Bürgern, von der Abwehr dessen, was nicht zur bürgerlichen Mitte gehört. Die Freiheitsrechte als Schutzrechte gegenüber dem Staat sind fundamental,[16] die Beteiligungsrechte der Bürger eingeschränkt und mit Vorbehalten versehen. Am deutlichsten wird dies an dem das Grundrecht auf Versammlungsfreiheit einschränkenden zweiten Absatz des Art. 8 GG. Ein einschränkendes Gesetz für Versammlungen „unter freiem Himmel" wurde schon mit der Gewährung des Grundrechts legitimiert.

Aus den Erfahrungen der Weimarer Republik sollten Konsequenzen gezogen werden. Um den neuen „demokratischen" Staat zu schützen, sollten alle Meinungen, alle Bestrebungen ausgegrenzt, bekämpft und verboten werden, die nicht dem Boden der freiheitlich-demokratischen Grundordnung (fdGO) entspringen. Nach den dreizehn Jahren nationalsozialistischer Herrschaft, nach von Deutschland ausgehendem Terror und Mord, wurde trotz alledem im Kalten Krieg der Kommunismus zum eigentlichen Feindbild der Bundesrepublik Deutschland. Der Feind steht links, war die Devise. Die Bürger und Bürgerinnen standen unter Verdacht. Schnell war die Rede von der „streitbaren" und „wehrhaften" Demokratie. Die auf die Formel „freiheitlich demokratische Grundordnung" reduzierte Verfassung gelte es zu verteidigen. Von St. Just, dem Jakobiner der Französischen Revolution, wurde die Floskel „Keine Freiheit den Feinden der Freiheit" übernommen.

Parteienverbote, Berufsverbote, Versammlungsverbote, Beobachtung (und Kriminalisierung) von angeblichen Extremisten – das waren die Mittel, um das potentiell Abweichende auszugrenzen. Und sie bleiben auch aktuell zentrale Formen der Bekämpfung Andersdenkender.

16 Allerdings wird auch in die Freiheitsrechte immer wieder grundrechtswidrig eingegriffen.

Die Identifikation mit diesem Staat wird gefordert, grundsätzlicher Widerspruch soll ausgegrenzt werden. Und auch die Verteidiger von Kritik am Staat machen oft den Fehler, Staat und Demokratie gleichzusetzen, jeden fundamentalen Widerspruch auf Konsensfähigkeit und Integration in die bestehenden Machtverhältnisse zu verpflichten. Miguel Abensour hat in seinem Buch „Demokratie gegen den Staat"[17] dagegen auf grundsätzliche Widersprüche aufmerksam gemacht. Es gebe keine zwingende Übereinstimmung zwischen Staat und Demokratie, ja der unvorstellbare Begriff der „staatlichen Demokratie" offenbare sogar, wie wenig beides zusammengehe. „So als würde sich in diesem Widerstand in der Sprache ein tiefgreifender, untergründiger, impliziter Gegensatz zwischen Demokratie und Staat offenbaren …"[18] Seine Gedanken, abgeleitet vom frühen Marxschen Werk, lassen Demokratie anders verstehen, lassen die Rebellion der Vielheit von Bürgern und Bürgerinnen gegen den Staat als ständigen Widerspruch gegen Herrschaft begreifen. „Die Zivilgesellschaft zu repolitisieren heißt somit, die Möglichkeit einer politischen Gemeinschaft außerhalb des Staates und gegen ihn zu entdecken."[19]

Es gilt, das demokratische Potenzial einer Politik der Straßen und Plätze zu begreifen und gleichzeitig zu erkennen, dass die rebellierende Demokratie vom „anarchischen Reflex" gegen jede Herrschaft geprägt ist. Die rebellierende Demokratie bekämpft den herrschenden Staat und zugleich schon die neu entstehenden Herrschaftszusammenhänge.

Das Grundrecht auf Versammlungsfreiheit hat hier seinen zentralen Stellenwert und ist als „Luftröhre der Demokratie" zu verstehen. Das Grundrecht auf Versammlungsfreiheit aus Art. 8 GG, verbunden mit dem Grundrecht auf Meinungsfreiheit (Art. 5 GG), gehört zu den wenigen im Grundgesetz garantierten Möglichkeiten der Bürger und Bürgerinnen, sich unmittelbar direkt öffentlich und politisch zu äußern. Es garantiert ihnen das Recht, Einfluss auf die politische Diskussion zu nehmen. Ansonsten blieben sie Stimmvieh für die Wahlen. Dieses Grundrecht schützt vor allem die Andersdenkenden, denn sie, nicht diejenigen, die mit dem Mainstream übereinstimmen, bedürfen diesen Schutzes. Das Demonstrationsrecht gehört so zu den wenigen radikaldemokratischen Ansätzen und Korrektiven der repräsentativ stark verdünnten Demokratie bundesdeutschen Musters. Erst das Bundesverfassungsgericht hat in seinem Brokdorf-Beschluss 1985 dieses Grundrecht fundiert. Versammlungen „enthalten ein Stück ursprünglich ungebändigter unmittelbarer Demokratie, das geeignet ist, den öffentlichen

17 Abensour, Demokratie gegen den Staat, 2012.
18 Abensour Blätter für deutsche und internationale Politik 5/2012, 90.
19 Abensour Blätter für deutsche und internationale Politik 5/2012, 96.

Betrieb vor Erstarrung in geschäftiger Routine zu bewahren."[20] Der Umgang mit diesem Grundrecht sieht allerdings grundlegend anders aus.

VII. Die repolitisierte Zivilgesellschaft

Demokratische Grundrechte werden am besten durch „aktive und mutige Wahrnehmung verteidigt".[21] Und so zeigt sich immer wieder, dass die Bürger und Bürgerinnen es verstehen, dieses Grundrecht neu zu beleben und sich nicht abschrecken zu lassen. Im Mai 2012 waren trotz der Verbote viele Bürger und Bürgerinnen in der Stadt unterwegs und kamen sogar mit Bussen. Sie haben ihre Anliegen vorgebracht. Musik, Verkleidung, kleine Theaterstücke haben die Stadt belebt.

Nach der verhinderten Demonstration im Juni 2013 fand eine Woche später eine große Demonstration in Frankfurt statt, die den gewollten Demoweg gehen konnte. Viele hatten Schirme, Sonnenbrillen, Tücher dabei.

In den Bündnissen der letzten Jahre haben auch viele Organisationen gelernt, solidarisch zu handeln, die Gemeinsamkeiten in den Vordergrund zu stellen und mit den Differenzen produktiv umzugehen. Mit dem Protest gegen den G 8-Gipfel in Heiligendamm wie zuletzt mit „Blockupy"[22] in Frankfurt sind die Erfahrungen mit der Kooperation in einem breiten Bündnis gewachsen. Man bezieht sich aufeinander und ist sich darin einig, dass Menschen durch den Protest nicht gefährdet werden dürfen. So schwer es manchmal ist, die Haltungen und Ansatzpunkte der „Anderen" zu verstehen, man lässt sich nicht auseinanderdividieren. Gelingt dies, wird umso deutlicher, wie gewalttätig der Staat ist. Gewalt in den Mitteln von Schlagstock bis Pfefferspray, Gewalt aber erst recht in der Form von Verboten.

20 BVerfG 14.5.1985, 1BvR 233/81, BVerfGE 69, 315, 346 f.
21 Kutscha junge welt, 21.8. 2007.
22 Blockupy-frankfurt.org/.

Kontrolle der Exekutive

Rolf Gössner

Zu viel Macht – zu wenig Kontrolle Neuere Polizeientwicklung, Kontrolldefizite und Sanktionsimmunität – unabhängige Polizeibeauftragte oder -Kontrollkommissionen als Ausweg?

Immer wieder erschüttern unverhältnismäßige oder rechtswidrige Polizei-Aktionen und -Einsätze die Republik. Erinnert sei etwa an die Proteste gegen das Bahnhofsprojekt *Stuttgart21*, als die Polizei rücksichtslos mit Wasserwerfer-, Pfeffergas- und Knüppel-Einsätzen die Protestierenden angriff (2010) oder aber an die brutalen Polizeiübergriffe mit Reizgas und Tonfa-Schlagstöcken und die Einkesselung von *Blockupy*-Demonstranten in Frankfurt/M. (2013) mit zahlreichen Verletzten.[1]

Die Polizei ist eine Hauptvertreterin des staatlichen Gewaltmonopols und damit eine Institution mit der Lizenz zur Gewaltausübung. Physische Polizeigewalt ist also prima facie legal. Aber es gibt eben auch illegale, also rechtswidrige Polizeigewalt, über deren Ausmaß und Häufigkeit allerdings Uneinigkeit herrscht, weil es keine offizielle Statistik und ein weites Dunkelfeld gibt. Das Erscheinungsbild ist vielfältig: von rassistischen Diskriminierungen, informationellen Übergriffen und unverhältnismäßiger Polizeigewalt bei Demonstrationen bis hin zu lebensgefährlichen Polizeigriffen, willkürlichen Ingewahrsamnahmen, Misshandlungen, Folterdrohungen und sexueller Gewalt auf Polizeiwachen sowie polizeilichen Todesschüssen.[2]

I. Polizeiübergriffe: „Schwarze Schafe" oder strukturelle Problematik?

Übergriffe, unverhältnismäßige und diskriminierende Polizeieinsätze und –maßnahmen sind leider keine Ausnahmeerscheinung – besonders in sozialen Brennpunkten und Krisensituationen und in aufgeheizten Lagen, etwa bei Großereignissen. Wenn innerhalb der Polizei als Vertreterin des staatlichen Gewaltmono-

1 Steven, Frankfurt ohne Grundrecht auf Versammlungsfreiheit, in: Müller-Heidelberg u.a. (Hrsg.), Grundrechte-Report 2013, 2013, S. 105 ff.

2 Amnesty International (ai), Täter unbekannt. Mangelnde Aufklärung von mutmaßlichen Misshandlungen durch die Polizei in Deutschland, Berlin 2010; Gössner, Polizei im Zwielicht. Gerät der Apparat außer Kontrolle?, 1986.

pols, die mit weit reichenden Exekutivbefugnissen ausgestattet ist, unverhältnismäßige und illegale Polizeigewalt verstärkt zu verzeichnen sind, dann ist dies in einem demokratischen Rechtsstaat ein ganz besonders heikles Problem, das so rasch wie möglich gelöst werden muss.

Die bundesdeutsche Polizei gerät immer wieder in die öffentliche Kritik – nicht nur, wenn sie überzogen und rechtswidrig handelt, sondern auch wegen schwer nachvollziehbarer „Hilflosigkeit" oder gar Untätigkeit im Zusammenhang mit Nazi-Aufmärschen und rechter Gewalt. Tatsächlich haben Polizeiführungen, Hundertschaften oder Einzelpolizisten in der Vergangenheit immer wieder erstaunliche Nachsicht und Unentschlossenheit gezeigt, sind allzu häufig nicht energisch gegen volksverhetzende Nazi-Aufmärsche eingeschritten – stattdessen aber allzu energisch und einseitig gegen Antinazi-Proteste und Gegendemonstranten vorgegangen – siehe das Beispiel Dresden mit Drohneneinsatz, massenhaften Funkzellenabfragen und Polizeiübergriffen.[3]

Die Bundesrepublik wurde wegen problematischen Polizeiverhaltens mehrfach von internationaler Seite gerügt – so von *Amnesty International*, von der Menschenrechtsorganisation *„Helsinki Watch"*, vom *Europäischen Menschenrechtskommissar* sowie vom *UN-Ausschuss zur Beseitigung rassischer Diskriminierung*.[4]

Auch fremdenfeindliche, rassistische Einstellungen von Polizisten sowie institutionelle Diskriminierungen sorgten immer wieder für Schlagzeilen – etwa im Zusammenhang mit dem grausamen Verbrennungstod des schwarzen Asylbewerbers Oury Jalloh in einer Dessauer Polizeizelle und dem bislang kläglich gescheiterten Versuch einer gerichtlichen Aufklärung des Falles.[5] Immer wieder kommt es vor, dass Angehörige sozialer Randgruppen, darunter Flüchtlinge und besonders Schwarze, aber auch Obdachlose und Drogenabhängige, in Polizeigewahrsam schwer verletzt werden oder auf unterschiedliche Weise ums Leben kommen; allzu häufig bleiben solche Fälle unaufgeklärt und ungesühnt. Nach einer Studie der Universität Halle (2011) haben zwischen 1993 und 2003 bundesweit 128 Menschen den Polizeigewahrsam nicht lebend verlassen; dabei hätte wohl jeder zweite Todesfall verhindert werden können.[6]

Es häufen sich in den letzten Jahren Beschwerden von Reisenden, die sich von der Polizei rassistisch behandelt fühlen. Laut *„Der Spiegel"* (2/2013) und *„Der*

3 Gössner, Big Brother der Lüfte, in: Müller-Heidelberg u.a. (Hrsg.), Grundrechte-Report 2012, S. 96 ff.; Roggan, Demonstranten unter Generalverdacht?, in: Müller-Heidelberg u.a. (Hrsg.), Grundrechte-Report 2012, S. 100 ff.

4 Hintergrundpapier des Deutschen Instituts für Menschenrechte, Berlin, 20.8.2013, Anm. 1 S. 1.

5 Reisin/Vogelskamp, Der Freiheit beraubt und verbrannt, in: Müller-Heidelberg u.a. (Hrsg.), Grundrechte-Report 2013, 2013, S. 191 ff.

6 Hanke, unter: http://digital.bibliothek.uni-halle.de/hs/content/titleinfo/1054804 (8/2013).

Freitag" (7.02.2013) beklagen sich Betroffene oder Zeugen vermehrt, dass Menschen aufgrund ihrer ausländischen Herkunft oder ihrer Hautfarbe im Zuge verdachtsunabhängiger Personenkontrollen (gemäß Polizeigesetzen der Länder und des Bundes) diskriminiert werden – in Zügen, auf Bahnhöfen, Flughäfen oder Autobahnen. Aber Konsequenzen haben diese Beschwerden nur in den seltensten Fällen.[7]

Diese selektive Kontrollpraxis, auch als *Racial oder Ethnic Profiling* bezeichnet, ist leidvolle Alltagserfahrung vieler schwarzer Menschen und People of Color und wird durch eine Studie der *EU-Agentur für Grundrechte* von 2010 und eine Studie des *Deutschen Instituts für Menschenrechte* von 2013 empirisch belegt:[8] Hiernach kontrolliert die Polizei überdurchschnittlich viele Menschen mit sichtbarem Migrationshintergrund. Der *UN-Menschenrechtsausschuss* stuft eine solche Praxis unmissverständlich als rassistische Diskriminierung ein, die nach internationalem Recht verboten ist. Auch Art. 3 Grundgesetz verbietet eine solche Ungleichbehandlung.[9]

Im Fall der NSU-Mordserie waren Sicherheitsbehörden mehr als ein Jahrzehnt lang nicht in der Lage, den mutmaßlichen rechtsterroristischen Tätern auf die Spur zu kommen und den rassistischen Hintergrund zu ermitteln – stattdessen brachte eine *„Soko Bosporus"* die Opfer der so genannten *„Döner-Morde"* und ihre Angehörigen in geradezu rassistischer Weise in schweren Verdacht. Nicht selten kommt es zu einseitigen Polizeiermittlungen, gerade in Fällen politisch motivierter, neonazistischer Gewalt und auch zu unverhältnismäßiger Polizeigewalt gegen Migranten.

Auch die staatliche Terrorismusbekämpfung seit 9/11 trägt diskriminierende Züge, mit der Migranten, besonders Muslime, zu gesteigerten Sicherheitsrisiken erklärt, unter Generalverdacht gestellt und einem rigiden Überwachungssystem unterworfen werden. Erinnert sei nur an die umfangreichen polizeilichen Rasterfahndungen nach *„islamistischen Schläfern"*.[10]

7 Gössner, Rassistische Rasterung, in: Ossietzky 9/2013, MiGAZIN 29.3.2013: www.migazin.de/2013/04/29/bigbrotheraward-2013-rassistische-rasterung/ (8/2013).

8 Cremer, „Racial Profiling" – Menschenrechtswidrige Personenkontrollen nach § 22 Abs. 1 a Bundespolizeigesetz, Dt. Institut für Menschenrechte (Hrsg.), 2013, m.w.N.

9 Vgl. OVG Rheinland-Pfalz 29.10.2012, 7 A 10532/12; Rotino, Racist Profiling bei der deutschen Bundespolizei, in: Müller-Heidelberg u.a. (Hrsg.), Grundrechte-Report 2013, 2013, S. 83 ff.

10 Gössner, Menschenrechte in Zeiten des Terrors, 2007, S. 143 ff.

II. Das Versagen der traditionellen Kontrolle der Polizei

Die Polizei unterliegt in der Bundesrepublik nach dem Gesetz einer vierfachen Kontrolle: der behördeninternen Binnenkontrolle (quasi in eigener Sache), der datenschutzrechtlichen, der justiziellen (straf- und verwaltungsgerichtlichen) sowie der parlamentarischen Kontrolle durch Ausschüsse des Bundestags und der Landtage. Nach Ratifizierung des Zusatzprotokolls zur *UN-Antifolterkonvention* sind unangemeldete Inspektionen in Polizeiwachen möglich. All diese Kontrollmöglichkeiten, so wichtig sie sind, haben sich in der Praxis weitgehend als ungenügend herausgestellt – die Kontrolldichte steht jedenfalls zum Kontrollwert und zur Kontrolleffizienz in keinem vernünftigen Verhältnis.[11]

Wie stark die gesetzliche Kontrolle der Polizei versagt, zeigt sich besonders bei den Versuchen, polizeiliches Fehlverhalten, Gewaltübergriffe, Brechmitteleinsätze (wie in Hamburg und Bremen) und Todesschüsse vor Gerichten aufzuarbeiten und die Verantwortlichen zur Rechenschaft zu ziehen. Gründe für dieses Kontrolldefizit:

1. Der Zugang der Bürger zum gerichtlichen Kontrollinstrumentarium (zumeist über Strafanzeigen bei der involvierten Polizei) ist mit etlichen Hindernissen versehen, weshalb auch nur ein geringer Bruchteil überprüfungsbedürftiger Vorgänge überhaupt angezeigt wird. Dabei spielt eine erhebliche Rolle, dass viele Polizeiopfer keine „Beschwerdemacht“ haben – es handelt sich um Angehörige sozialer Randgruppen wie Migranten, Obdachlose, Drogenabhängige, Prostituierte oder politischer Minderheiten, die sich oft mangels Kenntnissen oder aus Angst vor Schikanen gegen Misshandlungen und Diskriminierungen nicht zur Wehr setzen.
2. Nicht selten sieht sich das Opfer bei eigener gerichtlicher Gegenwehr selbst zum Täter befördert: *„Widerstand gegen Vollstreckungsbeamte"* oder *„Falsche Anschuldigung"* lauten dann die polizeilichen Gegenvorwürfe – mit gravierenden Auswirkungen auf die eigene rechtliche Position.
3. Die Ermittlungen der Staatsanwaltschaften gegen beschuldigte Polizisten finden praktisch im „eigenen Lager“ statt und erscheinen damit als wenig unabhängig – denn Polizisten sind im Bereich der Strafverfolgung Ermittlungsbeamte der Staatsanwaltschaft, denen vielfach die Vernehmung der beschuldigten Kollegen übertragen wird; dabei unterbleiben häufig ansonsten übliche Ermittlungsmaßnahmen und die meisten Verfahren gegen Polizisten bleiben schon im Ermittlungsstadium hängen – im Schnitt über 90 Prozent.[12]

11 Ai, Täter unbekannt, 2010; Bürgerrechte & Polizei, Kontrolle der Polizei, Heft Nr. 2/2011; Gössner, Polizei im Zwielicht, 1986.

12 Ebenda.

4. Selbst vor Gericht haben Polizeibeamte oft gute Chancen, relativ ungeschoren davonzukommen. Zum einen ist die Beweislage für das Opfer in aller Regel äußerst schlecht: ohne eigene Zeugen und mit mehreren Gegenzeugen auf Seiten der Polizei konfrontiert, zieht es in einem Strafverfahren oft den Kürzeren. Im Zusammenhang mit Demonstrationen ist eine Identifizierung der uniformierten und behelmten Polizei-Verdächtigen kaum möglich, zumindest solange es keine Kennzeichnungspflicht gibt.[13] Zum anderen neigen Richter immer noch allzu oft dazu, Polizeibeamten mehr zu glauben als „Normalbürgern" oder gar sozialen und politischen Außenseitern (Stichwort: Glaubwürdigkeitshierarchie).
5. Die Polizei sitzt jedenfalls in der Regel am längeren Hebel, häufig werden Angeklagte und Polizeizeugen aus Fürsorgepflicht intensiv durch Führungsbeamte betreut, Aussagegenehmigungen für beamtete Zeugen können eingeschränkt oder versagt werden – etwa bei polizeitaktischen Fragen -, so dass apparativ-strukturelle Missstände und kollektives Fehlverhalten kaum aufgearbeitet werden können. Das Fehlverhalten einzelner Polizisten, gerne als "schwarze Schafe" tituliert, wird im Strafverfahren isoliert betrachtet und bestenfalls individuell geahndet. Die eigentlich verantwortlichen (Führungs-)Personen und mitursächlichen Strukturen bleiben im Strafverfahren zumeist außen vor.

Die Polizeibehörden haben also diverse Möglichkeiten, aus vermeintlicher Fürsorgepflicht und mit einer Mauer des Schweigens und Geheimhaltens Kritik und Ahndung abzuwehren – der nach wie vor anzutreffende Korpsgeist innerhalb der Polizei, der sich immer wieder auch in Zeugenabsprachen und kollektivem Gedächtnisverlust manifestiert, tut ein Übriges.[14] In diesem Zusammenhang ist an die Aussage eines Oberstaatsanwalts im Untersuchungsausschuss der Hamburger Bürgerschaft zu erinnern: Bei der Aufarbeitung des berühmt-berüchtigten Hamburger Polizeiskandals in den 1990er Jahren sei „vernebelt und verheimlicht" worden; nur im Bereich der Schwerkriminalität habe er ähnliche Zeugenabsprachen und Manipulationen erlebt. Auch die Strafverfahren gegen Polizeibeamte wegen des Verbrennungstods von Oury Jalloh in einer Dessauer Polizeizelle waren geprägt von verschwundenen Beweisstücken, unterlassenen Ermittlungen, von Gedächtnislücken und Lügen, Widersprüchen und Vertuschungen der Polizeizeugen, wie auch das Landgericht mit Entsetzen feststellen musste.[15]

13 Inzwischen gibt es solche in Berlin und Brandenburg, andere Bundesländer wie Bremen, Niedersachsen, Schleswig-Holstein und Rheinland-Pfalz wollen folgen.

14 Interviews mit dem Hamburger Polizeisoziologen Rafael Behr in: die Tageszeitung 20./21.7.2013, S. 44 sowie in: Wochenzeitung „Kontexte" 20./21.7.2013, S. 4.

15 O. Fn 5.

Nur selten durchbrechen Polizeibedienstete die Mauer des Schweigens und sorgen damit für eine Wende in der Aufklärung von Polizeiübergriffen – zumeist mit schweren Folgen für die berufliche Entwicklung solcher „Nestbeschmutzer“, die von ihren Kollegen gemobbt und schikaniert werden, und die oft wenig Unterstützung von der politischen und polizeilichen Führung erfahren.

III. Neue Kontrollcure braucht das Land

Die bisherige Kontrolle von Polizeihandeln ist jedenfalls mit gravierenden strukturellen Mängeln behaftet, die immer wieder zu Sanktionsimmunität von Polizeibeamten und damit auch zur Reinwaschung des Polizeiapparates führt. Neben *Amnesty International* und *HumanRightsWatch* haben auch das *UN-Menschenrechtskomitee*, das *UN-Komitee für die Beseitigung von Rassendiskriminierung* und der *Europäische Menschenrechtskommissar* solche strukturellen Mängel festgestellt und entsprechende Konsequenzen angemahnt.[16] Die internationalen Organisationen rügen, dass es in Deutschland für Beschwerden gegen Polizeibeamte keine wirklich unabhängige Instanz gebe.

Angesichts dieser Tatsache, angesichts der höchst problematischen neueren Polizeientwicklung, etwa im Zusammenhang mit den so genannten Antiterrorgesetzen, mit erweiterten präventiven, verdeckten und repressiven Befugnissen, sowie angesichts der oft ausweglosen Situation von Opfern rechtswidriger Polizeigewalt ist deshalb die Installierung einer zusätzlichen unabhängigen Kontrollinstanz notwendig und überfällig – etwa entsprechend dem Modell eines vom Parlament gewählten Polizeibeauftragten bzw. einer Polizeiombudsperson.

Die Diskussion um eine unabhängige Polizeikontrolle läuft schon seit den 1980er Jahren:

- Angesichts der damaligen Erfahrungen mit Polizeigewalt und mangelnder Kontrolle kam es in 13 Städten der alten Bundesrepublik zur Gründung von Bürgerinitiativen *„Bürger kontrollieren / beobachten die Polizei“* (nach einem schon bestehenden Vorbild in Westberlin). Diese Initiativen wollten Opfer von Polizeigewalt stärken, beraten und begleiten, damit sie sich gegen eine anonym wirkende staatliche Übermacht besser zur Wehr setzen konnten.[17]

16 Zuletzt Human Rights Committee, 12.11.2012, UN-Dokument CCPR/CDEU/CO/6, Ziffer 10.

17 Solche Bürgerinitiativen entstanden auch als Konsequenz aus den *„Ermittlungen in Sachen Polizei“*, die der Autor zusammen mit Uwe Herzog 1982 in dem Buch *„Der Apparat“* (1982/1984) vorgelegt hatte und die zu vehementen Diskussionen außerhalb und innerhalb des Polizeiapparates führten.

- Mitte der 1990er Jahr legte die damalige *Grün-Alternative Liste* (GAL) in der Hamburger Bürgerschaft den ersten bundesdeutschen Gesetzentwurf zur Institutionalisierung einer unabhängigen Polizeikontrolle vor, das *Hamburger Polizeibeauftragtengesetz* von 1996.[18] Dieser Entwurf war letztlich die politische Konsequenz aus dem Hamburger Polizeiskandal.
- Ende der 1990er kam es unter dem rot-grünen Senat der Freien und Hansestadt Hamburg erstmals in der Bundesrepublik zur Einsetzung einer relativ unabhängigen *Polizei-Kontroll-Kommission* (1998). Trotz Ehrenamtlichkeit und knapper Ressourcen arbeitete sie recht erfolgreich,[19] wurde allerdings Ende 2001 von dem damaligen Innensenator Ronald Schill und einer neuen, rechtskonservativliberalen Regierung wieder eingestellt.
- 2008 legte die Bürgerrechtsorganisation *Humanistische Union* (HU) auf der Basis des GAL-Gesetzentwurfs von 1996 einen *Musterentwurf zur Institutionalisierung eines Polizeibeauftragten* vor.[20]
- 2012 haben fünf Menschen- und Bürgerrechtsorganisationen, darunter *Amnesty, HU* und *Internationale Liga für Menschenrechte*, bundesweit solche Einrichtungen gefordert und „Kriterien für eine unabhängige Kontrollinstanz zur Untersuchung von Polizeigewalt“ aufgestellt.[21]
- Inzwischen gibt es in manchen Bundesländern Kontrollinstanzen, die aus dem Polizeiapparat heraus verlagert sind, die aber dennoch nach wie vor unter zu großer Polizeinähe und Interessenkonflikten leiden – also nicht ausreichend unabhängig sind: So etwa in Bremen das Referat *„Interne Ermittlungen“*, das beim Innensenator angesiedelt ist oder in Sachsen-Anhalt, wo die *Zentrale Beschwerdestelle Polizei* außerhalb der Vollzugspolizei beim Staatssekretär im Innenressort eingerichtet ist.
- In den rot-grün regierten Bundesländern Niedersachsen und Schleswig-Holstein werden unabhängige Beschwerde- bzw. Polizeibeauftragten-Stellen laut Koalitionsverträgen angestrebt, in Rheinland-Pfalz soll eine solche beim Bürgerbeauftragten angesiedelt werden. Außerdem gibt es entsprechende Anträge und Gesetzentwürfe von den Linksfraktionen im Bundestag (Drs.

18 Drucksache der Hamburger Bürgerschaft 15/6200; Verfasser: Rolf Gössner.

19 Kritische Bilanz: Gössner, Die Hamburger "Polizeikommission", in: Bürgerrechte & Polizei 3/2000, S. 34 ff. Internet: www.cilip.de/ausgabe/67/goessner.htm (8/2013). Diese – ehrenamtliche – Kommission kann nur eingeschränkt als Vorbild einer neuen Kontrollinstanz dienen, denn es mangelte ihr an umfassender Unabhängigkeit und angemessenen Ressourcen.

20 Von dem früheren Hamburger Innensenator Hartmuth H. Wrocklage erarbeitet: www.humanistische-union.de/wiki/hu/projekte/polizeikontrolle/gesetzentwurf.

21 Ai/Humanistische Union/Int. Liga für Menschenrechte/Komitee für Grundrechte und Demokratie und der Republikanischer Anwältinnen- und Anwaltsverein (RAV), Kriterien für eine unabhängige Kontrollinstanz zur Untersuchung von Polizeigewalt, abrufbar unter http://ilmr.de/2012/burgerrechtsorganisationen-fordern-unabhangige-kontrollinstanz-gegen-polizeigewalt (8/2013).

16/4478; 17/10685) und im Sächsischen Landtag (Drs. 5/10200) sowie von Bündnis 90/Die Grünen, ebenfalls im Sächsischen Landtag (Drs. 5/9962).

Solche Kontrollpersonen oder -gremien müssen um ihrer Unabhängigkeit willen durch die Parlamente gewählt und ihnen zugeordnet werden. Sie müssen mit angemessenem Mitarbeiterstab und Haushalt ausgestattet sein sowie über spezielle Kontrollbefugnisse verfügen. Dazu gehören: Akteneinsichtsrecht, Auskunftsrecht, Ladungs- und Vernehmungsrecht; Vertraulichkeitsschutz, Zeugnisverweigerungsrecht. Zutrittsrecht zu polizeilichen Einrichtungen ohne Voranmeldung, Recht auf Unterstützung durch Polizeidienststellen und andere Behörden, Recht auf Beobachtung polizeilicher Einsätze und Maßnahmen; frühzeitige Stellungnahmen zu Planungs- und Gesetzesentwürfen; eigenständige Öffentlichkeitsarbeit, Berichtspflicht; Beanstandungs- und Empfehlungsrecht gegenüber Polizei, Innenministerium und Staatsanwaltschaft. Selbstverständlich bleiben die gesetzliche Ermittlungskompetenz der Staatsanwaltschaft und das Legalitätsprinzip unberührt, falls ein Straftatverdacht gegeben ist. Die/der Polizeibeauftragte unterliegt selbst aber nicht dem Legalitätsprinzip.

Eine solche unabhängige Polizeibeschwerdestelle sollte eine Doppelfunktion erhalten: Sie sollte sowohl niedrigschwellige Anlaufstelle für Beschwerdeführer aus der Bevölkerung sein als auch unmittelbare Ansprechpartner für Polizeibedienstete, die im Falle von Übergriffen aus dem Korpsgeist ausbrechen oder sich über dienstliche Missstände beschweren wollen – ohne Einhaltung des Dienstweges, ohne Angst vor persönlichen-dienstlichen Nachteilen. Ziel muss es sein, eine Verbesserung, Professionalisierung und Effektivierung der Kontrolle des Polizeiapparates und von Polizeihandeln zu schaffen. Zu den Aufgaben sollte auch gehören, die strukturelle und gesetzliche Polizeientwicklung zu beobachten und zu evaluieren sowie polizeiliche Aus- und Fortbildung und die Arbeitsbedingungen kritisch unter die Lupe zu nehmen, um dann geeignete Maßnahmen gegenüber Parlamenten, Regierungen und Öffentlichkeit anzumahnen.

IV. Fazit

Eine solche Polizeibeschwerdestelle, wie sie in einigen anderen Staaten längst existiert, wäre ein Beitrag zur Demokratisierung und eine bürgerrechtliche Errungenschaft. Als vertrauliche Ansprechstelle würde sie im Falle von Übergriffen und Missständen sowohl von Bürgern als auch von Polizisten leichter kontaktiert werden, als etwa Polizisten, Polizei-Vorgesetzte oder Staatsanwälte. Damit könnten auch der Korpsgeist und die Mauer des Schweigens wenigstens ansatzweise aufgebrochen werden, die immer wieder zum Wegsehen bei Übergriffen oder zum Zusammenhalten vor Gericht führen und damit die Wahrheitsfindung zu Lasten Betroffener behindern. Sicher kann eine unabhängige Kontrollinstitution keinen Polizeiübergriff und keine Misshandlung verhindern; aber es besteht wenigstens die Chance, dass schon deren Existenz die Kultur der Verantwortlichkeit stärken, das Binnenklima innerhalb der Polizei positiv verändern, Offenheit und Transparenz fördern sowie größere Vor- und Umsicht insbesondere beim Umgang mit Angehörigen sozialer und politischer Minderheiten bewirken könnte.

Von Polizei und Polizeigewerkschaften wird immer wieder kritisiert, dass eine spezielle Kontrollinstitution eine unbegründete Misstrauenserklärung oder gar ein Generalverdacht gegenüber der Polizei und ihren Bediensteten darstelle. Dem ist entgegenzuhalten, dass die Polizei als machtvolle Vertreterin des staatlichen Gewaltmonopols die Lizenz zur Gewaltausübung hat und mit immer weitergehenden Eingriffsbefugnissen ausgestattet wurde; zum anderen lebt Demokratie, was staatliche Macht anbelangt, schlechthin von „Misstrauen" – weshalb sonst gibt es das Verfassungsprinzip der Gewaltenteilung und ein ganzes System von Kontrolleinrichtungen und –gremien? Letzten Endes eine permanente und institutionalisierte Misstrauenserklärung. Schließlich befindet sich jegliche Staatsmacht, schon gar eine Institution mit Gewaltlizenz, in der Gefahr, fehlgebraucht und missbraucht zu werden.

Solche zusätzlichen Kontrollinstitutionen dürfen jedoch keineswegs zur zusätzlichen Legitimation für eine problematische Polizeientwicklung und kritikwürdiges Polizeiverhalten werden. Sie erübrigen auch keinesfalls zivilgesellschaftliche Aufklärungsarbeit, eine Polizeistrukturreform sowie die Reform der polizeilichen Aus- und Fortbildung, zu der auch verstärkte Menschenrechtsbildung und Antirassismustrainings gehören. Aber auch die alten bürgerrechtlichen Forderungen nach einer obligatorischen Kennzeichnung von Polizeibeamten im geschlossenen Einsatz und nach einem Recht auf Einsicht in Polizeiakten für Betroffene bleiben aktuell und harren der Umsetzung.

Till Müller-Heidelberg

Schützt der „Verfassungsschutz" die Verfassung?

I. Einleitung

Immer wieder hat sich Martin Kutscha mit Fragen der Inneren Sicherheit befasst. In dem seit 1997 jährlich erscheinenden Grundrechte-Report hat er zahlreiche Beiträge zu den Sicherheitsbehörden geschrieben, von 2002 bis 2011 gehörte er selbst zu den Herausgebern dieses alternativen Verfassungsschutzberichtes. Was liegt da näher als sich in einer Festschrift für Martin Kutscha mit diesen Behörden zu befassen, denen das kritische Augenmerk von Martin Kutscha gewidmet war.[1]

Im Rahmen der „wehrhaften Demokratie", die angeblich im Grundgesetz verankert sein soll (Art. 9, 18, 21 GG), werden die 17 Bundes- und Landesbehörden für Verfassungsschutz mit ihren 5.665 Mitarbeitern und Kosten von etwa einer halben Milliarde Euro jährlich[2] häufig als Sicherheitsbehörden benannt, die uns als angebliches „Frühwarnsystem" vor Extremisten und Verfassungsfeinden schützen sollen. Die Tatsache, dass der Begriff der Extremisten oder Verfassungsfeinde weder im Grundgesetz noch in den Verfassungsschutzgesetzen noch in den Strafgesetzen vorkommt, scheint nur wenige Beobachter zu irritieren.

Dies soll Anlass sein, vertieft zu erforschen, ob der „Verfassungsschutz" wirklich ein Frühwarnsystem ist, ob er überhaupt ein Frühwarnsystem sein kann, ob er in einem demokratischen Rechtsstaat eine legitime Existenzberechtigung hat und ob für den Fall seiner Abschaffung Sicherheitslücken entstehen, die anderweitig zu schließen wären.

II. Der Verfassungsschutz und die freiheitliche Demokratie

Nach der ständigen Rechtsprechung des Bundesverfassungsgerichts sind Meinungs- und Versammlungsfreiheit nach den Artikeln 5 und 8 GG konstitutiv für die Demokratie, denn diese lebt vom Meinungskampf, sei es politisch, sei es kul-

1 Zuletzt Kutscha NVwZ 2013, 324; ders. Vorgänge 2012, 86; ders. demnächst: Welche Verfassung schützt der Verfassungsschutz?; ders. demnächst zur Abschaffung des Verfassungsschutzes in Grundrechte-Report 2014 (erscheint Mai 2014).

2 Vgl. Johann-Albrecht-Haupt, in: Memorandum der Humanistischen Union, 2013, S. 80f. („Brauchen wir den Verfassungsschutz? Nein!").

turell oder gesellschaftlich. Jede Meinung ist durch Art. 5 GG geschützt. Das beinhaltet auch die öffentliche, gemeinsame Kundgabe dieser Meinung nach Art. 8 GG (Versammlungsfreiheit). Und die Meinungsfreiheit gilt auch für dumme, schändliche oder „falsche" Meinungen. Die Grenze zieht hier das parlamentarisch beschlossene Strafgesetz insbesondere in den Vorschriften, die den Schutz vor persönlicher Beleidigung (§§ 185ff StGB) und herabwürdigenden Äußerungen gegenüber ganzen Gruppen (Volksverhetzung – § 130 StGB) zum Inhalt haben. In welchen Fällen und in welcher Weise diese Grenzen gezogen werden, das obliegt dem selbst wieder der öffentlichen Kontrolle unterworfenen Strafprozess. Denn wer wollte entscheiden, welche Meinung jenseits ihrer strafrechtlichen Missbilligung richtig oder falsch ist, welche in den gesellschaftlichen und politischen Mainstream fällt, welche radikal oder extrem, welche nützlich ist? Diese Entscheidung könnte nur die Mehrheit treffen, und das wäre eine Beeinträchtigung der Minderheit.

Die Demokratie beruht nicht zuletzt darauf, dass eine Mehrheit zur Minderheit, eine Minderheit zur Mehrheit werden kann. Deshalb genießen gerade Minderheiten einen besonderen grundrechtlichen Schutz. Dieses demokratische System kann nur solange funktionieren, wie diese Minderheiten – auch radikale – uneingeschränkt ihre Meinung vertreten können. Nach der Rechtsprechung des Bundesverfassungsgerichts darf man auch – ohne verfassungswidrig zu sein oder als verfassungsfeindlich zu gelten – Grundrechte abschaffen oder einschränken wollen, solange dies auf verfassungskonformem Weg in den verfassungsrechtlichen Grenzen geschieht, ja selbst weiteste Teile des Grundgesetzes, mit Ausnahme des durch die Wesensgehaltsgarantie des Art. 79 Abs. 3 geschützten rudimentären Kernbestandes, darf man ersetzen wollen durch eine neue Verfassung. In seiner Entscheidung vom 24. Mai 2005 hat das Bundesverfassungsgericht ausgeführt, „dass Kritik an der Verfassung und ihren wesentlichen Elementen ebenso erlaubt ist wie die Äußerung der Forderung, tragende Bestandteile der freiheitlichen demokratischen Grundordnung zu ändern".[3] All dies ist zulässig – es besteht weder ein Anlass noch eine Berechtigung, dass der Staat bzw. die Regierung(en) durch die Verfassungsschutzbehörden zum Akteur im politischen Meinungskampf werden und gegen als misshellig empfundene Auffassungen durch ein „Frühwarnsystem" vorzugehen. Der Staat ist kein Selbstzweck, sondern Ergebnis der demokratischen verfassungsmäßig zustande gekommenen Mehrheitsbildung.

Und was heißt schon „extremistisch" als Ausdruck für verfassungswidrige oder verfassungsfeindliche Bewegungen oder Organisationen, gegen die der Staat eines Frühwarnsystems zu seiner Verteidigung bedürfte? Zu Recht hat das

3 BVerfG 24.5.2005, 1 BvR 1072/01, Abs. 72.

Bundesverfassungsgericht in seinem Beschluss vom 8. Dezember 2010[4] festgestellt, dass „Extremismus“ nichts anderes ist als ein politischer Kampfbegriff, der jeweils von der Mehrheit geprägt und interpretiert und gegen die Minderheit verwendet wird. Es ist kein definierbarer und fassbarer Rechtsbegriff, an den staatliche Aufgaben oder Befugnisse anknüpfen dürften.

In dem Fall, der dem Bundesverfassungsgericht zur Entscheidung vorlag, war einem Verurteilten nach Verbüßung seiner Strafe im Rahmen der Führungsaufsicht nach §§ 68 ff StGB verboten worden, „rechtsextremistisches oder nationalsozialistisches Gedankengut publizistisch zu verbreiten, ...“. Nach Auffassung des Oberlandesgerichts war zu befürchten, dass der Verurteilte „seine extremistischen, antijüdischen und antiamerikanischen Parolen verbreiten werde, indem er Beiträge für rechtsextremistische Zeitungen verfasse.“ Sind etwa antisemitische oder antiamerikanische Äußerungen verfassungswidrig? Sind antiislamische oder antirussische Äußerungen verfassungswidrig? Dürfen sie verboten werden? Das Bundesverfassungsgericht hat zu Recht dieses Verbot aufgehoben, denn auch solche Meinungen sind durch das Grundrecht auf Meinungsfreiheit geschützt.[5] Und weiter fährt das Bundesverfassungsgericht fort: „Es fehlt dem Verbot der Verbreitung rechtsextremistischen Gedankenguts an bestimmten Konturen. Ob eine Position als rechtsextremistisch – möglicherweise in Abgrenzung zu rechtsradikal oder rechtsreaktionär – einzustufen ist, ist eine Frage des politischen Meinungskampfes und der gesellschaftswissenschaftlichen Auseinandersetzung. Ihre Beantwortung steht in unausweichlicher Wechselwirkung mit sich wandelnden politischen und gesellschaftlichen Kontexten und subjektiven Einschätzungen, die Abgrenzungen mit strafrechtlicher Bedeutung, welche in rechtsstaatlicher Distanz aus sich heraus bestimmbar sind, nicht hinreichend erlauben. Die Verbreitung rechtsextremistischen oder nationalsozialistischen Gedankenguts ist damit kein hinreichend bestimmtes Kriterium, mit dem einem Bürger die Verbreitung bestimmter Meinungen verboten werden kann.“[6]

Wenn aber solche „extremistischen Auffassungen“ weder strafbar sind noch verboten werden können, dann hat der Staat insoweit auch nicht (und schon gar nicht durch Geheimdienste) irgendetwas zu beobachten und zu sammeln – er dürfte ohnehin keine Konsequenzen daraus ziehen. Es darf in einem demokratischen Staat nicht sein, dass die jeweilige Mehrheit, sei sie parteilich oder sonst wie begründet, unter „sich wandelnden politischen und gesellschaftlichen Kontexten und subjektiven Einschätzungen“ bestimmen kann, was als extremistisch und damit verfassungswidrig oder verfassungsfeindlich aus dem herrschenden Diskurs ausgeschlossen und gesellschaftlich sanktioniert wird.

4 BVerfG 8.12.2010, 1 BvR 1106/08.
5 BVerfG 8.12.2010, 1 BvR 1106/08, Abs. 11.
6 BVerfG 8.12.2010, 1 BvR 1106/08, Abs. 20.

Mit einem angeblich notwendigen Frühwarnsystem hat dies nichts zu tun. Tatsächlich ist der „Verfassungsschutz“ zu keinem Zeitpunkt ein Frühwarnsystem gewesen und er kann es auch nicht sein. Über angeblich verfassungsfeindliche Bestrebungen haben immer zunächst die Wissenschaft oder die Medien berichtet, und erst anschließend wurden derartige Bestrebungen zum Beobachtungsobjekt der Verfassungsschutzbehörden.

Es gibt zahlreiche Beispiele dafür, dass die Verfassungsschutzbehörden offensichtlich von Entwicklungen überrascht wurden, die sie hätten erkennen sollen. Bereits im Jahr 2002 gab es – um ein aktuelles Beispiel zu nennen – Hinweise auf den NSU in der NS-Postille „Weißer Wolf“. Dies fand weder damals noch später Aufmerksamkeit beim „Verfassungsschutz“. Bis zu den ersten Medienberichten im Januar 2013 bemerkten die Verfassungsschutzbehörden auch nichts von den Aktivitäten der Hammerskins, einer „arischen“ Rassenbruderschaft im mecklenburgischen Grevesmühlen – von „Frühwarnsystem“ keine Spur. Und im häufig kolportierten Fall der Sauerland-Bande kam der Hinweis auf die Aktivitäten der islamistischen Dschihadisten nicht etwa vom „Verfassungsschutz“, sondern von einem ausländischen Geheimdienst.

Anders ist es auch nach den Denkgesetzen nicht möglich. Denn soweit die Behörden für Verfassungsschutz öffentliche Quellen auswerten (ca. 90 % ihrer „Erkenntnisse“ beruhen nach eigenen Angaben darauf), beziehen sie sich auf bereits vorhandene Medienberichte oder wissenschaftliche Untersuchungen über solche Organisationen und Strukturen, die zuvor veröffentlicht wurden. Die Verfassungsschutzbehörden sind somit zwangsläufig Nachläufer und nicht Vorläufer, also auch kein Frühwarnsystem. Auch ihre nachrichtendienstlichen Mittel zur weiteren Informationsgewinnung können die Verfassungsschutzbehörden erst dann einsetzen, wenn sie aufgrund öffentlicher Quellen einen Verdacht auf möglicherweise verfassungsfeindliche Bestrebungen gefasst haben. Das wirkliche Frühwarnsystem sind also die Öffentlichkeit, die Medien, die Wissenschaft, und wie im Fall neonazistischer Aktivitäten nicht zuletzt zivilgesellschaftliche Gruppen.

Darüber hinaus: Was soll denn „Frühwarnsystem“ bedeuten? Einmal unterstellt, die Verfassungsschutzbehörden würden eine angeblich verfassungsfeindliche Organisation aufspüren, beobachten und darüber berichten: Was sollte denn die Bundes- (oder Landes-) Regierung aufgrund dieser Frühwarnung veranlassen? Gar nichts. Solange sich diese Organisation rechtmäßig verhält, nicht zu Straf- und Gewalttaten aufruft, kann eine Regierung – glücklicherweise! – auch gar nichts veranlassen. Bürgerinnen und Bürger oder Organisationen, die sich rechtstreu verhalten, gehen den Staat nichts an. Er hat deshalb nichts zu veranlassen. Und dort, wo es um sicherheitsgefährdende oder strafbare Handlungen geht, sind Polizei und Justiz zuständig.

Auch wenn Beate Bube, Präsidentin der Baden-Württembergischen Verfassungsschutzbehörde, in der Festschrift zum 60. Jubiläum ihres Landesamtes schreibt, der Verfassungsschutz sollte die Aktivitäten und Propagandastrukturen der Extremisten und die von ihnen künftig ausgehenden Gefahren schildern, und „nur mit einem solchen Gesamtbild können wirksame Gegenmaßnahmen entwickelt werden“,[7] so bleibt sie ebenso die Antwort darauf schuldig, welche Gegenmaßnahmen das denn sein könnten, ebenso wie alle anderen Autoren dieser Festschrift.

Eines staatlichen „Frühwarnsystems“ bedarf es in einem demokratischen Rechtsstaat nicht.

III. Die Unverzichtbarkeit des Verfassungsschutzes?

„Unverzichtbar“ wie der Bundesinnenminister die Verfassungsschutzbehörden in seinem Verfassungsschutzbericht qualifiziert,[8] wären die Verfassungsschutzbehörden nur dann, wenn ihre Erkenntnisse erforderlich wären für staatliche Reaktionen, wenn bei einem Wegfall der Verfassungsschutzbehörden und ihrer Aufgaben staatliche Sicherheitslücken entständen. Deshalb befürchten auch viele Kritiker der Verfassungsschutzbehörden, dass bei ihrem Wegfall Aufgaben und Befugnisse auf die Polizei übergehen und damit das verfassungsrechtliche Trennungsgebot zwischen Polizei und Geheimdiensten[9] aufgehoben würden. Bei einer kritischen Durchsicht der gesetzlichen Aufgaben der Verfassungsschutzbehörden zeigt sich jedoch, dass diese Befürchtung unbegründet ist, dass befürchtete Sicherheitslücken bei einem Wegfall der Verfassungsschutzbehörden nicht entstehen, Aufgaben und Befugnisse auf die Polizeibehörden nicht übertragen werden müssen.

Der Schutz der Verfassung ist zwar im Grundgesetz erwähnt, aber das Grundgesetz zwingt durchaus nicht dazu, Behörden (und schon gar nicht geheim arbeitende) mit dem Schutz der Verfassung zu beauftragen. Nach Art. 87 GG „*können* Zentralstellen ..... zur Sammlung von Unterlagen für Zwecke des Verfassungsschutzes ..... eingerichtet werden“, und nach Art. 73 Abs. 1 Ziff. 10 GG hat der Bund die ausschließliche Gesetzgebungskompetenz für Fragen der Zusammenarbeit des Bundes und der Länder im Bereich des Schutzes der freiheitlichen demokratischen Grundordnung. Dies bedeutet aber nicht, dass es Verfassungs-

7 Landesamt für Verfassungsschutz Baden-Württemberg (Hrsg.), Verfassungsschutz 1952 – 2012, Festschrift zum 60. Jubiläum des Landesamtes für Verfassungsschutz Baden-Württemberg, 2012, S. 16.

8 Dr. Hans-Peter Friedrich, in: Bundesministerium des Innern (Hrsg.), Verfassungsschutzbericht 2011, S. 3.

9 BVerfG 24.4.2013, 1 BvR 1215/07, Abs. 115, 123, NJW 2013, 1499 zur Antiterrordatei.

schutzbehörden geben müsste, es *kann* sie geben. Ob Verfassungsschutzbehörden eingerichtet werden, ist eine politisch zu entscheidende Frage.

IV. *Beobachtung verfassungswidriger Bestrebungen*

Hauptaufgabe – und in Hochzeiten des Kalten Krieges bis zur Novelle des Verfassungsschutzgesetzes vom 7. August 1972 einzige Aufgabe – des „Verfassungsschutzes" ist nach § 3 Abs. 1 Satz 1 Nr. 1 BVerfSchG „die Sammlung und Auswertung von Informationen, insbesondere von sach- und personenbezogenen Auskünften, Nachrichten und Unterlagen, über Bestrebungen, die gegen die freiheitliche demokratische Grundordnung, den Bestand oder die Sicherheit des Bundes oder eines Landes gerichtet sind oder eine ungesetzliche Beeinträchtigung der Amtsführung der Verfassungsorgane des Bundes oder eines Landes oder ihrer Mitglieder zum Ziele haben."

Die Begriffsbestimmung für solche Bestrebungen findet sich in § 4 Abs. 1 Satz 1 c des Gesetzes: „Bestrebungen gegen die freiheitliche demokratische Grundordnung (sind) solche politisch bestimmten, ziel- und zweckgerichteten Verhaltensweisen in einem oder für einen Personenzusammenschluß, der darauf gerichtet ist, einen der in Abs. 2 genannten Verfassungsgrundsätze zu beseitigen oder außer Geltung zu setzen."

Gemäß Absatz 2 zählen zur freiheitlichen demokratischen Grundordnung im Sinne dieses Gesetzes

„a) das Recht des Volkes, die Staatsgewalt in Wahlen und Abstimmungen und durch besondere Organe der Gesetzgebung, der vollziehenden Gewalt und der Rechtsprechung auszuüben und die Volksvertretung in allgemeiner, unmittelbarer, freier, gleicher und geheimer Wahl zu wählen,
b) die Bindung der Gesetzgebung an die verfassungsmäßige Ordnung und die Bindung der vollziehenden Gewalt und der Rechtsprechung an Gesetz und Recht,
c) das Recht auf Bildung und Ausübung einer parlamentarischen Opposition,
d) die Ablösbarkeit der Regierung und ihrer Verantwortlichkeit gegenüber der Volksvertretung,
e) die Unabhängigkeit der Gerichte,
f) der Ausschluß jeder Gewalt- und Willkürherrschaft und
g) die im Grundgesetz konkretisierten Menschenrechte."

Wozu muss eine staatliche Behörde derartige verfassungswidrige oder -feindliche Bestrebungen beobachten und überwachen und Nachrichten über sie sammeln? Das Denken, Meinen und Sagen welchen Inhalts auch immer gehört in einer freiheitlich demokratischen Verfassung zum guten Recht eines jeden Bürgers und auch jeder Gruppierung. Der Staat hat hier weder etwas zu beobachten noch zu registrieren oder kontrollieren. Die Meinungsfreiheit ist das Lebenselixier der Demokratie. Man darf nach der Rechtsprechung des Bundesverfassungsgerichts auch die Meinung vertreten, das Grundgesetz sollte abgeschafft werden. Die geistige Auseinandersetzung auch über derartig radikale Thesen gehört zum Grundbestand unserer Verfassung und schadet Niemandem, zu allerletzt der Verfassung und dem Staat. Es ist schlicht überflüssig, Gruppierungen, die Derartiges in Hinterzimmern diskutieren, mit nachrichtendienstlichen Mitteln zu beobachten, die Sammlungen auszuwerten und im Verfassungsschutzbericht mit der Wirkung von Verrufserklärungen[10] zu veröffentlichen.

Geht eine Gruppierung mit möglicherweise gegen die Verfassung gerichteten Vorstellungen in die Öffentlichkeit, um Anhänger zu gewinnen, um Meinungsmacht zu erringen, um politische Mandate oder Mehrheiten zu erkämpfen – so braucht man ebenfalls keinen im Geheimen mit nachrichtendienstlichen Mitteln operierenden „Verfassungsschutz". Jeder sieht und hört ja die vertretenen Auffassungen, die Bürger, die Medien, die Politiker. Eine Beobachtung durch einen nachrichtendienstlichen Spitzeldienst ist nicht erforderlich, zumal der Verfassungsschutz ca. 90 % seiner sog. Erkenntnisse aus offenen Quellen gewinnt. Im Übrigen dürfte und könnte ein „Verfassungsschutz" Derartiges auch nicht verhindern, es ist nicht seine Aufgabe. Der öffentliche Meinungskampf braucht weder vom „Verfassungsschutz" beobachtet zu werden noch darf er es. Sollte diese Gruppierung im öffentlichen Meinungskampf zur Mehrheit werden, so ist dies zum einen nach den Grundsätzen der Demokratie hinzunehmen, zum zweiten von keiner Behörde zu verhindern, sondern nur von den demokratisch bewussten und engagierten Bürgern, die eine solche Mehrheit nicht zustande kommen lassen. Es wäre abenteuerlich zu glauben, eine Behörde könnte politische Entwicklungen verhindern – oder eine Regierung könnte es, „aufgeweckt" von den Verfassungsschutzbehörden als angebliches Frühwarnsystem.

Selbst etwa auf Berichte des „Verfassungsschutzes" gestützte Verbotsentscheidungen des Bundesverfassungsgerichts nach Art. 21 Abs. 2 GG sind nicht in der Lage, unsere freiheitliche demokratische Grundordnung gegen politische Auffassungen zu schützen, die das Grundgesetz oder Teile davon abschaffen wollen. Nach dem Verbot der KPD und der SRP durch das Bundesverfassungsgericht in den 50er Jahren des 20. Jahrhunderts haben sich sofort Nachfolgeorganisationen gebildet. Meinungen und politische Überzeugungen kann man nicht dadurch bekämpfen, dass man ihre Organisationen verbietet. DKP und NPD sowie die Republikaner sind nicht von den Verfassungsschutzbehörden ausgeschal-

10 Eckart Spoo, in: Müller-Heidelberg u.a. (Hrsg.), Grundrechte-Report 2011, 2011, S. 172; Kauß, in: Müller-Heidelberg u.a. (Hrsg.), Grundrechte-Report 2009, 2009, S. 181; Rödl, in: Müller-Heidelberg u.a. (Hrsg.), Grundrechte-Report 2004, 2004, S. 138; Seifert, in: Grundrechte-Report 2001, 2001, S. 218; Müller-Heidelberg, in: ders. u.a. (Hrsg.), Grundrechte-Report 2001, 2001, S. 232; Seifert, in: Müller-Heidelberg u.a. (Hrsg.), Grundrechte-Report 1997, 1997, S. 287.

tet worden, sondern durch demokratische Wahlentscheidungen der Bürgerinnen und Bürger, die sie in die Bedeutungslosigkeit zurückgestoßen haben. Und ist denn unser demokratischer Rechtsstaat wirklich dadurch gefährdet, wenn eine Zeit lang in einigen Landtagen auch einige Abgeordnete sitzen, die unsägliche Thesen vertreten?

Wird schließlich eine solche radikale oder „extremistische" Gruppierung zur verfassungswidrigen Bestrebung im Sinne der Rechtsprechung des Bundesverfassungsgerichts, d.h. wenn sie Gewalt anwendet und aktiv kämpferisch tätig wird, so begibt sie sich in den Bereich des Strafrechts hinein und ist folglich Objekt der Strafverfolgungsbehörden. Und die „Erkenntnisse" der Verfassungsschutzbehörden nützen den Strafverfolgungsorganen und den Gerichten nichts.

Hinzu kommt, dass unser Strafrecht sich ohnehin weit in das Vorfeld vor der Begehung von Straftaten hin entwickelt hat, schon lediglich die Mitgliedschaft in einer kriminellen oder terroristischen Vereinigung strafbar ist, ohne dass dem Mitglied eine konkrete Straftat nachgewiesen werden müßte. Auch etwa die Volksverhetzung, die Anleitung oder der Aufruf zu Straftaten, die Gewaltdarstellung sind strafbar. Und das Polizeirecht gibt der Polizei auch außerhalb des Strafrechts die Befugnis zur Abwehr nicht nur eingetretener, sondern auch drohender Gefahren. Eine Sicherheitslücke ohne den „Verfassungsschutz" ist nicht vorhanden. Es wird immer wieder verkannt, dass für die Bekämpfung konkreter Gefahren (oder Straftaten) der „Verfassungsschutz" ohnehin gar nicht zuständig ist.[11]

Die Notwendigkeit für die Einschaltung eines nachrichtendienstlich arbeitenden Geheimdienstes ist somit hinsichtlich der Hauptaufgabe der Verfassungsschutzbehörden – Schutz vor Bestrebungen gegen die freiheitliche demokratische Grundordnung – nicht gegeben: Weder im Bereich der nicht öffentlichen Meinungsbildung (wo allenfalls nachrichtendienstliche Mittel sinnvoll Anwendung finden können), noch im öffentlichen Meinungskampf noch bei Gewalttätigkeit und Straftaten.

Ursprünglich ging es bei dem angeblichen Schutz der freiheitlichen demokratischen Grundordnung um den Schutz gegen die „Radikalen", erinnert sei an den Radikalenerlass des Bundeskanzlers und der Ministerpräsidenten vom 28. Januar 1972, der zu einer neuen Wortschöpfung der „Berufsverbote" führte, die weltweit von anderen Ländern in der deutschen Fassung übernommen und mit Unverständnis quittiert wurde. Als sich immer mehr durchsetzte, dass zum demokratischen Diskurs es geradezu zwingend gehört, dass auch radikale Thesen vertreten werden (von lateinisch *radix*, die Wurzel, also ein Problem an der Wurzel analysieren und erkennen), ging man über zum Begriff der Extremisten und ver-

11 Gusy ZRP 2012, 230, 231.

suchte, mit diesem Begriff diejenigen, die außerhalb des Mainstream argumentieren oder politisch tätig werden, zu diffamieren, was leider weitgehend auch gelungen ist.

Es ist schon bisher wahrgenommene Aufgabe von Wissenschaft, Gesellschaft und Medien, gesellschaftliche und politische Entwicklungen zu beobachten, zu analysieren und zu werten. Dies geschieht insbesondere durch Institute für Politologie, Soziologie oder Gesellschaftswissenschaften. Eine staatliche „Verfassungsschutzbehörde“ kann dazu nichts Zusätzliches beitragen. Die Ausführungen des Verfassungsschutzberichtes 2011 zum Rechtsextremismus, über seine Ideologie, seine Entwicklungen, seine Organisationen auf immerhin fast 100 Seiten bringen nicht mehr (sondern eher weniger), als die seit 2002 von der Friedrich-Ebert-Stiftung in Auftrag gegebenen wissenschaftlichen „Mitte-Studien“, seit 2006 im 2-Jahres-Rhythmus. Die neueste Studie „Die Mitte im Umbruch. Rechtsextreme Einstellungen in Deutschland 2012“[12] zeigt, „dass rechtsextremes Denken in allen Teilen der Gesellschaft in erheblichem Maße verbreitet ist“ – dazu braucht man keine Verfassungsschutzbehörde, die den Rassismus = Extremismus an den Rändern der Gesellschaft beobachtet.

V. Weitere Aufgaben der Verfassungsschutzbehörden

Alle weiteren Aufgaben der Verfassungsschutzbehörden sind erst beginnend mit der Novelle des Verfassungsschutzgesetzes vom 7. August 1972 hinzugekommen. In der Zeit des Kalten Krieges, also der höchsten Gefährdung der Bundesrepublik Deutschland, waren sie folglich offensichtlich für die Sicherheit unseres Staates nicht erforderlich, so dass schon allein deshalb bei einer Abschaffung des Verfassungsschutzes keine Sicherheitslücken entstehen können, so dass auf diese zusätzlichen Aufgaben nur kurz und kursorisch eingegangen werden soll.

So handelt es sich bei der Bekämpfung der Spionage um die Verfolgung von Straftaten, wofür Polizei und Staatsanwaltschaft zuständig sind. Dies gilt wegen §§ 17 UWG und 299 StGB auch für die Wirtschaftsspionage, worauf die Verfassungsschutzberichte des Bundes einen Schwerpunkt legen. Im Übrigen ist nicht nachvollziehbar, weshalb das Ausspionieren von Siemens durch Nixdorf die staatliche Spionageabwehr nichts angehen soll, wohl aber das Ausspionieren von Nixdorf durch russische oder chinesische Staatskonzerne (Spionagetätigkeit „für eine fremde Macht“, § 3 Abs. 1 Nr. 2 BVerfSchG).

Was die Beobachtung gem. § 3 Abs. 1 Nr. 3 Bundesverfassungsschutzgesetz von „Bestrebungen, die durch Anwendung von Gewalt auswärtige Belange der

12 Decker/Kiess/Brähler, in: Friedrich-Ebert-Stiftung (Hrsg.), Die Mitte im Umbruch, Rechtsextreme Einstellungen in Deutschland, 2012.

Bundesrepublik Deutschland gefährden,“ durch einen Geheimdienst nutzen soll, ist auch nicht ersichtlich, denn zum einen sind die Anwendung von Gewalt wie auch die Vorbereitung eines Angriffs strafbar (und somit Aufgabe der Strafverfolgungsbehörden) und zum zweiten könnten nicht verbotene Bestrebungen, die die auswärtigen Belange der Bundesrepublik Deutschland gefährden sollten (welch schwammige Begrifflichkeit!), ohnehin weder vom Verfassungsschutz noch von der Regierung unterbunden oder verboten werden.

In den Landesverfassungsschutzgesetzen von Bayern, Hessen, Saarland und Thüringen ist der Schutz vor Organisierter Kriminalität als Aufgabe der Verfassungsschutzbehörde normiert.[13] Zur Definition wird auf die gemeinsamen Richtlinien der Justiz- und Innenminister der Länder verwiesen. Deren Bekämpfung jedoch „gehört zu den Kernaufgaben der Polizei und Strafverfolgungsbehörden“, wie der Sächsische Verfassungsgerichtshof entschieden hat.[14] Diese Regelungen sind daher zum einen als Doppelkompetenz überflüssig, zum zweiten mangels Gesetzgebungskompetenz der Länder verfassungswidrig.

VI. Fazit: Die Demokratieschädlich- und Überflüssigkeit der Verfassungsschutzbehörden

Zu Recht hat somit der FAZ-Journalist Peter Carstens anlässlich der Reformüberlegungen der Verfassungsschutzbehörden wegen des NSU-Skandals gefordert, weiter zu denken, und gefragt: „Warum schützt man unsere Demokratie mit einem ‚Verfassungsschutz' eigentlich besser als ohne? Was nützt den Demokraten eine verborgene Behörde, die mit verdeckten Methoden geheime Papiere erstellt und sich zu diesem Zweck aus geheimen Etats nährt?“[15] Selbst wenn man nicht auf die endlosen Skandale der Verfassungsschutzbehörden eingeht, die Systemimmanenz signalisieren und nicht etwa lediglich Fehler einzelner Mitarbeiter,[16] so erweist sich doch, dass die Beobachtung und Kontrolle der Bürger durch einen Geheimdienst einer freiheitlichen Verfassungsordnung widerspricht und schädlich für ein freies, bürgerschaftliches Bewusstsein der Staatsbürger ist, und dass die ersatzlose Abschaffung der Verfassungsschutzbehörden kein Weni-

13 Vgl. Art. 1 und 3 BayVerfSchG; § 2 HessVerfSchG; §§ 1, 3 und 5 SVerfSchG sowie § 2 ThürVerfSchG.

14 SächsVerfGH 21.7.2005, Vf. 67-II-04, Abs. 109.

15 AnwBl. 10/2012, 332.

16 Memorandum (Fn 2), 19 ff.; vgl. auch den Beitrag des Bayerischen Verfassungsrichters Hahnzog, in: Müller-Heidelberg u.a. (Hrsg.), Grundrechte-Report 2013, 2013, S. 174: Dieser berichtet über die Bespitzelung einer Bürgerinitiative unter Führung von verdi durch einen V-Mann des Bayerischen Verfassungsschutzes, die – erfolgreich – Verfassungsbeschwerde gegen das neue Bayerische Versammlungsgesetz eingereicht hatte.

ger an Sicherheit bedeutet. Der Schutz der Verfassung kann durch keine Behörde gewährleistet werden, sondern nur durch die Gesellschaft selbst.

Wissenschaft und Lehre

Gerhard Stuby

Viel Lärm um die Zivilklausel

I. Reminiszenzen einer vergangenen Generation

1. Die Hochschullehrergeneration, der ich angehöre, hatte sich Anfang der Siebziger Jahre bewusst in den Reformprozess an den Hochschulen eingeschaltet.[1] Sie waren meist Assistenten an traditionellen Universitäten wie ich selbst in Freiburg. Ich ging nach Bremen, um dort aktiv an der Gestaltung der neuen Universität mitzuarbeiten. Dies tat ich zunächst im Bereich der Juristenausbildung,[2] dann in der Universitätsleitung als Konrektor im Rektorat von Hans-Joseph Steinberg. 1976 zerfiel die Hochschullehrerfraktion, die das Bremer Modell der Anfangszeit getragen hatte.[3] Eine wichtige Rolle für die Universität Bremen spielte das Urteil des Bundesverfassungsgerichts von 1973 zum Niedersächsischen Hochschulgesetz.[4] Ich habe es zwar von Anfang an als eine tiefe Zäsur empfunden, die zu meinem Rückzug aus der Universitätsleitung führte, seine Auswirkung sind mir aber erst später in seiner ganzen Tragweite aufgegangen. Nach der Beseitigung der einphasigen Juristenausbildung (endgültig 1982) habe ich mich ganz meinen Forschungs- und Lehraufgaben im Fachbereich Rechtswissenschaft gewidmet. Im Laufe der Zeit mutierte ich immer mehr vom Verfassungsrechtler zum Völkerrechtler. Den Reformprozess an den Hochschulen verfolgte ich in wachsender Distanz. Resignation war nicht zu verkennen.[5] Heute, zu Ehren Martin Kutschas, greife ich nach langer Pause die Problematik der Wissenschaftsfreiheit wieder auf.
2. Sie hatte lange im Zentrum meines wissenschaftlichen Interesses gestanden. Ich hatte sie sogar zum Thema meiner Habilitation gewählt: Bildungs- und Wissenschaftsplanung unter demokratischem Anspruch. Die an der neu ge-

1 Ein Beleg für mein Engagement zu dieser Zeit: Stuby, Disziplinierung der Wissenschaft, 1. Aufl. 1970 mit einem kritischen Nachwort von Rainer Geulen.

2 Zur Geschichte der Juristenausbildung in Bremen s. Rinken, Einführung in das juristische Studium, 3. Aufl. 1996, insbes. S. 282 ff.

3 Gut zusammengefasst in einer Broschüre der SPD-Landesorganisation Bremen, 1971, mit dem Titel „Reformuniversität Bremen".

4 BVerfG 29.5.1973, 1 BvR 424/71, BVerfGE 35, 79.

5 Der Slogan, „der Mehrheit der Bevölkerung im Bildungswesen gerecht zu werden", war für die Pioniergeneration der Bremer Hochschullehrer selbstverständlich. Heute ist selbst in der FAZ zu lesen, dass sich die soziale Schichtung im Bildungswesen kaum geändert hat, vgl. Becker FAZ v. 22.5.2013.

gründeten Universität Mannheim eingereichte Arbeit – der mich betreuende Hochschullehrer hatte einen Ruf dorthin angenommen – wirbelte damals viel Staub auf. Sie sei einseitig marxistisch, war noch einer der geringsten Vorwürfe. Es kam zu einer Kontroverse zwischen dem mich betreuenden Hochschullehrer und anderen Mitgliedern der Fakultät. Letztlich wurde die Arbeit abgelehnt. Ich verfolgte die Angelegenheit nicht weiter, weil ich in der Zwischenzeit einen Ruf an die Universität Bremen erhalten hatte. Im Sinne der Kreuznacher Assistentenvorschläge,[6] die alle nach Bremen Berufenen befürworteten, sah das vorläufige Bremer Hochschulgesetz keine Habilitation vor. Sie wurde erst später wieder in den 80er Jahren nach dem Reformstopp in Bremen eingeführt.

3. In der erwähnten Habilitationsarbeit habe ich mich gegen eine Hochschulplanung im „privaten Verwertungsinteresse" gewandt.[7] Martin Kutscha hat in seinen Äußerungen zur Wissenschaftsfreiheit in ähnlicher Weise gegen die „Vermarktlichung und Vertriebswirtschaftlichung" von Forschung und Lehre im gesamten System der Wissenschaften argumentiert.[8] Ausdrücklich verweist er auf die frühen Tendenzen der Hochschulreform, die eine ähnliche Stoßrichtung gehabt hätten und an die er mit seinen kritischen Äußerungen anknüpft. Seit dem „Bologna-Prozess" sei jedoch eine bislang „nicht gekannte Dynamisierung" eingetreten, deren Abschluss noch nicht abzusehen sei.[9] Vor allem im „Zukunftsmodell Stiftungsprofessur" sieht er eine weitere Verschärfung.[10] Wenn er diesen Tendenzen den Art. 5 Abs. 3 GG entgegenhält, so ist er sich durchaus der Ambivalenz einer solchen Forderung bewusst. Sie „kann Schutz bieten vor Pressionsversuchen gegenüber kritischer Forschung, zugleich aber auch die ökonomische Verwertbarkeit und Herrschaftssicherung orientierte Mainstreamwissenschaft gegenüber missliebigen Einflussversuchen von anderer Seite abschirmen."[11]
4. Beharren auf dem Individualrechten des einzelnen Wissenschaftlers und deren Durchsetzung mit gerichtlicher Hilfe zu erstreiten, ist ein Kennzeichen

6 Kreuznacher Hochschulkonzept. Reformziele der Bundesassistentenkonferenz (Schriften der BAK, Heft 1), Oktober 1968 und Reform der Lehrkörper- und Personalstruktur (Schriften der BAK, Heft 3), Februar 1970.

7 Teile dieser Arbeit sind in meine Studie Stuby, Disziplinierung der Wissenschaft, 1970, eingegangen.

8 Kutscha/Winkel Bl. f. dt. u. int. Politik 2006, 1351.

9 Vgl. Lieb Bl. f. dt. u. int. Politik 6/2009, 89.

10 Ähnlich Fischer-Lescano Bl. f. dt. u. int. Politik 2/2012, 53.

11 Kutscha Forum Wissenschaft 3/2011, 60.

von Rechtsstaatlichkeit und hat ihren guten Sinn.[12] Sich für eine „Zivilklausel“ einzusetzen, um zumindest die Vereinnahmung der Universitäten durch die Rüstungsindustrie einzudämmen, beschreitet eine weitere, nämlich die demokratische Ebene.[13] Ohne eine vorausgegangene kollektive Aktion, die aus dem Wissenschaftsprozess selbst entsteht und vergleichbar mit den Vorbereitungen für einen Streik sein dürfte, ist sie nicht denkbar.[14] Die Ebene der Universitätssatzung oder gar der Gesetzgebung ist als ein zumindest vorläufiger Schlusspunkt zu sehen. Deshalb würde ich auch nicht wie Erhard Denninger von „symbolischer Politik und symbolischer Normsetzung“ sprechen. An den realpolitischen Machtverhältnissen in den deutschen Hochschulen ändert sich zwar wenig oder nichts, gewiss.[15] Dieses Schicksal teilt die als symbolisch bezeichnete Normsetzung jedoch mit jeder anderen Normsetzung. Ob Fortentwicklung des Rechts oder seine Anpassung an gewandelte Verhältnisse wirklich zustande kommen, hängt daher vom Umfang und der Tiefe der vorausgegangenen rechtsstaatlichen und vor allem der demokratischen Aktion ab. Rechtsstaatliche Abwehr auf der einen, demokratische Teilhabe und Aktion auf der anderen Seite, hier beim Zustandekommen einer Zivilklausel als Satzung oder als Gesetz, müssen auseinander gehalten werden.

5. Der Unterschied der beiden Ebenen wird deutlich in der Reaktion auf die beginnende Diskussion um die Zivilklausel. Bislang beschränkt sie sich auf rechtsstaatliche Abwehr. Man wird den Endruck nicht los, ein Gespenst wie einst der Kommunismus könne Europa bedrohen, wenn man sich den beginnenden Lärm um die Einführung einer „Zivilklausel“ an einigen Universitä-

12 Vgl. Abendroth, in: Buckmiller/Perels/Schöler (Hrsg.), Wolfgang Abendroth – Gesammelte Schriften, Bd. 2, 2007, S. 205. Abendroth wurde nicht müde, gerade diesen Unterschied herauszustellen, S. 212: „Entscheidend ist jedoch, dass die durch diesen Teil der europäischen Staaten gebildeten supranationalen Institutionen wesentliche Teile der staatlichen Funktionen ihrer Glieder an sich gezogen haben, um sie unmittelbar selbst auszuüben. Daher enthalten die Verträge über die Gemeinschaften notwendig verfassungsrechtliche Elemente, obwohl sie in der Form völkerrechtlicher Verpflichtungen entstanden sind. So liegt in beiden Fällen ein staatsähnlicher Zusammenschluß vor, sobald die vertraglich vorgesehenen Organe zu funktionieren beginnen.“ Ähnlich hat später Grimm, Die Zukunft der Verfassung II, 2012, S. 209 unterschieden: „Der rechtsstaatlichen Verfassungsbegriff ist daher im Verhältnis zu dem demokratischen kein Aliud, sondern ein Minus.“ Nicht ganz so scharf in Bezug auf das europäische Legitimationsdefizit auch Habermas, Zur Verfassung Europas. Ein Essay, 2011, S. 60.

13 Zur Unterscheidung von Rechtsstaatlichkeit und Demokratie bei Abendroth vgl. Bieling, in: Fischer-Lescano/Perels/Scholle (Hrsg.), Der Staat der Klassengesellschaft. Rechts- und Sozialstaatlichkeit bei Wolfgang Abendroth, 2012, S. 217 (219).

14 Gute Beschreibung solcher lang vorbereiteter Aktionen bei Geschonneck Z. Zeitschrift für marxistische Erneuerung Nr. 94, Juni 2013, 120, 121.

15 Denninger, in: Lindemann u. a. (Hrsg.), Erzählungen vom Konstitutionalismus, 2012. S. 206, 219.

ten vergegenwärtigt.[16] Wer den Artikel von Hans-Deltlef Horn liest, Professor für öffentliches Recht an der Universität Marburg, sieht sich in die Turbulenzen der Siebziger Jahre des vorigen Jahrhunderts versetzt. In „Forschung & Lehre" der auflagenstärksten hochschul- und wissenschaftspolitischen Zeitschrift Deutschlands", so die Selbstdarstellung, äußert er diese Befürchtungen.[17] Folgt man ihm, so wäre, wie vormals in Bremen, die rote Kaderschmiede (un)seligen Andenkens, eine „Tendenzuniversität" nicht weit. Schlimmer ein „antimilitaristischer Reflex gegen eine Wiederkunft von Kriegs- und Rüstungsforschung" oder ein „Friedensextremismus nach Art eines imperialistischen Pazifismus" könnte sich breit machen.[18]
Schon richtig: An einigen Universitäten, seit 1986 in Bremen, später in Berlin (TU), Dortmund, Konstanz, Oldenburg und Tübingen haben diese Universitäten in ihren Satzungen festgelegt, dass ihre Mitglieder nur „friedliche Ziele" verfolgen, also militärische Forschung ausschließen wollen. Einige Universitäten und Hochschulen beabsichtigen, diesem Beispiel zu folgen. 1993 hatte die damalige niedersächsische Landesregierung unter Ministerpräsident Gerhard Schröder eine Zivilklausel in das Landeshochschulgesetz aufgenommen. Sie wurde jedoch 2002 unter Ministerpräsident Sigmar Gabriel wieder gestrichen.[19] Kann man bei etwa 415 Hochschulen, die in der Encyclopädie Wikipedia angegeben werden, von einem „imperialistischen Pazifismus" sprechen, wenn ungefähr ein Dutzend Hochschulen in ihren Satzungen eine Friedensklausel stipulieren?

II. Erfolgsaussichten einer Verfassungsbeschwerde?

1. Eine Verfassungsbeschwerde von Hochschullehrern, die sich in ihrem Individualrecht aus Art. 5 Abs. 3 GG verletzt fühlen und deshalb eine Zivilklausel fürchten, dürfte beim gegenwärtigen Lärm daher niemanden überraschen. Hier zeigt sich deutlich, in welche Richtung die Ambivalenz geht. Denn die

16 Jüngst hat sogar die FAZ v. 2.08.2013 in einem längeren Artikel aus der Feder des Politologen Joachim Krause, mit dem reißerischen Titel: „Verklausulierter Frieden. Pazifistische Studenten wollen die Kooperation von Universitäten mit der Bundeswehr verhindern" das Thema aufgriffen. Allerdings hat die von Krause geführte Kampagne wenig mit der Realität an den Hochschulen zu tun.

17 Horn Forschung und Lehre 2012, 808.

18 Herzmann Wissenschaftsrecht 2011, 385 hält ebenfalls nach der gegenwärtigen Verfassungslage die Zivilklausel für verfassungswidrig. Er entwickelt eigens Vorschläge für eine Verfassungsänderung.

19 Wahrscheinlich wurde sie im vorauseilenden Gehorsam aus „Angst" vor dem BVerfG gestrichen. Vgl. BVerfG 1.3.1978, 1 BvR 333/75, BVerfGE 47, 327 ff zu § 6 Hess.UniversG, das eine Formulierung enthielt, „die gesellschaftlichen Folgen wissenschaftlicher Erkenntnis mitzubedenken".

Versuche nach 1945, die Universitäten zu reformieren, konnte in den meisten Fällen von Antireformern und Technokraten gestoppt werden. Auch dieses Mal stehen die Chancen, dass derartige Kräfte bis zum ersten, dem zuständigen Senat durchdrängen, nicht schlecht. 2004 jedenfalls hat das Bundesverfassungsgericht eine Beschwerde von Hochschullehrern wegen ihrer grundsätzlichen Bedeutung zugelassen.[20] Ob sie allerdings dann weiterkämen, lässt sich nur schwer prognostizieren.
Zwar haben sich im ersten Senat die politischen Gewichte verschoben. Bei Susanne Baer, die Zuständige für Hochschulangelegenheiten, und Gabriele Britz, mit 42 die jüngste Verfassungsrichterin überhaupt, wie auch bei anderen Mitgliedern ist mit einer gewissen Aufgeschlossenheit zu rechnen; wenn nicht gerade für die Zivilklausel als solche, so doch für die Hochschulautonomie. Sie würden, falls sie diese Tendenz verstärken, dem Trend der bisherigen Rechtsprechung folgen.

2. Das Bundesverfassungsgericht ist inzwischen nicht nur in Europa zum deutschen Exportschlager gediehen. Das GG hatte ihm ursprünglich eine über dem Gesetzgeber stehende Macht im Gewaltenteilungsgefüge nicht einräumen wollen, weder die des Ersatzgesetzgebers, auf keinen Fall die des Ersatzverfassungsgebers.[21] Diese Tendenz hat sich erst später entwickelt. Dennoch sollte man bisweilen daran erinnern, dass Rechtsprechung in der parlamentarischen Demokratie in erster Linie eine korrigierende und nicht so sehr eine rechtsgestaltende Funktion hat. Es ist Aufgabe des Verfassungs- und Gesetzgebers, den Zuständigkeitsbereich eines Grundrechts, hier der Wissenschaftsfreiheit des Art. 5 Abs. 3 GG, zu bestimmen und nicht die des Bundesverfassungsgerichts.
3. Wie beschrieben, die „Verfassungswirklichkeit“ sieht anders aus. Es ist das Bundesverfassungsgericht, das letztlich den Schutzbereich eines Grundrechts bestimmt. Ob ein Eingriff vorliegt und mögliche Rechtfertigungsgründe für solche und andere Beschränkungen gegeben sind, wird von ihm festgelegt. Daher tut man gut daran, auch für die in Art. 5 Abs. 3 GG festgelegte Wissenschaftsfreiheit zu überlegen – allein um diese rechtliche Fragestellung soll es im Folgenden gehen –, welche Chancen einer Verfassungsbeschwerde derjenigen einzuräumen ist, die sich in ihren Rechten verletzt sehen, zumal sich gerade hier eine gefestigte Rechtsprechung entwickelt hat. Diese Judikatur beginnt mit dem schon erwähnten Urteil zur „Gruppenuniversität“ anhand des Vorschaltgesetzes zum Niedersächsischen Gesamthochschulgesetz (1973).[22] Man sollte nicht vergessen, dass sie diese zwar zuließ.

20 BVerfG 26.10.2004, 1 BvR 911/00, BVerfGE 111, 333.
21 Vgl. Abendroth, in: ders. (Hrsg.), Arbeiterklasse, Staat und Verfassung, 1975, S. 250.
22 BVerfG 29.5.1973, 1 BvR 424/71, BVerfGE 35, 79.

Indem sie der Hochschullehrerbank den „ihrer besonderen Stellung maßgeblichen Einfluß“ einräumte, bewirkte sie scheinbar eine gewisse Rückkehr zur Ordinarienuniversität. Scheinbar deshalb, weil in Wirklichkeit diese Judikatur die Ordinarien letztlich dazu nutzte, ohne dass es diese vielfach überhaupt bemerkten, die „Vermarktlichung und Vertriebswirtschaftlichung“ in Forschung und Lehre vorzubereiten, wie es Martin Kutscha zu Recht bezeichnet. Ich sprach 1970 von „Planung im privaten Verwertungsinteresse“,[23] meinte aber dasselbe. Es folgen die Beschlüsse über die Verfassungsbeschwerden gegen das Hessische Universitätsgesetz,[24] gegen das nordrhein-westfälische Universitätsgesetz[25] und gegen das brandenburgische Hochschulgesetz.[26] Vor allem in dem zeitlich jüngsten Verfahren zum brandenburgischen Hochschulgesetz lässt das Gericht eine deutliche Öffnung in Richtung auf verstärkte Steuerungskompetenzen des Staates erkennen.

III. Von Humboldt I nach Humboldt II

1. Man sollte sich aber keinen Illusionen über eine solche Verstärkung der Staatskompetenzen machen. Denn dass der Staat letztlich nicht nur die Interessen des Finanzkapitals durchzusetzen hat, wie wir es in der Finanzkrise erleben, sondern auch die der Rüstungsindustrie wie hier bei der Zivilklausel (mit Blick auf das Gesundheitswesen und für andere Bereiche wäre die Pharmaindustrie nennen), müsste jedem aufmerksamen Beobachter klar sein. Zwar sehen manche diesen Prozess der unmittelbaren Öffnung für Interessen der Wirtschaft als unvermeidlich an und bezeichnen ihn euphemistisch als Übergang von „Humboldt 1 zu Humboldt 2“.[27] Die Konsequenzen liegen aber auf der Hand. Nicht nur die Großforschung, sondern auch das Alltagsgeschäft der Universitäten, wird über die Drittmittelforschung (z. B. § 25 HRG), weitgehend von Gesichtspunkten privater Interessenverwertung bestimmt.[28]
2. Dennoch die Forderung, ein „hinreichendes Maß an organisatorischer Selbstbestimmung der Grundrechtsträger“ sicherzustellen, die das Bundesfassungsgericht aufstellt,[29] sollte trotz ihrer Ambivalenz, auf die Martin Kut-

23 Kutscha Forum Wissenschaft 3/2011, 60; Stuby (Fn 7), insbes. S. 65.
24 BVerfG 1.3.1978, 1 BvR 333/75, BVerfGE 47, 327.
25 BVerfG 31.5.1995, 1 BvR 1379/94, BVerfGE 93, 85.
26 BVerfG 26.10.2004, 1 BvR 911/00, BVerfGE 111, 333.
27 Schulte/Ruffert VVDStR 2005, Bd. 65, 110, 146; vgl. a. grundsätzlich und mit historischer Perspektive AK-GG/Denninger, 3. Aufl. 2001, Art. 5 Abs. 3 Rn 1.
28 Kutscha Forum Wissenschaft 3/2011, 60; Fischer-Lescano Bl. f. dt. u. int. Politik 2/2012, 53.
29 BVerfG 26.10.2004, 1 BvR 911/00, BVerfGE 111, 333, 355.

scha hinweist und die unter Umständen gerade gegen die Zivilklausel in Anschlag gebracht werden könnte, nicht unterschätzt werden. Denn das Individualgrundrecht des einzelnen Hochschullehrers auf seine Wissenschaftsfreiheit, um es zu wiederholen, kann für beide Seiten genutzt werden. Es kann den im Mainstream schwimmenden Wissenschaftler dienen, der sich gegen die Zivilklausel wehrt, weil er zufällig in eine der wenigen sich eine solche Klauseln leistenden Hochschulen verschlagen wurde. Umgekehrt nutzt sie aber auch den kollektiven „Abweichlern und Querköpfen", denen es gelungen ist, eine Zivilklausel in ihrer Universitätssatzung oder gar im Hochschulgesetz ihres Landes durch eine oben erwähnte demokratische Aktion zu verankern.[30] Die Folgen sind allerdings für beide Gruppen höchst unterschiedlich. In einer Universität, die Militärforschung betreibt, kann der „Abweichler und Querkopf" zwar ebenfalls auf seine jeweilige nicht bezifferbare Grundausstattung zurückgreifen. Ansprüche auf von den Universitätsgremien, meist auf gesetzlicher Grundlage, verteilte Mittel sind ihm allerdings nicht zugänglich.[31] Andererseits dürfte es für ihn nicht schwer sein, Drittmittelgeber in einem Forschungsfeld zu finden, das mehr oder weniger flächendeckend vom drittgrößten Waffenproduzenten weltweit geprägt ist.[32] Einem „Kriegsgegner und Pazifist" dürfte es kaum gelingen, entsprechende Mittel für seine Forschungen aufzubringen. Erhard Denninger verweist daher auf die Gefahr, dass durch ein Drittmittelobjekt mit militärischer Ausrichtung leicht eine universitäre Zivilklausel „unterwandert" werden könnte. Ob die hier entstehende Kollision durch praktische Konkordanz – so sein Vorschlag – zu lösen ist, mag man bezweifeln.[33] Alles wird vom Verfahren in den Universitäten abhängen, die die Forschungsvorhaben prüfen bzw. über deren Schicksal zu entscheiden haben. Hierauf komme ich nochmals zurück.

IV. Friedensfinalität auf der einen, Verteidigung auf der anderen Seite

1. Denninger räumt der „Friedensfinalität" des GG, die er völkerrechtlich durch den erst 1990 abgeschlossenen 2+4 Vertrag abgesichert sieht, einen hohen

30 Denninger (Fn 15), S. 214.

31 Nach wie vor am klarsten Lüthje, in: Denninger (Hrsg.), Hochschulrahmengesetz, Kommentar, 1984, § 3 (a. F.) Rn 23, 24.

32 Deutschland ist nach den USA mit 30.3 % und Russland mit 22,9% mit 10,6 % der drittgrößte Waffenexporteur, vgl. SIPRI, Yearbook 2013 passim.

33 Denninger (Fn 15), S. 218.

Rang in der Abwägung zu anderen Verfassungsgütern ein.[34] Dem ist zuzustimmen. Allerdings darf nicht übersehen werden, daß der Verfassungsgeber in einer zweiten Schicht später die Landesverteidigung (Art. 87a, 115a GG) eingefügt hat: Zuvor hatte er sich allein auf funktionierende kollektive Sicherheitssysteme in Europa und der Welt (Art. 24 Abs. 2 GG) verlassen.[35] Akzeptiert hatte er allerdings nur die Verteidigung (Art. 87 a GG). Ob die neue Strategie der NATO mit ihrer Terrorbekämpfung an jedem Ort der Welt damit gemeint war, darf, auch wenn das Bundesverfassungsgericht bislang alle Auslandseineinsätze der Bundeswehr abgesegnet hat, bezweifelt werden.[36] „Humanitäre Interventionen" zur Verwirklichung der Menschenrechte ohne Mandat des Sicherheitsrates bleibt völkerrechtswidrig. Der Parlamentsvorbehalt ist bestenfalls ein verfassungsrechtliches Trostpflaster, völkerrechtlich ersetzt er weder Art. 51 UN-Charta noch einen Sicherheitsratsbeschluss gemäß Art. 39 ff. UN-Charta.[37]

2. Angriffs- und Verteidigungswaffen ließen sich kaum unterscheiden, wird vielfach behauptet. Bei den ABC-Waffen, auf die die Bundesrepublik auf verschiedene Weise völkerrechtlich verpflichtet ist, zu verzichten, ist die Bestimmung ziemlich eindeutig.[38] Aber nicht nur hier sondern auch in anderen Bereichen kann militärische Forschung von ziviler ohne größere Probleme getrennt werden.[39] Schwieriger scheint die Unterscheidung bei sog. dual-use Produkten. Abgesehen, dass das Problem selbst nicht neu ist – besonders eindeutig ist es wie erwähnt bei der friedlichen Kernforschung. Einige Atomphysiker wie z. B. in Bremen während der Anfangsphase der Universität haben daher ganz auf Forschung in diesem Bereich verzichtet. Bekanntlich ist die Kontrolle möglicher Kapazitäten zum Bau einer Atombombe besonders prekär und bis heute nicht geklärt.[40] Hinzukommt, dass insbesondere im Bereich der „Sicherheitspolitik" absichtsvoll die Grenzen zwischen ziviler und militärischer Sicherheit verwischt werden.[41] Bei einem Projekt der

34 Denninger, Zur Zulässigkeit einer so genannten „Zivilklausel" im Errichtungsgesetz für das geplante Karlsruher Institut für Technologie (KIT). Gutachten im Auftrag der Hans-Böckler-Stiftung, abrufbar unter www.boeckler.de/pdf/mbf_gutachten_denninger_2009.pdf. Jetzt auch ders. (Fn 15), S. 215.

35 Denninger (Fn 15), S. 216.

36 Vgl. zur verfassungsrechtlichen Problematik Kutscha Wissenschaft & Frieden 1/2012, 22 ff.

37 Zur völkerrechtlichen Problematik des „War on Terror" vgl. Paech/Stuby, Völkerrecht und Machtpolitik in den internationalen Beziehungen, Aktualisierte Aufl. 2013, S. 309.

38 Nochmals bestätigt in Art. 3 des 2+4 Vertrages v. 12. September 1990 (BGBl. 1990 II S. 1317).

39 Nagel, in: IMI-Studie 2009/07 und die dort aufgeführten Beispiele, http://imi-online.de/download/SN-Studie07-2009-Forschung.pdf.

40 Paech/Stuby (Fn 37), S. 228, 812, 869.

41 Meyer-Ebrecht FIfF-Kommunikation 4/2012, 56.

Sicherheitstechnik drängt sich also von vornherein der Verdacht auf, dass es einen relevanten Rüstungsbezug gibt, so dass ein derartiges Projekt mit einer Zivilklausel unvereinbar sein dürfte.[42]

Man kann also durchaus zu der Folgerung gelangen, dass es heutzutage kaum mehr Bereiche gibt, die nicht zugleich zivile und militärische Bedeutung haben. Das gilt für die Medizin- und Pharmaforschung ebenso wie für die Nanotechnologie, Optik, Informations- und Nachrichtentechnik, wie für die Werkstoff-, Laser- und Satellitenforschung oder um ein letztes zu nennen die Robotersystementwicklung. Wenn dem so ist, also der gesamtgesellschaftliche Fortschritt von der Wissenschaft und Forschung abhängt, wie Detlef Horn zu Recht konstatiert, welche Folgerungen sollte man hieraus ziehen? All diese Überlegungen würden aus diesen Gründen übrigens nicht nur für die Rüstungsforschung, sondern zumindest ebenso für andere Bereiche der Forschung gelten. Die Entscheidung dem System „Wirtschaft" überlassen, das bewusst „privat" also „marktwirtschaftlich" eben „kapitalistisch" organisiert ist? Oder sollte es nicht der Direktionsbefugnis des Kapitals nach Art. 14 Abs. 1 GG entzogen und in bestimmten Sektoren zumindest dem Art. 15 GG unterstellt also öffentlichrechtlich („in Gemeineigentum oder andere Formen der Gemeinwirtschaft überführt") kontrolliert werden? Das war die Folgerung meiner Habilitationsarbeit, die mir den Vorwurf des Marxismus eingebracht hat.

V. Pluralität nicht gefährdet

1. Bevor man ein derartiges Geschütz auffährt, sind noch andere Möglichkeiten denkbar, vorausgesetzt der politische Wille ist vorhanden. Sowohl ein Eingriff in die Wissenschaftsfreiheit des Art. 5 Abs. 3 GG als auch in Art. 14 Abs. 1 GG durch eine Zivilklausel ließe sich rechtfertigen. Soll nach Art. 14 Abs. 2 GG.der Gebrauch des Eigentums nicht „zugleich dem Wohle der Allgemeinheit dienen"? Hier wäre eine Gelegenheit, die zur Banalität erstarrte Formel zu revitalisieren.
2. Wieso sollte also eine Universitätsatzung, die die Universitätsmitglieder auf „friedliche Zwecke" festlegt, und damit militärische Forschung ausschließen will, sobald dies in einem festgelegten Verfahren evtl. sogar mit einem Schlichtungsmechanismus offenbar wird, nicht möglich sein? [43] Solange an

42 Kany, in: IMI-Studie 2012/06, www.imi-online.de/download/IMI-Studie2012-06jkany_sicherheit.pdf (19.8.2013).

43 Denninger (Fn 15), S. 219 hält eine Zivilklausel ohne Verfahrensreglung und Streitschlichtung für wenig sinnvoll.

über 400 anderen deutschen Universitäten und Hochschulen weiter militärisch geforscht werden kann, ist die Pluralität keinesfalls gefährdet. Sollte ein Landesgesetzgeber auf einen solchen Gedanken kommen, dürften dieselben Argumente gelten.

3. Kommen wir noch einmal zurück auf die Frage eines möglichen Konfliktes zwischen einem auf seinen individualrechtlichen Status pochenden Hochschullehrer und seiner Hochschulleitung. Wie will sich eine Hochschule mit Zivilklausel gegen ihn wehren, vor allem, wenn er Drittmittel der Rüstungsindustrie in Anspruch nimmt? Den umgekehrten Fall – Hochschule mit Militärforschung „wehrt“ sich – kann man weitgehend ausblenden, weil sich hier zumindest die Frage eines Drittmittelprojektes nicht stellt. Der betreffende Hochschullehrer ist eben auf seine Grundausstattung verwiesen sein, die er allerdings„mühelos“ mit Drittmitteln aufstocken könnte.

   Ob die von Denninger eingeführte Unterscheidung in positive und negatorische Konflikte in diesem Fall sehr viel weiterhilft, ist zu bezweifeln.[44] Denn in jedem Fall bleibt letztlich die Frage, ob unter Hinweis auf die Zivilklausel einem Forscher ein Drittmittelprojekt mit militärischer Stoßrichtung versagt werden kann. Auch wenn ein Schlichtungsmechanismus vorgesehen ist, muss diese Frage am Schluss des Verfahrens mit Ja oder Nein beantwortet werden.

   Denninger meint sie mit Nein beantworten zu können: „Doch verlöre die kollektive Entscheidung gegen ‚Rüstungsforschung‘ ihren Sinn und ihre Glaubwürdigkeit, wenn in der Körperschaft oder in dem Institut eine staatsfinanzierte militärisch relevante Forschung zwar nicht, eine solche aus Drittmitteln finanzierte, jedoch sehr wohl stattfinden könnte. Es verbietet sich daher, die Zivilklausel durch ein derartiges Drittmittelprojekt zu ‚unterwandern, wobei es auf die räumliche Position – innerhalb oder außerhalb der Hochschule – nicht ankommen kann, sofern die Forscher Hochschulmitglieder sind.“[45]

   Ob das Bundesverfassungsgericht jedoch bei der Überprüfung einer möglichen Verfassungsbeschwerde dieselbe Ansicht vertritt, ist fraglich. So hält Karsten Herzmann, immerhin Assistent von Gabriele Britz in Gießen, diese Praxis für unzulässig.

   „Greifen Handlungen der Universität hingegen gezielt begrenzend in die individuelle Wissenschaftsfreiheit nach Art. 5 Abs. 3 S. 1 GG ein, die sie doch gerade verteidigen und jedenfalls als grundrechtsverpflichtete staatliche Ein-

44 Denninger (Fn 15), S. 213. Für die Bremer Regelung vgl. Bauer, in: Rüstungsstandort an der Weser – Produktion, Forschung und Perspektiven, www.bremerfriedensforum.de/bilddat/Broschuere_gesamt.pdf, S. 86 ff.

45 Denninger (Fn 15), S. 218.

richtung wenigstens achten muss, kann sie sich nicht auf ihre Selbstverwaltungsautonomie berufen. Ein inhaltliches Weisungsrecht oder aber eine wissenschaftsbezogene Inhaltskontrolle ist in solchen Konstellationen grundsätzlich ausgeschlossen. Die Vorgabe einer Zivilklausel ist danach nicht mit universitären Selbstverwaltungsrechten zu rechtfertigen." [46]
Diese Unsicherheit dürfte der Grund dafür sein, dass das Experiment einer Zivilklausel, das das Niedersächsische Hochschulgesetz mit Helga Schuchard als Wissenschaftsministerin und Gerhard Schröder als Ministerpräsident vorsah, 2001 von Sigmar Gabriel nicht wiederholt wurde. Die Zeiten haben sich inzwischen allerdings wieder geändert. Das zeigt die Bewegung für eine Zivilklausel an den Universitäten. Dass jüngst dieses Projekt in der Bremer Bürgerschaft diskutiert wurde, gibt Anlass, die Hoffnung nicht aufzugeben.[47]

46 Herzmann Wissenschaftsrecht 2011, 382.
47 Bremer Bürgerschaft, Drs. 18/452 vom 6. Juni 2012: Dringlichkeitsantrag der Fraktionen der SPD und Bündnis 90/DIE GRÜNEN.

Hans Paul Prümm

Von StuR I über StuR II zu StuR III – from SASLA to SAPLA – Über Nachhaltigkeit, Internationalität und Sozialrelevanz einer juristischen Lehrveranstaltung

I. Anlässe, Begriffliches und Entwicklung

Während eines Forschungsaufenthalts in den USA im Jahre 2003 lernte der Verfasser dort die universitäre Legal Aid, dh. die professionelle Rechtsberatung der Studierenden durch die Hochschule, und die Legal Clinic, dh. die Rechtsberatung von – vor allem bedürftigen – Personen durch Studierende von Law Schools kennen. Diese beiden Systeme wurde im Jahre 2004 an der Fachhochschule für Verwaltung und Rechtspflege (FHVR) Berlin zu einem studentischen Wahlpflichtprojekt StuR (Studentische Rechtsberatung) adaptiert: Unter StuR I berieten Studierende ihre KommilitonInnen in Rechtsangelegenheiten im Rahmen eines zweisemestrigen Projekts während eines Winter- und Sommersemesters ihres Studienprogramms und bekamen dafür Creditpoints (CP).[1] Infolge der Neuorganisation des Studienprogramms wird dieses Projekt seit 2006 in zwei Wintersemestern angeboten, sodass in den Sommersemestern im Rahmen von StuR I keine Rechtsberatung mehr angeboten werden kann.

Diese Lücke galt es zu schließen und es schlug die Stunde von StuR II: Nach einem längeren Diskussionsprozess fanden sich erstmals im Sommersemester 2009 Studierende, die im Sommersemester freiwillig und ohne Belohnung durch entsprechende CP ihren KommilitonInnen Rechtsberatung anbieten[2] – unter der Supervision des Verfassers, der ebenfalls keine hochschulische Belohnung in Form von Deputatsanrechnungen erhält.

Nicht erst infolge einer Projektreise zu einer Partnerhochschule der Hochschule für Wirtschaft und Recht (HWR) Berlin,[3] der North-West Academy of Public Administration St.-Petersburg, wo wir die studentische Beratung von bedürftigen Personen unmittelbar kennenlernten, erwuchs bei den StuR-Studierenden der

1 Siehe dazu näher Prümm (Hrsg.), „Legal Aid“ an die FHVR Berlin. Ein Projektbericht, 2006; ders. (Hrsg.), „Legal Clinc“ an die FHVR Berlin, 2007 sowie ders. (Hrsg.), „Studentische Rechtsberatung StuR“ an der FHVR, 2008.

2 Siehe dazu näher Prümm (Hrsg.), Social Credit Points für das Engagement in der Studentischen Rechtsberatung, 2012.

3 Zur Fusion von FHVR Berlin und Fachhochschule für Wirtschaft (FHW) Berlin zur HWR Berlin siehe Prümm Die Polizei 2009, 195.

Wunsch, nicht nur KommilitonInnen, sondern auch Personen außerhalb der Hochschule rechtlich zu beraten. Infolge einer Verabredung mit dem Bürger-Begegnungs-Zentrum LIBEZEM Soziale Treffpunkt Friedrichsfelde-Nord beraten Studierende seit dem Sommersemester 2013 in den Räumlichkeiten des LIBEZEM Friedrichsfelde-Nord BürgerInnen: Seitdem arbeitet StuR III;[4] auch dafür erhalten weder die Studierenden noch der Verfasser eine einschlägige Anerkennung – sei es in Form von CP oder Social Credit Points (SP) für die Studierenden sei es in Form von Deputatsanrechnungen für den Verfasser.

Diese Entwicklung lässt sich tabellarisch so darstellen:

Bezeichnung	**Start**	**Status d. Projekts**	**Belohnung durch HS**		**Klienten**
			für Studis.	**für Prof.**	
StuR I	WiSe 04	Wahlpflicht-projekt	10 CP/ 0 SP	Deputat	Studis.
StuR II	SoSe 09	Freiwillige LV	0 CP/ 0 SP	0	Studis.
StuR III	SoSe 13	Freiwillige LV	0 CP/ 0 SP	0	LI-BEZEM-Besucher

Da StuR letztlich eine Adaption zweier U.S.-amerikanischer Systeme ist, lag es nahe, diese ausländischen Anleihen[5] an andere Hochschulen im Ausland weiterzugeben – weshalb die meisten StuR-Projekte auch Auslandsexkursionen unternommen haben.[6] Um diese Besuche und die daraus entstehenden Kontakte zu verfestigen wurde mit einigen ausländischen Law Schools zusammen das Netzwerk SASLA (*S*tudents *A*dvise *S*tudents in *L*egal *A*ffairs) gestartet, das jedoch in der Konsequenz der Öffnung von StuR III nun in SAPLA[7] (*S*tudents *A*dvise *P*eople in *L*egal *A*ffairs) umbenannt werden soll. Nicht nur, aber auch wegen dieser internationalen Kontakte wurde StuR eingeladen, sich auf dem von DAAD, HRK und Stifterverband für die Deutsche Wissenschaft im Jahre 2010 veranstalteten internationalen Kongress „New Perspectives of Legal Education in Europe"

4 Siehe dazu näher Prümm (Hrsg.), StuR – und die Öffnung nach außen, 2013.

5 Das gilt auch für die Idee des Handbuch Studentische Rechtsberatung – StuR an der HWR Berlin, 2011; als Vorlage diente das Manual der Walter Mondale Law School der University of Minnesota, die StuR im Jahre 2006 besuchte. Die Idee für einen Promotionsfilm (abrufbar unter www.youtube.com/watch?v=LDfNrLS3MW8 [1.7.2013]) kam uns bei dem Besuch des Rechtsberatungsprojekts der North-West Academy of Public Administration St.-Petersburg im Jahre 2012.

6 Siehe die Auflistung in Prümm (Hrsg.), Handbuch Studentische Rechtsberatung – StuR an der HWR Berlin, 3. Aufl. 2013, S. 38 ff.

7 Diese Abkürzung darf nicht verwechselt werden mit derjenigen für die Southern Association of Pre-Law Advisers; siehe dazu unter www.saplaonline.org (1.7.2013).

im März 2010 vorzustellen.[8] Wegen der SASLA-Verabredung mit der Law School der Mykolo Romerio Universitetas in Vilnius veröffentlichte der Verfasser in deren juristischer Fachzeitschrift einen längeren Artikel, der sich mit StuR beschäftigt.[9]

II. Gründe

Es gibt eine Vielzahl von Gründen für diese Entwicklung. Im Folgenden sollen einige davon dargestellt werden:[10]

1. Allgemein-didaktische Gründe

Da die Rechtsdidaktik eine spezielle Art der Didaktik ist, gilt es zunächst einmal dort nach Gründen für eine Studentische Rechtsberatung nachzufragen. Es ist eine keineswegs neue didaktische Erkenntnis, dass das theoretisch Gelernte der ständigen praktischen Übung bedarf, um auf Dauer als abrufbares Wissen und Fertigkeit zur Verfügung zu stehen: So heißt es schon bei Cornelius Tacitus (55 – 120): exercitatio artem paravit.[11] Diese didaktische Grundüberzeugung gilt auch heute noch und ist die didaktische Basis von StuR.

2. Rechtsdidaktische Gründe

Lange Zeit war die Idee der Legal Clinic in Deutschland geradezu verpönt[12] – obwohl diese Lehr-/Lernform in Deutschland schon um die Wende vom 19. zum 20. Jahrhundert propagiert wurde.[13]

Die Rechtswissenschaft ist in besonderem Maße eine praktische Wissenschaft.[14] Darin liegt vielleicht auch die Reserviertheit der sich am Ideal der theo-

8 Siehe unter www.stifterverband.info/veranstaltungen/archiv/2010/2010_03_18_legal_education_in_europe/new_perspectives_of_legal_education_in_europe_programme.pdf (1.7.2013).

9 Prümm, The didactic turn of German legal methodology, Jurisprudencija/Jurisprudence 2011, 18 (4), 1233.

10 Siehe dazu auch Prümm Zeitschrift des Ius Studiengangs (LL.B.) 3 (2013), 24 (im Erscheinen).

11 Cornelius Tacitus, Germania (98), MCMLXIV, 24, 1.

12 Siehe dazu auch Bücker/Woodruff JZ 2008, 1068; Wreesmann, Clinical Legal Education – Unentgeltliche Rechtsberatung durch Studenten in den USA und Deutschland, 2010; Vogler ZJS 2013, 135.

13 Frommhold DJZ 1900, 448.

14 Kühl/Reichold/Ronellenfitsch, Einführung in die Rechtswissenschaft. Ein Studienbuch, 2011, S. 39: „Recht als praktische Wissenschaft".

retischen Wissenschaft orientierenden – und von Hans Kelsen (1881 – 1973) auch unter Verzicht auf letzte Gerechtigkeitsaussagen zur „reinen Rechtslehre“[15] stilisierten – Rechtswissenschaft, die ja noch von Immanuel Kant (1724 – 1804) als „Rechtslehre“ bezeichnet wurde:[16] Sie fürchtet letztlich den zu engen Kontakt mit der Praxis um den Preis ihrer – ohnehin – sehr labilen Wissenschaftlichkeit; man denke nur an das berühmte Zitat Julius Hermann von Kirchmann‘s (1802 – 1884): „(D)rei berichtigende Worte des Gesetzgebers und ganze Bibliotheken werden zu Makulatur“.[17]

Wir wissen aber, dass praktische „Skills“ vor allem durch Üben erworben und verfestigt werden – und genau darin liegt einer der Gründe für die Installation von StuR.

3. Rechtstheoretische Gründe

Aber nicht nur didaktisch-empirische, sondern auch rechtstheoretische Gründe sprechen für StuR. Als der Verfasser im Frühjahr 2012 mit dem seinerzeitigen StuR-Projekt die Faculty of Law der Özyegin Üniversitesi in Istanbul besuchte, um dort das StuR-Konzept zu erläutern und für eine Adaption auf die dortigen Verhältnisse zu werben, wurde dies von den dortigen türkischen ProfessorInnen, die sich am deutschen Rechtssystem orientierten, als zu Amerikanisch, zu praktisch, also nicht theoretisch genug abgelehnt.

Aus eben diesem Grund war auch in Deutschland die Idee der Legal Clinic lange Zeit verpönt; immer wieder wurde die (angeblich) krude praxisbezogene Rechtsausbildung in den USA der theoretisch hochstehenden deutschen Rechtsausbildung i.S.d. § 5a Abs. 1 DRiG gegenübergestellt.

Jedoch verkennt dieser angeblich so theoriefokussierte Ansatz den rechtstheoretischen Hintergrund von StuR: Die deutsche Juristenausbildung i.S.d. § 5a Abs. 1 DRiG ist nach wie vor auf das Subsumtionsmodell und den Justizsyllogismus fixiert. Dabei konzentriert sie sich auf die Arbeit mit dem Gesetz[18] und blendet sowohl die Sachverhaltsherrichtung als auch die systematische Einbeziehung von Präjudizien in die tatsächliche Rechtsarbeit aus. Außerdem wird die In-

15 Kelsen, Reine Rechtslehre, Studienausgabe der 1. Aufl. 1934, 2008, S. 26 „‘Gerechtigkeit‘ … Sein Inhalt kann durch die Reine Rechtslehre nicht bestimmt werden.“.

16 Kant, in: ders., Werke in sechs Bänden, Band IV, 1998, S. 303 (336): „Was die Rechtslehre sei“.

17 Von Kirchmann, Die Werthlosigkeit der Jurisprudenz als Wissenschaft. Ein Vortrag gehalten in der Juristischen Gesellschaft zu Berlin (1848), 3. Aufl., unter: http://fama2.us.es/fde/ocr/2006/werthlosigkeitDerJurisprudenz.pdf (1.7.2013), S. 17.

18 Siehe dazu zuletzt Griebel, Überlegungen zum gesetzeszentrierten Lehren und Lernen – ein Denkanstoß, in: ders./Gröblinghoff (Hrsg.), Von der juristischen Lehre. Erfahrungen und Denkanstöße, 2012, S. 127.

härenz der RechtsarbeiterInnen in den Rechtsentscheidungsvorgang – von Werteorientierungen über die jeweilige Haltung/ den jeweiligen Habitus bis hin zu unvermeidbaren Vorurteilen – in der akademischen Ausbildung im Kern nach wie vor ausgeblendet.[19]

Dies ist umso verblüffender als die Rechtstheorie als der Teil der Rechtsphilosophie, der über die Entstehung und Wirkung von Recht Auskunft geben soll, über eine Reihe einschlägiger Erkenntnisse verfügt[20] und ein Blick in den angloamerikanischen Rechtskreis hinsichtlich der Präjudizienverwertung hinreichende Lehr- und Lern-Hinweise gibt.[21]

So wissen wir heute, dass die syllogistische Rechtsanwendung zwar in einfach gelagerten Fällen zum Zuge kommt, in komplizierten Konstellationen aus einer Reihe von Gründen nicht greift:

- Auf der legislatorischen Ebene sind nicht nur vermehrt Unschärfen und Fehler festzustellen, die eine reine Rechtsanwendung unmöglich machen.[22] Darüber hinaus bringt die gesetzgeberische „Flucht in die Generalklauseln“[23] im Zivilrecht und der im Verwaltungsrecht zu bemerkende Trend von gesetzlichen Konditional- zu Finalprogrammen[24] die RechtsentscheiderInnen immer mehr in die Situation, dass sie Spielräume ausfüllen müssen, statt das Recht (nur) anzuwenden. Dehalb sollten wir statt von Rechtsfindung oder Rechtsanwendung von Rechtskonkretisierung und statt von Auslegung von Interpretation sprechen, um den dynamischen Anteil der jeweiligen RechtsentscheiderInnen in diesem Prozess auch sprachlich zu verdeutlichen.[25]
- Diese Spielräume werden umso größer als die heutige juristische Entscheidungsfindung verstärkt von verfassungs- und europarechtlichen Vorgaben

19 So zuletzt Wolf ZRP 2013, 20, 21.

20 Vgl. dazu etwa Stegmaier, Wissen, was Recht ist. Richterliche Rechtspraxis aus wissenssoziologisch-ethnografischer Sicht, 2009.

21 Siehe dazu Prümm, Was die deutsche von der anglo-amerikanischen Rechtslehre lernen kann, in: Kokemoor/ Kroeschell/Slapnicar/Wedde (Hrsg.), Recht im Dialog. Gedächtnisschrift für Rainer Wörlen, 2013, S. 685, 687 f.

22 Karpen DVBl 2009, 1030.

23 So schon Hedemann, Die Flucht in die Generalklauseln als Gefahr für Recht und Staat, 1933.

24 Fonk DVBl 2010, 626 (629).

25 Siehe dazu Prümm, Reducing irrationality of legal methodology by realistic description of interpretative tools and teaching the causes of irrationality in legal education, in: Jurisprudencija/Jurisprudence 2009, 1 (115),199 (210 f.); siehe als abschreckendes Beispiel aus der letzten Zeit: Minwegen ZRP 2013, 62: „die contra legem gehende Auslegung“.

abhängt – so im Falle des GG[26] und des EU-Rechts[27] – oder beeinflusst wird – so im Falle der Europäischen Menschenrechtskonvention.[28]

- Unabhängig von diesen legalen Bedingungen, die eine (reine) Rechtsanwendung immer unwahrscheinlicher werden lassen, kommen subjektive Entscheidungsmomente, wie die schon erwähnten Werte, Haltungen oder Vorurteile, die jedem Entscheidungsprozess unvermeidlich inhärent sind.

Diese Zusammenhänge können und müssen wir den Studierenden hinreichend erläutern, aber verinnerlichen werden sie sie nur, wenn sie sie an realen Sachverhalten erfahren – wenn es etwa gilt, einem Kommilitonen zu helfen oder einer Bedürftigen Rechtsrat zu erteilen, damit ihre Anliegen so weit wie möglich gefördert werden. Hier erfahren und erkennen die Studierenden unmittelbar an sich selbst, wie ihre sozialen Einstellungen und Sympathien ihre Suche nach juristischen Topoi zur Unterstützung des gewünschten Ergebnisses (mit)steuern.

4. Rechtsethische Gründe

Wenn wir unter der Rechtsethik den Teil der Rechtsphilosophie verstehen, der letztlich über die Gerechtigkeit – auch unabhängig von den rechtsdogmatischen Vorgaben[29] – nachdenkt und zur Entwicklung der entsprechenden Verantwortungshaltung der (späteren) RechtsentscheiderInnen beitragen soll, dann zeigt sich die rechtsethische Relevanz von StuR:

Erst wenn die Studierenden unmittelbar erkennen, welche Auswirkungen Rechtsentscheidungen für das Leben realer Personen haben, dass eben das Ergebnis sehr wohl zählt[30] – im Gegensatz zum gutachtenbezogenen Diktum nur

26 Zur sog. verfassungskonforme Auslegung grundsätzlich BVerfG 7.5.1953, 1 BvL 104/52, BVerfGE 2, 266, 282.

27 Zu dessen Bindungswirkung siehe grundsätzlich Schwarze, in: ders. (Hrsg.): EU-Kommentar, 3. Aufl. 2012, Art. 19 EUV, Rn 46.

28 Siehe dazu BVerfG 14.10.2004, 2 BvR 1481/04, BVerfGE 111, 307 (316 ff.).

29 Siehe BVerfG 24.10.1996, 2 BvR 1851, 1853, 1875 und 1852/94, BVerfGE 95, 96 (141 f.): Das BVerfG „ hat in Betracht gezogen, daß in Fällen eines unerträglichen Widerspruchs des positiven Rechts zur Gerechtigkeit der Grundsatz der Rechtssicherheit geringer zu bewerten sein kann als der der materiellen Gerechtigkeit. Es hat dazu auf die Ausführungen von Gustav Radbruch …, insbesondere die sogenannte Radbruch'sche Formel, Bezug genommen …. Dabei hat es mehrfach betont, daß eine Unwirksamkeit des positiven Rechts auf extreme Ausnahmefälle beschränkt bleiben muß und eine bloß ungerechte, nach geläuterter Auffassung abzulehnende Gesetzgebung durch das auch ihr innewohnende Ordnungselement noch Rechtsgeltung gewinnen und so Rechtssicherheit schaffen kann …. Indessen habe gerade die Zeit nationalsozialistischer Herrschaft gezeigt, daß der Gesetzgeber schweres ‚Unrecht' setzen könne … und deshalb einer Norm wegen unerträglichen Widerspruchs zur Gerechtigkeit von Anfang an der Gehorsam zu versagen sei.“.

30 So meinte schon de Montaigne: Essais (1582), übersetzt von Hans Stilett, 1998, S. 285, “dass (er sich) lieber an die Ergebnisse als an ihre Begründungen hielte.“.

die Argumentation sei wichtig[31] – und dass sie dafür die Verantwortung tragen, weil es sich bei der praktischen Rechtsberatung um kein Sandkastenspiel, sondern oft für die Klienten um praktisch wichtige Fragen handelt, sind sie zu moralischen Überlegungen gezwungen.

Diese rechtsrelevante Moral entspringt letztlich einer (tugendhaften) Haltung, die weniger theoretisch erlernt werden kann, sondern in erster Linie praktisch geübt werden muss. Hierbei sind Vorbilder – wie in unserem Falle RechtsprofessorInnen – mehr als hilfreich; es sei in diesem Zusammenhang daran erinnert, dass kürzlich der neuseeländische Didaktik-Wissenschaftler John Hattie auf die Wichtigkeit der LehrerInnen für einen gelingenden Lernprozess hingewiesen hat.[32] Insofern ist das freiwillige Engagement der RechtsprofessorInnen im Rahmen von StuR II und III ein gutes Beispiel für eine solche Vorbildfunktion.

5. Soziales Lernen

Die Idee des sozialen Lernens, teilweise auch – allerdings nicht sehr vorteilhaft, weil den sozialen Aspekt nicht genügend verdeutlichend[33] – Service-Lernen genannt,[34] geht davon aus, dass man einerseits bestimmte Fertigkeiten eigentlich nur im (sozialen) Team lernen kann und anderseits Kompetenzen wie Verantwortungsbereitschaft oder Empathie nur in der Arbeit für andere, hier also für die um Rechtsrat nachfragenden Studierenden (StuR I und II) und BürgerInnen (StuR III) einüben und vertiefen kann.

Genau diese beiden Aspekte sozialen Lernens vermag StuR zu untermauern.

6. Karriereförderung

Ob es uns gefällt oder nicht – das BVerfG hat jedenfalls festgestellt, dass beide deutsche Hochschultypen, die Universitäten ebenso wie die Fachhochschulen,

31 Schimmel, Juristische Klausuren und Hausarbeiten richtig formulieren, 10. Aufl., 2012, Rn. 456: "Für die Bewertung der Arbeit kommt es weniger auf das Ergebnis als vielmehr auf die Argumentation dahinter – genauer: davor – an.".

32 Hattie, Visible Learning: A Synthesis of Over 800 Meta-Analyses Relating to Achievement, 2009.

33 Dementsprechend nennt sich auch die Organisation, die das Service Learning an deutschen Hochschulen vernetzen will: "Bildung durch Verantwortung" – unter: www.netzwerk-bdv.de/content/home/index.html (1.7.2013).

34 Mehrwert – Agentur für Soziales Lernen gGmbH (Hrsg.): "Do it! Learn it! Spread it! Service Learning für Studierende. Praxisleitfaden", 2009.

ihre Studierenden in erster Linie auf den Beruf vorbereiten.[35] Und zum Beruf gehört auch – und das sollten gerade die im öffentlichen Ansehen immer noch hoch geschätzten ProfessorInnen wissen – die Karriere, dh. die berufliche Entwicklung im Sinne von Anerkennungen in ökonomischen und/ oder ideellen Formen. Für eine solche Karriere ist es mittlerweile günstig, wenn die BewerberInnen über das allgemeine Studienprogramm hinausgehende Kompetenzen nachweisen können – insofern sind nicht nur die in StuR erworbenen Skills wie die Teamfähigkeit karriererelevant, sondern auch die in StuR II und III demonstrierte Freiwilligkeit sozialen Engagements bei zukünftigen Arbeitgebern/ Dienstherrn besonders gern gesehen.

7. Lokale Verknüpfung

Ein wichtiger Vorteil der Fachhochschulen im Unterschied zu den Universitäten ist deren regionale oder gar lokale Verankerung. Nicht nur dass die meisten FH-Studierende eine Hochschule in der Nähe ihres Wohnortes suchen, sondern vor allem der stärkere didaktische und forschende Praxisbezug führt zu einer Verknüpfung der didaktischen und forschenden Aktivitäten der Fachhochschulen zu auch unter räumlichen Aspekten hochschulnahen Einrichtungen: So wie die meisten Studierenden des Fachbereichs 3 der HWR Berlin ihre Praktika in Berlin und Brandenburg als dem lokalen und regionalen Bezugspunkt der HWR Berlin absolvieren, haben auch die meisten Forschungsprojekte einen lokalen bzw. regionalen Bezug. Unabhängig von einer zu forcierenden Internationalisierung auch der fachhochschulischen Lehre und Forschung ist der lokale und regionale Bezugspunkt eines der Markenzeichen auch der HWR Berlin.

In diesem Kontext ist die Öffnung von StuR III aus dem Hochschulbereich zur Beratung von Besuchern des LIBEZEM geradezu ein Musterbeispiel für das „Lernen im Quartier" entsprechend der Selbsteinschätzung der HWR Berlin als Mitglied der UAS7.[36]

35 BVerfG 13.4.2010, 1 BvR 216/07, BVerfGE 126, 1, 21 ff.; siehe dazu Waldeyer NVwZ 2010, 1279; Wissenschaftsrat: Empfehlungen zur Differenzierung der Hochschulen, 2010, S. 22; Kutscha NVwZ 2011, 1178, 1179.

36 „Den Mitgliedshochschulen gelingt es, gleichermaßen in ihrer Region verankert und international ausgerichtet zu sein"; unter: www.uas7.de/Hochschulen.4.0.html (1.7.2013); zur UAS7 siehe Mielenhausen, Hochschulpolitische Bedeutung des Hochschulnetzwerks UAS7, in: Meyer/Pfeiffer (Hrsg.), Die gute Hochschule. Ideen, Konzepte und Perspektiven. Festschrift für Franz Herbert Rieger, 2010, S. 341.

8. Nachhaltigkeit

StuR hat sich im Rahmen seiner Hochschule von einem Projekt zu einer Institution entwickelt.[37] Diese Verfestigung ist nicht nur eine institutionelle Entwicklung infolge eines konsequenten Lehrangebots durch den Verfasser, sondern wurde auch zu einer studentischen Aufgabe insofern als die Studierenden des jeweils laufenden Projekte sich um eben diese Verfestigung und die Optimierung des Einstiegs ihrer NachfolgerInnen kümmern, und zwar in dreifacher Weise:

- Zunächst werben die Studierenden des laufenden Projekts um NachfolgerInnen durch einschlägige Flyer und vor allem durch den Besuch von Lehrveranstaltungen der „unteren" Semester, während deren sie dort StuR vorstellen und die KommilitionInnen zur Beteiligung an StuR I, II und/oder III animieren.
- Zum zweiten durch die Entwicklung[38] und Fortschreibung[39] eines StuR-Handbuchs, in dem sie nicht nur die Projekt-, Marketing- und Beratungsstrukturen erklären, sondern auch Muster für verschiedene juristisch relevante Arbeitsschritte hinterlegen.
- Im dritten Schritt unterstützen die erfahrenen StuR-Studierenden die StuR-BeginnerInnen als MentorInnen: Da die erste und zweite StuR-Stage jeweils im Wintersemester stattfinden, bilden Studierende des ersten StuR-Abschnitts und des zweiten StuR-Abschnitts von Oktober bis Weihnachten jeweils ein Beratungsteam, so dass die erfahrenen StuR-Studierenden die Neulinge in die Praxis der Rechtsberatung unmittelbar am Fall einführen können.

III. Bewertung

Die Studierenden haben das Angebot von StuR I nicht nur seit fast zehn Jahren angenommen, sondern waren so intensiv an der Weiterentwicklung von StuR II und III beteiligt, dass es sich heute kaum noch belegen lässt, ob der Verfasser oder die StuR-Studierenden an dieser Entwicklung den größeren Anteil hatten.

37 Siehe dazu Prümm (Hrsg.): „Studentische Rechtsberatung – StuR" an der FHVR Berlin – auf dem Weg vom Projekt zur Institution, 2008.
38 Prümm (Hrsg.): Handbuch Studentische Rechtsberatung – StuR an der HWR Berlin, 2011.
39 Prümm (Hrsg.): Handbuch Studentische Rechtsberatung – StuR an der HWR Berlin, 2 Aufl. 2012; ders. (Hrsg.): Handbuch Studentische Rechtsberatung – StuR an der HWR Berlin, 3. Aufl. 2013.

Auch der AStA sowohl der FHVR Berlin als auch der HWR Berlin unterstützt(e) StuR sowohl ideell als auch materiell durch die Finanzierung von Werbematerial.

Ebenso hat der Fachbereich 3 mit seiner Berlin Law School und Berlin Public Administration School vor allem StuR II durch einen Beschluss über die Einrichtung eines entsprechenden mit CP versehenen Moduls unterstützt.[40]

Leider konnte sich die HWR insgesamt bis heute nicht zu einem entsprechenden Beschluss durchringen, obwohl anlässlich einer hochschulöffentlichen Diskussionsveranstaltung mit dem wissenschaftspolitischen Sprecher der SPD im Berliner Abgeordnetenhaus, Lars Oberg (MdA), ausdrücklich darauf hingewiesen wurde, dass die Unterlegung freiwilliger Lehr-/Lernveranstaltungen mit CP im Sinne des gerade insofern novellierten BerlHG ist.[41]

Auch könnte die Öffentlichkeitsarbeit der Hochschule bezüglich StuR verbessert werden. So hatte im Jahr 2012 die Humboldt-Universität zu Berlin mit großem Aufwand ihre Law Clinic – auch noch mit der Inanspruchnahme des Erstlingsrechts in Berlin[42] – promotet;[43] hier lässt sich aus Sicht von StuR und der HWR Berlin noch Einiges verbessern.

IV. Zusammenfassung und Ausblick

Mit StuR I, II und III sowie mit SASLA/ SAPLA verfügt der Fachbereich 3 der HWR Berlin über ein über die Jahre stabilisiertes Instrument zur theorie- und praxisbezogenen juristischen Ausbildung.[44]

Die Weiterentwicklung – insbesondere ein internationales Symposium im Jahre 2014 anlässlich „Zehn Jahre StuR“ im Rahmen von (dann) SAPLA –[45] liegt ebenso in den Händen der juristischen NachfolgerInnen wie die Implementation einer Anerkennung der Rechtsarbeit der Studierenden im Rahmen von StuR II und III durch CP und/ oder SP seitens der HWR Berlin oder der Aufbau eines

40 Siehe den Beschluss in Prümm (Hrsg.), Fn 2, S. 63 ff.

41 Siehe dazu Prümm (Hrsg.), Fn 2, S. 57 ff.

42 Auch die Deutschland weite Zuerkennung dieses Rechts für die Universität Hannover durch Ralf Vogler (Fn 12) ist nicht überzeugend.

43 „Die Juristische Fakultät der Humboldt Universität zu Berlin hat als Vorreiterin eine der ersten Law Clinics in Deutschland aufgebaut. Die Humboldt Law Clinic gibt es seit dem Wintersemester 2010/2011“; unter http://lawclinic.rewi.hu-berlin.de/ (1.7.2013).

44 Zu anderen Formen der Sozialberatung siehe einerseits die Hinweise von Prümm, Studentische Rechtsberatung (StuR) als Modellprojekt guter Hochschullehre, in: ders./Spinti (Hrsg.), Verwaltung und Recht – Entwicklung und Perspektiven. Eine Festschrift zum 35-jährigen Bestehen der FHVR Berlin und zu ihrer Integration in die HWR Berlin, 2008, S. 253, 265 sowie zum anderen Demnitz Der Tagespiegel vom 8.6.2013.

45 Verbunden mit einer entsprechenden Public Relation Arbeit der Öffentlichkeitsabteilung der HWR-Berlin.

Berlin-weiten StuR-Netzwerks zwischen den verschiedenen Berliner Hochschulen mit juristischen Schwerpunkten.

Weitere Rechtsstaats- und Demokratiefragen

Hartmut Aden

Wer soll das bezahlen? – Grundrechte begrenzen die Heranziehung von Verursachern für den Ausgleich von Polizeikosten

Die Sicherheit ist ein öffentliches Gut, das der Staat mit den Institutionen seines Gewaltmonopols in der Regel kostenlos schützt.[1] Die Kosten werden aus den öffentlichen Haushalten und damit durch alle Steuerzahler finanziert. Dies ist eine wichtige Voraussetzung dafür, dass Sicherheit allen Bevölkerungsgruppen gleichermaßen gewährleistet wird – unabhängig vom Einkommen und vom sozialen Status. Polizeibeamte nehmen aber auch zahlreiche Aufgaben wahr, die privatwirtschaftliche Gewinninteressen fördern. Teilweise ermöglichen Gebührentatbestände, die privaten Nutznießer zur Erstattung der entstandenen Kosten heranzuziehen, so bei der Nutzung öffentlicher Straßen für private Veranstaltungen oder für Schwertransporte. Risiken entstehen, wenn die Aussicht auf eine Kostenerstattungspflicht von gesellschaftlich wünschenswerten und unterstützungsbedürftigen Aktivitäten abschrecken. Dieser Beitrag erörtert die Möglichkeiten einer Kostenerstattung für die polizeiliche Unterstützung kommerzieller Aktivitäten und die verfassungsrechtlichen Grenzen, die sich hierfür insbesondere aus den Grundrechten ergeben.

I. Kosten und Nutznießer von Polizeieinsätzen

Polizeibehörden werden bei den meisten Einsätzen im Interesse des Allgemeinwohls tätig, z. B. wenn sie dafür sorgen, dass die Mobilität durch eine optimierte Verkehrsregelung gesichert wird. Die Qualität und Intensität der polizeilichen Gefahrenabwehr ist dem Anspruch nach unabhängig vom Einkommen oder vom sozialen Status der Gefährdeten bzw. Geschädigten. Von den meisten Polizeitätigkeiten hat eine Vielzahl von Menschen Vorteile, z. B. von der Kriminalprävention, ohne dass dem Einzelnen ein konkreter wirtschaftlicher Vorteil zugeordnet werden könnte.

Manche Polizeieinsätze dienen dagegen vorrangig der Förderung privater wirtschaftlicher Interessen, ohne dass die privaten Nutznießer unmittelbar für

1 Basierend auf einem breiten Konsens, z. B. Gusy DVBl. 1996, 722, 723; P. Kirchhof, in: Isensee/Kirchhof (Hrsg.), Handbuch des Staatsrechts der Bundesrepublik Deutschland, Band V, 3. Aufl. 2007, S. 1105.

entstehende Gefahren (mit) verantwortlich gemacht werden könnten. Die Polizeibehörden werden hier tätig, um Aktivitäten zu ermöglichen, mit denen die Interessierten wirtschaftliche Vorteile erlangen. Beispiele sind Hilfseinsätze zur Unterstützung von Gerichtsvollziehern, etwa bei der Räumung von Wohnungen, oder die Verkehrsregelung und Sicherheitsvorkehrungen im Umfeld kommerzieller Veranstaltungen. Seit langem gibt es Diskussionen, inwieweit staatliche Behörden hier Gefahrenabwehrdienstleistungen erbringen müssen und inwieweit ggf. die Kosten den privaten Nutznießern in Rechnung gestellt werden können. Anfang der 1980er Jahre befasste sich die Innenministerkonferenz mit den Kosten vollzugspolizeilicher Einsätze bei Großveranstaltungen. Nach Beratungen des für Fragen der Polizei und der Inneren Sicherheit zuständigen Arbeitskreises II beschloss die Innenministerkonferenz damals, die Angelegenheit nicht weiter zu verfolgen.[2] Einzelne Länder experimentierten mit Regelungen hierzu. In der Fachdiskussion wurde auch erörtert, ob für die Gefahrenabwehr ein „Grundsatz der Kostenfreiheit [… als] Ausgestaltung der Auffassung vom Staat als Leistungsstaat [… gilt], der verpflichtet ist, auch das Wohl und die Entfaltung des einzelnen als Teil des Gesamtwohls zu fördern."[3] Überwiegend kamen die Diskussionsbeiträge zu dem Ergebnis, dass gesetzliche Regelungen für die Erstattung von Polizeikosten im Zusammenhang mit Großveranstaltungen grundsätzlich möglich sind, aber verfassungsrechtliche Grenzen zu beachten haben.[4] *De facto* werden die Kosten von Polizeieinsätzen bis heute fast ausschließlich von den Steuerzahlern getragen. Nur auf wenigen Feldern werden in der Praxis Gebühren erhoben, so bei straßenrechtlichen Sondernutzungen.

II. Polizeieinsätze im privat-kommerziellen Interesse

Im Mittelpunkt der Überlegungen stehen hier Veranstaltungen im privat-kommerziellen Interesse wie z. B. Konzerte, Sportveranstaltungen, Kongresse oder Messen. Bereits die hierfür grundlegende Frage, ab wann eine Veranstaltung nicht im Allgemeinwohl-, sondern im privat-kommerziellen Interesse liegt, führt zu Abgrenzungsproblemen. Denn in der Praxis kommen vielfältige Mischformen vor, die teils wirtschaftlichen und teils Allgemeinwohl-Belangen dienen. Dies führt zu der Frage, wo die Grenze zwischen einer Kostenübernahme durch den Veranstalter oder durch die Staatskasse gezogen werden soll.

2 Näher hierzu Schenke NJW 1983, 1882.
3 So Majer VerwArch 1982, 167, 190 in Anlehnung an eine Stellungnahme der Landesregierung Nordrhein-Westfalen.
4 Z. B. Schenke NJW 1983, 1882; Würtenberger NVwZ 1983, 192; Erdmann, Die Kostentragung bei Maßnahmen des unmittelbaren Zwangs, 1987.

Eine politische Hürde für Gebührenregelungen besteht in dem Interesse vieler Kommunen und Regionen an kommerziellen Veranstaltungen, z. B. weil Besucher angelockt werden, die den Umsatz der lokalen Wirtschaft (Hotels, Gastronomie, Einzelhandel) steigern. Polizeiliche Sicherheitsdienstleistungen sind in dieser Perspektive indirekte Wirtschaftsförderung – in den Flächenländern unterstützt dic Landespolizei so die kommunale Wirtschaft.

Im privat-kommerziellen Interesse liegen auch Unterstützungsleistungen für Gerichtsvollzieher bei der Vollstreckung von privatrechtlichen Ansprüchen, die manchmal zu erheblichem Polizeiaufwand führen. Bereits die Begleitung von Gerichtsvollziehern bei einem kurzen Einsatz erzeugt Kosten für die Anfahrt und den Zeitaufwand vor Ort. Bei komplexeren Einsätzen können Kosten entstehen, die das privatwirtschaftliche Interesse an der Durchsetzung der betreffenden Rechtsposition sogar übersteigen, z. B. bei der Zwangsräumung eines Mehrparteienhauses, wenn die Bewohner das Gebäude aufgrund eines gerichtlichen Räumungstitels nicht freiwillig räumen und zudem Unterstützung von Außenstehenden erhalten, gegen die eine Räumung zusätzlich abgesichert werden muss. Nach herkömmlicher Auffassung sind allein die unrechtmäßigen Bewohner für den Polizeiaufwand verantwortlich. Allerdings stellt sich die Frage, inwieweit auch die Eigentümer als privatwirtschaftliche Nutznießer einer Räumung und der daraus folgenden Möglichkeit neuer gewinnbringender Nutzung oder Verwertung der Immobilie an den Kosten beteiligt werden könnten und sollten.

Erhebliche Kosten entstehen auch durch den Schutz gefährdeter Personen, Gebäude und Einrichtungen, die ständig von Polizeikräften bewacht werden. Hier gehen die Gefährdungen, die zu der Bewachung führen, in der Regel ebenfalls von Dritten aus. Im Unterschied zu den kommerziellen Veranstaltungen entsteht den Bewachten aber kein unmittelbarer wirtschaftlicher Vorteil. Sie sparen aber die Kosten für die Bewachung durch ein privates Sicherheitsunternehmen.

III. Polizei und private Sicherheitsdienste – Grenzziehungen und Public Private Partnerships

Viele Konstellationen, in denen Polizeibeamte zum Schutz und zur Durchsetzung privatwirtschaftlicher Interessen tätig werden, sind dadurch gekennzeichnet, dass die Sicherheitsaufgaben nicht unbedingt oder jedenfalls nicht vollständig von der Polizei übernommen werden müssten.

In den letzten Jahrzehnten hat sich in Deutschland eine private Sicherheitsbranche entwickelt, deren Professionalität frühere Klischeebilder über schlecht ausgebildete und schlecht bezahlte Mitarbeiter, die im Zweifel eher Probleme erzeugen als bewältigen, in vielen Bereichen hinter sich gelassen hat. Die Branche hat erhebliche Anstrengungen unternommen, Bewachungsaufgaben und andere Sicherheitsdienstleistungen professionell zu erbringen. Neue Berufsbilder sind entstanden, vom Lehrberuf über die Meisterausbildung bis zu Bachelor- und Masterstudiengänge, u. a. an der *Hochschule für Wirtschaft und Recht* Berlin. Private Sicherheitsunternehmen können daher viele Sicherheitsdienstleistungen auf einem qualitativ hohen Niveau erbringen, z. B. die Bewachung gefährdeter Privatgebäude. Auch wenn das Ausbildungsniveau der staatlichen Polizei immer noch erheblich höher liegt, dürfte sich die Qualität der Aufgabenwahrnehmung bei einfachen Bewachungstätigkeiten mit wenig Publikumsberührung nicht grundlegend unterscheiden.

Das staatliche Gewaltmonopol bildet die Grenze des Tätigkeitsspektrums, das von privaten Sicherheitsfirmen wahrgenommen werden kann. Sinnvollerweise beschränkt das deutsche Gewerberecht die Kompetenzen privater Sicherheitsunternehmen gegenüber Dritten auf die sogenannten „Jedermann"-Rechte (zusammengefasst in § 34a Abs. 5 GewO). In der Praxis heißt dies, dass den Polizeibehörden alle Aufgaben vorbehalten sind, für deren Durchführung hoheitliche Rechte für Eingriffe in Grundrechte und nötigenfalls auch die Durchsetzung mit Hilfe von unmittelbarem Zwang erforderlich sind. Private Sicherheitsdienste dürfen z. B. keine öffentlichen Straßen absperren oder die Identität Dritter gegen deren Willen kontrollieren.

Ob eine Aufgabe von der Polizei oder einem privaten Sicherheitsunternehmen wahrgenommen wird, ist nicht zuletzt eine Kostenfrage. Private Akteure haben ein Interesse daran, Polizeieinsätze zugunsten ihrer privaten Interessen als hoheitlich oder gemeinwohlorientiert eingestuft zu sehen, um die Kosten für die Beschäftigung eines privaten Sicherheitsdienstes jedenfalls teilweise einzusparen. Manche Aufgaben fallen indes eindeutig *nicht* in die Zuständigkeit der staatlichen Polizei, z. B. die Kontrolle der Einlasskarten bei Veranstaltungen. Dies führt oft zu Gemengelagen, bei denen Polizei und private Sicherheitsdienste gleichzeitig präsent sind und in einer *öffentlich-privaten-Partnerschaft* (*Public-Private-Partnership, ÖPP bzw. PPP)* zusammenarbeiten müssen, um einen reibungslosen Ablauf zu gewährleisten. Koordinationsmängel können zu unklarer Verantwortung führen und damit zu gravierenden Sicherheitsproblemen beitragen. Die Verteilung der Kosten zwischen privatwirtschaftlichen Nutznießern und den Steuerzahlern folgt in solchen Fällen nicht immer einer evidenten Logik.

IV. Erhebung von Gebühren für Polizeitätigkeiten nach heutiger Rechtslage

Nach heutiger Rechtslage können Gebühren für bestimmte Polizeitätigkeiten erhoben werden. Weit verbreitet sind Gebühren für Maßnahmen der polizeilichen Verwaltungsvollstreckung und für die Sondernutzung von Straßen und Wegen.[5]

Für die Frage, *wer* die Kosten von Polizeieinsätzen zu tragen hat, könnte sich zunächst eine Anknüpfung an die klassische polizeirechtliche Unterscheidung von *Störern* und *Nichtstörern* anbieten. Zentral ist hier das Verursacherprinzip. Wer ein Problem verursacht, ist dafür verantwortlich, es wieder abzustellen oder anderenfalls die Problembeseitigung zu bezahlen.[6] Dieses Prinzip führt aber nicht zwangsläufig zu gesetzlichen Regeln, nach denen Gefahren- und Problemverursacher in jedem Fall die Verwaltungskosten für die Problembeseitigung zu übernehmen haben. Bei der allgemeinen Gefahrenabwehr durch Polizeibehörden kommen häufig Summierungseffekte vieler Einzelursachen vor, z. B. durch ein erhöhtes Fußgängeraufkommen in Geschäftsstraßen während der Vorweihnachtszeit. Sinnvollerweise sind polizeiliche Sicherheitsdienstleistungen in solchen Situationen über das Steueraufkommen abgegolten. Eine Umlage auf zahlreiche Einzelverursacher wäre weder verursachungsadäquat noch mit vertretbarem Verwaltungsaufwand durchführbar. Auch ist in jedem Fall der Grundsatz der Verhältnismäßigkeit zu beachten und nötigenfalls als Korrektiv heranzuziehen.[7]

Für die Frage, ob auch solche Akteure zur Kostenübernahme verpflichtet werden können, die wirtschaftlich von Polizeieinsätzen profitieren, ist die Gefahrenverursachung indes wenig hilfreich: In der Regel werden die Gefahren, die in solchen Fällen Polizeieinsätze erfordern, nicht von den wirtschaftlichen Nutznießern selbst verursacht. Durch ihre Rolle als Veranstalter tragen sie aber indirekt zur Entstehung der Gefahr bei. Manche Autoren haben daher die polizeirechtliche Konstruktion des mitverantwortlichen *Zweckveranlassers* auf diese Konstellation übertragen.[8] Damit würde der Veranstalter wegen eines engen Zusammenhangs zwischen seiner Rolle und den typischerweise bei solchen Veranstaltungen entstehenden Gefahren zum polizeirechtlich Mitverantwortlichen. Für die Mög-

5 Überblick bei Waechter, Das „Gebührenmodell“ zur Finanzierung der inneren Sicherheit unter besonderer Berücksichtigung kommerzieller Aktivitäten, in: Jachmann/Stober (Hrsg.), Finanzierung der inneren Sicherheit unter Berücksichtigung des Sicherheitsgewerbes, 2003, S. 66 f.

6 Zum polizeirechtlichen Verursacherbegriff: Schenke Polizei- und Ordnungsrecht, 7. Aufl. 2011, Rn 241; zu den möglichen Zurechnungsargumenten im Polizei-Gebührenrecht vgl. Waechter (Fn 5), S. 71 ff.

7 Näher hierzu Sailer, in: Lisken/Denninger (Hrsg.), Handbuch des Polizeirechts, 5. Aufl. 2012, Kap N Rn 27; Kutscha 2006, 66 f.

8 Z. B. Lege VerwArch 1998, 71, 81; zum Diskussionsstand: Schenke (Fn 6), S. 167; Braun, Die Finanzierung polizeilicher Aufgabenwahrnehmung im Lichte eines gewandelten Polizeiverständnisses, 2009, S. 157 ff.

lichkeit, Gebühren für Veranstaltungen mit privatem wirtschaftlichem Interessenhintergrund zu erheben, ist dies jedoch letztlich unerheblich, da eine Gebührenerhebung nur die individuelle Zurechenbarkeit einer Leistung der Verwaltung, nicht jedoch eine polizeirechtliche Verantwortlichkeit voraussetzt.

Für Sondernutzungen des öffentlichen Verkehrsraums für privatwirtschaftliche Zwecke bietet das Straßen- und Wegerecht Grundlagen für eine Gebührenerhebung, die den Behördenaufwand und damit die Kosten von Polizeieinsätzen einschließt. Nach den Straßen- und Wegegesetzen der Länder können Gebühren z. B. für Verkaufsstände im öffentlichen Straßenraum oder Außensitzplätze von Gaststätten erhoben werden.

Auch die Nutzung von Straßen und Wegen für private Feste und Veranstaltungen ist eine erlaubnispflichtige Sondernutzung, soweit es sich nicht um Versammlungen im Sinne von Art. 8 GG handelt. Die übermäßige Nutzung mit Auswirkungen auf den Fahrzeugverkehr ist bundeseinheitlich geregelt, da die Gesetzgebungskompetenz für das Straßenverkehrsrecht einschließlich der Erhebung von Gebühren für die Straßennutzung nach Art. 74 Abs. 1 Nr. 22 GG beim Bund liegt. Die Straßenverkehrsordnung (§ 29 Abs. 2, 3 StVO) macht die Nutzung von Straßenverkehrsflächen für Veranstaltungen sowie Schwertransporte erlaubnispflichtig.[9] Die ausführenden Länder können auch hier Regelungen zur Erhebung von Sondernutzungsgebühren treffen. Mit diesen Vorschriften ist ein Großteil der Fälle, in denen die Polizei im Interesse privater wirtschaftlicher Interessen tätig wird, abgedeckt. Insbesondere die Vorbereitung und Begleitung von Schwertransporten kann bei der Polizei erheblichen Aufwand erzeugen, für den die bestehenden Rechtsgrundlagen Gebührenregelungen enthalten.

Im Landesrecht gab oder gibt es vereinzelt spezielle Vorschriften zur Gebührenerhebung für private Veranstaltungen außerhalb des öffentlichen Straßenraums. Das Bremische Landesrecht ermöglicht eine Gebührenerhebung u. a. für die „Überwachung von Veranstaltungen, soweit die Überwachung durch eine schriftliche Verfügung bestimmt worden ist oder der Berechtigte sie beantragt hat […].[10] Der Begriff *Veranstaltungen* ist dabei so auszulegen, dass Versammlungen im Sinne von Art. 8 GG nicht erfasst sind. Das Bayerische Landesrecht etabliert den Grundsatz, dass Amtshandlungen im Rahmen der polizeigesetzlichen Aufgabenwahrnehmung kostenfrei erbracht werden. Eine Ausnahme gilt aber, soweit „Amtshandlungen beantragt oder sonst veranlasst sind und nicht

9 Näher hierzu Stahlhut, Der Straßengebrauch, in: Kodal (Begr.), Straßenrecht, 2010, S. 847 f.

10 Ziffer 120.1 Nr. 6 des Kostenverzeichnisses zu § 1 der Kostenverordnung über die innere Verwaltung (Kostenverordnung Verwaltung – InKostV) in der Fassung der Bekanntmachung vom 20.8.2002, Brem. GBl., 455, zuletzt geändert am 1.3.2011 – Brem. GBl., 79.

überwiegend im öffentlichen Interesse vorgenommen werden."[11] In Sachsen ermöglicht das Kostenverzeichnis die Gebührenerhebung für „Absperr- und Sicherungsmaßnahmen für private Zwecke", die im Rahmen der Gefahrenabwehr gemäß § 3 Abs. 1 i. V. m. § 1 Abs. 1 SächsPolG anfallen.[12] In den 1980er Jahren hatten auch die Länder Baden-Württemberg, Hessen und Niedersachsen Gebührenvorschriften für Veranstaltungen, die in der Fachliteratur wegen ihrer fehlenden Bestimmtheit auf Kritik stießen und später wieder abgeschafft wurden.[13]

Über die Erhebungspraxis bei Polizeikosten aufgrund der bestehenden Rechtslage liegen keine umfassenden empirischen Untersuchungen vor. Ob solche Anspruchsgrundlagen in relevantem Umfang zur (Re-)Finanzierung der für die Polizei eingesetzten Haushaltsmittel beitragen können, lässt sich auf der Basis der verfügbaren Daten nicht beurteilen.

V. Verfassungs- und europarechtliche Grenzen der Gebührenerhebung für die Polizeitätigkeit

Das aus dem Rechtsstaatsprinzip abgeleitete Bestimmtheitsgebot verlangt normenklare Eingriffsgrundlagen, aus denen die potentiell Betroffenen ersehen können, unter welchen Voraussetzungen der Staat in ihre Rechte eingreifen und wie weit dieser Eingriff gehen darf. Für die parlamentarische Delegation der Rechtsetzungsbefugnisse auf Rechtsverordnungen der Regierung ist dies in Art. 80 Abs. 1 GG und den parallelen landesrechtlichen Vorschriften konkretisiert: Inhalt, Zweck und Ausmaß der exekutiven Rechtsetzungsbefugnis müssen im Parlamentsgesetz bestimmt sein.

Für die Kostenerhebung im Zusammenhang mit Polizeieinsätzen zugunsten privater wirtschaftlicher Interessen bedeutet dies, dass eine gesetzliche Regelung hierzu erkennen lassen muss, in welchen Fällen die privaten Nutznießer die Kosten von Polizeieinsätzen ganz oder teilweise zu erstatten haben.[14] Vage formulierte Generalklauseln genügen diesen Anforderungen nicht. Auch klare Regelungen zur Höhe der Gebühren sind erforderlich. Zweckmäßigerweise werden Gebührentatbestände in einer Rechtsverordnung konkretisiert. Ob die bestehen-

11 Art. 3 Abs. 1 Nr. 10a Bayerisches Kostengesetz vom 20.2.1998, GVBl., 43, zuletzt geändert durch Gesetz vom 14. April 2011, GVBl., 150.

12 Lfd. Nr. 75, Tarifstelle 9 des Neunten Sächsischen Kostenverzeichnisses vom 21.9.2011, GVBl. Nr. 11, 410 (530).

13 Zur Kritik: Majer VerwArch 1982; Schenke NJW 1983, 1884 ff.; Gusy DVBl. 1996, 725; Braun (Fn 8), S. 140 f.

14 Anhand der seinerzeit in einigen Bundesländern geltenden Bestimmungen: Schenke NJW 1983, 1882, 1884 ff.

den Regelungen in Bremen, Bayern und Sachsen hinreichend bestimmt sind, ist zweifelhaft.

Bei einer landesrechtlichen Regelung sind die Grenzen der Gesetzgebungskompetenz zu beachten. Gebührenfragen hängen direkt mit der Kompetenz für den Erlass materiell-rechtlicher Normen für das Handeln staatlicher Stellen zusammen. Die Gesetzgebung erfolgt daher aufgrund einer Annexkompetenz, wenn keine explizite Kompetenzregelung besteht.[15] Im Rahmen ihrer Gefahrenabwehrkompetenzen können die Länder somit Regelungen für die Gebührenerhebung erlassen, soweit die Gefahrenabwehraufgabe nicht ausnahmsweise dem Bund zugewiesen ist.

Kompetenzgrenzen liegen für die Länder dort, wo mit der Gebührenerhebung Nebenzwecke verfolgt werden, die der Gesetzgebungskompetenz des Bundes unterliegen. Gebühren dürfen insbesondere nicht als Quasi-Sanktion für unerwünschtes Verhalten eingesetzt werden. Dies käme einer Bestrafung gleich und stünde mit der Gesetzgebungskompetenz des Bundes aus Art. 74 Abs. 1 Nr. 1 GG für das Strafrecht in Konflikt.[16] Gebührenregelungen für Polizeieinsätze müssen sich auch deshalb an den tatsächlich entstehenden Kosten orientieren und dürfen keinen darüber hinausgehenden Sanktionscharakter für missliebige Veranstaltungen oder Verhaltensweisen haben.

Kompetenzrechtliche Probleme ergeben sich auch dort, wo die Polizei doppelfunktional handelt, also nicht nur Aufgaben der Gefahrenabwehr wahrnimmt, sondern zugleich Straftaten und Ordnungswidrigkeiten verfolgt. Gerade Sicherungsaufgaben in Situationen, in denen typischerweise Straftaten begangen werden, erfordern den Einsatz des staatlichen Gewaltmonopols, z. B. in der oftmals durch Alkoholkonsum „aufgeheizten“ Lage nach einem Fußballspiel. Auch private Sicherheitsdienstleister sind hier auf die Kooperation mit der Polizei angewiesen. Für die Verfolgung von Straftaten und Ordnungswidrigkeiten gelten die bundesrechtlichen Regelungen in §§ 464a, 465 StPO, für Ordnungswidrigkeiten in § 107 OWiG, nach denen die Verantwortlichen unter bestimmten Voraussetzungen die entstehenden Verfolgungskosten zu ersetzen haben.[17] Die Gesetzgebungskompetenz liegt auch hier beim Bund, so dass die Länder keine Möglichkeit haben, die Kosten abweichend dem privatwirtschaftlichen Nutznießer der Veranstaltung aufzubürden.

Die Gebührenerhebung für Polizeieinsätze kann mit den Grundrechten der Betroffenen in Konflikt stehen. Die Versammlungsfreiheit (Art. 8 GG) erfordert

15 Zur näheren Begründung Wilke, Gebührenrecht und Grundgesetz. Ein Beitrag zum allgemeinen Abgabenrecht, 1973, S. 162; hierzu auch Braun (Fn 8), S. 89.

16 Näher hierzu Braun (Fn 8), S. 96 ff.

17 Hierzu auch Braun (Fn 8), S. 89 ff.

Regelungen, die sicherstellen, dass Gebühren von der Verwaltung nicht zur Verhinderung missliebiger Demonstrationen missbraucht werden.

In den 1970er und 1980er Jahren gab es Versuche, Teilnehmer an Veranstaltungen, die von der Versammlungsfreiheit geschützt sind, an den Kosten von Polizeieinsätzen zu beteiligen. In einigen Fällen bestätigten Gerichte Kostenbescheide gegen Demonstranten.[18] Seit seiner Entscheidung zu Demonstrationen gegen das Atomkraftwerk in Brokdorf aus dem Jahr 1985[19] hat das Bundesverfassungsgericht (BVerfG) immer wieder den hohen Stellenwert der Versammlungsfreiheit im repräsentativ-demokratisch geprägten politischen System der Bundesrepublik Deutschland betont.

Eine Gebührenerhebung für Veranstaltungen muss daher heute so ausgestaltet sein, dass die Versammlungsfreiheit nicht beeinträchtigt wird. Drohende Kosten könnten Menschen davon abhalten, von ihrer Freiheit Gebrauch zu machen, Demonstrationen zu organisieren oder an ihnen teilzunehmen. Daraus folgt, dass im Schutzbereich des Art. 8 GG die Gebührenerhebung für die Tätigkeit von Polizei- und Versammlungsbehörden ausgeschlossen ist.[20]

Dies bereitet keine größeren Probleme bei solchen kommerziellen Veranstaltungen, die eindeutig keine Versammlungen sind. Allerdings ist die Frage, was genau eine Versammlung ist und wo die Grenze zu anderen Veranstaltungen zu ziehen ist, nicht immer einfach zu beantworten. Im Jahr 2001 hatte das BVerfG sich mit der Berliner *Love-Parade* zu befassen.[21] Seinerzeit hatte die Versammlungsbehörde die Einstufung dieser Veranstaltung als Versammlung mit der Begründung abgelehnt, es handele sich um eine reine Musikveranstaltung, die nicht den für eine Versammlung maßgeblichen verbindenden Zweck der Meinungsbildung und -äußerung aufweise. Die Veranstalter hatten dagegen argumentiert, bereits der gemeinsame Zweck reiche für die Einstufung als Versammlung. Jedenfalls sei die *Love Parade* aber als eine andere Form der Meinungskundgabe zu bewerten.[22] Das Bundesverfassungsgericht folgte der Auffassung der Berliner Versammlungsbehörde. In einer kurze Zeit später geringfügig modifizierten Fassung etablierte das BVerfG damit den heute in der Praxis der Versammlungsbehörden und der Gerichte weitgehend konsentierten Versammlungsbegriff: Versammlungen im Sinne des Art. 8 GG sind demnach *örtliche Zusammenkünfte*

18 Kritisch hierzu Weichert KJ 1984, 314, 316 ff.; von Brünneck NVwZ 1984, 273 ff.

19 BVerfG 14.5.1985, 1 BvR 233/81, BVerfGE 69, 315.

20 Differenzierend, aber im Ergebnis ähnlich Braun (Fn 8), S. 112 ff.; Sailer (Fn 7), Kap N Rn 70 ff.

21 BVerfG, 12.7.2001, 1 BvQ 28/01.

22 BVerfG 12.7.2001, 1 BvQ 28/01, Abs. 10; näher zu den Hintergründen Tschentscher NVwZ 2001, 1243.

mehrerer Personen zwecks gemeinschaftlicher Erörterung oder Kundgebung mit dem Ziel der Teilhabe an der öffentlichen Meinungsbildung.[23]

Schwierig einzuordnen sind indes Veranstaltungen wie z. B. Straßenfeste, mit denen mehrere Anliegen gleichzeitig verfolgt werden, wenn sie teilweise Freizeitcharakter, teilweise aber auch Bezüge zur öffentlichen Meinungsbildung haben. Hier ist die Grenzziehung umstritten und noch nicht abschließend durch das BVerfG geklärt. Einige Versammlungsbehörden tendieren hier zu einer restriktiven Linie. So vertrat die Berliner Versammlungsbehörde die Auffassung, die von einer Bürgerinitiative geplante Veranstaltung unter dem Motto *Für den Erhalt der Kastanienallee/Unterschriftensammlung für das Bürgerbegehren Kastanienallee* sei keine Versammlung im Sinne von Art. 8 Abs. 1 GG. Es handele sich daher um eine über den Gemeingebrauch hinausgehende genehmigungsbedürftige Sondernutzung des öffentlichen Straßenraums. Die Bürgerinitiative plante im Rahmen ihres Protestes gegen Umbaumaßnahmen an der betreffenden Straße eine Veranstaltung mit Kulturprogramm (u. a. Musikgruppen).[24] Eine so enge Auslegung des Versammlungsbegriffs ist aber weder mit Art. 8 GG vereinbar noch entspricht sie den Intentionen des BVerfG, das mit der Entscheidung zur *Love Parade* reine Freizeitveranstaltungen aus dem Versammlungsbegriff ausklammern wollte, zugleich aber erneut den hohen Stellenwert von Versammlungen als Partizipationsform im politischen System der Bundesrepublik unterstrich. Aus diesen Gründen gab das VG Berlin dem Antrag der Bürgerinitiative gegen den versammlungsbehördlichen Bescheid statt.[25] Bei Veranstaltungen, die zu einem relevanten Teil der Meinungsbildung dienen, kommt daher eine Gebührenerhebung im Hinblick auf die Versammlungsfreiheit nicht in Betracht.

Gebührenregelungen für Polizeieinsätze im privaten Interesse können mit weiteren Grundrechten in Konflikt geraten, insbesondere mit der Meinungsfreiheit (Art. 5 Abs. 1 S. 1 GG), der Glaubens- und Gewissensfreiheit (Art. 4 Abs. 1 und 2 GG) sowie der Kunst- und Wissenschaftsfreiheit (Art. 5 Abs. 3 GG).

Dienen Veranstaltungen auch der Meinungsäußerung, so sind sie Versammlungen im Sinne von Art. 8 GG. Wie gezeigt, kommt hier keine Gebührenerhebung in Betracht. Bei der Kunst- und Wissenschaftsfreiheit gemäß Art. 5 Abs. 3 GG sowie bei der Glaubens- und Gewissensfreiheit gemäß Art. 4 Abs. 1 und 2 GG ist zu beachten, dass es sich um Grundrechte ohne Gesetzesvorbehalt handelt, die nur zum Schutz anderer Verfassungsgüter, insbesondere der Grundrechte anderer Menschen eingeschränkt werden dürfen. In diesen Fällen ist eine Lösung nach dem Grundsatz der praktischen Konkordanz zu suchen, die alle mög-

23 BVerfG 24.10.2001, 1 BvR 1190/90, BVerfGE 104, 92; zustimmend Kutscha, Innere Sicherheit und Verfassung, in: Roggan/Kutscha (Hrsg.), Handbuch zum Recht der Inneren Sicherheit, 2. Aufl. 2006, S. 23, 50.

24 VG Berlin 11.5.2011, 1 L 148.11.

25 Ebenda.

lichweise beeinträchtigten Grundrechte so wenig wie möglich beeinträchtigt. Das fiskalische Interesse an der Refinanzierung der Kosten von Polizeieinsätzen kommt hier nicht als Abwägungskriterium in Frage, da dies kein Rechtsgut von Verfassungsrang ist.

Für eine Kostenregelung für Polizeieinsätze zugunsten privater Interessen folgt hieraus, dass Veranstaltungen mit wissenschaftlichen, künstlerischen, weltanschaulichen oder religiösen Inhalten zwar nicht generell von einer Kostenregelung ausgenommen werden müssen. Sobald jedoch eine Beeinträchtigung der Kunst- oder Wissenschaftsfreiheit oder der Glaubens- und Religionsfreiheit dadurch möglich ist, dass eine geplante Veranstaltung aufgrund der Kostenpflicht nicht stattfinden kann oder potentielle Veranstalter oder Teilnehmer von ihren Vorhaben abgeschreckt werden, ist eine Kostenerhebung unzulässig.

Das Gleichheitsgrundrecht (Art. 3 GG) spielt weniger bei der Frage nach der grundsätzlichen Zulässigkeit der Gebührenerhebung eine Rolle als bei deren Ausgestaltung und Anwendung. Zwar hat die parlamentarische Gesetzgebung hier erhebliche Gestaltungsspielräume. Ausnahmen und Formen ungleicher Behandlung dürfen jedoch nicht willkürlich sein. Sie müssen zumindest auf einem sachlichen Grund beruhen. Stehen Ungleichbehandlungen zugleich mit anderen Grundrechten in Konflikt, so ist zudem der Grundsatz der Verhältnismäßigkeit besonders zu beachten. Für die Ausgestaltung von Gebührenregelungen für Polizeieinsätze im privaten Interesse heißt dies, dass Differenzierungen und insbesondere Ausnahmeregelungen einer nachvollziehbaren, mit den übrigen Grundrechten vereinbaren Begründung bedürfen.

Auch die europarechtlichen Rahmenbedingungen sprechen dafür, den Anwendungsbereich von Gebührenregelungen für Polizeieinsätze besonders sorgfältig zu formulieren und wirtschaftspolitisch motivierte Ausnahmen für bestimmte Gruppen möglichst zu vermeiden. Einzelne Gruppen von Wirtschaftsbeteiligten von Gebühren oder Abgaben auszunehmen, kann eine Beihilfe im Sinne von Art. 107 Abs. 1 AEUV darstellen. Denn nicht nur Zahlungen an Unternehmen, die den Wettbewerb verfälschen können, sind grundsätzlich unzulässige Beihilfen im Sinne des EU-Rechts. Auch der Verzicht auf Steuern oder Abgaben fällt unter den weiten EU-Beihilfebegriff.[26] Bei der Gewährung von Ausnahmen bei der Gebührenerhebung, sei es durch gesetzliche Ausnahmetatbestände oder durch Einzelfallregelungen, ist somit besonders darauf zu achten, dass einzelne Unternehmen nicht gegenüber ihren Mitbewerbern aus anderen EU-Staaten bevorzugt werden.

26 Näher hierzu Kühling, in: Streinz (Hrsg.), AEUV, 2. Aufl. 2012, Art. 107 Rn 29; Cremer, in: Calliess/Ruffert (Hrsg.), EUV/AEUV, Kommentar, 4. Aufl. 2011, Art. 107 Rn 38.

VI. Schlussfolgerungen und Ausblick

Im Ergebnis lässt sich festhalten, dass die Ausweitung von Gebührentatbeständen auf Polizeieinsätze, die kommerziellen Aktivitäten mit privatem Gewinninteresse dienen, grundsätzlich verfassungsrechtlich möglich und verwaltungspraktisch machbar ist.

Erforderlich sind normenklare Regelungen, aus denen Betroffene bereits bei der Vorbereitung ihrer Aktivitäten klar erkennen können, welche Kosten auf sie zukommen. Empfehlenswert ist die obligatorische oder optionale Ergänzung durch öffentlich-rechtliche Verträge, die in der Planungsphase der betroffenen Aktivitäten zu schließen wären, um einen kooperativen Verwaltungsstil zu pflegen und Konflikte möglichst im Vorfeld zu vermeiden.

Besonders zu beachten sind die grundrechtlichen Grenzen von Gebührenregelungen. Die Gebührenerhebung im Zusammenhang mit Veranstaltungen, die von der Versammlungsfreiheit geschützt sind, ist ausgeschlossen. Auch die Meinungs-, Wissenschafts-, Kunst-, Glaubens- und Gewissenfreiheit darf nicht beeinträchtigt werden. Ausnahmeklauseln sollten möglichst vermieden werden, da sie mit dem grundgesetzlichen Gleichheitssatz (Art. 3 GG) und dem EU-rechtlichen Beihilfeverbot in Konflikt geraten können.

In welchem Umfang eine Erweiterung der bestehenden Gebührenregelungen zu haushaltswirksamen Einnahmen führen könnte, lässt sich mangels empirischer Informationen nicht seriös abschätzen. Es ist aber davon auszugehen, dass der weit überwiegende Teil der Polizeikosten für die Gewährleistung von Sicherheit als öffentlichem Gut auch in Zukunft aus allgemeinen Haushaltsmitteln beglichen werden muss. In allen Bundesländern verursachen Veranstaltungen des mehr oder minder stark gewinnorientierten Profi-Sports erhebliche Polizeikosten[27] – nicht nur während der Veranstaltungen selbst, sondern auch durch die Sicherung der An- und Abreise der Fans. Hier dürften die größten Einnahmepotentiale durch zusätzliche Gebührentatbestände liegen, aber auch erhebliche politische Widerstände gegen eine Heranziehung der Vereine zu erwarten sein.

27 Ausführlich hierzu Lege VerwArch 1998, 71 ff.; Deutsch, Polizeiliche Gefahrenabwehr bei Sportgroßveranstaltungen, 2005, S. 219 ff.

Kristina Bautze

‚Wenn Ihrs nicht fühlt, Ihr werdet´s nicht erjagen'[1] Über die Schwierigkeiten des theoretischen Umgangs mit der Menschenwürde

Art. 1 Abs. 1 GG – „die Menschenwürde ist unantastbar" – gehört seit langem zu denjenigen Themen, die Martin Kutscha besonders am Herzen liegen.[2] Ausnahmefolter, Rettungsabschuss, elektronische Rundumüberwachung und Ökonomisierung des Rechts sind dabei nur einige Stichworte, die für Bereiche stehen, in denen er die Menschenwürde sowohl durch staatliche, aber auch private Institutionen besonders gefährdet sieht. Und dass es sich dabei nicht um seine ganz privaten Ängste handelt, verdeutlicht in erschreckender Weise der aktuelle Skandal um den Einsatz von „Prism", einer Abhörsoftware durch amerikanische und britische Geheimdienste in Deutschland, wobei immer noch unklar ist, in welchem Umfang deutsche Stellen davon wussten bzw. sogar darin verwickelt waren.[3]

Da auch mich das Thema Menschenwürde (nicht nur) wissenschaftlich beschäftigt hat[4] und ich mit Martin Kutscha des Öfteren darüber heftig gestritten habe, möchte ich es hier gern – allerdings von einer anderen Seite her – noch einmal aufgreifen.

Als im Jahr 1949 der Satz von der Unantastbarkeit der Menschenwürde an die Spitze des neuen Grundgesetzes für die Bundesrepublik Deutschland gestellt wurde, hatten die Deutschen das sog. „Dritte Reich" gerade eben vier Jahre hinter sich. 12 Jahre allerschwerster Diskriminierung, Vertreibung, Folter und Vergasung von Millionen Juden, Kommunisten, Sinti und Roma, Schwulen, Behinderten,.... lagen nur eine ganz kurze Zeitspanne zurück.

In allen Kommentaren zum Grundgesetz wird nun ausnahmslos betont, dass insbesondere Art. 1 GG gerade als Ausdruck gegen dieses „überwundene" Regime gedacht gewesen sei.[5]

Aber, so ist zu fragen, hätte man nicht angesichts des unmittelbar Geschehenen viel zurückhaltender, bescheidener formulieren müssen? Gerade eben noch hatte sich schonungslos offenbart, dass Recht als Bollwerk nicht einmal Verbre-

1 Goethe, Faust Teil 1 – Nacht – Diskurs mit Wagner.
2 Vgl. etwa Kutscha Bl. f. dt. u. int. Politik 3/2007, 355 ff.
3 www.spiegel.de/politik/deutschland/spaehaffaere-pofalla-informiert-ueber-kooperation-zwischen-bnd-und-nsa-a-912391.html.
4 Bautze Jura 2011, 647 ff.
5 Stellvertretend Dreier, Grundgesetz, Kommentar, 2. Aufl. 2004, Art. 1 I Rn 32.

chen gegen die Menschlichkeit zu verhindern vermag; und wir formulieren unverdrossen: „Die Würde des Menschen *ist* unantastbar“. Zwar sei dieser Satz nicht deskriptiv, sondern präskriptiv gemeint[6], so wird gesagt. Aber so hat man ihn nun mal nicht formuliert. Man hat nicht gesagt: „Die Würde soll unantastbar sein“, sondern sie *ist* es. Und das war sicher kein Zufall. Wohlmeinende werden die Formulierung dem Wunsch nach einem fundamentalen Neubeginn, auch in der Verfassung zuschreiben. Weniger Wohlmeinende könnten eine erschrockende Naivität unterstellen.

Jedenfalls verrät bereits die 1949 gewählte Formulierung einen idealistischen, eher abstrakten, von der unmittelbaren historischen Realität losgelösten Umgang mit dem Thema „Menschenwürde“, der auch durch die wiederkehrende pauschale Erwähnung der Nazizeit in den zahlreichen Kommentierungen, Aufsätzen und Urteilen der Folgezeit nicht besser wird. Um den abstrakten Umgang mit der Menschenwürde soll es hier gehen.

Zur Gegenwart: In einem Aufsatz zum Thema „Die Unantastbarkeit der Menschenwürde“[7] begründet der Autor – Prof. Dr. Wolfram Höfling von der Uni Gießen – seine Auffassung von einem schwierigen Verfassungssatz mit der „besonderen Normstruktur“, die sich gegen das sonst übliche grundrechtliche Normschema sperre sowie die „ambivalente Konzeption“ des Art. 1 Abs. 1 GG, durch die man Naturrecht mit normativer Verbindlichkeit habe ausgestatten wollen. Da der Aufsatz in der „Juristischen Schulung“ erschienen ist und sich im Untertitel – „Annäherungen an einen schwierigen Verfassungsrechtssatz“ – selbst dazu verpflichtet, erklären zu wollen, sollte man eigentlich meinen, dem Autor sei es zumindest ein bisschen darum gegangen, einer zukünftigen Juristengeneration konkrete Hinweise für den Umgang mit einer Norm zu geben. Statt dessen hinterlässt bereits der zitierte einleitende Satz im an sich interessierten und Aufnahme bereiten Gehirn des Lesers jenen ganz speziellen Nebel der Hilflosigkeit, der immer dann entsteht, wenn die Diskussion juristischer Strukturen hoffnungslos verabsolutiert wird und inhaltlich kaum etwas Konkretes abfällt.

Aber Höfling ist keineswegs der Einzige: Pieroth/Schlink treffen in ihrem sonst an sich überwiegend verständlich geschriebenen Lehrbuch „Grundrechte“[8] die Feststellung „Der Satz von der Menschenwürde ist mit zweieinhalbtausend Jahren Philosophiegeschichte belastet“. Ja und?, fragt sich der Leser, was soll diese wohl-klingende Formulierung denn bewirken außer wiederum nur Verwirrung zu stiften? Wir legen doch auch sonst die juristischen Begriffe unserer Zeit in aller Regel nicht mit Hilfe der Stoa, Ciceros oder Pico della Mirandolas aus. Aber der Satz scheint trotzdem die Fachkreise so sehr zu begeistern, dass er in

6 Dreier (Fn 5), Art 1 I Rn 75.
7 Höfling JuS 1995, 857 ff.
8 Pieroth/Schlink, Grundrechte – Staatsrecht II, 24. Aufl. 2008, Rn 353.

jedem zweiten Grundgesetzkommentar zitiert wird.[9] Dem mit inhaltlichen Problemen ringenden Leser bringt er jedenfalls keinen Schritt weiter.

Aber damit nicht genug: Das Bundesverfassungsgericht, welches ja nun der konkreten Falllösung nicht durch übermäßige Theoriebildung ausweichen kann, stützt sich seit den Anfängen seiner Rechtsprechung auf die von Günther Dürig entwickelte sog. „Objektformel", wonach Art. 1 I GG dann verletzt ist, wenn *„der konkrete Mensch zum Objekt zu einem bloßen Mittel, zur vertretbaren Größe herabgewürdigt wird.*"[10] Obwohl man dieser Formel durchaus *„intuitive Einsichtigkeit*"[11] zuzugestehen bereit ist, wird sie dennoch als zu vage bezeichnet[12] oder schlimmer noch mit coolem Habitus abgetan, indem man einwirft, „dass wir uns im privaten wie im öffentlichen Leben gegenseitig fortwährend zum Mittel, zum Objekt machen – vom Taxifahren, Zeitungskauf und Haareschneiden bis zum akademischen Berufungsverfahren."[13]... Wenn ihrs nicht fühlt, ihr werdet´s nicht erjagen.

Insgesamt fragt man sich nach vielen anspruchsvollen problembewussten Monographien und Aufsätzen zum Thema Menschenwürde, ob es eigentlich wirklich Absicht der Autoren ist, Licht in das Dunkel zu bringen oder lieber nur die Schwierigkeiten der Annäherung an den Begriff „Menschenwürde" als unüberwindlich darzustellen und damit jeden redlichen Versuch, ihn wenigstens negativ zu definieren, verächtlich zu machen.

Das Bundesverfassungsgericht hat sich denn auch bemüht die angeblichen Schwächen seiner Objektformel zu mildern, indem es (wiederum intuitiv) auf die jeweiligen Motive des Gesetzgebers abstellt. Im Abhörurteil aus dem Jahr 1970 führt es dazu aus: "...Hinzukommen muss, dass er (der Mensch, Anm. d. V.) einer Behandlung ausgesetzt ist, die seine Subjektqualität prinzipiell in Frage stellt, oder dass in der Behandlung im konkreten Fall eine willkürliche Missachtung der Würde des Menschen liegt. Die Behandlung durch die öffentliche Hand (...) muss also (...) Ausdruck der Verachtung des Wertes, der dem Menschen kraft seines Personenseins zukommt, also in diesem Sinne eine ‚verächtliche Behandlung' sein"[14]. Aber auch mit diesem Versuch konnte das Gericht nicht punkten, sondern erfuhr Ablehnung mit der pauschalen Anmerkung, Menschenwürdeverletzungen könnten auch in guter Absicht vorgenommen werden[15]. Das genau ist aber eben sehr die Frage.

9 Stellvertretend Dreier (Fn 5), Art. 1 I Rn 2.

10 Dürig AöR 81 (1956), 117 ff.; ab BVerfG 8.1.1959, 1 BvR 396/55, BVerfGE 9, 89, 95; BVerfG 21.6.1977, 1 BvL 14/76, BVerfGE 45, 187, 228.

11 Höfling (Fn 7), 857, 860.

12 Dreier (Fn 5), Art. 1 I Rn 39.

13 Hofmann AöR 118 (1993), 353 ff.

14 BVerfG 7.7.1970, 2 BvF 1/69, BVerfGE 30, 1, 26.

15 Dreier (Fn 5), Art. 1 I Rn 39.

Die Diskussion um Inhalt und Reichweite des Art. 1 GG scheint damit in Wahrheit ein Streit um die richtige Methode zu sein: Einerseits wird das Bemühen deutlich, dem Wesen der Würde intuitiv näher zu kommen und sie so wenigstens negativ zu konkretisieren. Andererseits versucht man unter Hinweis auf Historie, Philosophie, „Strukturen“, „Theorien“ u.ä.m. den Begriff zu klären, ohne zu bemerken, dass man ihn in Wahrheit eigentlich nur umkreist ohne sich festzulegen und – wie wir oben sehen konnten – um jeden redlichen Versuch der intuitiven Annäherung ad absurdum zu führen, frei nach dem Motto: “Ich bin der Geist, der stets verneint! Und das mit Recht; denn alles, was entsteht, ist wert, dass es zugrunde geht.“[16] Es scheint deshalb auch nicht weiter verwunderlich, dass die Rechtsprechung zur Menschenwürde, nicht nur die des Bundesverfassungsgerichts, nicht selten als vom Ergebnis her argumentierend erscheint.

Nun lässt sich aber nicht bestreiten, dass die Würde ein „Begriff mit Empfindungsgehalt“[17] ist. „Solche Begriffe lassen sich für die Theoriebildung aber nur unter großen Schwierigkeiten benutzen.“[18] Man kommt ihnen auf diese Weise nicht wirklich näher.

Ich möchte deshalb fortfahren, indem ich mich auf einen Autoren konzentriere, der nach meinem Dafürhalten einen intuitiveren Zugang zum Thema „Menschenwürde“ gefunden hat, nämlich Werner Maihofer, der ehemalige Bundesminister des Innern. Er hat für mich bisher am überzeugendsten den Kern der Menschenwürde (negativ) definiert, indem er ihre Verletzung mit der *„Zerstörung der Solidarität zwischen Menschen“*[19] gleichsetzt, ein Satz, der sich durchaus als Formel eignet.

Beherrscht, gleich aus welchem Grunde, ein Denken in Oben-und-Unten-Kategorien die Menschen, so zerstören sie diese Solidarität und sind damit unfähig sowohl kollektiv – als Staat oder Gesellschaft – als auch individuell als Person die Würde anderer Menschen zu achten und zu schützen.

Ob es hierzulande einen wirklich konkreten Bezug zu dieser „Solidarität zwischen Menschen“ gibt, erscheint fraglich, wenn man sich Folgendes vergegenwärtigt:

1. Wie abstrakt die Vorstellung von Menschenwürde hierzulande ist, kann man leider sehr gut an der Geschichte der Prügelstrafe ablesen. „Grundsätzlich muss man davon ausgehen, dass jede Körperstrafe eine Herabsetzung des Kindes und eine Verletzung seiner Würde darstellt.“[20] Eine Binsenweisheit?

16 Goethe, Faust I, Studierzimmer, Diskurs Mephisto – Faust.
17 Thomas, Würde und Verhältnismäßigkeit, Grundbegriffe der Zivilisierung wirtschaftspolitischen Handelns, 2007, S. 197.
18 Avishai, Die Politik der Würde, zitiert nach Thomas (Fn 17), S. 197.
19 Maihofer, Rechtsstaat und menschliche Würde, 1968, S. 17.
20 www.familienhandbuch.de/haufige-probleme/gewalt-gegen-kinder/eine-ohrfeige-hat-noch-nie-geschadet-gewalt-in-der-erziehung.

Noch 1986 entschied dagegen der Bundesgerichtshof, dass ein Vater sich nicht dadurch strafbar gemacht hatte, dass er seine 8jährige Tochter zum Zwecke der Bestrafung mehrmals mit einem 1,4 cm starken und in sich stabilen Wasserschlauch so auf das Gesäß und die Oberschenkel schlug, dass jeweils rote Striemen entstanden[21]. In ihrem Gesetzentwurf aus dem Jahr 2000, mit dem in § 1631 BGB das Verbot der körperlichen Züchtigung erstmals ausdrücklich geregelt wurde, „ging die Bundesregierung noch davon aus, dass 'etwa 80 % der Kinder und Jugendlichen in Deutschland in unterschiedlichem Ausmaß Gewalt in der Erziehung [...] erfahren', wobei gerade der Ohrfeige hier eine zentrale Rolle zukommen dürfte."[22]

2. Im Zusammenhang mit der Entführung des Bankierssohnes Jakob von Metzler im Jahr 2002 entbrannte in der BRD eine heftige Diskussion um die ausnahmsweise Zulassung von Folter, die – und da stimme ich mit Martin Kutscha nicht überein – keineswegs von einer „beachtlichen Anzahl renommierter Gesetzeskommentatoren"[23] für nachdenkenswert erachtet worden ist. Vielmehr handelt es sich um Einzelfälle und der Folter androhende Beamte ist ja auch umgehend bestraft worden. Aber ich will diese Debatte nicht wieder aufgreifen, sondern auf die vieldeutige Art der Behandlung des Themas „Folter" hierzulande und einen Fall hinweisen, der sich sozusagen „im Schatten" des berühmten Falles Dashner abgespielt hat, aber nicht im entferntesten dessen mediale Aufmerksamkeit erreicht hat. Im Jahre 1993 wurde der Afrikaner Jalloh von der Deutschen Polizei wegen angelblichen Drogenhandels verhaftet. Unmittelbar vor seiner Verhaftung schluckte er ein Päckchen mit 0,2 Gramm Kokain hinunter. Dieses wurde später im Wege der zwangsweisen Brechmittelverabreichung, einer in Deutschland auf der Grundlage von § 81 a StPO praktizierten Methode, wieder zutage gefördert. Obwohl Jalloh durch diese Behandlung in Nase, Rachenraum und Magen Verletzungen erlitt und bereits andere Verdächtige vor ihm sogar daran gestorben sind,[24] erklärte das Bundesverfassungsgericht im Jahr 1999 auf eine Verfassungsbeschwerde Jallohs hin in einer Kammerentscheidung, dass die Brechmittelvergabe u.a. im Hinblick auf Art. 1 I GG keinen verfassungsrechtlichen Bedenken begegne.[25] Erst der Europäische Gerichtshof für Menschenrechte machte dem im Jahr 2006 endlich ein Ende und entschied, dass der Brechmitteleinsatz eine unmenschliche und erniedrigende Behandlung

21 BGH 25.11.1986, 4 StR 605/86, NStZ 1987, 173.

22 Heinrich unter www.zis-online.com/dat/artikel/2011_5_577.pdf.

23 Kutscha Bl. f. dt. u. int. Politik 3/2007, 356, der im Übrigen nur zwei und dazu wenig bekannte, Autoren benennt.

24 Vgl. https://blog.beck.de/2010/04/30/bgh-fahrlaessige-toetung-durch-brechmitteleinsatz.

25 www.bundesverfassungsgericht.de/pressemitteilungen/bvg116-01.html.

sei und erkannte damit auf eine Verletzung des Folterverbots des Art. 3 EMRK.[26]

3. Seit der Entscheidung des Bundesverwaltungsgerichts zur Unvereinbarkeit der „Peepshow“ mit der Menschenwürde aus dem Jahr 1981[27] herrscht, vor allem in der Literatur,[28] Streit darüber, ob Einverständnis oder Zustimmung zu bestimmten Handlungen Privater, die Verletzung des Art. 1 I GG ausschließt. Das BVerwG stellte insoweit fest, Würde sei ein objektiver unverfügbarer Wert, auf dessen Beachtung der Einzelne nicht wirksam verzichten könne. Auf diesen Satz haben die Gerichte unterer Instanzen wegen seiner Prägnanz in der Folgezeit dankbar zurück gegriffen, z.B. das VG Neustadt bei seiner Feststellung der Verletzung der Menschenwürde durch den sog „Zwergenweitwurf“, ohne allerdings die Problematik des Satzes zu bemerken, geschweige denn zu lösen. Die Auffassung des BVerwG verkennt nämlich, dass Autonomie eines der wesentlichen, manche meinen sogar das wesentlichste Element der Menschenwürde sei.[29]

   Möglicherweise ließe sich nämlich aus diesem Grunde sowohl der Zwergenweitwurf, vor allem aber auch das derzeit im Deutschen Fernsehen weit verbreitete *Unterschichtenbashing* rechtfertigen? „Ein Millionenpublikum amüsiert sich über die Inszenierung von Hartz-IV-Empfängern in den Medien: An jedem Tag der Woche werden dicklich-dumme Prolls präsentiert, die vor riesigen Bildschirmen hocken, Schulden und Müll anhäufen, unfähig sind, eine warme Mahlzeit auf den Tisch zu bringen, und sich nicht um ihre Kinder kümmern.“[30] Aber, so wird argumentiert, die Protagonisten wirken ja schließlich freiwillig in der Sendung mit (was sie übrigens noch dümmer aussehen lässt).

   Greift man hier auf den von Maihofer skizzierten Satz von der *Zerstörung der Solidarität zwischen Menschen* zurück, so lässt sich ohne Schwierigkeiten feststellen, dass sowohl der Zwergenweitwurf als auch die skizzierten Fernsehformate allesamt die Menschenwürde der Protagonisten verletzen und unterbunden werden müssten. Und diejenigen, die meinen zur Menschenwürde gehöre auch die Freiheit sich unwürdig zu verhalten, denen sei die tiefenpsychologische Studie von Matthias Hirsch zur „Identifikation mit dem Aggressor“ empfohlen.[31]

26 EGMR 11. Juli 2006, 54810/00 (Große Kammer) – (Jalloh v. Germany).
27 BVerwG 15.12.1981, 1 C 232.79, BVerwGE 64, 274, 279.
28 Vgl. stellvertretend Redecker BayVBl. 1985, 76 ff.
29 Vgl. stellvertretend Dreier (Fn 5), Art. 1 I Rn 11 f.
30 www.ustinov-stiftung.org/media/content/downloads/Unterschichten-Bashing_Dezember2012.pdf.
31 Hirsch, Praxis der Kinderpsychologie und Kinderpsychiatrie 45 (1996), 198–205.

Nun ist es nicht so, dass die erwähnten Formate nicht diskutiert und nicht überwiegend auch kritisiert würden.[32] Aber dies geschieht meist nur naserümpfend und nicht analytisch und es wird nicht bemerkt, dass man damit genau das Gleiche tut wie die Zuschauer von „Deutschland sucht den Superstar“. Man macht sich lustig über andere und zerstört Solidarität, nur eben anders.

4. Die Idee, dass zur Würdesicherung nicht nur Freiheit, sondern auch wirtschaftliche Teilhabe gehört, findet sich bereits in der Allgemeinen Erklärung der Menschenrechte der Vereinten Nationen von 1948[33]: Art. 22 und 23 bestimmen, dass jeder Mensch das Recht auf soziale Sicherheit, auf Arbeit, angemessene Arbeitsbedingungen und eine Entlohnung hat „die ihm und seiner Familie eine der menschlichen Würde entsprechende Existenz sichert...“. Das deutsche Bundesverfassungsgericht hat sich verschiedentlich mit der Frage der Würdesicherung durch ein „Existenzminimum“ beschäftigt und jüngst (2010) noch einmal bekräftigt: „Das Grundrecht auf Gewährleistung eines menschenwürdigen Existenzminimums aus Art. 1 Abs. 1 GG in Verbindung mit dem Sozialstaatsprinzip des Art. 20 Abs. 1 GG sichert jedem Hilfebedürftigen diejenigen materiellen Voraussetzungen zu, die für seine physische Existenz und für ein Mindestmaß an Teilhabe am gesellschaftlichen, kulturellen und politischen Leben unerlässlich sind.“[34]

Aber, so ist zu fragen, genügt eine derartige staatliche Mindesteinmischung unter dem Gesichtspunkt der staatlichen Schutzpflicht für die Menschenwürde derzeit wirklich noch? Denn die folgende Entwicklung lässt sich nicht mehr ernsthaft leugnen: Wegen der wirtschaftlichen Globalisierung stehen „Unternehmen vor der Tatsache einer von politischen Ordnungsrahmen nahezu losgelösten Konkurrenzstruktur.“[35] Um national Kapital und Arbeitsplätze zu erhalten, wird der Staat mehr oder weniger erpresst, sich „deregulierend“ zu verhalten, Arbeitnehmer genötigt auf Löhne zu verzichten. „Reüssieren dann solche Unternehmen unter ‚dereguliert’ abgeschafften sozialen und humanitären Standards (‚job without money’) fließt ihr Gewinn nicht mehr an diejenigen zurück, für die er bitter nötig wäre“, sondern verbleibt bei den Kapitaleignern („money without job“).[36] So vertieft sich die sukzessive die Spaltung der Gesellschaft in arm und reich; die Folge davon ist, dass die Konkurrenz zwischen den Menschen alle Lebensbereiche dominiert und die oben beschriebene Solidarität ein für alle Mal zerstört.

32 Vgl. stellvertretend: www.handelsblatt.com/meinung/gastbeitraege/gastkommentar-dreimal-nein-fuer-die-menschenwuerde/5985090.html.
33 Vgl. Sartorius Nr. 19.
34 BVerfG 9.2.2010, 1 BvL 1/09, BVerfGE 125, 175 ff.
35 Thomas (Fn 17), S. 25.
36 Ebenda.

Welchen Sinn haben dann noch Verfassungsbestimmungen vom Schlage des Art. 1 I GG?

So scheint sich etwas zu wiederholen, das bereits 1949 bei der Schaffung des Grundgesetzes vorhanden war: Die Normierung der Menschenwürde soll durch ihr „feierliches Pathos“[37] überzeugen. Der so bekundete überbordende gute Wille soll auch den Bösmeinendsten überzeugen, dass man es ernst meint. Aber in Wirklichkeit geht es nur um ein Ideal, zu dem man sich bekennt, über dessen Bedingungen und dessen Wirklichkeit man aber sehr wenig zu wissen scheint.

37 Kutscha Bl. f. dt. u. int. Politik 3/2007, 355.

Sabine Berghahn

Berufsverbote im Wandel der Zeiten

I. Analoge Phänomene?

In einem Interview mit dem „Tagesspiegel" blickte Fereshta Ludin im August 2013 zurück auf die Verweigerung ihrer Einstellung als Lehrerin in Baden-Württemberg vor 15 Jahren. Die Ablehnung war allein auf das Tragen des islamischen Kopftuchs gestützt worden. Ludin antwortete auf die Frage, warum sie in jüngerer Zeit kaum noch Interviews gegeben habe: „(...) ich hatte irgendwann alles gesagt auf die meisten immer gleichen Fragen. Und ich habe auch sehr bald gesehen, dass weniger meine Aussagen zählten, sondern dass das, was ich sagte, erst interpretiert wurde, bevor es in der Zeitung landete."[1] Es hat sie getroffen, dass man ihr nicht glaubte, ihr Recht auf Selbstbestimmung wahrzunehmen und keineswegs zu missionieren. Es traf sie wie „ein Hammer", dass man ihr Motiv für vorgeschoben hielt und sie zur Projektionsfläche für alle möglichen Ängste vor Fundamentalismus, Islamismus oder Scharia machte.

Dorothea Vogt durfte von 1986 bis 1991 in Niedersachsen nicht mehr Lehrerin sein, weil sie wegen DKP-Mitgliedschaft unter den sog. Radikalenerlass von 1972 fiel und ein Berufsverbot erhielt.[2] „Am schlimmsten war, dass ich als Verfassungsfeind hingestellt wurde," sagte sie in einem Interview mit der „Berliner Zeitung", denn sie habe sich lediglich für eine nicht verbotene Partei engagiert und ihre Schüler und Schülerinnen selbstverständlich niemals indoktriniert. Dieses Resümee zog sie 1995, nachdem der Straßburger Menschenrechtsgerichtshof (EGMR) ihr und damit symbolisch auch vielen anderen Opfern der Berufsverbote aufgrund des sog. Radikalenerlasses die Genugtuung einer positiven Entscheidung gegeben hatte.[3] Der EGMR rügte die Verletzung der Meinungs- und Versammlungsfreiheit und verurteilte die Bundesrepublik zur Entschädigung. We-

1 Interview mit Fereshta Ludin, in: Der Tagesspiegel v. 8.8.2013, 4.

2 Der „Radikalenerlass" wurde von den Ministerpräsidenten der Bundesländer unter Vorsitz von Bundeskanzler Willy Brandt am 28.1.1972 beschlossen. Er ist als Reaktion auf den angekündigten Marsch durch die Institutionen der außerparlamentarischen Linken zu verstehen und sollte Willy Brandts Ostpolitik innenpolitisch eine Art Alibi verschaffen, dass die SPD keineswegs dem gegnerischen System des Kommunismus à la DDR oder UDSSR in die Hände arbeite, wie es aus den Kreisen von CDU/CSU immer wieder behauptet wurde. Zu dem gesamten Themenkomplex vgl. Kutscha, Verfassung und „streitbare Demokratie", 1979.

3 Sußebach Berliner Zeitung v. 28.9.1995.

gen der Stigmatisierung als vermeintliche Verfassungsfeindin hatte Dorothea Vogt jahrelang Drohbriefe erhalten, war beruflich auf Tätigkeiten im Theater in Wilhelmshaven ausgewichen und hatte alle Instanzen der deutschen Verwaltungsgerichtsbarkeit vergeblich durchgeklagt. Auch ihre Verfassungsbeschwerde beim Bundesverfassungsgericht wurde nicht zur Entscheidung angenommen. 1991 hob Gerhard Schröder, der ihr Anwalt in diesen Verfahren war, als neuer Ministerpräsident Niedersachsens den Radikalenerlass für sein Land auf und Dorothea Vogt durfte wieder als Lehrerin arbeiten. Der EGMR konnte keine Entscheidung über den Einzelfall hinaus zum Thema Berufsverbote fällen, hatte aber symbolisch große Ausstrahlungswirkung und schuf für Dorothea Vogt die Grundlage für Entschädigung (Schmerzensgeld), Ersatz des jahrelangen Verdienstausfalls bzw. der geringeren Bezahlung in den notgedrungen ausgeübten Jobs und für Ersatz der verlorenen Pensionsleistungen.

Was hat nun das heutige Verbot des „islamischen Kopftuchs" für Lehrerinnen (in bestimmten Bundesländern) mit dem „Radikalenerlass" der 1970er Jahre zu tun? Damals, in den Hochzeiten der Berufsverbote, als diese vor allem angehende oder bereits eingestellte Lehrer und Lehrerinnen trafen, aber auch Postboten, Finanzbeamte, Lokführer, Professorenbewerber oder geprüfte Rechtskandidaten, die in den juristischen Vorbereitungsdienst strebten, konnte sich kaum jemand vorstellen, dass analoge Maßnahmen 30 bis 40 Jahre später gegen einzelne Musliminnen gerichtet werden würden, nur weil diese sich verpflichtet fühlen, ihr Haar zu bedecken. Allerdings konnte man sich damals auch nicht vorstellen, dass der globale politische und insbesondere im geteilten Deutschland beheimatete Systemgegensatz von religiös-kulturellen Kämpfen abgelöst werden würde und der Islamismus – bisweilen auch der Islam – im Westen die frühere Rolle des Kommunismus als Störfaktor und vermeintliche oder tatsächliche Gefahr einnehmen würde.

II. Vermutete oder zugeschriebene „verfassungsfeindliche" Gesinnungen als gemeinsamer Nenner

Auch wenn der Staat vordergründig bei den staatlichen Kopftuchverboten in acht von 16 Bundesländern an einem banalen Textil Anstoß nimmt, so geht es doch um Gesinnungen, die nicht im öffentlichen Dienst geduldet werden sollen, weil ihnen „verfassungsfeindliche" Tendenzen zugeschrieben werden. Im Falle des Kopftuchs sind dies gegen die Gleichberechtigung und andere moderne „westliche" Prinzipien und Werte gerichtete Haltungen. Im Übrigen ist auch die Zeit der „alten", gegen linke Protagonisten gerichtete Berufsverbote nicht gänzlich vorbei, auch wenn die Regelanfrage beim Verfassungsschutz vom Bund schon in den 1970er-Jahren und von den Ländern ab 1985 aufgehoben wurde.[4] So erhielt der Realschullehrer Michael Csaszkóczy in Hessen und Baden-Württemberg 2004 Berufsverbot, weil er laut Verfassungsschutz in der linksgerichteten Antifaschistischen Initiative Heidelberg aktiv war; 2007 erklärte schließlich der VGH Mannheim, später auch ein hessisches Gericht, die Ablehnung der Einstellung für unrechtmäßig; selbst danach hatte Csaszkóczy noch Schwierigkeiten eingestellt zu werden, obwohl es an seiner Qualifikation nie Zweifel gab.[5]

Worauf stützen sich all diese Ablehnungen? Während bei Beamten oder Angestellten im öffentlichen Dienst in der Regel härtere Geschütze aufgefahren werden müssen, reicht es bei Bewerberinnen und Bewerbern, dass ihnen nach Meinung der einstellenden Behörde die Eignung fehlt, die Gewähr zu bieten, jederzeit und aktiv für die freiheitlich-demokratische Grundordnung einzutreten. Dies ist die Faustformel, die auch das Bundesverfassungsgericht in seiner Grundsatzentscheidung vom 22.5.1975 bestätigt hat.[6] Die mangelnde Eignung wurde meist damit konkretisiert, dass die Personen in „verfassungsfeindlichen" Parteien oder Organisationen tätig (gewesen) seien. Der Begriff der Verfassungsfeindlichkeit dient dabei als Auffangbegriff, da der Begriff „Verfassungswidrigkeit" nicht benutzt werden darf, wenn eine politische Partei nicht verboten ist, denn nach wie vor darf nur das Bundesverfassungsgericht eine Partei verbieten; bei anderen Vereinigungen könnte die Exekutive ein Verbot aussprechen, aber auch in diesem Spektrum behält sich der Staat oftmals vor, nicht verbotene Organisationen und ihre Mitglieder und Anhänger als Gegner/Feinde der „freiheitlich-demokratischen Grundordnung" beobachten zu lassen und die Personen aus dem öffentlichen Dienst fernzuhalten. Wer also als Mitglied oder Unterstützer solcher Parteien oder Vereinigungen identifiziert wurde, dem drohte oder droht u.U. ein Berufsverbot, welches natürlich offiziell nicht so genannt wird, weil echte Berufsverbote (vgl. § 70 StGB) nur nach strafbaren Handlungen verhängt zu werden pflegen, hier aber in den allermeisten Fällen keine solchen vorlagen oder beweisbar waren. In vielen Fällen traf das Berufsverbot DKP-Mitglieder[7] oder Unterstützer/innen, aber auch Angehörige und identifizierte Sympathisanten der diversen K-Gruppen und -Parteien,[8] die sich zwar auch mit dem Attribut „kommunistisch" bezeichneten, dennoch sowohl untereinander zerstritten als auch gegen-

4 Thurn Forum Recht 3/2007, 89, 90.

5 Der Spiegel vom 28.4.2009, „Berufsverbot: Land muss linkem Lehrer 33.000 Euro zahlen".

6 BVerfG v. 22.5.1975, 2 BvL 13/73, BVerfGE 39, 334 ff.

7 Die DKP (Deutsche Kommunistische Partei) wurde 1968 gegründet. 1956 war die KPD (Kommunistische Partei Deutschlands) in der Bundesrepublik durch das BVerfG verboten worden. Gegen die DKP wurde kein Verbotsantrag gestellt, sie fiel auch nicht unter das Verbot von Nachfolgeorganisationen der KPD und konnte daher legal existieren.

8 Wie z.B. KBW (Kommunistischer Bund Westdeutschlands), KSV (Kommunistischer Studentenverband), KPD-ML (Kommunistische Partei Deutschlands – Marxisten/Leninisten), KPD-AO (KPD-Aufbau-Organisation) usw.

über der DDR-orientierten DKP – in Berlin SEW[9] – höchst gegnerisch eingestellt waren. Nur wenige prophylaktische Berufsverbote trafen rechtsextrem eingestellte bzw. engagierte Personen.

III. Juristische Ausbildung in Bayern: Mein Anschauungsfeld für halbe und ganze Berufsverbote

Ins Visier des bundesdeutschen Staatsschutzes gerieten auch Personen, die in wichtigen Positionen in Vereinigungen tätig waren, welche von Seiten des Verfassungsschutzes und der Innenministerien als von der DKP beeinflusst angesehen wurden. Besonders in Bayern achteten die Einstellungsbehörden darauf, dass nicht etwa solche vermeintlich oder tatsächlich gutgläubigen Bündnispartner und Erfüllungsgehilfen des doktrinären Kommunismus Eingang in den öffentlichen Dienst finden würden. Da ich selbst in den 1970er und 1980er Jahren Mitglied in der Vereinigung Demokratischer Juristinnen und Juristen (VDJ) war, beobachtete ich – in München lebend – insbesondere das Verfahren gegen Charlotte Nieß-Mache,[10] die als SPD-Mitglied ebenfalls in dieser Vereinigung tätig war und nicht in den Bayerischen Richterdienst eingestellt wurde. Ich besuchte mündliche Verhandlungen und hörte mir die langen Darlegungen aus den Erkenntnissen des Verfassungsschutzes darüber an, wie in der Bündnispolitik der DKP der zielstrebige Kampf zur Errichtung der „Diktatur des Proletariats" nach sowjetischem Muster geschickt getarnt werde, damit die richtigen Leute im entscheidenden Moment die Macht in der Vereinigung und darüber hinaus würden ergreifen können. In erster Instanz beim Verwaltungsgericht München fruchtete diese paranoide Argumentation des Bayerischen Staates von der „Kontaktschuld" nicht, dafür aber umso mehr in zweiter Instanz. Der Bayerische Verwaltungsgerichtshof machte sich die Darlegungen des beklagten Freistaats und des Verfassungsschutzes voll zu eigen. Ob Charlotte Nieß es nun merke oder nicht, ob sie es wolle oder nicht, ob sie die Ziele der VDJ anders interpretiere als einzelne andere führende Mitglieder, die der DKP-Hörigkeit verdächtigt wurden, sie bereite durch ihre Kooperation mit DKP-lern sozusagen Erich Honecker und dem System der DDR den Boden für eine weitere Machtübernahme.[11] Implizit warf man Charlot-

9 SEW = Sozialistische Einheitspartei Westberlins.

10 Charlotte Nieß-Mache wurde während ihrer Klagen durch die Instanzen gegen die Ablehnung in Bayern in den 1970er Jahren als Regierungsrätin in NRW eingestellt. Seit 1998 war sie als erste Frau in die Verwaltungsspitze aufgestiegen und in Düsseldorf Umwelt-, Verbraucher und Feuerwehrdezernentin. 2006 trat sie in den Ruhestand, vgl. www.wirtschaftsblatt.de/N1486.htm (14.8.2013).

11 Vgl. Frankenberg KJ 1978, 310 ff mit einer ausführlichen Darstellung und Kritik von BayVGH 25.11.1977, 222 III 77, DVBl. 1978, 744.

te Nieß auch vor, dass sie sich in ihren Aktivitäten nicht auf die SPD beschränke. Diese habe mit dem Godesberger Programm sozusagen gerade noch die Kurve ins verfassungskonforme Lager gekriegt, während das Festhalten an antagonistischen Analysen – wie es im gerade abgelegten VDJ-Programm diagnostiziert wurde – als Zuarbeit für kommunistische Klassenkampf-Strategien gedeutet wurde; die kurz zuvor erfolgte Veränderung des VDJ-Programms erschien demgegenüber als Tarnung. Dem Freistaat und seinem Verfassungsschutz konnten es Organisationen links von der SPD, die mit ihren Flügeln und internen Kämpfen jedoch auch nicht über alle Zweifel erhaben war, nicht Recht machen; das Bedürfnis nach „innerstaatlichen Feinderklärungen" (Carl Schmitt) war zu groß, gerade im Feld der sensiblen Personalrekrutierung des Juristennachwuchses sollten keine pluralisierenden Experimente zugelassen werden.

Immerhin war es in der damaligen Zeit noch an der Tagesordnung, sich politisch und sogar parteipolitisch zu engagieren. In meiner und einer parallelen juristischen Referendargruppe, die im Herbst 1977 in München den Vorbereitungsdienst antraten, gab es allein vier bis fünf Personen, die mit einem „halben Berufsverbot" belegt wurden. So bezeichneten wir diejenigen, die zwar von der Einstellungsbehörde, dem OLG München, als Verfassungsfeinde eingestuft wurden, aber entsprechend dem BVerfG-Beschluss von 1975 ihre juristische Ausbildung wegen der Garantien des Art. 12 Abs. 1 GG in einem „diskriminierungsfreien" nicht-verbeamteten Paralleldienst im Angestelltenverhältnis ableisten durften,[12] während wir anderen Referendarinnen und Referendare verbeamtet wurden. Z.T. hatten die gebrandmarkten Kolleginnen und Kollegen, die von der Vereidigung ausgenommen und einer Sonderprozedur unterzogen wurden, glänzende erste Staatsexamen gemacht und fielen in keiner Weise mit extremen Ansichten auf. Was warf man ihnen vor? Einer war DKP-Mitglied und gewerkschaftlich engagiert, zwei bis drei hatten einen etwas undurchsichtigen K-Gruppen-Hintergrund, den sie teilweise abstritten und der auch schon einige Zeit zurücklag. Einer davon hatte in seiner Studienzeit dem KSV jedenfalls nahegestanden, sich in dieser Zeit sogar mit einem Professor (fast?) geprügelt und Verbalradikalität an den Tag gelegt, zudem hatte er an der Beerdigung von Holger Meins teilgenommen, inzwischen war er aber deutlich von den alten Kreisen seiner Kampfgefährten abgerückt und wirkte wie auch die anderen seriöser als mancher von uns „Normalos", die wir anstandslos verbeamtet worden waren. Einem weiteren Mitreferendar, der – wie ich übrigens auch – Juso (Jungsozialist), also SPD-Mitglied war, wurde ein merkwürdiges Sammelsurium von politisch und kulturell abweichendem Verhalten zur Last gelegt. Ich erinnere mich an das Vorbringen, er habe auf einem ländlichen Grundstück in Gegenwart von Kindern zu-

12 BVerfG 22.5.1975, 2 BvL 13/73, BVerfGE 39, 334 ff. (11. Leitsatz).

sammen mit anderen spärlich bekleideten oder gar nackten Personen an einem Sonntag-Vormittag rote Fahnen gehisst und laute, fragwürdige Gesänge angestimmt oder entsprechende Musik abgespielt. Von all diesen Vorwürfen erfuhren wir, das politisch interessierte Grüppchen der Mitreferendare, als die Betroffenen Widerspruchsbescheide erhielten oder in den mündlichen Verhandlungen am Verwaltungsgericht. Auch diese Prozesse habe ich teilweise besucht.

Was kam dabei heraus? Der mit dem bunten Treiben der Landkommune belastete Kollege wurde nach seinem Widerspruch nachträglich verbeamtet, denn es hatte sich herausgestellt, dass der Verfassungsschutz ihn mit seinem Bruder verwechselt hatte. Quasi als Wiedergutmachung verlangte er ein Gespräch mit dem Dienstherrn persönlich, d.h. dem damals amtierenden Oberlandesgerichtspräsidenten, über Sinn und Unsinn solcher Nicht-Verbeamtungen. Das Gespräch wurde ihm gewährt, und was noch erstaunlicher war, der OLG-Präsident kam auf weltpolitische Fragen von Krieg, Frieden und auf die Lösung von Problemen der Überbevölkerung zu sprechen. Seine Einlassungen erweckten bei dem Referendar – nach dessen Darstellung uns gegenüber – den Eindruck erweckten, dass man im Hinblick auf Radikalität und völkische Anklänge wohl an der Verfassungstreue des OLG-Präsidenten zweifeln müsse. Dieser Mitreferendar – aber auch sein „radikalerer" Bruder – ging später in die Wissenschaft und wurden Universitätsprofessoren. Wie die Prozesse der anderen ausgingen, kann ich leider nicht mehr in allen Fällen rekonstruieren; sie gehören auch nicht zu den von entsprechenden Initiativen dokumentierten Fällen. Der für die DKP engagierte Kollege hatte nach meiner Erinnerung keinen gerichtlichen Erfolg, er musste ohne Rehabilitation bis zum Ende der Referendarzeit in diesem, angeblich nicht diskriminierenden Sonderstatus ausharren, selbstverständlich mit einem deutlich geringeren Nettogehalt, weil Sozialversicherungsbeiträge abgezogen wurden; der Ex-KSV-ler und Teilnehmer an der Beisetzung von Holger Meins hatte Jahre später, in dritter Instanz beim Bundesverwaltungsgericht, Erfolg mit seiner Klage. Dazu trug vermutlich auch bei, dass er inzwischen in den Diplomatischen Dienst der damaligen sozialliberalen Bundesregierung in Bonn eingetreten war. Diese hatte sich offenbar nicht an seinen Jugendsünden gestört, zumal er schon in erster Instanz in Schriftsätzen und in der mündlichen Verhandlung allen linken Bestrebungen und ausdrücklich auch theoretischen, namentlich marxistischen Welterklärungen kategorisch abgeschworen hatte. Für uns, seine kollegiale Unterstützergruppe, war dies eine befremdliche Erfahrung, drückte er damit doch auch aus, wie sehr alle im „verfassungsfeindlichen" Irrtum verharrten, die linkes Gedankengut nicht so freimütig und radikal über Bord werfen wollten.

IV. Worum geht es beim Verbot des „islamischen Kopftuchs"?

Kehren wir zur Gegenwart zurück: Heute möchten sich beruflich karrierebewusste Individuen politisch kaum noch exponieren wie in 1970er und 1980er Jahren. Umso bezeichnender ist es, dass nun religiös-kulturell abweichende Phänomene wie das Tragen eines Kopftuchs Anstoß erregen und zu analogen Konsequenzen wie in Zeiten des Berufsverbots führen können. Und dies, obwohl dem islamischen Kopftuch keine eindeutig politische Aussage zuzuordnen ist. Es kann entsprechend der Motivlage seiner Trägerin vielerlei bedeuten, das Bundesverfassungsgericht hat dies in seinem Urteil vom 24.9.2003 ausdrücklich aufgeführt, darunter können politische, eventuell verfassungsrechtlich fragwürdige Bedeutungen sein, aber auch völlig legitime Motive, so dass die Bedeutung des Kopftuchs nicht auf verfassungsfeindliche Aussagen verkürzt werden dürfe.[13] Bedeckt eine muslimische Frau ihr Haar, die Ohren und den Nacken, so liegt erst einmal ein persönliches, ein „innerliches" und meist religiöses Motiv nahe. Dies war beim Schwenken roter Fahnen, beim Verfassen von Manifesten für „permanente Revolution" und „Klassenkampf" oder dem Umhertragen von Marx-, Engels-, Lenin- und wahlweise Stalin- oder Mao-Bildnissen noch anders, das Umstürzlerische im Hinblick auf die Grundfesten der Verfassungs- und Gesellschaftsordnung trat offen zu Tage, auch wenn oft unklar blieb, was genau ausgedrückt werden sollte. Dennoch ist die Konsequenz, als Lehramtsbewerberin mit Kopftuch ein prophylaktisches Berufsverbot zu erhalten oder als eingestellte Beamtin oder Angestellte letztendlich mit der Entfernung aus dem Dienst bzw. der Kündigung rechnen zu müssen, in den Bundesländern mit expliziten Verbotsgesetzen für religiös motivierte Kleidung noch unausweichlicher, als es die Berufsverbote nach dem sog. Radikalenerlass damals waren.

Beim Kopftuch geht es also wiederum um Gesinnung, aber nicht direkt um politische Gesinnung, sondern um das alte Streitthema der Religion und ihrer Bezüge zu anderen Lebens- und Rechtsfragen. Dabei hatte man doch geglaubt, mit der Entwicklung seit dem Westfälischen Frieden von 1648 und der späteren schrittweisen Akzeptanz von Toleranz sowie Religions- und Bekenntnisfreiheit solchem Dauerstreit um absolute Wahrheiten ein Ende gesetzt zu haben. Dennoch besteht in Politik, Gesellschaft und Verwaltung ein Misstrauen gegenüber mit dem Kopftuch möglicherweise verbundenen Positionen, die als unvereinbar mit der „freiheitlich-demokratischen Grundordnung" des Grundgesetzes imaginiert werden. Noch mehr als beim „Radikalenerlass" spielt nun vordergründig

13 BVerfG 24.9.2003, 2 BvR 1436/02, BVerfGE 108, 282, 298, ausführlich dazu Berghahn, Deutschlands konfrontativer Umgang mit dem Kopftuch der Lehrerin, in: dies./Rostock (Hrsg.), Der Stoff, aus dem Konflikte sind – Debatten um das Kopftuch in Deutschland, Österreich und der Schweiz, 2009, S. 33 ff.

die Neutralität der Staatsdienerin in religiös-weltanschaulichen Fragen eine herausgehobene Rolle. Einer Kopftuchträgerin wird unter bestimmten landesrechtlichen und beruflichen Umständen – unabhängig von ihrer eigenen Absicht, Gesinnung und ihrem sonstigen Tun und Erläutern – die geforderte neutrale Haltung schlicht abgesprochen, ohne dass sie die Chance einer Widerlegung hätte.

Schon damals, in den Hochzeiten der politischen Berufsverbote, fragte man die betroffenen Individuen nicht oder kaum, wie sie selbst eine Aussage oder Handlung gemeint hatten, und wenn doch, dann wurden die Erklärungen oft nicht geglaubt und als vorgeschoben angesehen. Immerhin nahm man die Personen als solche ernster, weil die politischen Gehalte klarer zu Tage traten und die Personen keine Fremdheitsgefühle auslösten. Dies ist heute anders, wenn es um Islam und Menschen mit Migrationshintergrund oder um Konvertitinnen geht. Das explizit politisch-weltanschauliche Zeitalter ist mit dem Kalten Krieg und dem Systemgegensatz von Sozialismus/Kommunismus versus Kapitalismus/Demokratie zu Ende gegangen. Mit dem internationalen Terrorismus, dem extremistischen Islamismus, aber auch anderen Fanatikern sind die Spielarten religiös-politisch-kulturell-lebensstilbezogener Polarisierungen vielfältiger geworden und die Landkarte der gefühlten Bedrohungen und der Feinderklärungen gestaltet sich komplexer und komplizierter. Als Drahtzieher werden „fremde" bedrohliche Strömungen und Bewegungen samt ihren Anführern ausgemacht, die gefügige Menschen in ihren Bann ziehen und zu Marionetten machen, pathologische Persönlichkeitsstrukturen bei Anführern, Gefolgschaft oder Einzelgängern tun ein Übriges dazu, dass Menschen als gefährlich eingestuft werden (müssen). Als gleichrangige Mitbürger und Mitbürgerinnen sieht man solche Personen kaum.

Angesichts all dessen könnte man nun denken, dass nicht nur die Verfassungsschutzbehörden auf diese neue Vielfalt eingehen, sondern auch der Staat und seine Institutionen in seinem grundsätzlichen Vorgehen gelassener und zielgenauer erkennen könnten, welche Gefahren wirklich relevant sind. Dazu gehört auch, sich auf den in Sonntagsreden proklamierten und hoch gelobten Pluralismus der freiheitlich-demokratischen Grundordnung erst einmal einzulassen und die Pluralität religiöser Bekenntnisse zuzulassen. Wie schon bei den Fällen nach dem sogenannten Radikalenerlass genügt es zur Abwehr echter Verfassungsfeinde, Extremisten oder Gleichberechtigungsfeindinnen, auf das zu hören und zu schauen, was Personen im Dienst oder in Vorbereitungsdiensten und ähnlichen Bewährungssituationen tatsächlich an beruflichen Fehlleistungen im Sinne von Indoktrination, Obstruktion, Missionieren, Unterdrücken und Diskriminieren vorbringen. Es ist aber unbestritten, dass sowohl die allermeisten Berufsverbotsopfer der 1970er und 1980er Jahre als auch die vom Berufsverbot betroffenen Kopftuchträgerinnen sich gerade nichts haben zuschulden kommen lassen, im Gegenteil, sie waren vor allem als Lehrerinnen beliebt und man attestierte ihnen gute Leistungen. Weder bei Fereshta Ludin, noch bei anderen Frauen, die vor allem für den Schuldienst Baden-Württembergs und Nordrhein-Westfalens Ablehnungen bzw. Berufsverbote wegen des Kopftuchs erhielten, hatte die Schulbehörde etwas vorzubringen, was erklärt hätte, wie sich denn Gefahren für die staatliche Neutralität, den Schulfrieden, die Gleichberechtigung von Frauen und Männern oder die „negative Glaubensfreiheit" von Schülerinnen und Schülern[14] realisieren sollten, wenn doch ein missionierendes Tun der Lehrerinnen erwiesenermaßen nicht stattfindet bzw. – aufgrund jahrelanger Bewährung – nicht zu befürchten ist. Das inkriminierte „Verhalten", das Kopftuchtragen, wird jedoch selbst dann als Verstoß gegen die Neutralitätspflicht gewertet, wenn es sich um eine Ersatzbedeckung handelt, die gar nicht als religiöses Kopftuch zu erkennen ist, z.B. eine Baskenmütze.[15] Die tatbestandliche Verknüpfung zwischen der betroffenen Lehrerin oder Bewerberin und dem behaupteten Neutralitätsverstoß besteht also allein darin, dass eine Muslima ein Kopftuch oder etwas ähnliches trägt und die oberste Schulbehörde eines Bundeslandes, in dem ein solches nach dem BVerfG-Urteil von 2003 geschaffenes Gesetz existiert, das Kopftuchtragen ganz pauschal und ohne Einzelfallprüfung als Verstoß gegen das Verbot qualifiziert. Alles Weitere ist dann eine Sache der Hierarchie und des Vollzugs.

V. Lernen Institutionen denn nichts aus der Vergangenheit?

Im Hinblick auf die politischen Berufsverbote der 1970er und 1980er Jahre ist festzustellen, dass sie zwar faktisch überwunden, aber nicht aufgearbeitet sind, dass ihr Unrecht normativ nicht zurechtgerückt wurde, die Opfer – bis auf Dorothea Vogt – nicht rehabilitiert sind und Lehren für die heutige Zeit und für analoge Phänomene nicht gezogen wurden, was sich gerade an den Kopftuchfällen zeigt. Leider spielt und spielte die deutsche Justiz keine rühmliche, d.h. Behördenwillkür zurechtrückende und die Grundrechte der betroffenen Individuen schützende Rolle; in vielen politischen Berufsverbotsfällen erreichten die Betroffenen am Ende ihres Wegs durch die Instanzen zwar durchaus korrigierende Entscheidungen, in den meisten Fällen aber nicht. Es ist auch daran zu erinnern, dass Dorothea Vogt erst jenseits der nationalen Justiz endlich „Gerechtigkeit fand". Bei den Berufsverboten für Kopftuchträgerinnen steht diese Perspektive – jenseits der nationale Sphäre – noch offen, allerdings sind Hoffnungen auf den EGMR weniger aussichtsreich, da er durch Fälle aus den laizistischen Ländern wie Frankreich, der Schweiz und der Türkei in Sachen Kopftuch so festgelegt ist,

14 Darunter versteht man das Recht, nicht glauben zu müssen, nicht an religiösen Bekenntnissen und Ritualen teilnehmen zu müssen.

15 BAG 20.8.2009, 2 AZR 499/08 (Baskenmütze als Kopftuchersatz).

dass er den Staaten einen sehr großen Spielraum zur Restriktion der Bekenntnisfreiheit im öffentlichen Raum zu lassen pflegt. Deutlich besser sähen die Chancen für abgelehnte oder entlassene Lehrerinnen mit Kopftuch beim Europäischen Gerichtshof (EuGH) in Luxemburg aus, da hier die strengen Diskriminierungsverbote der europäischen Antidiskriminierungsrichtlinien im Vordergrund der rechtlichen Prüfung stünden. Der Konjunktiv deutet an, dass das Problem darin besteht, dass bislang keine Vorabentscheidung gemäß Art. 267 VAEU von einem deutschen Gericht beim EuGH beantragt wurde. Durch nationale Akte Betroffene können den EuGH nicht selbst anrufen. Aber nationale Gerichte der EU-Mitgliedstaaten haben das Recht und letztinstanzliche Gerichte sogar die Pflicht, dem Luxemburger Gerichtshof Fragen zur Vereinbarkeit von nationalem Recht mit europäischem Recht aus Anlass von Zweifelsfällen vorzulegen. So hätte eine Vorlage beim EuGH mehrfach nahe gelegen, z.B. in den zwei Fällen angestellter Kopftuchträgerinnen im Schuldienst Nordrhein-Westfalens, die nunmehr seit geraumer Zeit als Verfassungsbeschwerden beim BVerfG anhängig sind. Das Bundesarbeitsgericht hatte zuvor die Gelegenheit zur Überprüfung, hat jedoch die Kopftuch- bzw. Baskenmützenverbote mit ihren existenziellen arbeitsrechtlichen Konsequenzen voll bestätigt, ohne die auf der Hand liegenden Zweifel an der Vereinbarkeit des landesrechtlichen Verbotsgesetzes mit europäischen Diskriminierungsverboten – und übrigens auch mit dem deutschen AGG – überhaupt zu thematisieren.

VI. Zur Rolle „fauler" verfassungsgerichtlicher Kompromissentscheidungen

Selbst im Fall von Fereshta Ludin, der das BVerfG im ersten Leitsatz seines in sich widersprüchlichen Urteils vom 24.9.2003 immerhin eine erlittene Grundrechtsverletzung attestierte, gestattete das BVerfG im zweiten Leitsatz, dass Baden-Württemberg ein verändertes Schulgesetz würde verabschieden können, das religiöse Kleidung verbietet, um dann 2004 der 1998 noch zu Unrecht abgelehnten Ludin eine neue, nun endgültige Ablehnung zu erteilen. Fereshta Ludin sah darüber in dem eingangs zitierten Tagesspiegel-Interview rückblickend auf das Urteil des BVerfG in ihrer Sache dennoch großmütig hinweg: „Der Ausgang war in Ordnung. Ich habe das Verfahren vor dem Bundesverfassungsgericht im Grundsatz gewonnen. Was die Länder dann aus diesem Urteil gemacht haben, ist eine andere Sache. Es genügt, die nicht wenigen internationalen Menschenrechtsberichte zu lesen, in denen steht, dass diese Gesetze Frauen diskriminieren." Auch in den anderen Fällen von Lehrinnen mit Kopftuch hatten die Klägerinnen in Deutschland, soweit es um ihren Zugang zum oder Verbleib im Schuldienst ging,[16] jedenfalls in letzter Instanz keinen Erfolg, lediglich eine Studienreferendarin erreichte, dass sie den Vorbereitungsdienst im Angestelltenverhältnis würde absolvieren können.[17] Aus analytischer Sicht stellt sich gleichwohl die Frage, welchen Anteil daran die grundsätzliche normative Weichenstellung durch das BVerfG hatte und ob dies mit der ebenfalls grundsätzlichen Richtungsentscheidung im sog. Radikalenbeschluss des BVerfG vom 22.5.1975[18] vergleichbar ist.

In beiden Fällen entschied der Zweite Senat, und in beiden Fällen war dieser tief gespalten, was schon an den Sondervoten abgelesen werden kann. Bei der Kopftuchentscheidung verlief die Abstimmung mit fünf zu drei Stimmen. Die drei Richter, die gegen das Mehrheitsvotum stimmten, argumentierten im Sondervotum, dass das Kopftuchtragen auch ohne spezifische Erwähnung von Kleidungsaspekten als verfassungswidrig einzustufen sei, da es dem Neutralitätsgebot widerspreche und gegen das Gleichberechtigungsgebot verstoße.[19] Aber auch das Mehrheitsvotum ist nicht einheitlich und konsistent, vielmehr stellt es einen Kompromiss dar, der inkonsistent ist und gerade die heiklen Folgefragen unbeantwortet lässt.[20] So kann bei einem an sich schrankenlosen Grundrecht, wie es Art. 4 Abs. 1 und 2 GG darstellt, nicht allein durch die Schaffung einer gesetzlichen Eingriffsgrundlage, noch dazu überraschenderweise in Landeskompetenz, die Frage nach der Reichweite und Grenze von möglichen Eingriffen für irrelevant erklärt werden. Dies tut die Senatsmehrheit aber, indem sie lediglich den Hinweis gibt, dass Eingriffe alle Religionen gleich behandeln müssen, sich ansonsten jedoch weitere Hinweise auf Kriterien für zulässige Einschränkungen der Bekenntnisfreiheit – außer den bereits durch die Rechtsprechung und Literatur gefundenen immanenten Kriterien der Kollision von Grundrechten verschiedener Grundrechtsträger – versagt. Wenn Fereshta Ludin durch die Ablehnung ihrer Einstellung in verfassungswidriger Weise in ihrem Recht auf Bekenntnisfreiheit verletzt wurde, weil es keine spezifische Rechtsgrundlage für ein Kopftuchverbot gab (erster Leitsatz), so ist grundrechtsdogmatisch schwer vorstellbar, dass eine beliebige Rechtsgrundlage jeden Eingriff rechtfertigt. Denn der Wesensgehalt des Grundrechts (Art. 19 Abs. 2 GG) bleibt zu beachten, noch dazu eines so schwer einschränkbaren Grundrechts! Aber auch die Durchführung im Einzelfall lässt viele Fragen aufkommen, mit denen sich weder das BVerfG selbst noch die später angerufenen Gerichte beschäftigt haben. Dabei geht es vor allem um die individuelle Zurechnung der dem Kopftuch oder einer Ersatzbedeckung zugeschriebenen Bedeutungen, an die die Verbotsgesetze in acht Bundesländern an-

16 Berghahn (Fn 13), S. 41 ff.
17 BVerwG 26.6.2008, 2 C 22.07, NJW 2008, 3654 ff.; Berghahn (Fn 13), S. 40,.
18 BVerfG 22.5.1975, 2 BvL 13/73, BVerfGE 39, 334 ff.
19 BVerfG 24.9.2003, 2 BvR 1436/02, BVerfGE 108, 282 ff.
20 Berghahn (Fn 13), S. 44 ff.

knüpfen. Da ist von Verletzung der Neutralität die Rede, von Agieren gegen die Gleichberechtigung von Frauen und Männern, gegen Menschenrechte im Allgemeinen, den Schulfrieden oder die negative Glaubensfreiheit von Schülerinnen und Schülern. Verwaltung und Gerichte berufen sich auf den vom BVerfG ins Spiel gebrachten „Empfängerhorizont", aus dem heraus die Bedeutung des Kopftuchs zu beurteilen sei. Ist dies zulässig, wenn die von der Kopftuchträgerin angeblich ausgehende Gefahr am schlichten Tragen einer Kopfbedeckung festgemacht wird, ohne dass es auf die Performanz der individuellen Person ankommt, also ihr Reden und Handeln? Sicherlich nicht! Anderenfalls würde die Person zum Objekt staatlichen Handelns degradiert, was bekanntlich eine Verletzung der Menschenwürde wäre bzw. ist.

Da die Praxis der Kopftuchverbote für Lehrerinnen in bestimmten Bundesländern doch genau von solchen Zuschreibungen und Scheinbegründungen geprägt ist, grenzt es schon an Tragik, wenn man bedenkt, dass der im Sinne einer Mehrheitsbildung im Senat geschlossene, offenkundig unbefriedigende Kompromiss zwischen der grundrechtsliberalen Fraktion mit mindestens einem eher etatistisch denkenden richterlichen Mitglied ein Patt und damit die Abweisung der Verfassungsbeschwerde verhindern sollte. Nun führt er dazu, dass Bundesländer und ihre Schulbehörden – zum Teil sicherlich auch mit gewissen politischen Absichten – schematisch *gegen* bedeckte Musliminnen und ohne Berücksichtigung ihrer individuellen Beweggründe vorgehen und die meisten angerufenen Gerichte dies geradezu in einer Augen-zu-Manier absegnen. Mit Verhältnismäßigkeit und individuellem Rechtsschutz hat das wenig zu tun!

In ähnlicher Weise lässt sich auch die Wirkungsweise der Grundsatzentscheidung des BVerfG von 1975 in Sachen „Radikalenerlass" beschreiben: Auch hier wurde offenbar ein Kompromiss gefunden. Das zeigen die drei Minderheitsvoten.[21] Das Sondervotum des Richters Hans Rupp[22] stellt den liberalen Gegenpart zum Mehrheitskompromiss dar. Rupp fordert im Hinblick auf Art. 21 Abs. 2 GG eine konsequentere Berücksichtigung der Tatsache, dass eine Partei, die nicht verboten ist, auch nicht für ihre Mitglieder zu Konsequenzen führen darf, die nur für verbotene Parteien gelten, und er kritisiert die These, dass aus der Schwierigkeit, jemanden wegen Mitgliedschaft in einer nicht verbotenen Partei aus dem Dienst zu entfernen, nicht der Schluss gezogen werden dürfe, den Bewerber oder die Bewerberin leichter vorab ablehnen zu können. Wenn das eine unzulässig ist, sei es das andere auch. Aber genau das war und ist die tragende Idee der Mehrheitsentscheidung im Senat. Vermutlich fand sich aus Gründen der Staatsräson relativ leicht eine Mehrheit, da die Richter den sog. Radikalenerlass von 1972, der auf der breiten Grundlage der Zustimmung sämtlicher Ministerpräsidenten

21 Der Richter Walter Seuffert, Dr. Hans Rupp und Walter Rudi Wand.
22 BVerfG 22.5.1975, 2 BvL 13/73, BVerfGE 39, 334, 378 ff.

und der Bundesregierung samt Kanzler beruhte, nicht desavouieren wollten. Dem Senatsvorsitzenden Walter Seuffert, einem Sozialdemokraten, war offensichtlich aber doch nicht wohl bei dem Gedanken an prophylaktische Berufsverbote, die allein von der Einschätzung bestimmter Parteien durch weisungsunterworfene Verwaltungsmitarbeiter abhängig sein würden. Daher versuchte er in seinem Minderheitsvotum[23] zu unterstreichen, dass die bloße Mitgliedschaft in einer verfassungsgerichtlich nicht verbotenen Partei für sich allein keinen Grund abgeben dürfe, die Einstellung eines Beamten oder Angestellten abzulehnen. Es sei eben, wie die Mehrheit auch bekräftigt hatte, nur „ein Stück" der Beurteilung der Verfassungstreue.[24] Trotz all dieser verfassungsrechtlichen Sicherungsargumentationen gegen eine allzu schematische, nicht die Umstände des Einzelfalls und nicht die Verhältnismäßigkeit beachtende Anwendung der Ablehnungsmöglichkeit trat aber genau das Befürchtete ein: Die in der Verwaltungspraxis ausführenden Verantwortlichen nutzten die kompromisshafte Verfassungsgerichtsentscheidung vielfach als schlichten Freibrief für politisch opportune Ablehnungen von Bewerbern und Bewerberinnen im Sinne der jeweiligen landespolitisch herrschenden Machtkonstellation. Das Verfassungsgericht besitzt eben keine Gerichtsvollzieher oder sonstigen Helfer, die die intentionsgemäße Durchführung der normativen Anweisungen der Entscheidungen sicherstellen könnten.

So gesehen lautet das tragische Fazit: Im Dilemma schwieriger Mehrheitsbildungen gibt es auch in der senatsinternen Situation beim Bundesverfassungsgericht manchmal keinen befriedigenden Ausweg, denn „faule" Kompromisse führen in der Regel zu verfehlten Umsetzungs- und Ausführungsentscheidungen, die sich dann doch zu Lasten der Grundrechte von strukturellen Minderheiten und missliebigen Individuen auswirken, so sehr die Kompromisskonstrukteure genau dies auch mit ihrer Entscheidung verhindern wollten.

23 BVerfG 22.5.1975, 2 BvL 13/73, BVerfGE 39, 334, 375 ff.
24 BVerfG 22.5.1975, 2 BvL 13/73, BVerfGE 39, 334 ff. (8. Leitsatz).

Wolfgang Hecker

Direkte Demokratie und Grundrechte

I. Einleitung

Gegenüber Forderungen nach mehr direkter Demokratie werden zahlreiche Einwände vorgebracht. Die klassische Liste der Einwände umfasst den Verweis auf negative Weimarer Erfahrungen im Sinne des Verständnisses von direkter Demokratie als Prämie für Demagogen, die Betonung des notwendigen Vorrangs der repräsentativen Demokratie in modernen Flächenstaaten sowie Befürchtungen betreffend die Herrschaft aktiver Minderheiten über die weniger politisch aktive Mehrheit der Bevölkerung.[1] In den letzten Jahren wurden in Deutschland zu dem Thema vorrangig Fragen des Finanzvorbehalts, der Grenzen direkter Demokratie bei Sachentscheidungen unter dem Gesichtspunkt des Haushaltsrechts des Parlaments bzw. der Gemeindevertretungen diskutiert.[2]

Neu belebt wurde die Debatte zum Thema direkte Demokratie und Grundrechte durch die Entwicklung der direkten Demokratie in den letzten Jahren in der Schweiz. Der erfolgreiche Volksentscheid betreffend das Minarettverbot im Jahre 2009[3] sowie einige weitere umstrittene Volksbegehren und Volksentscheide zu ausländerrechtlichen Themen hatten zur Folge, dass wieder verstärkt die Frage diskutiert wurde, inwieweit die direkte Demokratie und ein effektiver Schutz von Grundrechten miteinander kompatibel sind. Die Fachdebatte hat sich auch unabhängig von diesem aktuellen Hintergrund bereits seit langem intensiv mit dem Thema direkte Demokratie und Grundrechte auseinandergesetzt.

1 Zu diesen typischen Einwänden zusammenfassend Dreier/Wittreck, Repräsentative und direkte Demokratie im Grundgesetz, in: Feld/Huber u.a. (Hrsg.), Jahrbuch für direkte Demokratie 2009, 2010, S. 21 ff.

2 Zusammenfassend Wittreck, Direkte Demokratie vor Gericht oder: Direkte Demokratie und Verfassungsgerichtsbarkeit – Ein gestörtes Verhältnis, in: Heußner/Jung, Mehr direkte Demokratie wagen, 2. Aufl. 2009, S. 395 ff.

3 Zum Minarettstreit in der Debatte in der Schweiz eingehend der Sammelband von Groß/Krebs u.a. (Hrsg.), Von der Provokation zum Irrtum, 2010; Heußner RuP 2010, 19 ff:, Hecker Bl. f. dt. u. int. Politik 2010, 51 ff.

Nach Ansicht zahlreicher Autoren muss dem Thema direkte Demokratie und Grundrechte/Menschenrechte weit mehr Beachtung geschenkt werden, als dies bei Teilen der Befürworter direkter Demokratie bisher der Fall war. Dreier/Wittreck haben die Problemlage dahingehend beschrieben, dass die Sorge um einen hinreichenden Schutz struktureller Minderheiten zu den ernstesten Einwänden gegen unmittelbare Sachentscheidungen der Bürger zählt: „Gestützt auf Ergebnisse aus der Schweiz und insbesondere aus den USA läßt sich hier beobachten, daß im Volksentscheid gerade nicht die perhorreszierten Minderheiten obsiegen, sondern die Mehrheitsbevölkerung zumindest dazu neigen *kann,* die Anliegen von ethnischen, religiösen oder sonstigen Minoritäten hintanzustellen oder rundheraus zu missachten“.[4]

In der deutschen Debatte hat sich Heußner bereits frühzeitig eingehend mit der Frage des Verhältnisses von direkter Demokratie und Grundrechten sowie speziellen Minderheitsrechten auseinandergesetzt.[5] Heußner stellte bei seiner Analyse zur Frage der Minderheitsrechte im Zusammenhang mit Verfahren direkter Demokratie in den USA fest, dass Volksbegehren für Minderheiten häufig gefährlich wurden (insbesondere Initiativen gegen Homosexuelle, AIDS-Infizierte, gleichgeschlechtlichen Lebensgemeinschaften, Regeln zur Gleichberechtigung ethnischer Minderheiten).[6] Anhaltspunkte für eine generelle Missachtung von Grund- und Menschenrechten bei Verfahren direkter Demokratie in den USA konnte Heußner allerdings nicht feststellen.[7] In den von ihm untersuchten Verfahren direkter Demokratie wurde die jeweils vorherrschende politische Überzeugung abgebildet, wobei sich „linke“ und „rechte“ Erfolge insgesamt häufig die Waage hielten.[8]

Auch andere Studien gehen von einer Ambivalenz direktdemokratischer Verfahren aus. So kommt Kirchgässner zu dem Schluss, dass zwar unter dem Gesichtspunkt der Grund- und Menschenrechte ein generell verantwortungsloses

4 Dreier/Wittreck (Fn 1), S. 31.

5 Heußner, Ein Jahrhundert Volksgesetzgebung in den USA, in: Heußner/Jung (Hrsg.), Mehr direkte Demokratie wagen, 1. Aufl. 1999, S. 112 ff.; Heußner, Wurzeln und Durchsetzung direktdemokratischer Verfahren in den USA, in: v. Arnim (Hrsg.), Direkte Demokratie, 2000, S. 199 ff. allgemein zusammenfassend zu direktdemokratischen Verfahren in den USA.

6 Heußner, Mehr als ein Jahrhundert Volksgesetzgebung in den USA, in: Heußner/Jung, (Hrsg.), Mehr direkte Demokratie wagen, 2. Aufl. 2009, S. 147 ff.; Heußner, Direkte Demokratie in den US-Gliedstaaten im Jahre 2008, in: Feld/Huber u.a. (Hrsg.), Jahrbuch direkte Demokratie 2009, 2010, S. 165 ff. (195 f.).

7 Heußner, Minorities and Direct Democracy in the USA: Direct Legislation Concerning Minorities and Instruments of Minority Protection, in: Marxer (Hrsg.), Direct Democracy and Minorities, 2012, S. 141.

8 Heußner, in: Heußner/Jung (Fn 6), S. 136.

Abstimmen in Verfahren direkter Demokratie nicht festzustellen ist,[9] aber durchaus eine deutliche Problemlage besteht.[10] Vatter betont bezogen auf die Forschungslage zum Thema direkte Demokratie speziell auch in der Schweiz, dass die gesellschaftlichen Auswirkungen der direkten Demokratie in den vorliegenden Studien zu vielen Aspekten (gesellschaftliches Engagement, soziale Integration und hohe Lebenszufriedenheit) positiv bewertet werden, bezogen auf die Frage der Stellung der Minderheiten aber unterschiedliche Untersuchungsergebnisse und Auffassungen zu verzeichnen sind.[11] Christmann kommt in einer neueren Untersuchung zur Lage in der Schweiz und in Kalifornien zu dem Ergebnis, dass grundrechtsproblematische Volksinitiativen mit jeweils unterschiedlichen Schwerpunkten (Ausländer, ethnische oder gesellschaftliche Minderheiten, Straftäter) in deutlichem Umfang festzustellen sind.[12] Zwar konstatiert auch Christmann bezogen auf die allgemeine Forschungslage teilweise widersprüchliche Ergebnisse, kommt aber letztlich zum Ergebnis, dass eher von einer negativen Wirkung direktdemokratischer Instrumente, vor allem auf schlecht integrierte Minderheiten, auszugehen ist.[13]

Die hier festgestellten Probleme der Verfahren direkter Demokratie können allerdings keinen pauschalen Vorrang des repräsentativen Demokratiemodells betreffend den Schutz von Minderheiten und allgemein die Grundrechte begründen. Eine Gegenüberstellung, in der davon ausgegangen wird, dass das repräsentative Demokratiemodell dem Schutz der Grund- und Menschenrechte verpflichtet ist, während im Rahmen von Verfahren direkter Demokratie Grund- und Menschenrechte zur Disposition stehen, ist viel zu undifferenziert.[14] Dreier/Wittreck verweisen in diesem Zusammenhang zu Recht darauf, dass das BVerfG in seiner bisherigen Rechtsprechung mehr als vierhundert bundesgesetzliche Normen als verfassungswidrig beanstandet hat.[15] Auch die Vielzahl neuer Sicherheitsgesetze seit den 70er Jahren hat erhebliche Folgen für die Grundrechte gehabt,[16] dabei wurden zudem häufig Kernbereiche der Verfassung in Frage gestellt.[17] Nicht nur einzelne Akteure im Rahmen von Verfahren direkter Demokratie, sondern auch Teile der gewählten Repräsentanten in der repräsentativen Demokratie versuchen, vor allem in Wahlkampfzeiten, „die schlummernde Into-

9 Kirchgässner, in: Feld/Huber u.a. (Fn 6), S. 66.
10 Kirchgässner (Fn 9), S. 72 ff.
11 Vatter, Direkte Demokratie in der Schweiz: Entwicklungen, Debatten und Wirkungen, in: Freitag/Wagschaal (Hrsg.), Direkte Demokratie, Bestandsaufnahme und Wirkungen im internationalen Vergleich, 2007, S. 98, 102.
12 Christmann, Die Grenzen direkter Demokratie, 2012, S. 100 ff.
13 Christmann (Fn 12), S. 25, 62 ff., 65.
14 Dreier/Wittreck (Fn 1), S. 11 ff. zu derartigen Tendenzen in der Literatur.
15 Dreier/Wittreck (Fn 1), S. 31, 37.
16 Kirchgässner (Fn 9), S. 84 f.
17 Kutscha, Innere Sicherheit und Verfassung, in: Roggan/Kutscha (Hrsg.), Handbuch zum Recht der Inneren Sicherheit, 2. Aufl. 2006, S. 24 ff.

leranz der Bevölkerung zu aktivieren".[18] Auch das repräsentative Modell stellt somit keineswegs generell ein Bollwerk gegenüber grundrechtsproblematischen politischen Entscheidungen dar.[19] Der Europäische Gerichtshof für Menschenrechte hat zudem in den letzten Jahren mehrfach festgestellt, dass die Bundesrepublik Deutschland gegen die EMRK verstoßen hat. In zwei wichtigen Verfahren ging es dabei zudem um eine Kernbestimmung der EMRK, das Verbot der unmenschlichen Behandlung in Art. 3 EMRK.[20]

Auch wenn es nach der Forschungslage eine ganze Reihe von Beispielen dafür gibt, dass Minderheitenrechte mit Hilfe direktdemokratischer Verfahren eingeschränkt wurden, und weniger Beispiele dafür, dass sie mit Hilfe dieser Verfahren ausgeweitet wurden, bleibt fraglich, ob das Ergebnis grundlegend anders ausfiele, wenn das politische System rein repräsentativ wäre, konstatiert Kirchgässner bezogen auf die neuere Entwicklung in der Schweiz.[21] Christmann kommt in ihrer Untersuchung bei der Auswertung des Verlaufs grundrechtsproblematischer Volksinitiativen in der Schweiz und in Kalifornien allerdings zu dem Ergebnis, dass die entsprechenden Initiativen sich im repräsentativen System so überwiegend eher nicht durchgesetzt hätten.[22] Sind die Grundrechte und spezielle Minderheitsrechte letztlich doch besser bei den politischen Eliten „aufgehoben"? Je nach gesellschaftlicher Entwicklung und politischer Kultur kann der Schutz von Grundrechten und Minderheitsrechten eher in einem rein repräsentativen Demokratiemodell oder eher über Formen direkter Demokratie gesichert sein. Unter den aktuellen Vorzeichen spricht nach vielen Untersuchungen allerdings einiges dafür, dass Volksinitiativen in erheblichem Umfang für Grundrechte gefährlich werden können.[23]

III. Gefahren für Minderheitsrechte und Grundrechte allgemein

Bei Verfahren direkter Demokratie orientieren sich die Entscheidungsprozesse stärker an den individuellen Präferenzen der Bevölkerung und nicht an den Präferenzen der politischen Eliten, wie es ja auch der Zielsetzung der Befürworter

18 Tiefenbach, in: Mehr Demokratie (Hrsg.), Alle Macht dem Volke?, 2013, S. 75 f.
19 Kirchgässner (Fn 9), S. 88.
20 EGMR 11.7.2006, 54810/10, NJW 2006, 3117 (Brechmitteleinsatz); EGMR 1.6.2012, 22978/05, NJW 2010, 3145 (Androhung von Folter).
21 Kirchgässner (Fn 9), S. 88.
22 Christmann (Fn 12), S. 114 f.
23 Auch Referenden über Parlamentsbeschlüsse können entsprechende Wirkungen entfalten, vor allem Verbesserungen für Minderheiten verhindern, wie von der Forschung belegt, Tiefenbach (Fn 18), S. 59 m.w.N.

direkter Demokratie entspricht.[24] Von Bedeutung ist deshalb, welche Folgen diese größere Durchlässigkeit des politischen Systems für Präferenzen der Bevölkerung bezogen auf Grundrechte und die Stellung von Minderheiten hat. Eine Sichtweise, die lange Zeit auch zum Schweizer Modell vertreten wurde, ging davon aus, dass es sich hier um ein Modell direkter Demokratie handelt, in dem unter dem Strich alle gesellschaftlichen Gruppen zum Zuge kommen. In diesem Sinne vertreten Heußner/Jung auch allgemein die Auffassung, dass die Integrations-. Legitimations- und Stabilitätsleistungen direktdemokratischer Verfahren „eindeutig größer" als in rein parlamentarischen Verfahren sind.[25]

Allerdings funktioniert ein angemessener Ausgleich der Interessen im Rahmen von Verfahren direkter Demokratie nur unter bestimmten Bedingungen. Voraussetzung dafür ist, dass sich die Spaltung zwischen Gewinnern und Verlierern von Abstimmungen nicht dauerhaft verfestigt. Kommt es aber zu einer derartigen Schieflage, kann die Direktdemokratie „zu einem Instrument der Spaltung der Gesellschaft" werden.[26] Diesem Aspekt kommt vor dem Hintergrund der neueren Entwicklungen in der Schweiz bezogen auf das Themenfeld Ausländer sowie Menschen mit Migrationshintergrund und deren Rechte verstärkt Bedeutung zu.[27]

Nach den Ergebnissen der Forschung sind die Wirkungen der direkten Demokratie auf die Stellung von Minderheiten stark vom institutionellen Umfeld und dem Grad der gesellschaftlichen und politischen Anerkennung einzelner Minderheiten abhängig.[28] Einzelne Minderheiten können bei Bündnissen mit anderen Interessengruppen in Verfahren direkter Demokratie auch Erfolge erzielen, umgekehrt aber auch verlieren. Kommt es zum Konflikt mit der Mehrheit, besteht in hohem Maße die Gefahr, dass die Minderheiten die Verlierer sind.[29] Es geht somit bei der Diskussion über die direkte Demokratie nicht (nur) um Auswirkungen auf „Minderheiten" an sich, sondern vorrangig um die Frage spezifischer Folgen für bestimmte Minderheiten. Besteht für einzelne Minderheiten keine Chance, die Mehrheit als Bündnispartner an der Seite zu haben, überwiegen nach

24 Auch empirisch recht gut abgesichert nach Kirchgässner (Fn 9), S. 72 ff., 81, 88; zur Forschungslage auch Bolliger, Spielt es eine Rolle, wer entscheidet? Einbürgerungen in Gemeinden mit Parlaments- und Volksentscheid im Vergleich, in: Freitag/Wagschaal (Hrsg.), Direkte Demokratie – Bestandsaufnahme und Wirkungen im internationalen Vergleich, 2007, S. 423 f.

25 Heußner/Jung, Die direkte Demokratie in der Schweiz, in: Heußner/Jung, (Hrsg.), Mehr direkte Demokratie wagen, 2. Aufl. 2009, S. 132.

26 Schmidt, Demokratietheorien, 4. Aufl. 2008, S. 345.

27 Zur zunehmenden Kritik an dem Konkordanzmodell durch Akteure der SVP allgemein Fröhlich-Steffen, Rechtspopulistische Herausforderer in Konkordanzdemokratien. Erfahrungen aus Österreich, der Schweiz und den Niederlanden, in: Decker (Hrsg.), Populismus in Europa, 2006, S. 155 f.

28 Bolliger (Fn 24), S. 443.

29 Bolliger (Fn 24), S. 443. speziell am Beispiel von Sprachminderheiten in der Schweiz.

mehreren Untersuchungen die negativen Auswirkungen der direkten Demokratie. Eine derartige Sachlage konstatiert Bolliger im Hinblick auf die Frage der Stellung der Ausländer in der Schweiz: „Insbesondere bei Fragen, welche Ausländerinnen und Ausländer berühren, hat auch in der Schweiz der direktdemokratische Prozess eher negative Spuren hinterlassen, während sich bezüglich anderer Gruppen die positiven und negativen Effekte die Wage halten".[30] Ähnlich konstatiert Vatter, dass gerade für Minderheiten, die über kein eigenes Mitspracherecht verfügen (wie Ausländer und Asylbewerber), im Rahmen der direkten Demokratie die reale Gefahr besteht, dass ihre Rechte beschnitten werden.[31]

Wird das Thema Inländer/Ausländer/Zuwanderung/Integration als europaweit seit Jahren zunehmend relevantes Thema ins Blickfeld genommen, spricht somit nach den Ergebnissen der Forschung einiges dafür, dass direktdemokratische Entscheidungen in diesem Themenumfeld tendenziell zur stärkeren Verkürzung der Rechte von Ausländern und Menschen mit Migrationshintergrund führen können. Denn in diesem Themenfeld besteht in Europa seit Jahren die Lage, dass die politische Elite überwiegend (noch?) stärker liberal-rechtsstaatliche Akzente setzt als es in der gesamtgesellschaftlichen Debatte „von unten" der Fall ist. Die stärkere Annäherung der direkten Demokratie an die „Meinung der Bürger"[32] führt unter den gegenwärtig und mittelfristig zu prognostizierenden Trends deshalb bei europaweiter Betrachtung mit hoher Wahrscheinlichkeit zu weiterem Druck auf überkommene liberal-rechtsstaatliche Positionen betreffend die Anerkennung der Rechte anderer speziell im Themenumfeld „Ausländerrechte".

Einschränkend ist zu dem Thema allerdings anzumerken, dass nicht immer pauschal von einer generellen Infragestellung von Grund- und Menschenrechten gesprochen werden kann, wenn einzelne Volksinitiativen bestimmte Rechte von Minderheiten berühren. Zu vielen Fragen der Verfassungsinterpretation bestehen Spielräume, die eine mehr liberale, die Grundrechte weiter fassende Interpretation, oder eine mehr restriktivere Interpretation zulassen. Auch Volksinitiativen, die sich für eine restriktivere Sicht bestimmter einzelner Rechte entscheiden, stellen nicht immer „die Minderheitenrechte" grundsätzlich in Frage.[33] Entscheidend ist aber, dass bei Verfahren direkter Demokratie die Modernisierungs- und Öffnungsängste der Stimmbevölkerung stärker in politische Entscheidungen einfließen als bei einem rein repräsentativen System.[34] Dieser Tatbestand bildet oft die Grundlage einer skeptischen Beurteilung von Verfahren direkter Demokratie,

30 Bolliger (Fn 24), S. 429.
31 Vatter (Fn 11), S. 107.
32 Bolliger (Fn 24), S. 423.
33 Kirchgässner (Fn 9), S. 81.
34 Heußner/Jung (Fn 25), S. 301.

erfährt aber teilweise auch ausdrücklich eine positive Beurteilung, wie etwa bei Heußner/Jung.[35]

V. Sicherungen für Grundrechte und den Schutz von Minderheiten bei Verfahren direkter Demokratie

Ausgehend von der Forschungslage kann der Schluss gezogen werden, dass eine Gefährdung von Rechten von Minderheiten zumindest in einem gewissen Umfang wohl der „Preis“ ist, der bei Verfahren direkter Demokratie zu „zahlen“ ist. Dieser nach der Forschung ziemlich eindeutige Tatbestand wird auch von Befürwortern von Volksentscheiden nicht bestritten. In einer neuen, von der Initiative Mehr Demokratie herausgegebenen Publikation, stellt der Autor Tiefenbach auf der Grundlage seiner Auswertung des Forschungsstands fest, dass die direkte Demokratie bezogen auf den Schutz von Minderheiten zweifellos eine „Schwachstelle“ aufweist. Der mögliche Schaden ist nach seiner Auffassung allerdings im Vergleich mit den Vorteilen der direkten Demokratie nicht allzu groß, da sich die meisten Volksentscheide nach einschlägigen Auswertungen nicht mit Minderheitsrechten befassen, und bei sonstigen Themen Angehörige von Minderheiten wie alle anderen Bürger die Vorteile der direkten Demokratie nutzen könnten.[36] Diese Argumentation ist zutreffend, aber dennoch nicht unproblematisch, da der nicht „allzu große Schaden“ je nach Einzelfall durchaus einen erheblichen Umfang annehmen kann.

Wenn nach dem Stand der Forschung eine Gefährdung von Minderheitsrechten bei den „Betriebskosten“ für die direkte Demokratie mit einzurechnen ist, ist rechtspolitisch zu entscheiden, ob diese „Betriebkosten“ bei Abwägung mit anderen „Vorteilen“ der Verfahren direkter Demokratie getragen werden sollen. Zu klären ist dabei zunächst, inwieweit eine „Kostenreduzierung“ durch bestimmte Verfahrensregelungen möglich ist. Öffnet sich das politische System über die verstärkte Zulassung von Verfahren direkter Demokratie gegenüber Modernisierungs- und Öffnungsängsten der Bevölkerung, muss in jedem Fall geklärt werden, wo Grenzen unter dem Gesichtspunkt von Grund- und Menschenrechten zu ziehen sind.[37] Hier stellt sich die uralte Grundsatzfrage der Demokratiedebatte zu den Grenzen der Volksherrschaft neu im Lichte der aktuellen Diskussion über Verfahren direkter Demokratie.

35 Heußner/Jung, in: Heußner/Jung (Fn 25), S. 129, auch S. 126.
36 Tiefenbach (Fn 18), S. 55 ff., 76 f.
37 Diese Frage wird in der Fachdebatte auch bezogen auf den Minarettstreit erörtert. Stellt das Verbot des Minaretts nur eine einzelne Beschränkung von insgesamt untergeordnetem Gewicht dar, wenn ansonsten die Religionsfreiheit umfassend gewährleistet wird?, vgl. Nolte DÖV 2010, 806 ff.

Die Herausforderung besteht mit Christmann darin, das „Gleichgewicht zwischen den zwei Hauptachsen von Demokratie und Rechtsstaat" zu gewährleisten,[38] und ein Übergewicht des Mehrheitsprinzips zu vermeiden. Unter dem GG besteht insoweit grundsätzlich keine größere Problemlage, da die verfassungsgerichtliche Kontrolle sich in Deutschland zweifelsfrei auch auf die Volksgesetzgebung erstreckt.[39] Damit unterscheidet sich die Rechtslage in Deutschland erheblich von der in den USA und vor allem der der Schweiz.[40] Denn der demokratische Rechtsstaat in Deutschland hält mit seiner ausgebauten Verfassungsgerichtsbarkeit erhebliche Kontrollmittel vor, die grundrechtsproblematischen Initiativen deutliche Grenzen ziehen können.[41] Die rechtspolitische Ablehnung von mehr direktdemokratisch vermittelter Demokratie auch auf der Bundesebene kann deshalb nicht auf die Annahme einer verstärkten Gefahr von Grundrechtsverletzungen durch Volksentscheidungen gestützt werden.

Bezogen auf die verfassungsgerichtliche Überprüfung ist bei Verfahren direkter Demokratie zwischen einer Nachkontrolle und einer präventiven Vorkontrolle zu unterscheiden. Für die Überprüfung parlamentarischer Entscheidungen bei der Gesetzgebung erfolgt auf der Bundesebene in Deutschland im Prinzip nur eine Nachkontrolle. Diese Kontrolle würde auch bei der Einführung von Volksentscheiden auf der Bundesebene greifen. Bezogen auf die bestehenden gesetzlichen Regelungen zu Volksentscheiden in den Bundesländern existiert in unterschiedlichem Umfang eine weitergehende präventive verfassungsgerichtliche Kontrolle. Unter dem Gesichtspunkt der frühzeitigen Abwehr von problematischen Initiativen bei der Volksgesetzgebung kann die präventive Kontrolle eine wichtige Funktion erfüllen. Befürworter von Verfahren direkter Demokratie auf der Bundesebene plädieren deshalb teilweise auch hier für eine präventive Kontrolle,[42] da eine nachträgliche verfassungsgerichtliche Kontrolle von Volksentscheiden zu erheblichen Enttäuschungen und Legitimationsproblemen führen kann.[43] Eine Vorprüfung durch eine gerichtliche Kontrolle beim Zulassungsverfahren ist allerdings nicht unproblematisch, da Initiativen im Rahmen direkter Demokratie Aktions- und Werbemöglichkeiten abgeschnitten werden, wenn sie gerichtlich so frühzeitig gestoppt werden.[44]

38 Christmann (Fn 12), S. 40 ff., 47 ff., 61.

39 Dreier/Wittreck (Fn 1), S. 32; Heußner (Fn 3), 21 ff.

40 Näher dazu Heußner, in: v. Arnim (Fn 5), S. 209 und Heußner, in: Heußner/Jung (Fn 6), S. 150 f.

41 So auch Christmann (Fn 12), S. 254.

42 Heußner, in: Heußner/Jung (Fn 6) S. 146, 155; Heußner, in: Feld/Huber u.a. (Fn 6), S. 196.

43 Heußner, in: Heußner/Jung (Fn 6) S. 146, 155.

44 Inwieweit eine Vorkontrolle durch die Verfassungsgerichtsbarkeit oder die Parlamente bei der Einführung des Volksentscheids auf Bundesebene sinnvoll oder gar notwendig ist, kann im Rahmen dieses Beitrags nicht näher behandelt werden. Die Verfahrensweise in

Auch eine funktionierende verfassungsgerichtliche Kontrolle von Volksentscheidungen löst nicht alle Probleme, die mit der Freisetzung von „mehr Demokratie" durch direktdemokratische Verfahren verbunden sind.

Eine weitere wichtige Frage betrifft die Frage, welche Veränderungen der politischen Kultur allein dadurch erfolgen, dass bestimmte Initiativen im Rahmen der Verfahren direkter Demokratie aktiv werden können, selbst wenn sie letztlich an verfassungsrechtlichen Hürden und der Verfassungsgerichtsbarkeit scheitern. Hier liegt die eigentliche Herausforderung von Verfahren direkter Demokratie bei einem ausgebauten Verfassungssystem und funktionierender Verfassungsgerichtsbarkeit. Über Verfahren direkter Demokratie können in erheblichem Umfang Ressentiments bis hin zu gezielter Hetze gegenüber einzelnen Minderheiten ausgespielt werden. Die Schweizer Entwicklung und Beispiele wie die Minarettsverbotsinitiative haben deutlich gemacht, wie die Verfahren direkter Demokratie zur aktiven Mobilisierung und Verstärkung von Ressentiments gegenüber Ausländern bzw. Mitbürgern mit Migrationshintergrund genutzt werden können.[45] Verfahren der Volksinitiative bieten besondere Möglichkeiten zur Aktivierung und Mobilisierung von Ressentiments über die „normalen" Aktionsmöglichkeiten im repräsentativen System hinaus. Auch deshalb wird oft für eine (nicht unproblematische) frühzeitige präventive Kontrolle von Volksinitiativen plädiert.

Häufig wird zur „Qualitätssicherung" der direkten Demokratie eine Stärkung der Diskurs- und Verständigungsfähigkeit eingefordert.[46] Ziel ist dabei, dass gerade bei Anliegen, die Minderheiten betreffen, nicht kurzfristig emotionalisiert und ohne längerfristige, verantwortungsvolle Auseinandersetzung mit dem Thema abgestimmt wird. Denn je verkürzter die Diskussion vor einer Abstimmung der Bürger im lokal begrenzten Rahmen bis hin zu weiter ausgreifenden Volksabstimmungen ist, umso mehr sind Bedenken dahingehend berechtigt, dass die

der Schweiz bei bundesweiten Vorlagen mittels der Vorprüfung durch das Parlament, das in Deutschland auf der Ebene der Bundesländer stark vertretene Modell der verfassungsgerichtlichen Kontrolle und einige weitere Varianten bedürfen dazu der näheren Prüfung. Dazu eingehend Christmann (Fn 12), S. 154 ff.; zu der präventiven Vorkontrolle in den Regelungen der deutschen Bundesländer eingehend Rux, Direkte Demokratie in Deutschland, 1. Aufl. 2008, zusammenfassend S. 295 ff., 897 ff.; Wiegand, Direktdemokratische Elemente in der deutschen Verfassungsgeschichte, 2006, S. 441 ff.; zur Rolle der Justiz bei der Volksgesetzgebung in den Bundesländern und dem Verfahren allgemeinen auch Magin/Eder, Direkte Demokratie in den Bundesländern, Grundlagen, Institutionen, Anwendungen, in: Freitag/Wagschaal, (Hrsg.), Direkte Demokratie – Bestandsaufnahme und Wirkungen im internationalen Vergleich, 2007, S. 151 ff., 169 ff.

45 Tiefenbach (Fn 18), S. 58 ff.

46 Gross, Mahnmal für den Renovationsbedarf der Pfeiler der schweizerischen Direkten Demokratie, in: Gross/Krebs u.a. (Hrsg.), Von der Provokation zum Irrtum – Menschenrechte und Demokratie nach dem Minarett-Bauverbot, 2010, S. 54.

direkte Demokratie eine „Prämie für Demagogen"[47] darstellen kann. Auch der Entwurf eines Gesetzes zur Einführung von Volksinitiative, Volksbegehren und Volksabstimmung" der Initiative Mehr Demokratie e.V. zur Einführung einer bundesweiten Volksgesetzgebung[48] befasst sich mit der Frage, wie ein angemessener Diskurs zu den Themen im Rahmen direkter Demokratie durch institutionelle Rahmenbedingungen abgestützt werden kann. In dem Entwurf werden breite Diskussionsprozesse sogar von eineinhalb Jahren als minimale Verfahrensdauer bei der Volksgesetzgebung mit folgender Begründung angestrebt.[49] „Sie dienen dem Abflauen oberflächlicher oder emotionaler Beweggründe, z.B. kurz nach einer Gewalttat. Sie werden den direktdemokratischen Entscheidungsprozess nicht in der vollen Länge überdauern können".[50]

Hinsichtlich der Erwartung einer rationalisierenden gesellschaftlichen Kommunikation zu umstrittenen Volksinitiativen ist allerdings eine gewisse Skepsis angebracht. Auch bei direktdemokratischen Verfahren wird nicht rein „sachlich" unter Beachtung der Grundrechte über einzelne Themen gestritten, der Verfahrensablauf wird vielmehr stark von den maßgeblichen Akteuren innerhalb und außerhalb der Parteien und Verbände sowie den Medien beeinflusst.[51] Auch die Untersuchungsergebnisse von Christmann unterstreichen die Grenzen verfassungsrechtlicher Aspekte bei der gesellschaftlichen Debatte über Volksinitiativen. Christmann kommt in ihrer Untersuchung zum Ergebnis, dass eine grundrechtliche Argumentation bei umstrittenen Abstimmungsthemen das Stimmverhalten nur bedingt beeinflusst, abhängig von der jeweiligen nationalen politischen Kultur und der Rechtskultur.[52] Je nach politischer Kultur plädieren gesellschaftliche Interessengruppen unbeeindruckt von verfassungsrechtlichen Einwänden für ihre Ziele. Derartige Tendenzen sind vor allem in der Schweiz in den letzten Jahren nachdrücklich zu verzeichnen. Für bedeutendende Teile der politischen Akteure in der Schweiz ist etwa der Hinweis auf mögliche Kollisionen einzelner Volksinitiativen und Volksentscheide mit der EMRK von geringem Belang, oder gar ein Ansporn, da gerade für eine von (zu starken) verfassungs-

47 Zu dieser These des späteren ersten Bundespräsidenten Theodor Heuß näher Schmidt (Fn 26), S. 344 f., 350 ff.

48 Eingehend dazu Wiegand (Fn 44), S. 534 ff., und ders., in: Heußner/Jung, (Hrsg): Mehr direkte Demokratie wagen, 2. Aufl. 2009, S. 449 ff.

49 Huber/Kurz, in: Heußner/Jung, (Hrsg): Mehr direkte Demokratie wagen, 2. Aufl. 2009, S. 469.

50 Huber/Kurz (Fn 49), S. 469.

51 Wagschaal, Diskurs oder Machtpolitik?, Welche Interessen setzen sich in der Direktdemokratie am erfolgreichsten durch, in: Freitag/Wagschaal (Hrsg.), Direkte Demokratie – Bestandsaufnahme und Wirkungen im internationalen Vergleich, 2007, S. 303 ff., 326 speziell bezogen auf die Lage in der Schweiz.; dazu auch Vatter (Fn 11), S. 84 f.

52 Auf die in diesem Zusammenhang festgestellten Unterschiede zwischen der Schweiz und Kalifornien bei Christmann (Fn 12), S. 121 ff., 142 ff., zusammenfassend 152 f., kann hier nicht näher eingegangen werden.

rechtlichen Einhegungen befreite Volkssouveränität plädiert wird, vor allem wenn die Grenzen der Volksherrschaft mit Bestimmungen des internationalen Rechts begründet werden.[53]

Im Vergleich dazu ist die politische Kultur in Deutschland ungeachtet der intensiven Debatte über die Rolle des Bundesverfassungsgerichts[54] wesentlich stärker für verfassungsrechtliche Einwände und die damit verbundene Begrenzung der Entscheidungsfreiheit der politischen Entscheidungsträger aufgeschlossen. Auch in Deutschland würde aber bei Einführung von Volksentscheiden auf Bundesebene die Grundsatzfrage zu den Grenzen der Volksherrschaft aber wieder neu belebt, insbesondere beim Auftreten von Volksinitiativen mit grundrechtsproblematischen Themen.[55] Bei der Befassung mit Fragen der direkten Demokratie darf der Blick aber nicht auf Volksinitiativen verengt werden. Von hoher Bedeutung ist auch, dass nach den Ergebnissen der Forschung ein wesentlicher Wirkungsfaktor der direkten Demokratie vor allem auch darin besteht, Verbesserungen für Minderheiten zu verhindern.[56] Wenn die politische Elite entsprechende Verbesserungen im Wege der Parlamentsgesetzgebung auf den Weg bringt, werden derartige Reformen häufig über Referenden gestoppt.

VI. Fazit

Verfahren direkter Demokratie, insbesondere Volksinitiativen, können spezielle Gefährdungen für die Grundrechte und einzelne Minderheitsrechte zur Folge haben. Auch wenn oft eine überzogene „Angst vor dem Souverän"[57] als Grundlage tradierter Einwände gerade auch in der deutschen Debatte gegen die direkte Demokratie zu konstatieren ist, belegt die neuere Forschung eine hier tatsächlich angesiedelte Gefährdungslage. Darauf kann allerdings keine pauschale Absage an Formen direkter Demokratie gestützt werden. Erforderlich sind aber adäquate

53 Pichler, Kreuze runter – Minarette rauf? Bürgerwille versus EMRK, in: Gross/Krebs u.a. (Hrsg.), Von der Provokation zum Irrtum – Menschenrechte und Demokratie nach dem Minarett-Bauverbot, 2010, S. 221 sowie allgemein zur Debatte in der Schweiz die weiteren Beiträge in diesem Band.

54 Schmidt, Das politische System Deutschlands, 2. Aufl. 2012, S. 236 ff.

55 Auf weitere Aspekte wie eine Befassung der Parlamente mit Entwürfen von Volksinitiativen und die Frage der anzusetzenden Quoren wird im Rahmen dieses Beitrags nicht eingegangen, dazu die Bundestagsdebatte über die zwei Gesetzentwürfe der SPD zur Einführung von Volksinitiativen, Volksbegehren, Volksentscheid, Referendum und Abstimmungen des Bundesvolks (BT-Drucks. 17/13873 und 17/13874 in der ersten Beratung v. 14.6.2013).

56 Tiefenbach (Fn 18), S. 58 f m.w.N.

57 Gosewinkel/Rucht, Angst vor dem Souverän? Verfassungsstarre und Partizipationsbegehren in Deutschland, in: Kocka (Hrsg.), Zukunftsfähigkeit Deutschlands. Sozialwissenschaftliche Essays. WZB-Jahrbuch 2006, 2007, S. 131 ff.

Vorkehrungen zur Gewährleistung der Grund- und Menschenrechte bei Verfahren direkter Demokratie. Eine hinreichende verfassungsgerichtliche Grenzziehung existiert bereits in Deutschland. Erforderlich sind vor allem weitere spezielle Verfahrensregelungen betreffend den näheren Ablauf von Volksinitiativen zwecks Gewährleistung eines möglichst eingehenden gesellschaftlichen Kommunikationsprozesses. Mit der Entscheidung für mehr direkte Demokratie ist nach den Ergebnissen der Forschung auch verbunden, dass die Chance für Verbesserungen für Minderheiten durch die Parlamente abnimmt, wenn die Parlamentsentscheidungen Referenden unterworfen werden können. Die Entscheidung für mehr direkte Demokratie bedeutet im Ergebnis, dass dem Durchschlagen von Modernisierungs- und Öffnungsängsten der Stimmbevölkerung auf politische Entscheidungen deutlich mehr Raum gegeben wird als im repräsentativen Demokratiemodell.

Detlef Treubrodt

„Bin denn mal weg ...“ – wie lange darf ich eigentlich? Aktuelle Entwicklungen zum Urlaubsrecht für die Beschäftigten und für die Beamtinnen und Beamten[1] im Fokus der europäischen und nationalen Rechtsprechung

I. Vorbemerkungen

Trotz unterschiedlicher Fundstellen in Verordnungen bzw. in Tarifverträgen kann man viele Jahrzehnte zurückschauen und stellt fest, dass die Urlaubsregelungen für Beamte, Angestellte und Arbeiter im öffentlichen Dienst der Bundesrepublik Deutschland nahezu identisch waren. Daran hatte sich zunächst mit der Überleitung in die neuen Tarifverträge (TVöD Bund / Kommunen), 2005; TV-L (Länder), 2006) für die Beschäftigten und der Neuordnung des Beamtenrechts als Folge der Föderalismusreform I[2] (BBG i.d.F. des DNeuG;[3] Dienstrechtsänderungsgesetze der Länder zum 1.04.2009 durch das BeamtStG[4]) nichts geändert.

1. Tarifrecht

Auf Grund der unterschiedlichen Entwicklungen des Tarifrechts für den Bund und in den „alten“ und „neuen“ Ländern ist die Herleitung recht kompliziert, obwohl sie zu übereinstimmenden Ergebnissen führt. Nach § 48 BAT/BAT-O[5] in den bis zum 30.9.2005 (TVöD) oder bis zum 31.10.2006 (TV-L) bzw. für Berlin

1 Aus Gründen der besseren Lesbarkeit wird im weiteren Verlauf auf eine geschlechtsspezifische Differenzierung verzichtet. Entsprechende Begriffe gelten i.S.d. Gleichbehandlung selbstverständlich für beide Geschlechter.

2 Änderung des GG zum 1.09.2006 durch G v. 28.8.2006 (BGBl. I S. 2034).

3 Art. I des Dienstrechtsneuordnungsgesetz (DNeuG) v. 5.2.2009 (BGBl. I S. 160).

4 Beamtenstatusgesetz (BeamtStG) v. 17.6.2008 (BGBl. I S. 2010), in Kraft getreten zum 1.4.2009 (§ 63 BeamtStG).

5 Bundes-Angestelltentarifvertrag (Bund, Länder, Gemeinden) – BAT v. 23.2.1961; Tarifvertrag zur Anpassung des Tarifrechts – Manteltarifliche Vorschriften – (BAT-O) v. 10.12.1990; Quelle: Prümm/Treubrodt/Wanninger (Hrsg. und Bearb.), Vorschriftensammlung für die Verwaltung in Berlin - VSV -, (Einstellung der Sammlung im Frühjahr 2008), Ordnungsnummer 8021 und 8022.

bis zum 31.10.2010[6] geltenden Fassungen war die Dauer des Urlaubs bei einer Fünftagewoche für die Tarifbeschäftigten[7] wie folgt geregelt:

§ 48 Dauer des Erholungsurlaubs

(1) Der Erholungsurlaub des Angestellten, dessen durchschnittliche regelmäßige wöchentliche Arbeitszeit auf fünf Arbeitstage in der Kalenderwoche verteilt ist (Fünftagewoche), beträgt

in der Vergütungsgruppe	bis zum vollendeten		
	30. Lebensjahr	40. Lebensjahr	nach vollendetem 40. Lebensjahr
	Arbeitstage		
I und Ia	26	30	30
Ib bis X, Kr. XIII bis Kr. I	26	29	30

Quelle: § 48 BAT (Fn 5)

Mit der Überleitung in das neue Tarifrecht wurde der Urlaub für die Tarifbeschäftigten (ehem. Angestellte und Arbeiter) im jeweiligen § 26 TVöD/TV-L geregelt. Abgesehen von den bisherigen Sonderregelungen für die oberen Vergütungsgruppen (I = A 16; I a = A 15) wurde die altersabhängige Staffelung unverändert übernommen:

> „Bei Verteilung der wöchentlichen Arbeitszeit auf fünf Tage in der Kalenderwoche beträgt der Urlaubsanspruch in jedem Kalenderjahr
> bis zum vollendeten 30. Lebensjahr 26 Arbeitstage
> bis zum vollendeten 40. Lebensjahr 29 Arbeitstage und
> nach dem vollendeten 40. Lebensjahr 30 Arbeitstage.“

2. Regelungen für die Beamten

Für die Beamten des Bundes und der Länder war die Höhe des Urlaubs schon immer auf Grund entsprechender Ermächtigungen in den Beamtengesetzen durch

6 Da die Überleitung in den TV-L im Land Berlin erst zum 1.11.2010 (Hochschulen: 1.1.2011) erfolgte, galt das alte Tarifrecht bis dahin fort; siehe auch Tarifvertrag zur Anwendung von Tarifverträgen des öffentlichen Dienstes (Anwendungs-TV Land Berlin) v. 31.7.2003, in: Prümm/Treubrodt/Wanninger (Fn 5), Ordnungsnummer 8023.

7 Wegen der überwiegend gleichlautenden Regelungen wird auf eine getrennte Darstellung nach dem Bundesmanteltarifvertrag für Arbeiter gemeindlicher Verwaltungen und Betriebe (BMT-G) verzichtet, vgl. Prümm/Treubrodt/Wanninger (Fn 5), Ordnungsnummer 8021.

Verordnungen geregelt.[8] Im bis zum 31.3.2009 geltenden BRRG[9] war für das Landesrecht mit dem § 55 lediglich eine Generalklausel[10] enthalten. Unter dem Eindruck der späteren Föderalismusreform I wundert es schon ein wenig, dass bei eigenständiger Regelungskompetenz der Länder die Höhe des Urlaubs trotzdem einheitlich geregelt war.

Am Beispiel des Berliner Landesrechts und einem Vergleich mit den entsprechenden Regelungen des Bundes war bisher die Dauer des Urlaubes für die Beamten bei einer Fünftagewoche wie folgt geregelt:

* Nach der VO über den Erholungsurlaub der Beamten und Richter (Erholungsurlaubsverordnung – EurlVO) beträgt der Urlaub für Beamte, deren regelmäßige wöchentliche Arbeitszeit auf fünf Tage in der Kalenderwoche verteilt ist, für jedes Urlaubsjahr

in den Besoldungsgruppen	bis zum vollendeten 30. Lebensj.	bis zum vollendeten 40. Lebensj.	nach vollendetem Lebensj.
Arbeitstage			
A 1 bis A 14, C 1, R 1	26	29	30
A 15, R 2, C 2 und darüber	26	30	30.

** Siehe AV über den Urlaub der Beamten und Richter aus besonderen Anlässen vom 8. Januar 1997 (DBl. I S. 42).

Quelle: Anhang zu § 55 LBG Berlin (Fn 5), Ordnungsnummer 2031

Mit den Änderungen des Beamtenrechts im Jahre 2009 als Folge der Föderalismusreform I blieben die Erholungsurlaubsverordnungen unverändert bestehen. Die einzigen Änderungen bestanden bei den Ermächtigungen, die entweder unverändert an gleicher Stelle blieben[11] bzw. an anderer Stelle oder in einem anderen Gesetz geregelt wurden.[12]

8 Bsp.: § 89 BBG a.F./§ 46 DRiG a.F. iVm der VO über den Erholungsurlaub der Bundesbeamten und Richter im Bundesdienst – EUrlV –; § 55 LBG Berlin a.F. iVm der VO über den Erholungsurlaub der Beamten und Richter (Erholungsurlaubsverordnung – EUrlVO).

9 Rahmengesetz zur Vereinheitlichung des Beamtenrechts (Beamtenrechtsrahmengesetz – BRRG) i.d.F. der Bekanntmachung v. 31.3.1999 (BGBl. I S. 654), mit Ausnahme des Kapitels II und § 135 seit 1.4.2009 außer Kraft gesetzt durch § 63 Abs. 3 BeamtStG.

10 „Dem Beamten steht alljährlich ein Erholungsurlaub unter Fortgewährung der Dienstbezüge zu.".

11 BBG n.F. = § 89.

12 § 80 LBG Berlin n.F. bzw. entsprechend dem alten BRRG eine gleichlautende Generalklausel nunmehr im § 44 BeamtStG.

II. Veränderter aktueller Rechtsstand

Mit einem Blick in die aktuellen Urlaubsregelungen stellt man wesentliche Veränderungen fest, die in den letzten zwölf Monaten erfolgt sind:

1. Tarifrecht

- Nach der im Juni 2012 erfolgten redaktionellen Umsetzung des Änderungstarifvertrages Nr. 7 vom 31. März 2012 haben alle Beschäftigten im Bereich des Bundes und der Kommunen nach § 26 TVöD bei einer Fünftagewoche einen jährlichen Urlaubsanspruch von 29 Arbeitstagen. Nach dem vollendeten 55. Lebensjahr erhöht sich der Urlaubsanspruch auf 30 Arbeitstage. Für das Jahr 2012 wurden Ausnahmeregelungen vereinbart.
- Nach § 26 TV-L in der Fassung des Änderungs-TV Nr. 7 vom 9. März 2013 beträgt der Urlaubsanspruch bei einer Fünftagewoche in jedem Kalenderjahr 30 Arbeitstage. Daneben werden bei Vorliegen aller Voraussetzungen übertarifliche Regelungen für die Jahre 2011 und 2012 vereinbart.

2. Beamtenrecht

- Nach § 5 Abs. 1 EUrlV[13] beträgt der Urlaub für die Beamten des Bundes bei einer Fünftagewoche bis zum vollendeten 55. Lebensjahr für jedes Urlaubsjahr 29 Tage und ab Vollendung des 55. Lebensjahr für jedes Urlaubsjahr 30 Tage. Abweichend von § 5 Abs. 1 steht allen Beamten rückwirkend für die Urlaubsjahre 2011 und 2012 ein genereller Urlaubsanspruch von 30 Tagen zu.
- Den Entwürfen für eine geänderte EUrlVO in Berlin ist zu entnehmen, dass der Urlaub für die Beamten des Landes Berlin künftig für jedes Urlaubsjahr 30 Tage betragen wird.[14]

„Auslöser" der geänderten Urlaubsregelungen waren die Tarifvertragsparteien mit den geänderten Tarifverträgen (TVöD/TV-L). Der Bund hat sich für die Bundesbeamten den Regelungen des TVöD angeschlossen. Für die Länder zeichnet sich ab, dass diese sich für ihre Beamten den neuen Regelungen des TV-L anschließen werden. Es gilt nunmehr nachzuvollziehen, was im Vorfeld wirklich geschehen ist. Der „Auslöser" waren die Tarifvertragsparteien nämlich

13 Zuletzt geä. durch Art. I 13. ÄndVO v. 6.12.2012 (BGBl. I S. 2568).
14 Dem Vernehmen nach für die Beamten in Hamburg (FHH) bereits gleichlautend umgesetzt.

nicht, wenn sie sich veranlasst gesehen haben, die jeweiligen § 26 TVöD/TV-L zu ändern.

III. Das Allgemeine Gleichbehandlungsgesetz (AGG)[15]

1. Historische Entwicklung des Allgemeinen Gleichbehandlungsgesetzes

Das am 18. August 2006[16] in Kraft getretene AGG hat gem. § 1 AGG das Ziel, „Benachteiligungen wegen der Rasse, der ethnischen Herkunft, des Geschlechts, der Religion oder Weltanschauung, einer Behinderung, des Alters oder sexuellen Identität zu verhindern oder zu beseitigen." Bereits vor Inkrafttreten des AGG gab es zahlreiche Diskriminierungsverbote durch völkerrechtliche Übereinkommen, die von der Bundesrepublik Deutschland ratifiziert wurden, u. a. das Internationale Übereinkommen zur Beseitigung jeder Form von Rassendiskriminierung vom 07. März 1966 oder das Übereinkommen zur Beseitigung jeder Form von Diskriminierung der Frau vom 18. Dezember 1979.[17]

Darüber hinaus ist der Gleichbehandlungsgrundsatz in Art. 3 GG verfassungsrechtlich verankert, der jedoch primär ein Abwehrrecht der Grundrechtsträger gegenüber dem Staat darstellt. Mittelbar entfaltet Art. 3 GG jedoch auch Drittwirkung in das Zivilrecht, das die Rechtsbeziehungen zwischen den Bürgern regelt. Bereits vor Einführung des AGG gab es in Deutschland zahlreiche einfachgesetzliche Antidiskriminierungsregelungen, z. B. § 8 Abs. 1 BBG a. F. (jetzt § 9 BBG), § 554 a BGB, Art. 12 a Abs. 4 S. 2 GG, usw. Soweit in den Regelungen des AGG nichts Abweichendes bestimmt ist, gelten gem. § 32 AGG die allgemeinen Bestimmungen neben den Regelungen des AGG weiter.

Auch innerhalb der EU spielen Menschenrechte und der Schutz vor Diskriminierungen eine zunehmend wichtigere Rolle. Bereits im Art. 13 des im Jahre 1999 in Kraft getretenen Amsterdamer Vertrages wird der Rat der EU ermächtigt, im Rahmen der auf die Gemeinschaft übertragenen Zuständigkeiten „geeignete Vorkehrungen [zu] treffen, um Diskriminierungen aus Gründen des Geschlechts, der Rasse, der ethnischen Herkunft, der Religion oder der Weltanschauung, einer Behinderung, des Alters oder der sexuellen Ausrichtung zu bekämpfen."

15 Zu den allgemeinen Ausführungen siehe: Groß, Die Entscheidungen des EuGH in Bezug auf die Altersdiskriminierung und die Auswirkungen auf die Berliner Verwaltung, Masterthesis im Studiengang RÖV, 2013, S. 8 ff.

16 Allgemeines Gleichbehandlungsgesetz (AGG) v. 14.8.2006 (BGBl. I S. 1897), verkündet als Art. 1 zur Umsetzung der Richtlinien zur Verwirklichung des Grundsatzes der Gleichbehandlung; Inkrafttreten nach Art. Satz 1 dieses Gesetzes am 18.08.2006.

17 BT-Drs. 16/1780, Teil A Pkt. I, S. 21.

2. Diskriminierungen im Sinne des Allgemeinen Gleichbehandlungsgesetzes

Das AGG spricht nicht von Diskriminierung, sondern von Benachteiligung, „um deutlich zu machen, dass nicht jede unterschiedliche Behandlung, die mit der Zufügung eines Nachteils verbunden ist, diskriminierenden Charakter hat."[18]

Hauptziel des AGG ist es, Benachteiligungen aus Gründen der in § 1 AGG (abschließend) genannten Merkmale zu verhindern oder zu beseitigen. Eine Benachteiligung aus anderen Gründen fällt dementsprechend nicht unter den Anwendungsbereich des AGG. Das AGG differenziert im § 3 zwischen den folgenden fünf Benachteiligungsformen:

- unmittelbare Benachteiligung (Abs. 1),
- mittelbare Benachteiligung (Abs. 2),
- Belästigung (Abs. 3),
- sexuelle Belästigung (Abs. 4) sowie
- Anweisung zur Benachteiligung (Abs. 5).

Eine *unmittelbare Benachteiligung* liegt dann vor, wenn eine Person wegen eines in § 1 AGG genannten Grundes eine weniger günstige Behandlung erfährt, als eine andere Person in einer vergleichbaren Situation erfährt, erfahren hat oder erfahren würde. Es bedarf daher grundsätzlich einer (ggf. auch fiktiven) Vergleichsperson bzw. Vergleichsgruppe in einer vergleichbaren Situation (eine identische Situation ist nicht gefordert). Die Benachteiligung muss grundsätzlich stattgefunden haben. Ob jedoch die Vergleichsperson tatsächlich besser behandelt worden wäre, ist unerheblich, da Indizien, die dafür sprechen, dass die Vergleichsperson besser behandelt werden wurde, ausreichen. Die Benachteiligung kann auch in einem Unterlassen liegen.

Erhalten z. B. in einem Betrieb alle Mitarbeiter, bis auf die Schwerbehinderten, vom Arbeitgeber eine Gehaltserhöhung, liegt eine unmittelbare Benachteiligung vor.

Dagegen handelt es sich um eine *mittelbare Benachteiligung*, wenn dem Anschein nach neutrale Vorschriften, Kriterien oder Verfahren Personen wegen eines in § 1 AGG genannten Grundes schlechter stellen. Es sei denn, es liegen Rechtfertigungsgründe vor, die zur Erreichung des Ziels angemessen und erforderlich sind. Demnach ist bereits bei der Feststellung, ob tatbestandlich eine mittelbare Benachteiligung vorliegt, das Vorhandensein eines sachlich gerechtfertigten Grundes zu prüfen.

Werden z. B. in einem Betrieb Teilzeitbeschäftigte von Sonderzahlungen ausgeschlossen, handelt es sich bei der Unterscheidung um ein neutrales Kriterium. Die Teilzeitbeschäftigung ist kein Merkmal i. S. d. § 1 AGG. In Deutschland ar-

18 BT-Drs. 16/1780, Teil B zu § 1, S. 30.

beiten jedoch überwiegend Frauen in Teilzeit, sodass diese in dem Betrieb mittelbar benachteiligt sind.

Eine *Belästigung* ist nach § 3 Abs. 3 AGG eine Benachteiligung, „wenn unerwünschte Verhaltensweisen, die mit einem in § 1 genannten Grund in Zusammenhang stehen, bezwecken oder bewirken, dass die Würde der betreffenden Person verletzt und ein von Einschüchterungen, Anfeindungen, Erniedrigungen, Entwürdigungen oder Beleidigungen gekennzeichnetes Umfeld geschaffen wird". Bei der Belästigung wird daher eine schlechtere Behandlung der Betroffenen gegenüber einer Vergleichsperson/ -gruppe nicht vorausgesetzt. Auch ist es nicht erforderlich, dass die Verhaltensweise vorsätzlich geschieht. Es ist ausreichend, wenn der Handelnde die Verletzung der Würde des Betroffenen billigend in Kauf nimmt.

Auf den Tatbestand der Belästigung nach Abs. 3 baut der Begriff der sexuellen Belästigung auf. Nach Abs. 4 liegt diese dann vor, wenn das unerwünschte Verhalten (= Belästigung) zusätzlich sexuell bestimmt ist. Im Unterschied zur Belästigung muss das Verhalten des Handelnden die Würde des Betroffenen nicht verletzen.

Nach § 3 Abs. 5 AGG stellt die Anweisung zur Benachteiligung einer Person wegen eines in § 1 genannten Grundes ebenfalls eine Benachteiligung dar. Die Anweisung muss vorsätzlich erfolgen. Es ist jedoch zum einen nicht erforderlich, dass der weisungsbefugte Anweisende sich der Verbotswidrigkeit der Handlung bewusst ist und zum anderen, ob der Angewiesene die Handlung tatsächlich ausübt. Eine Benachteiligung i. S. v. § 3 Abs. 5 AGG liegt z. B. vor, wenn der Arbeitgeber den Personalchef anweist, nur deutsche Staatsangehörige einzustellen.

3. Ausnahmen vom Benachteiligungsverbot

Nicht jede Benachteiligung führt zu den im Gesetz genannten Rechtsfolgen. Vielmehr kann die Benachteiligung auf Grund bestimmter Gründe gerechtfertigt und damit zulässig sein. Unterschiedliche Behandlungen wegen beruflicher Anforderungen sind gem. § 8 AGG zulässig, wenn der „Grund wegen der Art der auszuübenden Tätigkeit oder der Bedingungen ihrer Ausübung eine wesentliche und entscheidende berufliche Anforderung darstellt, sofern der Zweck rechtmäßig und die Anforderung angemessen ist". Dies ist jedoch gem. Abs. 2 a.a.O. nicht bei der Vereinbarung einer geringeren Vergütung für gleiche oder gleichwertige Arbeit wegen eines in § 1 genannten Grundes anwendbar. Darüber hinaus enthalten §§ 9 und 10 AGG Rechtfertigungsgründe einer unterschiedlichen Behandlung wegen der Religion oder Weltanschauung und wegen des Alters. Relevant im Zusammenhang mit dem Thema ist der § 10 – die zulässige unterschiedliche Behandlung wegen des Alters –, was im Folgenden näher erläutert wird.

Eine unterschiedliche Behandlung wegen des Alters kann über den allgemeinen Regelungen des § 8 AGG hinaus auch zulässig sein, wenn sie objektiv, angemessen und durch ein legitimes Ziel gerechtfertigt ist (= Generalklausel; vgl. § 10 S. 1 AGG). Das angewandte Mittel zur Erreichung des Ziels muss gem. S. 2 a.a.O. „angemessen und erforderlich sein“. Da das Kriterium „Alter“ im Gegensatz zu den übrigen in § 1 AGG genannten Merkmalen – jeder Beschäftigte in seinem Leben (mehrmals) durchläuft, ist die Generalklausel allgemein gehalten und somit flexibel anwendbar. Die Generalklausel nach S. 1 a.a.O. differenziert zwischen der unterschiedlichen Behandlung und dem Mittel zur Erreichung des Ziels. Die unterschiedliche Behandlung muss objektiv und angemessen und durch ein legitimes Ziel gerechtfertigt sein. Dies bedeutet, dass subjektive Beweggründe keine unterschiedliche Behandlung rechtfertigen, wie z. B. die Förderung von 50-jährigen Beschäftigten auf Grund dessen, dass der Arbeitgeber ebenfalls 50 Jahre alt ist.

Ein legitimes Ziel liegt dann vor, wenn die unterschiedliche Behandlung nicht auf unsachlichen Gründen beruht. Die Legitimität ist „unter Berücksichtigung der fachlich-beruflichen Zusammenhänge aus Sicht des Arbeitgebers oder der Tarifvertragsparteien zu beurteilen. Dies können auch Ziele sein, die über die Situation des einzelnen Unternehmens oder einer Branche hinausgehen und von allgemeinem Interesse sind, wie etwa Beschäftigungspolitik, Arbeitsmarkt oder berufliche Bildung.“[19]

Angemessen ist eine unterschiedliche Behandlung wegen des Alters dann, wenn der Grundsatz der Verhältnismäßigkeit gewahrt wird. Des Weiteren muss das Mittel zur Erreichung des Ziels angemessen und erforderlich sein, das heißt auch hier ist der Grundsatz der Verhältnismäßigkeit zu wahren. Das Mittel zur Erreichung des Ziels ist dann angemessen, wenn der Nachteil bzw. der Eingriff und der erstrebte Erfolg in einem vernünftigen Verhältnis stehen, also die Rechtspositionen ausreichend berücksichtigt wurden. Erforderlich ist das Mittel, wenn es keine mildere, aber ebenso wirksame Variante gibt.

19 BT-Drs. 16/1780, Teil B zu § 10, S. 36.

IV. Die Konformität der Altersstaffelungen im Urlaubsrecht des öffentlichen Dienst nach dem AGG[20]

Im Frühjahr 2012 war es dann soweit:

Durch Urteil des BAG wurde die Altersstaffelung zur Höhe des Jahresurlaubs nach § 26 TVöD als altersdiskriminierend im Sinne des § 3 Abs. 1 AGG und als sachlich nicht gerechtfertigt im Sinne der §§ 8 und 10 AGG beurteilt.[21] Zudem ergibt sich ein Verstoß gegen das Diskriminierungsverbot aus § 2 Abs. 1 Nr. 2 AGG. Dies führt zur Unwirksamkeit des § 26 TVöD nach § 7 Abs. 2 AGG.

Nach § 2 Abs. 1 Nr. AGG können sich unzulässige Benachteiligungen auf Grund von Arbeits- und Beschäftigungsbedingungen ergeben, die den Rahmen für die Tätigkeit vorgeben. Die Gewährung von Erholungsurlaub im Geltungsbereich kollektiver Vorschriften wird somit erfasst.[22]

Nach § 3 Abs. 1 Satz 1 AGG wird eine unmittelbare Benachteiligung durch einen Kausalzusammenhang zwischen Benachteiligung und eines der in § 1 AGG genannten Diskriminierungsgründe hervorgerufen. In Anbetracht der Altersstaffelung in § 26 TVöD ist dies gegeben, da die Stufen der Urlaubsdauer unmittelbar an das Lebensalter der Beschäftigten anknüpfen und die über 40 Jahre alten Beschäftigten gegenüber den jüngeren begünstigt werden. Eine unmittelbare Benachteiligung ergibt sich somit aus dem Umstand, dass die jüngeren Beschäftigten sowohl unter 30 Jahren als auch über 30 und unter 40 Jahren auf Grund ihres geringen Lebensalters schlechter gestellt werden.[23]

Ferner ist die Benachteiligung unter Berücksichtigung der §§ 8 und 10 AGG, die Ausnahmen für eine Ungleichbehandlung vorsehen, nicht gerechtfertigt. Die Altersstaffelung beruht einerseits nicht auf dem Zweck der Festlegung beruflicher Anforderungen im Sinne des § 8 AGG, da diese nicht auf die Ausübung der Tätigkeit abstellt, sondern ausschließlich auf das Lebensalter der Beschäftigten.[24] Anderseits ist auch eine sachliche Rechtfertigung nach § 10 AGG nicht erkennbar, da § 26 TVöD das mit dieser Vorschrift verfolgte Ziel nicht explizit benennt. Aus dem Kontext der Norm ist kein mit der Altersstaffelung zu erreichendes Ziel ersichtlich, das eine Ungleichbehandlung begründen könnte. Zum Beispiel könne der Schutz älterer Beschäftigter als legitimes Ziel nicht herangezogen werden, wenn die Urlaubsstaffelung nach Vollendung des 30. Lebensjahres eine Urlaubs-

20 Zu den Ausführungen siehe hierzu: Nadolny, Aktuelle Entwicklungen zum Urlaubsrecht im öffentlichen Dienst, Masterthesis im Fernstudiengang MPA 2012, S. 54 ff.

21 BAG 20.3.2012, 9 AZR 529/10, Rn 10 f., NJW 2012, 3465.

22 BAG 20.3.2012, 9 AZR 529/10, Rn 12.

23 BAG 20.3.2012, 9 AZR 529/10, Rn 15.

24 BAG 20.3.2012, 9 AZR 529/10, Rn 17 f.

erhöhung von drei Tagen, nach Vollendung des 40. Lebensjahres lediglich eine Erhöhung um einen Tag vorsieht.[25]

Wenn von einem gesteigerten Erholungsbedürfnis als Regelungszweck ausgegangen werden sollte, würde die Vorschrift unterstellen, dass ein erhöhtes Erholungsbedürfnis im Gegensatz zu einem 29-jährigen Beschäftigten bereits ab dem 30. Lebensjahr vorläge. Dagegen erfährt das Erholungsbedürfnis ab dem 40. Lebensjahr auf Grund der fehlenden weiteren Steigerung keine Berücksichtigung mehr. Die Altersstaffelung kann daher weder dem Schutz noch dem Erholungsbedarf älterer Beschäftigter dienen, sondern ist dem Umstand einer Gegenleistung für die geleistete Arbeit geschuldet. Eine wie im § 26 TVöD vorgesehene Staffelung widerspricht demnach den Grundsätzen des AGG. Das BAG weist an dieser Stelle allerdings darauf hin, dass derartige Ziele mit einer Altersstaffelung ab dem 50. oder dem 60. Lebensjahr durchaus verfolgt werden könnten und aus dem Regelungskontext nachvollziehbar wären.[26]

Eine Beseitigung dieser unmittelbaren Benachteiligung kann nur durch eine Maßnahme erfolgen, die die Diskriminierung verhindern oder beseitigen vermag. Eine Urlaubsgewährung entsprechend der niedrigsten Urlaubshöhe ist daher ungeeignet, wenn den Beschäftigten bereits ein höherer Urlaubsanspruch gewährt wird. Daher sei eine Anpassung der Urlaubsdauer „nach oben“ nicht nur geeignet sondern auch gerechtfertigt.[27]

Ergebnis (Anmerkung des Verfassers): Dreißig Tage Urlaub für alle!

Da mit dem § 26 TV-L eine identische Urlaubsstaffelung geregelt war, hat das Urteil des BAG auch für Geltungsbereich des TV-L die gleiche Wirkung.

1. Die Umsetzung des BAG-Urteils in das Tarifrecht

a) TVöD

Fast zeitgleich mit der Veröffentlichung des Urteils fanden turnusgemäße Tarifvertragsverhandlungen („Entgeltrunde“) zum TVöD statt. Damit wurde der § 26 TVöD unter Berücksichtigung des Urteils entsprechend geändert. Hier haben die Tarifvertragsparteien von dem „Hinweis“ des BAG Gebrauch gemacht und neben einem allgemeinen vom Alter unabhängigen Urlaubsanspruch von 29 Arbeitstagen für alle Beschäftigten für ältere Beschäftigte eine Altersstaffelung ab dem 55. Lebensjahr eingeführt.

25 BAG 20.3.2012, 9 AZR 529/10, Rn 20 f.
26 BAG 20.3.2012, 9 AZR 529/10, Rn 24 f.
27 BAG 20.3.2012, 9 AZR 529/10, Rn 29 f.

b) TV-L

Für den TV-L standen turnusgemäße Tarifvertragsverhandlungen erst im Frühjahr 2013 an. Dies ist dem Umstand „geschuldet“, dass der TV-L ursprünglich erst 13 Monate nach dem TVöD in Kraft getreten war. Deshalb hatte die Mitgliederversammlung der TdL in ihrer Sitzung am 18.7.2012 beschlossen, allen Beschäftigten für die Jahre 2011 und 2012 übertariflich altersunabhängig einen Urlaub in Höhe von 30 Arbeitstagen zu gewähren. Eine endgültige Regelung im Rahmen der Entgeltrunde 2013 sollte angestrebt werden.[28]

Bemerkenswert ist die Neufassung des § 26 TV-L in der Fassung des 7. Änderungstarifvertrages vom 9. März 2013,[29] weil anders als im § 26 TVöD von einer Altersstaffelung für ältere Beschäftigte kein Gebrauch gemacht wurde und alle Beschäftigten nach dem TV-L altersunabhängig ein Jahresurlaub von einheitlich 30 Arbeitstagen zugestanden wurde.

2. Die Umsetzung des BAG-Urteils in das Beamtenrecht

Selbst wenn bisher nur in einigen Bundesländern auch für die Beamten Folgerungen aus dem BAG-Urteil gezogen wurden, lässt sich bereits vorhersagen, dass demnächst alle Urlaubsregelungen der Beamten den Änderungen des Tarifrechts angepasst werden. Aus den unterschiedlichen tarifrechtlichen Regelungen im TVöD und im TV-L hat dies für die Beamten jedoch unterschiedlichen Folgen:

Wie oben bereits dargestellt, hat der Bund für die Beamten und Richter des Bundes die Regelung des TVöD umgesetzt. Für die Beamten der Länder zeichnet sich ab, dass dort die Regelungen des TV-L umgesetzt werden. Dies führt künftig bei den Urlaubsansprüchen zu „Verwerfungen“, die bis in eine gemeinsame Amtsstube deutlich werden.

a) Beispiel

Der in einer Kommunalbehörde tätige Beamte hat künftig einen altersunabhängigen Urlaubsanspruch von durchgehend 30 Tagen im Jahr, weil nach dem Landesrecht für Beamte die Regelungen des TV-L umgesetzt werden. Sein im selben Büro als Tarifbeschäftigter tätiger Kollege, für den der TVöD gilt, hat bis zum

28 Siehe Schreiben des Niedersächsischen Finanzministeriums an alle Oberste Landesbehörden vom 1.08.2012, online, liegt dem Verfasser vor.

29 Neufassung des § 26 TV-L mit dem 7. Änd-TV.

55. Lebensjahr einen Urlaubspruch von nur 29 Arbeitstagen im Jahr und erwirbt den Anspruch auf 30 Tage erst mit Vollendung des 55. Lebensjahres. Nun, ein Tag im Jahr könnte man als marginal bezeichnen. Dies liegt aber im Auge des Betrachters. Wenn man unterstellt, dass beide Kollegen im Alter von 25 Jahren in den öffentlichen Dienst eingetreten sind, bedeutet dies für den Tarifbeschäftigten, dass er dreißig Jahre lang pro Jahr einen Tag weniger Urlaub in Anspruch nehmen kann als sein beamteter Kollege. Dies wäre nach Auffassung des Verfassers in der Gesamtbetrachtung nicht mehr nur eine Kleinigkeit.

b) Fazit

Wenngleich das Beamtenrecht in den Ländern untereinander bzw. in Abgrenzung zu den Beamten Bundes insbesondere im Laufbahnrecht und im Bezahlungsrecht als Folge der Föderalismusreform I und den damit verbundenen Eigenständigkeiten der Länder immer weiter auseinander „driftet“,[30] haben die künftigen Unterschiede beim Urlaubsrecht nichts mit den Auswirkungen der Föderalismusreform I zu tun. Sie sind dem unterschiedlichen Tarifrecht geschuldet, welches für die Beamten umgesetzt wurde (Bund) bzw. künftig umgesetzt wird (Länder).

V. Weitere Änderungen im Urlaubsrecht durch die europäische und nationale Rechtsprechung

Von der obigen aktuellen Problematik etwas in den Hintergrund gedrängt sei an dieser Stelle auch auf die seit dem Jahre 2009 ergangene Rechtsprechung des EuGH, des BAG und zweier verwaltungsgerichtlicher Entscheidungen

- zum Übertragungszeitraum bei langfristigen Erkrankungen
- zur finanziellen Abgeltung von Urlaubsansprüchen und
- zur Anwendung der europäischen Arbeitszeitrichtlinie für Beamte

hingewiesen. Zum einen wird festgestellt, dass die allgemein üblichen Übertragungszeiträume (bis zum 31. März oder 31. Mai des Folgejahres) in den Fällen von längeren Erkrankungen zu kurz bemessen sind. In diesen Fällen wurde ein Übertragungszeitraum von 15 Monaten für angemessen beurteilt. Allerdings werden Ansprüche auf Übertragung bzw. finanzieller Abgeltung auf den gesetz-

30 Art. 74 Abs. 1 Nr. 27 GG bzw. dem Wegfall der Art. 74a und 75 GG.

lichen Mindestururlaub abgestellt.[31] Zum anderen wurde entschieden, dass auch für Beamte ein Anspruch auf finanzielle Abgeltung ihres Jahresurlaubsanspruchs unter Anwendung des Art. 7 Abs. 2 der europäischen Arbeitszeitrichtlinie 2003/88 besteht.[32]

Bemerkenswert ist die Tatsache, dass das BVerwG seine bisherige Auffassung, wonach ein Abgeltungsanspruch dem Alimentationsprinzip widersprechen würde, aufgegeben hat. Diese interessante verfassungsrechtliche Betrachtung würde an dieser Stelle „den Rahmen sprengen" und sollte Gegenstand einer weiteren Betrachtung sein.

31 EuGH 20.01.2009, C-350/06, NJW 2009, 495, sog. „Schultz-Hoff-Urteil"; BAG 24.3.2009, 9 AZR 983/07, NJW 2009, 2238; BAG 22.5.2012, 9 AZR 61810, NZA 2012, 987.

32 EuGH 3.5.2012, C-337/10, NJW 2012, 2420, sog. „Feuerwehr-Urteil"; OVG NRW 23.7.2012, 6 A 193/11, NVwZ-RR 2012, 900; BVerwG 31.3.2013, 2 C 10.12, Pressemitteilung Nr. 7/2013 v. 1.7.2013, www.bverwg.de/presse/pressemitteilungen.

Wolf-Dieter Narr

Der Katastrophen heckende Mangel politisch institutioneller[1] „Innovationen" Aspekte sozialer Interessenfixierung und der Armut von Phantasie und Diskussion

> „In einem zentralen Bereich, soziale Ordnung aufrecht zu erhalten, unserer legaler Orientierungen, unserer Moral und unserer philosophischen Grundlagen, erweisen wir uns unfähig, Wege zu finden, neue Probleme des Verhaltens zu bewältigen."

I. Einstimmung

Mein Beitrag zur Geburtstagsgabe war, wie man heute zu formulieren beliebt, eher unmittelbar auf Martin Kutschas Gesamtwerkgebäude fokussiert. Den in eigenständiger Kutscha-Prägung geführten „Kampf um Verfassungspositionen" in der Tradition der unvergesslichen Wolfgang Abendroth zuerst und Jürgen Seifert. Was wäre die rechts- und verfassungspolitische Diskussion des mager belegten „Brots" der „frühen Jahre" (H. Böll) der Alt-BRD ohne sie?! Mit diversen Ranken umgrünt, wollte ich mich zu den heutigen Erfordernisses eines solchen eigenartig engagierten und begrenzten, weil den verfassten Rahmen nicht infrage stellenden Kampfes äußern. Nicht wie Adolf Arndt nach 10 Jahren praktiziertem Grundgesetz (1959) sollte die versäumte Reform apostrophiert werden. Vielmehr beabsichtigte ich um willen der westdeutschen nachnationalsozialistischen Verfassung, dem ursprünglich beabsichtigten „Provisorium", über die 48er/49er Verfassung hinauszugehen. Hatte doch die verstockt herrschende BRD den rar gegebenen Kairos versäumt, insbesondere 1990 und den folgenden Jahren. Nämlich die rechte, die günstige, die historisch gegebene Zeit, die eigene, nun auszudehnende Verfassung neu zu diskutieren und bevölkerungsallgemein zur eigenen zu machen. Darum „erstreckte" die regierende BRD im Zuge der so genannten Wiedervereinigung nur eine west-koloniale Expansion (so seinerzeit ein bürokratisches Lieblingsantiverbum). Von den heute noch vielartig zu ergründenden so-

1 Levi-Strauss, Anthropology Confronts the Problems of the Modern World, Harvard University Press 2013, hier ins Deutsche übersetzt in: Parenthood Revisited, Harper´s Magazine April 2013, 17 ff.. Ich bitte um Nachsicht für die doppelte Übersetzung. Aus zeitlichen Gründen und Mängeln meiner Sprachkompetenz war mir in diesem Fall Englisch leichter zur Hand und ging einfacher von der Hand.

ziopolitisch-habituellen Kosten will ich gar nicht zu reden. Sie reichen bis zum verfilzen Sachverhalt und Prozess um die NSU. Die Unwahrscheinlichkeit einer reflektiert radikalen Verfassungsreform, um willen eines grund- und menschenrechtlich demokratisch anders gelesenen „Wesensgehalts“ des Grundgesetzes (s. Art. 79 Abs. 3 GG), grenzt jedoch an eine Illusion. Damit würde ich nach offizieller Lesart in dieser Hinsicht furchtlos zum potentiellen Verfassungsfeind, unbeschadet von Art. 5 Abs3 GG gar. Dieser Unstand lässt mich jedoch auf Äußerungen verzichten, die reformerische Konkretisierungen am Exempel des Grundgesetzes versuchten. Vom vorgegebenen Mangel an Platz brauche ich darum gar nicht zu reden. Ich versuche vielmehr der jahrzehntelangen Blockade zureichender Diskussion ein schmales Gässchen öffnen. Die dynamischen, problem- und gegenwärtige Zukunft gerichteten normae normandes des Grundgesetzes wurden nicht ausgepackt. Ängstlich dominierten restriktive und repressive Beweggründe. Herrschaftsdumm verfassungsschutzborniert, hat diese Blockade eine höchst relative Gegenwart okkasionell dezisionistisch (Carl Schmitt) mit Tabus angeblich ewiger Geltung umstellt (vgl. schon Art. 1 Abs. 1 GG). Als würden Aushöhlungen der Verfassung und Umfunktionierungen dadurch verhindert. Sie werden im Gegenteil damit befördert.

Ich öffne das Gässchen, indem ich auf wenige Faktoren abhebe, die sich unter und über aktuell geltendem Verfassungsrecht definitionsmächtig entwickelt haben. Eine dringend erforderliche „Realanalyse“ mit globalem, auf die BRD verjüngtem Bezug entfällt. So im Zuge bürgerlicher, euro-angelsächsischer Aufklärung Verfassungen gegen die Willkür feudal-absolutistischer Herrschaft überhaupt entstanden und/oder, wie in Deutschland, nachgebildet worden sind, gelten verfassungsrechtlich symbolische Inszenierungen und Goodspeak. Sie entsprechen bestenfalls einem Siebtel. Die restlichen sechs Siebtel entziehen sich verfassungsrechtlicher Gestaltung. Sie befinden sich hinter dessen Schleier, ja sie sind von diesem umhüllt.

Wenige Schlaglichter, vor allem auf die menschlichen, also politischen Handlungen nicht zuhandenen gigantomanen Größen

II. Laissez Innover

Schon vor Jahrzehnten hat John McDermott das liberale, marktvertrauende laissez faire, laissez aller durch die zeitgemäßere Formel laissez innover ersetzt.[2] Wie immer ´der Geist´ in derselben während der 60er und 60er Jahre aufgehoben gewesen sein mag, heute gilt zweifelsohne, dass sie weit über die fraglichen In-

2 McDermott, Technologie: das Opium der Intellektuellen, übersetzt in: Offe/Narr (Hrsg.), Wohlfahrtsstaat und Massenloyalität, 1975, S. 283 ff.

tellektuellen hinaus zu einem gesamtgesellschaftlichen „Opiat“ geworden ist. Und mehr als das. Sie west weit über ein wirksames Opiat hinaus als wissenschaftlicher, technologischer, als ökonomischer und politisch habitueller Rundumbezug. Als habe der sagenumwobene König Midas durch seine berührende Kraft alle sozialen und insoweit auch alle natürlichen Probleme technologisch im Griff. Oder als sei er, vor jeder Wiege und Bahre dabei, alle Schwierigkeiten technologisch innovatorisch zu lösen, der Gefahren aber technokratisch Herr zu werden. Als sei diese mittelreich planbare Erfindungkraft dabei, alle gewünschten Problemschlüssel in qualitativen Sprüngen über Midas hinaus, sowohl gesellschaftlich zu verallgemeinern, als auch, geldmotivert und geldproduktiv zugleich, im konkurrenzdynamischen Wachstums- und Wohlstandshebel zu einen. Das Geschehen an den Stätten wissenschaftlicher Produktion, Konkurrenz und Innovation ist allenfalls ein schaffender Spiegel dessen, was gesellschaftsbreit und -tief global in verschieden „innovativ“ Weise und mit starken Unterschieden geschieht. Die „normalen Unfälle“,[3] die die Innovationstollereien überall in ihren diversen Kontexten bewirken, stellen die aseptisch sachzwangsartig formulierten „Herausforderungen“ „der Politik“ dar (ein Toybee´sches Un- und Modewort). Sie lagern sich an den massenhaften Rändern der Slums ab, ein Oxymoron, das sie den Augen der halbwegs Etablierten entzieht. In einer schier unsäglichen Fülle von Fluchten werden Gesellschaften präsent. Als in verbundenen Organisationen zusammenhängender Begriff sind sie ohnehin nicht mehr zu fassen. Das Geschwätz „Weltgesellschaft“ verballhornt nur. Politik im Sinne „organisierter Verantwortlichkeit: mit entsprechenden Prozeduren, Teilnahmepassagen und Kontrollvorgängen bietet bestenfalls ein global, ja zumeist schon „national“ zerklüftete Suchbilder. Infolge mehr oder minder versteckter Gewalt werden Planschbecken legitimatorischen Managements umso wichtiger. Politische „Innovationen“, besser statt mit der schmissigen Geschmacklosigkeit soziale Reformen genannt, gravierende Veränderungen in Regeln, in Institutionen, in Prozeduren, besitzen einen doppelten Nachteil. Zwar sind im Laufe der Geschichte viele Formen der Politik gefunden, erfunden, erprobt und verworfen worden (ich unterteile, hier im Widerspruch zu Hannah Arendt nicht zwischen angeblich kümmerlicher Arbeit, einem qualitätsarmen Sozialen und einem hochgemuten Politischen). Sie sind jedoch in modernen Großgesellschaften und ihren aus den Halterungen gekippten Staaten nur teilweise zu gebrauchen. Soziale Neuerungen sind nicht mit einiger naturwissenschaftlich technologischer Anstrengung zu erfinden und instrumentell anzuwenden. Hinzukommt, dass fast alle sozialen Neuerungen, Ver-

3 Vgl. insgesamt, nicht überholt, indes analytisch weiter zu entwickeln: Perrow, Normal Accidents. Living With High Risk Technologies, New York 1984 (das ins Deutsche unter dem Titel „Normale Katastrophen“ übersetzte Buch ist stofflich überholt, argumentativ jedoch weiterhin trefflich).

haltens- und Verteilungseffekte voraussetzen und/oder nach sich ziehen. Dementsprechend entstehen Widersprüche und Widerstände, die sich je und je nur schwer qualitativ durch nicht vorhandene emanzipatorische Aschenbrötel (legislateurs) sortieren und durchsetzen lassen. Nicht von ungefähr ereignen sich vielfältige, ja geradezu massenhafte Verhaltensveränderungen - man vergleiche die Effekte des handy-Umgangs -, in der Folge technologischer Neuerungen und der waren- und imitationslustigen Wirkungen kapitalistisch erfundener und eingesetzter Techniken. Sie dissoziieren Gesellschaften. Sie manchen sie im Sinne der neu anzustellenden Untersuchung David Riesman´s aus den 50er Jahren des letzten Jahrhunderts zu lowly crowds, zu einsamen Massen (so der Titel von Schelsky´s Übersetzung). Massen aus Einsamen. Und sie trimmen diese auf private, sprich unpolitische Interessen. Das ist die nabelschnurige Verbindung aller Liberalismen.

III. Der Bändigungen trotzende ´Aufstand´ von Riesen

Moderne, im Sinne einer nicht im einzelnen qualifizierten Emanzipation und Liberalisierung feudal vertäuter Menschen, so vertreten es viele ihrer Vertreter bis heute, ereignete sich nicht zuletzt in Formen dessen, was Niklas Luhmann ein Theorieleben lang „Ausdifferenzierung“ genannt hat. Antike Vorbilder gehen, europabegrenzt, bis Aristoteles zurück. Fortgetriebene Arbeitsteilung; geistige Arbeit und Handarbeit; Frau und Mann im Sinne von Reproduktions – und Produktionsarbeit; Öffentlichkeit und Privatheit; ein entsprechend vorpolitischer, ein in jedem Fsll nur teilweise politischer Begriff der Menschenrechte; repräsentative Demokratie und Erwerbsbürger im Sinne des Besitzindividualismus (C.B. McPherson); Ökonomie hier und Staat dort. Ihm ist früh im Unterschied zur „rationalen“ Ökonomie eine Irrationalität von Macht und Gewalt zugeschrieben worden. Darum schien eine andere als eine marktmechanisch autonome Kontrolle vonnöten: Gewaltenteilung innerhalb institutionenteilig besondertem Staat (oder government) usw., usf.

Diese und andere Ausdifferenzierungen werden durch den Faktor Größe nicht exklusiv, aber geradezu größenzwangsartig in Frage gestellt. Sie erodieren von innen und außen. An die ausdifferenzierenden Abstände, Übersichtlichkeiten und Kontrollen treten alle Bereiche durchdringende bürokratisch technologische Querschaltungen. Vor allem fungiert als „zweite Natur“ und Propeller die expansive und imperiale „Begierde zum Haben und auch zum Herrschen“ (I. Kant). Entdifferenzierungen sind eine der hauptsächlichen Folgen. Etablierte, besonderte Institutionen schwächeln und schwinden Sie kommen dort, wo sie nicht gegeben sind, gar nicht zustande. Sie werden funktional „gleich geschaltet“. Hat man zunächst nur den europäisch-angelsächsischen „Verfassungsstaat der Neuzeit“ im Auge, läutet seit längeren die tonlange Sterbeglocke seines vornehmsten Versprechens. Es verhieß gewiss immer Utopisches, wirkte jedoch zeitweise fortschrittlich im Sinne eines regulativen Prinzips : „verantwortliche Politik“ im Allgemeine, „verantwortliche Regierung“ im Besonderen.

1. Repräsentative Demokratie. Wie ein Ritus steht ihre Deklination fest. Als funktionierte sie prinzipiell, wie sie im 18. Jahrhundert ideengeschichtlich vorgedacht und angelsächsisch eingerichtet worden ist. Mit einer erheblichen Ausnahme, die sich wandlungsfähig zuerst im 19. Jahrhundert entwickelte. Diese ist aber längst Teil ihres funktional-institutionellen, legitimatorisch überzuckerten Panzers geworden ist: den Parteien. Das repräsentative Prinzip gründete zunächst in einem kleinen männlichen Kreis stimmberechtigter (Besitz-)Bürgern. Ihm oblag die periodische Aufgabe, das parlamentarische System (oder mit signifikanten Unterschieden ´das präsidiale) mit Hilfe von Wahlen in Gang zu zu setzen (zu konstituieren). Vgl. Art. 20 Abs2 Satz 1 GG schon bevölkerungsumfassend: „Alle Gewalt geht vom Volke aus.“ Die von den wahlberechtigten Bürgern gewählten Männer wurden zu den Repräsentanten, also zu Leuten, die den Wahlvorgang vergegenwärtigten und als gewählte Elite demokratisch in sich aufhoben (vgl. Art. 38 GG). Den wahldemokratisch gesalbten Repräsentanten wurden drei Aufgaben zugemutet. Zum ersten sollten sie durch ihre gewählte Existenz das politische System (den liberalen Staat, das government) legitimieren, das heißt als Einrichtung und in seiner Funktionsweise demokratisch rechtfertigen. Der wahlautomatisch qualitative Übertrag erlaubte den Repräsentanten als einem Kollektiv, zuerst die gesetzgebende Aufgabe auszuüben. Die Repräsentanten hatten zusätzlich, die Verwirklichung der Gesetze durch die von ihnen vermittelt oder präsidial ihrerseits direkt gewählte Exekutive zu kontrollieren. Den Repräsentanten kommt außerdem zu, individuell und kollektiv die 0demokratisch allgemeine Legitimation durch öffentliche Debatte zu vermitteln. Institutionell andere Rückkoppelungen als die periodischen Wahlen gibt es nicht. Art. 20 Abs. 2 Satz 2 GG: „Sie - nämlich die vom Volke ausgehende Staatsgewalt, WDN - wird vom Volke in Wahlen und Abstimmungen und durch besondere Organe der Gesetzgebung, der vollziehenden Gewalt und der Rechtsprechung ausgeübt.“ Damit sind die zwei Prinzipien getrennt und verbunden, als seien sie eines. Das demokratische Prinzip stoppt jäh an der Plakatwand allgemeiner, gleicher und geheimer Wahl. Das repräsentative Prinzip löst es ab, von ihm beatmet, mit seinen zusammen- und gegenspielenden Funktionen der Gewaltenteilung: Legislative, Exekutive, Judikative. Die Mitbestimmung der Bevölkerung, ihr politischer Anteil bleibt wahlreduziert. Er beschränkt sich auf den individuell punktuellen Akt eines Kreuzes

in der Kabine. Insofern ist sie unpolitisch analog dem üblichen Verständnis der individuellen Grund- und Menschenrechte. Diese sind mit Ausnahme des Versammlungsrechts (Art. 8 GG) formell a-sozial und a-politisch. Eine kategoriale Beschränkung der liberalen (oder repräsentativen Demokratie) kommt von Anfang an dazu. So wie die Grund- und Menschenrechte gesellschaftliche Zustände im Sinne von Gleichheit oder Ungleichheit aussparen, so tut dies die politisch verengte oder auf einen schalen, funktional elitären Politikgriff beschränkte Demokratie in Sachen wirtschaftliche Produktions-, Reproduktions- und Verteilungsverhältnisse. Darin bestand seit Hobbes, Locke u. a. einer der zentralen Motive repräsentativer Einrichtungen. Den Bürger(innen) in ihrer erwerbsorientierten Interessenrationalität markt- und das heißt konkurrenzfrei Raum zu geben. Sie sekundär allein im Spektrum von Recht, ihm unterlegter Gewalt und ihm voraus- und nachgesetzter, zuerst staatlicher Sicherheit, rechtlich zu verbinden: mit der Dauerunruhe von Norm und a-normalem, nie voraussehbarem Ausnahmezustand.[4] Betrachtet man nur dieses winzige, indes im Sinne des „Legitimationsglaubens" (M. Weber) essentielle Segment, lässt man die vergangenen Jahrhunderte, insbesondere den heute jede Lebensfaser erheblich mitbewirkenden jüngeren Globalisierungsschub im letzten Drittel des letzten Jahrhunderts Revue passieren, dann müssten selbst den Blinden die Augen übergehen. Welche verdichtenden, entzifferenzierenden und überall gigantomanen, für soziale Institutionen, für politisch sich verstehende Personen schier unfassbaren Expansionen! Die auch darum herrschenden, gewiss nicht demokratischen Vertreter „repräsentativer Demokratie" verhalten sich einem kollektiven Herrn Keuner gleich. Eine analoge Beobachtung gilt dem seinerseits expansiven, von niemandem mehr zu verantwortenden Gewaltmonopol fragwürdiger Legitimation gegenüber. Als hätte sich nichts verändert und könnten alle einmal legtimierten Funktionen und unser aller Verhalten gleich bleiben. Als könne im Prinzip alles so weitergehen mit den Verführungs- und Befriedigungskünsten herkömmlicher und neuer Legitimationen. Walter Benjamin hat darin die Katastrophe gesehen: „dass alles so weitergeht" („Wissenschaft als Beruf" ist im szientifischen Turmbau längst zur Abgründe und Torheiten verblendenden Legitimationsquelle geworden. Sie sprudelt unablässig Trug in ihren Glänzer-Wahrheiten). Welche Institutionen liberaler Demokratie, ihrer Funktionen und ihrer repräsentativen Funktionäre könnte heute von sich behaupten, ihren Versprechen annähernd gerecht zu werden. Vom Parlament an über die Exekutive und ihre nur publizistisch verblendeten, darum macht-

4 Zur Entstehungsgeschichte siehe trefflich Albert O. Hirschman, Leidenschaften und Interessen. Politische Begründungen des Kapitalismus vor seinem Sieg (übersetzt von Sabine Offe), 1980.

scheinenden Ministern, vollends den Globus umarmenden Kanzlerinnen und Kanzler – wer wäre nicht systematisch überfordert?! Wer müsste nicht in einer Stresslücke gleich einer Schrecksekunde einräumen, dass sie und/oder er, dass sie alle besten Willens, kurzum, dass sie in dieser albträumerischen, aber sachlich realen Schrecksekunde bis unter die Haut erbleichten. Wie Jedermann und Jedefrau von Hugo von Hofmannsthal politisch umkomponiert. „Ganz und gar bin ich unbereit, zu solch einem Rechnung legen. Und müsst ich es tun, dann käm´ ich in Not. Auch kenn´ ich dich nicht, was bist für ein Bot´?“ (Erinnerungen eines jahrelagen Statisten auf theatralischer Bühne). Ich kann hier nicht ausführen, nicht globalsystematisch, noch europäisch oder bundesdeutsch exemplarisch belegen, dass und wie die politischen, voran die ökonomischen ´Dinge´, global und lokal dialektisch verknüpft, sich weiter, und sei es nur quantitativ, komplizieren. Sie gehorchen einer sog. Top-down-Logik. Ihre Größenordnungen in nahezu allen Bereichen vermögen nur normal Verrückte zu verstehen, satt von eitler Hybris. Handeln wird ohnehin zur fremden Erscheinung. Sie wurde darum luhmannesk zur Systemgröße („autopoetisch“). Gewiss sind andauernde humane Katastrophe und, damit verbunden, ökologische. Der tragische Konflikt verkehrt sich. Wachsende Größenordnungen zeitigen - wider alles Menschenrechtsgerede - die zwingende Konsequenz, Einzelheiten, Besonderheiten, Abweichungen u. ä. m., kurzum Humana nicht weiter beachten lassen: Einzelschicksale irgendwelcher Menschen im Sudan oder den USA oder mitten in der BRD. Nein, mit dem, was man einst als repräsentative Demokratie bürgerverantwortlich und schön dachte, von Anfang an in den tragenden Prinzipien fragwürdig, ist heute kein von politischer Verantwortung durchzogener „Staat“ mehr zu machen. Wie sollte dieser eine „active society“ (A. Etzioni) vernünftig fassen? Der erste Schritt zu einer radikal nüchternen Einsicht führte inmitten einander schier festgefugt hermetisch blockierenden Problemungetüme. Keine rasche Surrogat- und Pseudolösung technologischer Art wäre erlaubt. Legitim wären nur politisch kontrollierte Experimente mit technischer Hilfe, in diskursiv zu erzielender, die Bevölkerungen umgreifender, prozedural erzielter Übereinstimmung. Die Richtung des durchsichtigen, bürokratische Sklerosen vermeidenden Machtflusses wäre immer erneut ´von unten´ einzuschlagen. Nur eine entwickelnde utopische Vorgabe dieser Merkmale öffnete Wege ins Demokratische. Die Fülle des demonstrativen Geschehens überall signalisiert Bedingungen der Möglichkeit. Sie werden in herrschender Phantasielosigkeit zunichte gemacht.

2. Die Liste meiner Stichworte wird von Begriff der „Bürokratie“ fortgesetzt. Max Weber fürchtete fast nichts so sehr, wie eine expansive Bürokratisierung in allen Bereichen. Er diagnostizierte ihre Unausweichlichkeit infolge

zunehmender Größenordnungen. Die bürokratische „Effizienz" aller sozialen und darum a-sozialen Orte besteht darin, dass sie von sozialen Lösungen absieht. Die „Banalität ihres Guten" grenzt immer an „die Banalität des Bösen" und franzt dahin aus. Die Kapazitäten bürokratischer Verfahren, weil sie Besonderes missachten, werden übertroffen von der heute wirksamsten Technologie, die längst zu Prämisse der Wissenschaften und ihren anderen Technologien geworden ist, zum quantitativen Maßstab ihrer Wahrheiten etwa im Kontext der fortgeschrittenen Medizin („Evidenzmedizin"): der Informations- und Kommunikationstechnologie. Sie wurde und nimmt weiter in dieser Eigenschaft zu, zu unserem von uns verfügten und uns verfügenden „Geschwister".

3. Der Stichwortwurm kriecht kaum aufhaltsam weiter. Ich bitte ihm nachzusehen. An nächster Stelle stünde das „Recht" und seine Perversionen zur Disposition. „Rechtsicherheit" wird zur Legitimation verlangenden Täuschung. Man denke nur an den dauernden, einem Fetisch gleichenden Missbrauch der „Rechtstaatsformel".

   Wortspielerisch mag es mir an dieser Stelle erlaubt sein, Martin Kutscha, zu dessen Festschrift ich beizutragen ausging, um Nachsicht zu bitten und ebenso diejenigen, die in den Papierblumen meiner Worte und Sätze blättern. Angesichts begrenzten Platzes habe ich zu viel gewollt. Mag es dennoch ein wenig gelungen sein, eine nicht in meiner Person liegende, sondern in den uns umdrängenden Sachen begründete, aktive, also nicht aufgebende Verzweiflung motivierend mitzuteilen. Sie gilt letztlich der dauernden Orientierung am Menschen als einem zoon politikon. Es wurde zuerst von Aristoteles in den Vordergrund gerückt. Späterhin haben es viele, von denen wir lernen können aufgegriffen. Unter anderem Karl Marx, Rosa Luxemburg, Hannah Arendt, Simone Weil und Anderen. Um des Menschen in seiner Selbstbestimmung und Freiheit auf sozial organisierte Zusammenhänge gerichtet: mit anderen, gleich und ähnlich bedürftigen Menschen. Darum sind die Einzelnen und die Anderen nicht eineiige Zwillinge. Sollte es je anders gewesen sein. heute gilt: solche politischen Wesen in Verbundenheit mit anderen und trotz immer gegenwärtiger Konflikten ohne kriegerisch mordende Notwendigkeit sind schon um der konkurrenzdurchwachsenen Gigantomanien in allen materiellen und immateriellen Hinsichten unwahrscheinlich. Der Trotzdem-Humor gilt auch hier.[5]

5 Vgl. W.-D. Narr mit Dirk Vogelskamp, Trotzdem: Menschenrechte! Versuch, uns und anderen nach nationalsozialistischer Herrschaft die Menschenrechte zu erklären, hrsg. Komitee für Grundrechte und Demokratie, Köln 2012.

Olaf Winkel

Wege zur Revitalisierung der kommunalen Selbstverwaltung durch Bürgerbeteiligung – Moderate Reform oder konsequente Erneuerung?

I. Einführung

Hinsichtlich der Fortentwicklung der lokalen Selbstverwaltung richten sich die Hoffnungen zunehmend auf die Bürgerkommune, welche darauf abzielt, vor Ort vorhandene zivilgesellschaftliche Potentiale für die Bearbeitung kollektiver Probleme nutzbar zu machen und dabei auch Prozesse des sozialen und politischen Lernens anzustoßen. Dabei ist ihre konzeptionelle Ausgestaltung in der Fachdiskussion aber inzwischen umstritten. Nachdem die im Sinne einer kleinen oder kooperativen Demokratie angelegte Bürgerkommune den Diskurs um dieses Leitbild über zehn Jahre lang dominiert hat, wird diese in jüngster Zeit durch das ambitioniertere Konzept einer auf umfassende Demokratie ausgerichteten Bürgerkommune herausgefordert. In der vorliegenden Arbeit werden die konkurrierenden Varianten der Bürgerkommune umrissen und darauf aufbauend Überlegungen zu ihren Stärken und Schwächen angestellt. Den Hintergrund der Betrachtungen bilden die Merkmale der kommunalen Selbstverwaltung, die in einem vorbereitenden Arbeitsschritt komprimiert dargelegt werden.

II. Kommunale Selbstverwaltung

Die kommunale Selbstverwaltung ist nicht nur die administrative Instanz mit den weitaus zahlreichsten und engsten Kontakten zur Bürgerschaft, sondern gilt vielen auch als Schule der Demokratie. Staatsrechtlich gesehen sind die Kommunen lediglich Teil der Landesexekutive, aber durch Artikel 28 des Grundgesetzes werden ihnen zusätzlich politische Funktionen zugebilligt, so dass auf der lokalen Ebene nicht nur Verwaltungsorgane wie Gemeindeverwaltungen, Stadtverwaltungen und Kreisverwaltungen anzutreffen sind, sondern ebenso demokratisch gewählte politische Vertretungsorgane wie Gemeinderäte, Stadträte und Kreistage.[1] Diese haben zwar nicht den rechtlichen Status, aber die Funktion und

1 Groß, Das politische System Deutschlands in der Europäischen Union, in: Frevel (Hrsg.), Staat und Gesellschaft, 1. Aufl. 2011, S. 162 f.

die Organisationsstruktur von Parlamenten. Von der Bevölkerung direkt gewählte hauptamtliche Bürgermeister, die dem politischen Vertretungsorgan vorstehen und gleichzeitig die Verwaltung leiten, zählen zu den zentralen kommunalen Akteuren.

Die Hoheitsrechte, welche den Kommunen zur Verfügung stehen, um „alle Angelegenheiten der örtlichen Gemeinschaft in eigener Verantwortung zu regeln", wie es in Absatz 2 des oben angesprochenen Grundgesetzartikels heißt, sind die Rechtsetzungshoheit, die Planungshoheit, die Finanzhoheit, die Steuerhoheit, die Organisationshoheit und die Personalhoheit.[2] Partiell recht eng gezogene systemimmanente Grenzen finden die kommunalen Hoheitsrechte in den Kompetenzen, welche auf den übergeordneten Ebenen von Land, Bund und Europäischer Union angesiedelt sind. Faktisch nicht weniger relevante Restriktionen resultieren vielerorts aus gravierenden Haushaltsdefiziten, deren Ursachen weniger in lokalen Fehlentscheidungen und Fehlsteuerungen als in strukturellen Mängeln des deutschen Föderalismus liegen.

Das Spektrum der öffentlichen Aufgaben, für deren Erfüllung die Kommunen die Verantwortung tragen, ist breit und vielschichtig.[3] Es umfasst die Bereiche Allgemeine Verwaltung einschließlich Verwaltungsreform, Recht, Sicherheit und Ordnung, Schule, Bildung und Kultur, Freizeit und Sport, Soziales und Jugend, Krankenhäuser, Stadtentwicklung einschließlich Wohnen und Verkehr, Hochbau und Tiefbau, Verkehrswesen, Versorgung und Entsorgung sowie Wirtschaftsförderung. Dabei lassen sich die einzelnen Aufgaben danach unterteilen, ob es sich um weisungsfreie oder um weisungsgebundene Aufgaben handelt. Im erstgenannten Fall agieren die Kommunen mit dem hohen Grad an Autonomie, den Artikel 28 Absatz 2 des Grundgesetzes für sie vorsieht. Im zweitgenannten werden sie dagegen als exekutive Einrichtungen tätig, die den Vorgaben übergeordneter Ebenen unterworfen sind. Während die Kommunen im Bereich der weisungsfreien Aufgaben nur einer Rechtsaufsicht unterliegen, unterliegen sie im Bereich der weisungsgebundenen Aufgaben einer Fachaufsicht, die Rechtmäßigkeit und Zweckmäßigkeit vereint und damit eine direkte inhaltliche Einflussnahme übergeordneter Instanzen ermöglicht. Im Bereich der weisungsfreien Aufgaben sind die Kategorien der freiwilligen Aufgaben und der Pflichtaufgaben ohne Weisung zu unterscheiden. Freiwillige Aufgaben wie die Einrichtung und Unterhaltung von Bibliotheken, Spielplätzen, Freibädern, Jugendzentren, Museen und Theatern sind Aufgaben, welche die Städte, Gemeinden und Kreise übernehmen können, aber nicht übernehmen müssen. Wenn sie sich für eine solche Aufgabe entscheiden, dürfen sie auch die Art und Weise ihrer Erfüllung bestimmen. Bei Pflichtaufgaben ohne Weisung entscheiden die Kommunen nicht darüber, ob sie

2 Gisevius, Leitfaden durch die Kommunalpolitik, 4. Aufl. 1994, S. 24.
3 Bogumil/Holtkamp, Kommunalpolitik und Kommunalverwaltung, 1. Aufl. 2006, S. 50 ff.

eine Aufgabe erfüllen, sondern lediglich darüber, wie sie es tun. D.h. sie müssen Aufgaben wie die Energieversorgung, die Müllentsorgung, die Einrichtung und den Unterhalt von Schulgebäuden oder die Jugendhilfe übernehmen, dürfen aber die Formen und Verfahren ihrer Erfüllung in eigener Regie festlegen. Wo es sich um weisungsgebundene Aufgaben handelt – dazu zählen etwa die Bereitstellung von Sozialhilfe und die Auszahlung von Wohngeld als Pflichtaufgaben ohne Weisung und die Durchführung von Bundestags- und Landtagswahlen als staatliche Aufgaben – haben die Städte, Gemeinden und Kreise dagegen weder auf das Ob noch auf das Wie der Aufgabenwahrnehmung Einfluss. Pflichtaufgaben haben die Tendenz, freiwillige Aufgaben zu verdrängen, was sich umso stärker bemerkbar macht, desto größer sich die Haushaltsprobleme in einer Kommune darstellen.

Die Finanzmittel, welche den Kommunen zur Erfüllung der oben beschriebenen Aufgaben zur Verfügung stehen, fließen ihnen aus unterschiedlichen Quellen zu.[4] Zu unterscheiden sind Einnahmen aus Steuern, etwa aus der Gewerbesteuer als kommunaler Realsteuer oder aus der Einkommensteuer als zentral erhobener Steuer, Einnahmen aus Gebühren und Beiträgen, etwa für Müllabfuhr und Straßenbau, Einnahmen aus Finanzzuweisungen, etwa aus allgemeinen Zuschüssen von Bund und Land sowie Einnahmen, die Kommunen auf sonstigen Wegen erschließen, etwa über wirtschaftliche Betätigung oder durch Veräußerungserlöse und Kreditaufnahmen. Dass die Krise der öffentlichen Finanzen die Städte und Gemeinden härter trifft als Bund und Länder, obwohl letztere wesentlich höher verschuldet sind als sie, liegt nicht zuletzt daran, dass die Kommunen weitaus weniger Einfluss auf die Entwicklung ihrer Ausgaben und die Gestaltung ihrer Einnahmen haben. Zudem kann ein nicht ausgeglichener Haushalt in Städten und Gemeinden, die zwischen strukturell unzureichenden Mittelzuflüssen und zunehmenden Sozialausgaben zerrieben werden, nicht nur zur Handlungsunfähig im Bereich der freiwilligen Aufgaben, sondern zudem auch in ein Nothaushaltsrecht führen, das von dem grundgesetzlich garantierten Selbstverwaltungsrecht wenig übrig lässt.[5]

Die politischen Einflussmöglichkeiten der Bürgerinnen und Bürger sind auf lokaler Ebene größer als auf den übergeordneten staatlichen Ebenen.[6] Dennoch können die Kommunalverfassungen keineswegs als partizipationsfreundlich und kommunalpolitische Willensbildungsprozesse keineswegs als bürgerbestimmt bezeichnet werden. Denn direktdemokratische Interventionsmöglichkeiten in der

4 Scherf/Hoffmann, Die kommunale Finanzverfassung in Deutschland, in: Kost/Wehling (Hrsg.), Kommunalpolitik in den deutschen Ländern, 1. Aufl. 2003, S. 320 ff.

5 Jungfer, Die Finanzkrise der Städte, in: Frech/Reschl (Hrsg.), Urbanität neu planen, 1. Aufl. 2010, S. 40 ff.

6 Kost/Wehling, Kommunalpolitik in der Bundesrepublik Deutschland – eine Einführung, in: dies. (Hrsg.), Kommunalpolitik in den deutschen Ländern, 1. Aufl. 2003, S. 7 ff.

Form von Bürgerbegehren und Bürgerentscheid werden durch Restriktionen wie Beteiligungsquoren, Zustimmungsquoren, Positivkataloge und Negativkatalog stark eingeschränkt und deliberative Partizipationsformen wie Bürgerhaushalte oder Planungszellen sind in ihren Voraussetzungen und Folgen durchgängig vom guten Willen der Entscheidungsträger in Politik und Verwaltung abhängig.

III. Das Leitbild der Bürgerkommune und seine konkurrierenden Lesarten

Das Leitbild der Bürgerkommune will auf lokaler Ebene vorhandene zivilgesellschaftliche Potentiale für die Bearbeitung kollektiver Probleme umfassend nutzbar machen und dabei auch in der Bürgerschaft Prozesse des sozialen und politischen Lernens anstoßen. Es sieht vor, dass Bürgerinnen und Bürger in unterschiedlichen Rollen gemeinwohlorientiert tätig werden, nämlich als Mitgestalter, die sich an der Erfüllung öffentlicher Aufgaben beteiligen, als politische Auftraggeber, die in kommunalen Entscheidungsprozessen mitwirken, und als Kunden, die den kommunalen Output etwa in Bürgerbefragungen oder über Beschwerdemanagement bewerten. Politik und Verwaltung sollen einen geeigneten Rahmen für das Bürgerengagement schaffen, indem sie den Aufbau einer Freiwilligeninfrastruktur unterstützen, für Partizipationsmanagement sorgen, der Entwicklung einer Anerkennungskultur Vorschub leisten und die Einbeziehung möglichst breiter Schichten einschließlich Problem- und Randgruppen fördern.

Den Aufstieg, den das Leitbild der Bürgerkommune in Deutschland erfahren hat, hat seine Ursache nicht nur in einer Diskussion, die seit geraumer Zeit um Begriffe wie bürgerschaftliches Engagement, Bürgergesellschaft und Zivilgesellschaft geführt wird, sondern insbesondere in dem Wunsch, durch die Integration der Bürgerkommune in den Kontext des Neuen Steuerungsmodells dessen zunehmend als Mangel empfundene Binnenorientierung zu überwinden.[7]

Diese Verkopplung hat allerdings auch dazu geführt, dass die Bürgerkommune konzeptionell mit der Vorstellung von einer „kleinen Demokratie“[8] oder „kooperativen Demokratie“[9] verbunden worden ist, um die Anschlussfähigkeit an die betriebswirtschaftliche Verwaltungsreform sicherzustellen und dabei auch Konflikten mit Politik und Verwaltung aus dem Weg zu gehen. Nachdem dieses in partizipatorischer Hinsicht restriktive Verständnis den Diskurs um die Bürgerkommune über viele Jahre bestimmt hat, mehren sich in jüngster Zeit – genährt

7 Banner, Von der Ordnungskommune zur Dienstleistungs- und Bürgerkommune, in: Der Bürger im Staat 4/1998, S. 179 ff.; Plamper, Bürgerkommune, 1. Aufl. 2000, S. 6 ff.

8 Naschold, Modernisierung des öffentlichen Sektors im internationalen Vergleich, in: ders./ Bogumil (Hrsg.), Modernisierung des Staates, 1. Aufl. 2000, S. 63.

9 Holtkamp/Bogumil/Kißler, Kooperative Demokratie. Das politische Potential von Bürgerengagement, 1. Aufl. 2006.

durch spektakuläre Ereignisse wie den Widerstand gegen Stuttgart 21 oder das Wiederaufflammen der Antikernkraftbewegung – aber Forderungen nach weitergehenden bürgerschaftlichen Beteiligungsrechten in der lokalen Selbstverwaltung. Der im Sinne einer kleinen Demokratie angelegten Bürgerkommune wird damit das ambitioniertere Konzept einer auf umfassende Demokratie gerichteten Bürgerkommune entgegengesetzt.

Die im Sinne einer kleinen Demokratie ausgestaltete Bürgerkommune ordnet den drei der Bürgerschaft angebotenen Rollen weitgehend gleiches Gewicht zu.[10] Damit erhält die Kundenrolle ähnlichen Stellenwert wie die Mitgestalterrolle und die Auftraggeberrolle. Zudem legen die Verfechter der auf eingeschränkte Beteiligung setzenden Bürgerkommune bei der Ausgestaltung der letztgenannten Rolle Wert darauf, dass die Rechte des politischen Auftraggebers nicht verwechselt werden mit denen eines politischen Souveräns, der eigene Entscheidungsbefugnisse reklamiert.

Aus ihrer Sicht sind „weitergehende Vorstellungen von Bürgerkommune" schon deshalb „nicht wünschenswert", weil sie sich „nicht mit der vorgegebenen Verfassungsordnung decken" und „an der kommunalen Realität vorbeigehen".[11] Präzisierend führt Lars Holtkamp aus, dass die Bürgerkommune, „aufbauend auf der stärkeren Kundenorientierung", eine demokratische Beteiligung vorsehen soll, welche überkommene Steuerungsformen „lediglich ergänzt" und sich auf das beschränkt, „was unter den derzeitigen Rahmenbedingungen in Kooperation mit der Kommunalpolitik und der Kommunalverwaltung – und nicht gegen sie, wie teilweise durch Bürgerentscheide – möglich und wünschenswert ist".[12] Zugleich empfiehlt er, „diskursive Verhandlungssysteme zu konfliktreichen oder sehr abstrakten Themen" eher zu meiden[13] und die Beteiligung „auf die kleinräumige Planung, konkrete Projekte oder Mitwirkung in öffentlichen Einrichtungen in den Stadtteilen" zu konzentrieren,[14] weil dies „interessengeleiteten Engagementmotiven" Rechnung tragen,[15] einer wünschenswerten Verkopplung von Auftraggeberrolle und Mitgestalterrolle Vorschub leisten und zudem einer Überforderung der Bürgerinnen und Bürger entgegenwirken könne.

Gelegentlich erscheinen die Bürgerkommune und spezielle Diskursverfahren sogar als unverbundene oder sogar gegensätzliche Konzepte. So spricht Klaus-Rainer Rupp von Bürgerhaushalten als „linker Alternative zur Bürgerkommu-

10 Holtkamp/Bogumil/Kißler (Fn 9), S. 24.
11 Holtkamp/Bogumil/Kißler (Fn 9), S. 32.
12 Holtkamp, Verwaltung und Partizipation, in: Czerwick/Lorig/Treutner (Hrsg.), Die öffentliche Verwaltung in der Bundesrepublik Deutschland, 1. Aufl. 2009, S. 73.
13 Holtkamp (Fn 12), S. 83 f.
14 Holtkamp (Fn 12), S. 74.
15 Holtkamp (Fn 12), S. 74.

ne"[16] und Lars Holtkamp führt aus: „Deutlich umfassender bzw. mit stärkeren Mitwirkungsmöglichkeiten als beim Konzept der Bürgerkommune sollten die Bürger in den letzten Jahren an Mediationsverfahren bei Standortkonflikten, an der lokalen Agenda und am Bürgerhaushalt beteiligt werden".[17]

Anders als die sich mit eingeschränkten Partizipationsrechten begnügende Bürgerkommune gewichtet die am Leitbild einer umfassenden Demokratie orientierte Variante die den Bürgerinnen und Bürgern angebotenen Rollen unterschiedlich. Während die Kundenrolle an den Rand gedrängt und gelegentlich sogar kritisch beäugt wird, erfährt die Rolle des politischen Auftraggebers eine Aufwertung. In der im Sinne einer umfassenden Demokratie angelegten Bürgerkommune erschöpfen sich bürgerschaftliche Beteiligungsinstrumente nicht in mit betriebswirtschaftlichen Verwaltungsreformen und den Interessenlagen etablierter Akteure vereinbar erscheinenden Konsultationen, sondern decken ein breiteres Handlungsspektrum ab, das aus einer weitgehenden Aufhebung der Grenzen zwischen politischer Auftraggeberschaft und politischer Souveränität resultiert. So fordern Mathias König und Wolfgang König den Ausbau „deliberativer Governance Arenen", die dem Wunsch von Bürgerinnen und Bürgern nach „mehr direkter Mitsprache" Rechnung tragen.[18] So tritt Paul-Stefan Roß dafür ein, die Diskussion um die Bürgerkommune mit der Debatte um „Participatory Governance" zu verbinden, was einem Plädoyer für eine nachhaltige Veränderung kommunalpolitischer Machtverhältnisse zugunsten zivilgesellschaftlicher Akteure gleichkommt.[19] So sieht Roland Roth – nach dem der „enge, institutionell geprägte Politikbegriff" zunehmend von einem neuen Denken herausgefordert wird, das „Politik als die gemeinsame Gestaltung von Lebensweisen in allen gesellschaftlichen Bereichen" versteht[20] – im Leitbild der Bürgerkommune unterschiedliche „Demokratieformen kombiniert", zu denen er neben „repräsentativen, partizipativen, assoziativen" und „deliberativen" auch „direktdemokratische Formen" zählt.[21] Und so empfiehlt Carsten Herzberg – für den Beteiligungskonzepte, welche die „großen Fragen ausklammern"[22] und auf nachhaltig wirksame bürgerschaftliche Einflussmöglichkeiten verzichten, nicht erfolgreich sein können – sogar den Abschied von der Bürgerkommune zugunsten einer „Solidarkommune als Leitbild für eine neue Partizipationspolitik".[23]

16 Rupp Utopie kreativ 3/2003, 1126.
17 Holtkamp (Fn 12), S. 76.
18 König/König Politische Psychologie 1/2011, 98.
19 Roß, Demokratie weiter denken, 1. Aufl. 2012, S. 388.
20 Roth, Bürgermacht, 1. Aufl. 2011, S. 285 f.
21 Roth (Fn 20), S. 161.
22 Herzberg, Solidarkommune als Leitbild für eine neue Partizipationspolitik?, in: Stiftung Mitarbeit (Hrsg.), Die Zukunft der Bürgerbeteiligung, 1. Aufl. 2011, S. 279.
23 Herzberg (Fn 22), S. 272.

Während sich die im Sinne einer kleinen Demokratie angelegte Bürgerkommune auf die bürgerschaftliche Beeinflussung autorisierter Entscheidungsträger in den von diesen vorgegebenen Grenzen konzentriert, stellt sich die am Leitbild einer umfassenden Demokratie ausgerichtete Bürgerkommune als Konzept dar, das daneben auch unmittelbare bürgerschaftliche Entscheidungsbeteiligung in eigenständig gewählten Feldern vorsieht. Hinzu kommt, dass sich die Argumente von Verfechtern der auf eine umfassende Beteiligung setzenden Variante aus einer breit angelegten Diskussion um die Erneuerung von Politik und Gesellschaft speisen, während die Überlegungen von Protagonisten der im Sinne einer kleinen Demokratie verstandenen Bürgerkommune zumeist doch weitgehend in den engeren Kontexten von Kommunalreform und Verwaltungsmodernisierung verharren.

IV. Stärken und Schwächen der Konzepte

Nicht nur die beiden Ansätze, auch das auf den von ihnen gewiesenen Wegen Erreichbare heben sich in unterschiedlichen Punkten voneinander ab.

Zentrale Vorteile der im Sinne einer kleinen Demokratie konzipierten Bürgerkommune liegen darin, dass sie einfacher zu implementieren ist, weil sie die Machtpositionen von Politik und Verwaltung weitgehend unangetastet lässt, dass sie wünschenswerten bürgerschaftlichen Lernprozessen durch eine enge Verzahnung von Auftraggeberrolle und Mitgestalterrolle Vorschub leistet, und dass sie zumindest eingeschränkte Beiträge zur Haushaltskonsolidierung bereits in relativ kurzer Frist in Aussicht stellt. Hinzu kommt, dass sie stets die Möglichkeit bietet, aus einer selektiven Partizipation erwachsenden Fehlentwicklungen[24] vorzubeugen oder diese nachträglich zu korrigieren.

Die am Leitbild einer kleinen Demokratie ausgerichtete Bürgerkommune kann aber prekär werden, wenn man sie zu den hohen Erwartungen in Bezug setzt, die von vielen mit Begriffen wie Ehrenamt, Freiwilligenarbeit oder zivilgesellschaftliches Engagement verbunden werden und die letztlich allesamt auf die kommunale Ebene abzielen. Denn die Absicht, über die verstärkte Einbeziehung der Bürgerschaft in die Aufgabenerfüllung umfassende neue Kapazitäten für die Bewältigung drängender gesellschaftlicher Probleme zu schaffen, kann leicht ins Leere laufen, wenn sich bürgerschaftliche Einflussmöglichkeiten auf Marginalien beziehen oder in Projekten erschöpfen, die in ihren Voraussetzungen willkürlich und in ihren Wirkungen unwägbar erscheinen.

24 Papadopoulos, Governance und Demokratie, in: Benz/Lütz/Schimank/Simonis (Hrsg.), Governance – Regieren in komplexen Regelsystemen, 1. Aufl. 2004, S. 222 f.

Entscheidende Vorteile der an den Prinzipien einer umfassenden Demokratie orientierten Bürgerkommune erwachsen daraus, dass diese grundlegende systemische Probleme adressiert, die sich in den unterschiedlichsten Lebenswelten und Politikfeldern immer stärker bemerkbar machen. Einerseits lassen zunehmende Steuerungs- und Legitimationsdefizite, die nicht zuletzt aus einer globalisierungs- und ausdifferenzierungsbedingten Überforderung politisch-administrativer Einrichtungen resultieren,[25] und Haushaltsprobleme, von denen das europäische Mehrebenensystem auf allen Stufen betroffen ist,[26] eine konsequente Einbeziehung der Bürgerschaft in Gestaltungs- und Entscheidungsprozesse sinnvoll erscheinen. Andererseits legt der sozialpsychologische Wertewandel, welcher sich im politischen Bereich unter anderem in wachsender Parteienverdrossenheit und Wahlmüdigkeit äußert,[27] die Schaffung neuer politischer und gesellschaftlicher „Verantwortungsrollen“[28] nahe. Vor diesem Hintergrund scheint es auch in der kommunalen Selbstverwaltung an der Zeit, die ideologischen, institutionellen und in Partikularinteressen begründeten Barrieren, welche bisher verhindert haben, dass beide Bereiche konstruktiv aufeinander reagieren können, auf den Prüfstand zu stellen und gegebenenfalls aus dem Weg zu räumen.

Insbesondere mit Blick auf die partizipatorisch anspruchsvollere Variante macht es allerdings wenig Sinn, die Bürgerkommune als ein für alle Seiten gleichermaßen vorteilhaftes Konzept zu empfehlen. Kommunale Gestaltungsprozesse können nämlich durchaus den Charakter von Nullsummenspielen haben. Nicht nur Lobbyisten, auch Ratsmitglieder, Bürgermeister und Verwaltungsmitarbeiter müssen Macht abgeben und sich neuen Zwängen unterwerfen, wenn der Wille der Bürgerschaft größeres Gewicht erhalten soll.

Gleichzeitig eröffnen sich insbesondere den Kommunalpolitikern angesichts möglicher Verbesserungen in den Bereichen der Legitimation, der Akzeptanz, des Bürgervertrauens und der bürgerschaftlichen Unterstützung aber vielleicht auch neue Chancen. Thomas Leif wagt in diesem Zusammenhang eine optimistische Prognose: „Bei einem Mehr an Beteiligung müssen Menschen Macht abgeben. Noch ist es schwierig, aber in zehn Jahren werden nur die Politiker führende Positionen einnehmen können, die ein Management der Vielfalt demokratischer Akteure organisieren können. Das heißt, sie werden nicht mehr dafür belohnt,

25 Scharpf, Versuch über Demokratie im verhandelnden Staat, in: Czada/Schmidt (Hrsg.), Verhandlungsdemokratie, Interessenvermittlung, Regierbarkeit, 1. Aufl. 1993S. 25 ff.; Luhmann, Autopoiesis als soziologischer Begriff, in: Haferkamp/Schmid (Hrsg.), Sinn, Kommunikation und soziale Differenzierung, 4. Aufl. 1987, S. 307 ff.; Zürn PVS 1/1996, 27 ff.

26 Budäus/Junkernheinrich/Gnädinger VM 2/2009, 66, 68.

27 Grunden/Korte, Gesellschaftsberatung in der Parteiendemokratie, in: Bertelsmann Stiftung (Hrsg.), Wie Politik von Bürgern lernen kann, 1. Aufl. 2011, S. 72 ff.; Klages APuZ 29/2001, 7 ff.

28 Klages APuZ 29/2001, 7, 13.

wenn sie als Patriarchen ihrer Partei agieren und die Macht unter sich verteilen. Sondern sie werden Anerkennung erlangen und Machtressourcen erhalten, wenn sie das, was in der Bevölkerung, in der Bürgerschaft an Engagementpotential vorhanden ist, bündeln, integrieren, zusammenführen und zu guten Lösungen bringen".[29]

V. Schlussbetrachtung und Ausblick

Die dargestellten Ansätze stellen Idealtypen dar, aus denen im konkreten Fall nach Maßgabe der vor Ort gegebenen Bedingungen geeignete Komponenten ausgewählt und miteinander kombiniert werden können. Unabhängig davon, ob die partizipatorisch anspruchsvollere oder die eingeschränkte Variante der Bürgerkommune dabei größeres Gewicht erhalten soll, ist davon auszugehen, dass die kommunale Selbstverwaltung die für das Gelingen der entsprechenden Innovationen notwendigen Voraussetzungen nicht aus eigener Kraft bewerkstelligen kann. Hier sind die Städte und Gemeinden auf eine staatliche Rückendeckung angewiesen, die weit über die bislang üblichen punktuellen Interventionen hinausgeht und eine Neuordnung des Machtgefüges zwischen Staat und Kommunen in Betracht zieht. Ohne eine Reform der Finanzverfassung bleiben viele Städte und Gemeinden im Bereich der freiwilligen Aufgaben dauerhaft handlungsunfähig und damit auch außerstande, sich auch nur in Richtung einer im Sinne einer kleinen Demokratie angelegten Bürgerkommune zu entwickeln. Angesichts der chronischen Unterfinanzierung der Kommunen und insbesondere der Tatsache, dass staatliche Stellen Städten und Gemeinden in der Vergangenheit immer wieder erfüllungspflichtige Aufgaben zuweisen konnten, ohne dies mit der Bereitstellung ausreichender Mittel zu verbinden, sollte zumindest dem Konnexitätsprinzip, das die Zuweisung von Aufgaben an die Zuweisung von Ressourcen koppelt, endlich konsequent Geltung verschafft werden. Dabei reicht es nicht aus, dieses Prinzip flächendeckend in der Rechtsordnung zu verankern, es müssen auch Wege gefunden werden, aus einer Aufgabenübertragung resultierende Kosten hinreichend abzugrenzen und zu beziffern.

Eine Orientierung am ambitionierteren Konzept einer im Sinne einer umfassenden Demokratie verstandenen Bürgerkommune würde neben einer Reform der Finanzverfassung auch rechtliche Innovationen zum Ausbau und zur Aufwertung direktdemokratischer und deliberativer Beteiligungsverfahren implizieren. So müssten bei Bürgerbegehren und Bürgerentscheid Beteiligungs- und Zustimmungsquoren gesenkt, Positivkataloge erweitert und Negativkataloge ausge-

29 Leif, Bürgerbeteiligung – Mythos oder Motor der gesellschaftlichen Entwicklung?, in: Stiftung Mitarbeit (Hrsg.), Die Zukunft der Bürgerbeteiligung, 1. Aufl. 2011, S. 50.

dünnt werden. Und so müsste geprüft werden, welche deliberativen Verfahren unter welchen Voraussetzungen für eine kommunalverfassungsrechtliche Verankerung in Betracht kommen. Wenn sich die demokratisch legitimierten Entscheidungsträger auf solche Innovationen einlassen würden, könnte ein differenziertes bürgerschaftliches Partizipationsinstrumentarium entstehen, das unterschiedliche Kombinationen von Plebiszit und Deliberation erlaubt, etwa in der Form eines Bürgerbegehrens, das nicht auf die Abhaltung eines Bürgerentscheids abzielt, sondern auf die Durchführung einer Mediation oder die Erstellung eines Bürgergutachtens im Planungszellenverfahren.

Straf- und Strafprozessrecht

Tobias Singelnstein

Aspekte der Konstitutionalisierung im Strafrecht*

Das Verfassungsrecht prägt wie kaum ein anderes Thema das Werk von Martin Kutscha. Ganz im Vordergrund stehen dabei die Grundrechte, anhand derer Kutscha aus einer bürgerrechtlichen Perspektive zahlreiche Felder gesellschaftspolitischer Auseinandersetzungen treffend beschrieben und mit großer Schärfe analysiert hat. Eine wesentliche Rolle spielte dabei geradezu zwangsläufig das Recht der Inneren Sicherheit – zu dem Kutscha u.a. das gleichnamige Handbuch mitherausgegeben hat. Es sind vor allem diese Arbeiten, die mir als Strafrechtler in den vergangenen Jahren immer wieder höchst anregende Begegnungen mit Martin Kutscha beschert haben – sowohl bei der Lektüre, als auch persönlich. Vor diesem Hintergrund liegt wenig näher, als sich zu einem solchen Anlass mit der Frage nach den Wirkungen das Verfassungsrechts und insbesondere seiner schützenden Garantien im Bereich des Strafrechts zu befassen. Der Beitrag ist Martin Kutscha mit herzlichen Glückwünschen zu seinem 65. Geburtstag gewidmet.

Das Verfassungsrecht spielt im deutschen Strafrecht – ähnlich wie bei der Eingriffsverwaltung – eine besonders starke Rolle, da dieses in verschiedener Form intensiv in Grundrechte eingreift und daher besonderen Anforderungen genügen muss bzw. der rechtlichen Begrenzung bedarf. Nur selten ergeben sich aus der Verfassung in umgekehrter Weise Verpflichtungen für das Strafrecht, in bestimmten Bereichen aktiv zu werden.[1]

I. Überblick

Die Prägung durch Verfassungsrecht betrifft alle Bereiche des Strafrechts. Im materiellen Recht wurde bspw. in jüngerer Vergangenheit wieder stärker das Bestimmtheitsgebot aus Art. 103 Abs. 2 GG betont.[2] Danach müssen strafrechtliche Tatbestände die Voraussetzungen der Strafbarkeit so konkret umschreiben, dass

* Es handelt sich um die überarbeitete, erweiterte und aktualisierte Fassung eines Beitrages, der in den Annales de la Faculté de Droit d'Istanbul Vol. 43, No. 60, S. 33-45 erschienen ist.

1 S. aber BVerfG 28.5.1993, 2 BvF 2/90, NJW 1993, 1751 ff. zum Schwangerschaftsabbruch.

2 So etwa BVerfG 23.6.2010, 2 BvR 2559/08, NJW 2010, 3209 ff. zur Untreue; BVerfG 1.9.2008, 2 BvR 2238/07, NJW 2008, 3627 zu § 113 Abs. 2 Nr. 1 StGB.

der einzelne Bürger sein Verhalten auf die Rechtslage einstellen kann.[3] Ebenso können sich grundgesetzliche Wertungen aber auch in Begrenzungen (oder der Begründung) der Strafbarkeit niederschlagen. So begrenzt zum Beispiel der besondere Rechtfertigungsgrund der Wahrnehmung berechtigter Interessen nach § 193 StGB die Strafbarkeit nach den Beleidigungstatbeständen als besondere Ausprägung der Meinungsfreiheit aus Art. 5 Abs. 1 GG.[4] Die Nötigung gemäß § 240 StGB wird etwa durch die Versammlungsfreiheit des Art. 8 Abs. 1 GG eingeschränkt.[5]

Im Strafverfahrensrecht zeigt sich der Einfluss des Verfassungsrechts vor allem bei den Grundrechtseingriffen, die mit strafprozessualen Zwangs- und Ermittlungsmaßnahmen einhergehen. Vergleichbares gilt im Sanktionenrecht, vor allem für den Strafvollzug. Dieser bedeutet nicht alleine Freiheitsentzug. Vielmehr bringt der Vollzugsalltag eine Vielzahl weiterer Grundrechtsbeeinträchtigungen mit sich, die dem Vorbehalt des Gesetzes unterliegen.[6] Umgekehrt hat das Bundesverfassungsgericht aus dem Allgemeinen Persönlichkeitsrecht aus Art. 2 Abs. 1 i. V. m. Art. 1 Abs. 1 GG einen Anspruch des Gefangenen auf Resozialisierung entwickelt.[7] Aus der Perspektive des Verfassungsrechts sind neben den Grundrechten – vor allem diejenigen auf Freiheit der Person (Art. 2 Abs. 2),[8] auf informationelle Selbstbestimmung (Art. 2 Abs. 1 i. V. m. Art. 1 Abs. 1), auf Unverletzlichkeit der Wohnung (Art. 13) und das Fernmeldegeheimnis (Art. 10) – die grundrechtsgleichen Rechte der Art. 101 ff. GG von erheblicher Bedeutung. Eine zentrale Rolle spielt Art. 103 Abs. 2, aus dem neben dem Gesetzvorbehalt auch der Bestimmtheitsgrundsatz sowie das strafrechtliche Rückwirkungs- und Analogieverbot entnommen werden.[9]

Neben dem Grundgesetz ist für die Frage der Konstitutionalisierung des Strafrechts auch die EMRK von Interesse. Sie etabliert mit dem Europäischen Gerichtshof für Menschenrechte (EGMR) nach Art. 19 ff. EMRK eine weitere Institution, die die Einhaltung der in der EMRK enthaltenen Grund- bzw. Menschenrechte im Einzelfall beurteilt. Dies ist im Fall des Strafrechts von ganz besonderer Bedeutung, da das deutsche Bundesverfassungsgericht auf diesem Gebiet häufig erhebliche Zurückhaltung zeigt. Zwar sind in der jüngeren Vergangenheit

3 Etwa BVerfG 22.6.1988, 2 BvR 234/87, NJW 1989, 1663.
4 Fischer, StGB, 60. Aufl. 2013, § 193 Rn 17.
5 S. zuletzt BVerfG 23.3.2011, 2 BvR 882/09, StraFo 2011, 180.
6 Vgl. BVerfG 14.3.1972, 2 BvR 41/71, NJW 1972, 811 ff.; Feest/Lesting, StVollzG, 6. Aufl. 2012, Vor § 2 Rn 2; zum Jugendstrafvollzug indes erst 2006 BVerfG 31.5.2006, 2 BvR 1673/04, NJW 2006, 2093 ff.
7 BVerfG 5.6.1973, 1 BvR 536/72, NJW 1973, 1227 ff.; 21.6.1977, 1 BvL 14/76, NJW 1977, 1525 ff.; 1.7.1998, 2 BvR 441/90, NJW 1998, 3337 ff.
8 Vgl. BVerfG 9.3.1994, 2 BvL 43/92, NJW 1994, 1577 ff.; Lagodny, Strafrecht vor den Schranken der Grundrechte, 1996.
9 Fischer (Fn 4), § 1 Rn 2.

verschiedene grundlegende und den staatlichen Zugriff einschränkende Entscheidungen zu verschiedenen Überwachungsmaßnahmen und zum Datenschutz ergangen.[10] Im materiellen Strafrecht und anderen Bereichen des Verfahrensrechts jedoch überlässt das Gericht das Feld recht weitgehend dem Gesetzgeber bzw. der Praxis. Dies ermöglicht es zum einen dem EGMR, an diesen Punkten gestaltend tätig zu werden.[11] Zum anderen führt es auch zu Konflikten zwischen den Gerichten. Dies zeigte sich zuletzt eindrucksvoll bei der Rechtsprechung zur Sicherungsverwahrung.[12]

II. Vertiefungen

Bereits aus diesem kurzen Überblick ergibt sich eine Vielzahl von Beispielen, anhand derer sich die Konstitutionalisierung des Strafrechts vertiefter behandeln ließe.[13] Unter diesen gäbe es genügende, um zu demonstrieren, mit welchen Schwierigkeiten die Durchsetzung verfassungsrechtlicher Standards in der Praxis verbunden ist. Statt dessen seien hier zwei größere Bereiche skizziert, in denen Verfassungsrecht derzeit oder in Zukunft eine prägende Rolle spielen wird bzw. sollte.

1. Rechtsgutslehre und verfassungsgerichtliche Perspektive

Das erste Beispiel betrifft das materielle Recht und hier eine schon lange diskutierte grundlegende Fragestellung. Im Hinblick auf die ultima ratio-Funktion des Strafrechts wird gemeinhin davon ausgegangen, dass Strafrecht nicht umfassend pönalisieren darf, sondern einen fragmentarischen Charakter haben muss.[14] Dies zieht die Frage nach sich, unter welchen Voraussetzungen der Gesetzgeber befugt ist, ein bestimmtes Verhalten unter Strafe zu stellen.

10 Vgl. BVerfG 3.3.2004, 1 BvR 2378/98, NJW 2004, 999 ff. zum Großen Lauschangriff; BVerfG 4.4.2006, 1 BvR 518/02, NJW 2006, 1939 ff. zur Rasterfahndung und BverfG 2.3.2010, 1 BvR 256/08, NJW 2010, 833 ff. zur Vorratsdatenspeicherung.

11 Zur EGMR-Rechtsprechung im Bereich des Strafrechts in den vergangenen Jahren Esser/Gaede/Tsambikakis NStZ 2011, 78 ff., 140 ff.

12 S. BVerfG 5.2.2004, 2 BvR 2029/01, NJW 2004, 739 ff. zur rückwirkenden Aufhebung der Zehn-Jahres-Grenze; EGMR 17.12.2009, 19359/04, StV 2010, 181 ff.; BVerfG 4.5.2011, 2 BvR 2333/08, NJW 2011, 1931 ff.

13 S. etwa auch Landau ZStW 2009, 965, 970 ff.

14 BVerfG 9.3.1994, 2 BvL 43/92, NJW 1994, 1577 ff.; BGH 2.4.2008, 1 ARs 3/08, JR 2008, 255 ff.; Bringewat, Grundbegriffe des Strafrechts, 2. Aufl. 2008, S. 24.

a) Rechtsgutslehre

Die herrschende Lehre in der Strafrechtswissenschaft folgt dabei der in ihren Ursprüngen auf das 19. Jahrhundert zurückgehenden Rechtsgutslehre, wonach das Strafrecht dem Rechtsgüterschutz dient.[15] Strafnormen sind danach nur dort zulässig, wo Rechtsgüter verletzt werden oder eine solche Verletzung mindestens droht. Ein strafrechtlicher Schutz bloßer Moralvorstellungen ist demnach unzulässig.[16] Welche Schranken diese Lehre konkret zieht, wie weit sie also im Einzelnen geht, ist umstritten.[17] Einem engen Verständnis zufolge darf das Strafrecht nur personale Rechtsgüter wie Leben, körperliche Unversehrtheit oder Freiheit schützen und darf sich dieser Schutz nur auf Verletzungen bzw. mindestens konkret bevorstehende Verletzungen beziehen, wie es die Versuchsstrafbarkeit vorsieht.

Demgegenüber hat der Gesetzgeber in den vergangenen Jahrzehnten faktisch einem weiten Verständnis den Rücken gestärkt.[18] Neben einer massiven Ausweitung des strafrechtlichen Zugriffs, die gerade auch Universalrechtsgüter betrifft, ist eine erhebliche Vorverlagerung der Strafbarkeit zu beobachten, die sich nicht mehr nur als Ausnahme in einzelnen Deliktsbereichen findet.[19] Dies wird zum einen mit Präventionsvorstellungen begründet, die nicht den Strafzweck betreffen und dem Strafrecht eigentlich fremd sind. Durch strafrechtliche Intervention im Vorbereitungsstadium sollen Rechtsgutsverletzungen, deren Eintritt bei ungehindertem Fortgang prognostiziert wird, vor ihrem Eintritt verhindert werden.[20] So stellen etwa die 2009 eingeführten §§ 89a, 89b StGB unter Strafe, sich in einem „Terrorcamp“ ausbilden zu lassen bzw. hierfür Kontakt zu einer entsprechenden Organisation aufzunehmen.[21] Damit pönalisieren sie zwar eine Handlung in der Vergangenheit. Eigentlicher Strafgrund ist aber die Verhinderung von daraus eventuell folgenden Taten in der Zukunft.[22] Zum anderen werden im Wirtschafts-, aber auch im Drogen- und Umweltstrafrecht neue Straftatbestände

15 Vgl. ausführlich Amelung, Rechtsgüterschutz und Schutz der Gesellschaft, 1972; Pasedach, Verantwortungsbereiche wider Volksgesundheit, 2012, S. 127 ff. m.w.N.; Sina, Dogmengeschichte des strafrechtlichen Begriffs “Rechtsgut”, 1962.

16 Guter Überblick bei Swoboda ZStW 2010, 24 ff.

17 Zu den verschiedenen Ansätzen Hefendehl GA 2007, 1 ff.; Swoboda ZStW 2010, 24, 25 ff., 33 ff.

18 Swoboda ZStW 2010, 24, 35 f.

19 Hefendehl ZIS 2012, 506, 510; Zöller StV 2012, 364, 371.

20 Puschke, in: Hefendehl (Hrsg.), Grenzenlose Vorverlagerung des Strafrechts?, 2010, S. 25 f.

21 Krit. hierzu Radtke/Steinsiek JR 2010, 107 ff.

22 Vgl. auch Ziemann/Ziethen ZRP 2012, 168, 169 ff. zur neuen Richtlinie 2011/93/EU zur Bekämpfung von Kindesmissbrauch und Kinderpornografie, wonach u.a. die Anbahnung der Kontaktaufnahme zu Kindern unter Strafe gestellt werden soll.

häufiger als abstrakte Gefährdungstatbestände ausgestaltet.[23] Diese verlangen nicht mehr eine Verletzung von Rechtsgütern oder wenigstens eine konkrete Gefahr. Stattdessen genügt die gesetzliche Vermutung, dass ein bestimmtes Verhalten für das Schutzgut gefährlich werden kann. Die Rechtsgutslehre hatte dem wenig entgegenzusetzen, so dass ihre Begrenzungsfunktion in Frage gestellt ist.

b) Rechtsprechung des Verfassungsgerichts

Ein zentraler Einwand gegen die Rechtsgutslehre ist, dass sie demokratietheoretisch nicht zu legitimieren sei. Es sei der Wissenschaft verwehrt, dem Gesetzgeber durch die Formulierung von Rechtsgütern Grenzen bei der Schaffung von Strafrechtsnormen zu ziehen; dies könne allein die Verfassung. Auf dieser Linie bewegt sich auch die Rechtsprechung des Bundesverfassungsgerichts, das sich im Jahr 2008 mit der Frage zu beschäftigen hatte.[24] Dabei ging es um § 173 StGB, der den Beischlaf zwischen Verwandten unter Strafe stellt. Zwei volljährige Geschwister hatten gemeinsam einvernehmlich eine Familie gegründet. Der Mann war für den Beischlaf mit seiner Schwester mehrfach, zuletzt zu einer Freiheitsstrafe von einem Jahr und zwei Monaten verurteilt worden. Hiergegen wandte er sich mit seiner Verfassungsbeschwerde und wollte die Nichtigkeit von § 173 Abs. 2 S. 2 StGB festgestellt wissen, der der Verurteilung zu Grunde lag.[25] Diese Auffassung entspricht der wohl herrschenden Lehre, derzufolge in Fällen wie dem vorliegenden keinerlei Schaden entstehe, so dass § 173 Abs. 2 S. 2 StGB in solchen Fällen einen bloßen Moralverstoß unter Strafe stelle.[26]

Das Verfassungsgericht wies nicht nur die Verfassungsbeschwerde zurück, sondern erteilte auch der strafrechtlichen Rechtsgutslehre eine Absage.[27] Während für letztere die Frage nach dem Rechtsgut sozusagen der Ausgangspunkt ist bei einer Prüfung von Strafrechtsnormen, folgte das Gericht naturgemäß einer verfassungsrechtlichen Perspektive. Es fragt, ob § 173 Abs. 2 S. 2 StGB eine zulässige, insbesondere verhältnismäßige Einschränkung des Allgemeinen Persönlichkeitsrechts darstellt. Die Mehrheit der Richter kommt dabei zu dem Ergebnis,

23 Vgl. D'Avila GA 2011, 578, 579; Kim, Umweltstrafrecht in der Risikogesellschaft, 2004, S. 147 ff.; Kudlich/Oglakcioglu, Wirtschaftsstrafrecht, 2011, S. 14; Meyer-Mews StraFo 2013, 147, 152; Wang, Drogenstraftaten und abstrakte Gefährdungsdelikte, 2003, S. 143 ff.

24 Vorangehend BVerfG 10.5.1957, 1 BvR 550/52, JZ 1957, 484 ff; 2.10.1973, 1 BvL 7/22, NJW 1973, 2195 ff.; 9.3.1994, 2 BvL 43/92, NJW 1994, 1577 ff.

25 BVerfG 26.2.2008, 2 BvR 392/07, NJW 2008, 1137.

26 S. Fischer (o. Fn 4), § 173 Rn 7 für Nachweise.

27 BVerfG 26.2.2008, 2 BvR 392/07, NJW 2008, 1137, 1138. – Zwar ist auch in den Entscheidungen des Bundesverfassungsgerichts von Rechtsgütern die Rede. Das Gericht verwendet den Begriff jedoch im allgemeinen Sinn, bezeichnet damit – anderes als die strafrechtliche Rechtsgutslehre – also generell rechtlich geschützte Interessen natürlicher und juristischer Personen.

dass der Gesetzgeber mit der Norm Zwecke verfolge, die „jedenfalls in ihrer Gesamtheit die Einschränkung des allgemeinen Persönlichkeitsrechts legitimieren" würden. Konkret angeführt werden der Schutz von Ehe und Familie, der Schutz der sexuellen Selbstbestimmung sowie eugenische Gesichtspunkte.[28]

c) Differenzen

Mit der Entscheidung sind die Differenzen zwischen Verfassungsgericht und Strafrechtswissenschaft deutlich zu Tage getreten. Die unterschiedliche Auffassung über die Weite der Spielräume, die dem Gesetzgeber bei der Schaffung von Strafrechtsnormen zustehen, ist dabei nur eine Seite der Medaille. Deutlich grundlegender sind die Unterschiede in der Betrachtungsweise.[29] Obgleich die inhaltlichen Aspekte, die beide Seiten berücksichtigen wollen, sehr ähnlich sind, haben die Perspektiven bislang nicht zueinander gefunden.[30] Die Strafrechtslehre auf der einen Seite hat es in der Vergangenheit nicht vermocht, die überkommene Rechtsgutstheorie in ausreichendem Maße verfassungsrechtlich anschlussfähig zu machen. Die Rechtsprechung des Verfassungsgerichts hat es versäumt, die Erträge der Rechtsgutslehre, die diese in Jahrzehnten herausgearbeitet hat, für die eigene Perspektive fruchtbar zu machen. Dies ist umso bedauerlicher, als es auf diesem Weg möglich gewesen wäre, deutlich konkretere und verlässlichere Kriterien und Maßstäbe für die Prüfung von Strafrechtsnormen zu entwickeln,[31] als es die Mehrheitsmeinung des Senats getan hat. Obwohl auch sie das Strafrecht als „ultima ratio des Rechtsgüterschutzes" ansieht und eine strikte Wahrung des Verhältnismäßigkeitsgebots anmahnt,[32] ergeben sich aus der Entscheidung nur wenig klare Begrenzungen für den Gesetzgeber.

2. Informationelle Selbstbestimmung im Strafverfahren

Das zweite Beispiel zur Konstitutionalisierung im Strafrecht betrifft das Verfahrensrecht, konkret den Schutz personenbezogener Daten. 1983 hat das Bundesverfassungsgericht im Volkszählungsurteil aus dem Allgemeinen Persönlichkeitsrecht aus Art. 2 Abs. 1 i. V. m. Art. 1 Abs. 1 GG das Grundrecht auf infor-

28 BVerfG 26.2.2008, 2 BvR 392/07, NJW 2008, 1137, 1139; dazu im Einzelnen kritisch Hörnle NJW 2008, 2085 ff.
29 Grundlegend hierzu bereits Lagodny (Fn 8).
30 Dazu auch Hörnle NJW 2008, 2085.
31 S. auch Swoboda ZStW 2010, 24, 36 f., 48 f. m.w.N; Stuckenberg GA 2011, 653, 661.
32 BVerfG 26.2.2008, 2 BvR 392/07, NJW 2008, 1137, 1142 ff.

mationelle Selbstbestimmung abgeleitet.[33] Dieses schützt das Recht des Einzelnen, selbst zu entscheiden, ob und wie persönliche Lebenssachverhalte offenbart werden. Damit schützt es generell vor der ohne Einwilligung erfolgenden staatlichen Erhebung und Verwendung personenbezogener Daten.[34] Dies gilt gerade für das Strafverfahren mit seinen besonderen Eingriffsformen und Verwendungszwecken,[35] sodass hier die Erhebung und Verwendung personenbezogener Daten mindestens durch eine Rechtsgrundlage gestattet sein und dem Grundsatz der Verhältnismäßigkeit genügen müssen.

a) Datenerhebung

Diese Anforderungen haben sich nach dem Volkszählungsurteil im Strafverfahren nur langsam und Schritt für Schritt durchgesetzt. In einigen Bereichen sind sie bis heute nicht prägend geworden. Ähnlich wie bei der Rechtsgutslehre trafen die neuen verfassungsrechtlichen Anforderungen auf eine Praxis, die ihren Umgang mit Daten bereits seit Jahrzehnten etabliert und eingeübt hatte. Hier mussten und müssen sich mitunter die Vorgaben aus dem Grundgesetz erst durchsetzen.[36] Vergleichsweise gut gelungen ist dies im Bereich der Datenerhebung soweit es um das Erfordernis einer Rechtsgrundlage geht. Zum einen ist für die verschiedenen Erhebungsmaßnahmen ein recht differenzierter Bestand an Rechtsgrundlagen vorhanden. Zum anderen ist es in der Praxis heute eher eine Ausnahme, dass personenbezogene Daten bei der Strafverfolgung ohne Rechtsgrundlage erhoben werden.[37]

Im Gegensatz dazu kann sich der Grundsatz der Verhältnismäßigkeit nicht selten nur unzureichend Geltung verschaffen – obwohl ihm als Grenze gerade angesichts der zunehmenden Bedeutung und Menge gespeicherter Daten eine ganz besondere Bedeutung zukommt.[38] Ein jüngeres Beispiel hierfür ist eine Funkzellenabfrage zum 19. Februar 2011 in Dresden. An diesem Tag sollte in der Stadt ein Aufmarsch von mehreren Tausend Rechtsextremisten stattfinden. Hiergegen wandte sich ein breites Bündnis, das mehrere Zehntausend Menschen auf die Straße brachte, die die Route des Aufmarsches blockieren wollten. Bei einer Funkzellenabfrage, die in § 100g Abs. 2 S. 2 StPO rudimentär geregelt ist,

33 BVerfG 15.12.1983, 1 BvR 209/83, NJW 1984, 419 ff.
34 BVerfG 15.12.1983, 1 BvR 209/83, NJW 1984, 419, 421 f.; von Münch/Kunig-GG/Kunig, Bd. 1, 6. Aufl. 2012, Art. 2, Rn 38, 41 ff.
35 Singelnstein ZStW 2008, 854, 855 ff.
36 Dazu allg. Kutscha LKV 2008, 481 ff.
37 S. aber etwa Kutscha NJW 2007, 1169 ff. zur „Online-Durchsuchung“; Eisenberg/Singelnstein NStZ 2005, 62 ff. zur „stillen SMS“.
38 Dazu sowie zur Funkzellenabfrage Singelnstein JZ 2012, 601 ff.

wird über einen bestimmten Zeitraum der gesamte Mobilfunkverkehr überwacht, der über eine Funkzelle abgewickelt wird. Das bedeutet, dass die Verkehrsdaten der Telekommunikation gespeichert bzw. abgefragt werden, um sie sodann auszuwerten. Es handelt sich mithin um einen Eingriff in das Fernmeldegeheimnis aus Art. 10 Abs. 1 GG. Das besondere an dieser Maßnahme ist, dass viele unbeteiligte Personen von dem Eingriff betroffen sind, da unterschiedslos jede Kommunikation erfasst wird. Anlässlich des 19. Februars wurden dabei mehr als eine Million Datensätze von mehr als 300.000 Betroffenen erfasst.

Zwar mag man in diesem Fall die geschriebenen Voraussetzungen des § 100g StPO für eine Funkzellenabfrage bejahen können: Wenngleich wenig klar ist, welche Beweise oder wenigstens weiterführenden Erkenntnisse die Maßnahme für die laufenden Verfahren überhaupt erbringen konnte, so lässt sich ihr doch nicht jede potentielle Eignung absprechen, den Ermittlungszweck zu fördern. Allerdings müssten die Funkzellenabfragen auch dem Grundsatz der Verhältnismäßigkeit genügen, was insbesondere hinsichtlich der Angemessenheit mehr als zweifelhaft ist.[39] Erstens standen der in diesem Fall immens hohen Zahl von Betroffenen auf der anderen Seite nur einige wenige Delikte gegenüber, für deren Aufklärung die Maßnahme wohl nur eine untergeordnete Bedeutung erlangen konnte. Zweitens sind neben unbeteiligten Anwohnern auch zahlreiche Abgeordnete, Journalisten und Rechtsanwälte von der Überwachung betroffen gewesen und damit Personengruppen, denen das Grundgesetz bzw. die StPO einen besonderen Schutz gewährt.[40] Und drittens ist die Wirkung von Art. 8 Abs. 1 GG zu beachten. Schließlich wurden durch die Maßnahmen praktisch alle Teilnehmer verschiedener Versammlungen erfasst.

b) Datenverwendung

Noch schwerfälliger als bei der Datenerhebung gestaltet sich der Prozess der Konstitutionalisierung bei der Datenverwendung bzw. -verarbeitung. Auch hier sind die verfassungsrechtlichen Anforderungen – also Rechtsgrundlage und Verhältnismäßigkeit – (erneut) zu beachten,[41] wenn sich die Zulässigkeit der Datennutzung nicht bereits aus der Erhebungsnorm ergibt. Dies ist etwa der Fall, wenn nicht alle Voraussetzungen der Erhebungsnorm vorgelegen haben. In diesem Fall ist nicht nur die Datenerhebung rechtswidrig. Auch kann die Erhebungsnorm nicht die Verwendung der rechtswidrig erlangten Daten im Strafverfahren legitimieren. Hierfür wäre somit eigentlich eine spezielle, hinreichend bestimmte

39 Zum Maßstab Singelnstein JZ 2012, 601 ff.
40 Vgl. Beulke, Strafprozessrecht, 12. Aufl. 2012, Rn 232a.
41 Zum Zweckbindungsgrundsatz Kutscha ZRP 1999, 156 ff.

Rechtsgrundlage erforderlich, die das Strafverfahrensrecht indes nicht kennt, sodass die Verwendung rechtswidrig erlangter Beweismittel aus Sicht des Grundrechts auf informationelle Selbstbestimmung eigentlich unzulässig ist.[42] Gleichzeitig ist aus Perspektive des Strafverfahrensrechts gerade die Frage nach einem Verwertungsverbot bei rechtswidrig erlangten Beweismitteln eine der umstrittensten. Hier hat sich – ähnlich wie bei der Rechtsgutslehre in der Strafrechtswissenschaft – über Jahrzehnte eine Rechtsprechung der Fachgerichte herausgebildet, die mit den Maßstäben informationeller Selbstbestimmung nur schwer überein zu bringen ist. Zugleich halten sich sowohl der Gesetzgeber als auch das BVerfG[43] auf diesem Gebiet stark zurück.

III. Fazit

Bereits dieser kurze Streifzug durch das Strafrecht lässt deutlich werden, dass Konstitutionalisierung ein permanenter, mitunter widersprüchlicher Prozess ist. Manche Auswirkungen der Verfassung im Strafrecht sind uns Selbstverständlichkeit, andere werden immer wieder neu erarbeitet, wieder andere entstehen erst und setzen sich nur langsam oder gar nicht durch. Dies gilt insbesondere für Bereiche, die bereits durch eine traditionsreiche Dogmatik geprägt sind, welche den verfassungsrechtlichen Vorgaben mitunter nur sehr zögerlich Raum gibt.

42 Singelnstein, in: Müller/Sander/Válková (Hrsg.), FS Eisenberg, 2009, S. 643 ff.; anders BVerfG 7.12.2011, 2 BvR 2500/09, NJW 2012, 907, 910 ff.

43 S. zuletzt BVerfG 7.12.2011, 2 BvR 2500/09; NJW 2012, 907, 910 ff.; dazu Singelnstein NStZ 2012, 593, 604 f.

Fredrik Roggan

Vom anschluss- zum kontaktbezogenen Kernbereichsschutz bei der TKÜ – Zugleich eine Anmerkung zu BVerfG 12.10.2011 – 2 BvR 236/08

I. *Martin Kutscha und der Kernbereich privater Lebensgestaltung*

Schon bald nach der Entscheidung des Ersten Senats des Bundesverfassungsgerichts vom 3. März 2004[1] zum großen Lauschangriff in der Strafprozessordnung griff der mit dieser Festschrift geehrte Martin Kutscha die Problematik des Schutzes des Kernbereichs privater Lebensgestaltung unter vielfältigen Gesichtspunkten auf. So seien kernbereichsschützende Regelungen etwa auch bei Überwachungsmaßnahmen im Polizeirecht vorzusehen.[2] Aber auch allgemein bei Telekommunikationsüberwachungsmaßnahmen ständen die Gesetzgeber in der Pflicht, die Vorgaben des Bundesverfassungsgerichts durch die Änderung bzw. Ergänzung der entsprechenden Eingriffsregelungen rasch umzusetzen.[3] Mit Blick auf den Schutz der Intimsphäre gebe es also durchaus „Neues aus Karlsruhe".[4]

Die genannten Forderungen verbinden den Geehrten mit dem Verfasser dieses Beitrags, was sich u.a. auch in gemeinsamen Publikationen niederschlägt.[5] Schon früh wies er indessen auch auf bestimmte Schwächen des Schutzkonzepts der Lauschangriff-Entscheidung hin[6] – und sollte damit, was Gegenstand der folgenden Erwägungen sein soll, Recht behalten. Freilich war nicht vorherzusehen, dass der *Zweite Senat* mit seiner Entscheidung vom 12. Oktober 2011[7] die ohnehin brüchige Linie zwischen absolut geschützter Intimsphäre und unvermeidbarer Verletzung derselben bei bestimmten Ermittlungen bis an die Grenze der weitestgehenden Verschwommenheit verschieben würde.[8]

1 BVerfG 3.3.2004, 1 BvR 2378/98, NJW 2004, 999, StV 2004, 169, BVerfGE 109, 279.
2 Roggan/Kutscha, in: Roggan (Hrsg.), GS Lisken, 2004, S. 25 ff. (Große Lauschangriffe im Polizeirecht).
3 Kutscha NVwZ 2005, 1231, 1232.
4 Kutscha NJW 2005, 20, 22.
5 Kutscha, Innere Sicherheit und Verfassung, in: Roggan/Kutscha (Hrsg.), Handbuch zum Recht der Inneren Sicherheit, 2. Aufl. 2006, S. 24 ff., insbes. S. 55.
6 Kutscha NJW 2005, 20, 21; ähnlich Sachs JuS 2012, 375.
7 BVerfG 12.10.2011, 2 BvR 236/08, NJW 2012, 833, StV 2012, 257, BVerfGE 129, 208.
8 In diesem Sinne auch Kutscha, in: Kutscha/Thomé, Grundrechtsschutz im Internet, S. 78 ff.

Angesprochen sind damit die konkreten Kautelen für sicherheitsbehördliches Handeln. Im Falle von Eingriffen in das Telekommunikationsgrundrecht nach Strafprozessrecht sollen sich diese Restriktionen aus § 100a Abs. 4 StPO ergeben und darin (weitestgehend) erschöpfen. Gegenstand der folgenden Erwägungen[9] soll zunächst eine Gegenüberstellung der Judikate der beiden Senate sein. Dabei wird zu zeigen sein, dass der *Zweite Senat* den – u.a. von Kutscha unter Bezugnahme auf das Minderheitenvotum von Hohmann-Dennhardt und Jaeger[10] – als Problem benannten Umstand, dass sich ein Kernbereichsbezug vielfach erst anlässlich von Überwachungsmaßnahmen herausstellt, folglich nicht mehr ungeschehen gemacht werden kann und lediglich auf Verwertungsebene berücksichtigt werden muss, nachgerade zum verfassungsrechtlich akzeptierten Prinzip erhebt.

II. Zu den Differenzierungen der Senate beim Kernbereichsschutz im Vorfeld der Entscheidung vom 12. Oktober 2011

1. Das Schutzkonzept des Ersten Senats

Gedanklicher Ausgangspunkt für den Schutz des Kernbereichs privater Lebensgestaltung ist die Menschenwürde aus Art. 1 Abs. 1 GG. Aus ihr leitet der *Erste Senat* mit Blick auf das Wohnungsgrundrecht aus Art. 13 Abs. GG ab, dass zur Entfaltung der Persönlichkeit im Kernbereich privater Lebensgestaltung die Möglichkeit gehört, innere Vorgänge wie Empfindungen und Gefühle sowie Überlegungen, Ansichten und Erlebnisse höchstpersönlicher Art zum Ausdruck zu bringen, und zwar ohne Angst, dass staatliche Stellen dies überwachen. Vom (absoluten!) Schutz umfasst sind auch Gefühlsäußerungen, Äußerungen des unbewussten Erlebens sowie Ausdrucksformen der Sexualität.[11] Insbesondere ist die Kommunikation mit Personen des besonderen Vertrauens[12] in besonderer Weise schutzwürdig und folglich von einer staatlichen Kenntnisnahme im Sinne eines abwägungsfesten Schutzes grundsätzlich auszunehmen. Für den Bereich der Lauschangriffe folgt hieraus, dass bestimmte Räumlichkeiten von einer Überwachung *a priori* ausgenommen sein können (vgl. § 100c Abs. 4 StPO)

9 Sie sind teilweise erstmals in HRRS 2013, 153 ff. erschienen.

10 BVerfG 3.3.2004, 1 BvR 2378/98, Abs. 355 ff., NJW 2004, 999, 1020 ff., BVerfGE 109, 279, 382.

11 BVerfG 3.3.2004, 1 BvR 2378/98, Abs. 120, NJW 2004, 999, 1002, StV 2004, 169, 170, BVerfGE 109, 279, 313 – gerade letztere werden sich freilich eher in der räumlichen denn der telekommunikativen Privatsphäre verwirklichen; vgl. dazu auch Löffelmann ZStW 118, 358, 382.

12 Zu diesem Kreis näher BVerfG 3.3.2004, 1 BvR 2378/98, Abs. 146 ff., NJW 2004, 999, 1004, StV 2004, 169, 172, BVerfGE 109, 279, 321 ff.

bzw. eine Überwachung abzubrechen ist, wenn sich (unerwartet) Anhaltspunkte für die Betroffenheit der Intimsphäre ergeben. Sodann greifen Löschungsgebote, absolute Verwertungsverbote[13] sowie flankierende Dokumentationspflichten (vgl. § 100c Abs. 5 StPO).

Als Quintessenz folgt hieraus, dass es verfassungsrechtlich um eine möglichst weit reichende Minimierung des Risikos der Betroffenheit des Kernbereichs privater Lebensgestaltung geht: Schon aus Gründen der Verhältnismäßigkeit ist dafür zu sorgen, dass Verletzungen dieses Bereichs nach Möglichkeit unterbleiben. Hoffmann-Riem beschreibt dieses Prinzip als Vorrangigkeit des Kernbereichsschutzes durch die Nichterhebung von Daten.[14] So verstanden meint der *Erste Senat* einen *anschlussbezogenen* Kernbereichsschutz bei der TKÜ.

Derselbe Senat nutzte hiernach wiederholt die Gelegenheit, auf das Erfordernis eines gesetzlichen Kernbereichs-Schutzkonzepts auch bei anderen Ermittlungsmethoden, namentlich auch Telekommunikationsüberwachungen,[15] hinzuweisen. In der Entscheidung zum Niedersächsischen SOG etwa heißt es, dass die Bürger zur höchstpersönlichen Kommunikation zwar nicht in gleicher Weise auf die Telekommunikation angewiesen seien wie auf eine Wohnung. Die stets garantierte Unantastbarkeit der Menschenwürde verlange aber auch im Gewährleistungsbereich des Art. 10 Abs. 1 GG Vorkehrungen zum Schutz individueller Entfaltung im Kernbereich privater Lebensgestaltung. Deshalb bedürfe es auch in diesem Bereich kernbereichsschützender Regelungen. Diese hätten im Rahmen einer gesetzgeberischen Schutzpflicht[16] vorzusehen, dass bei konkreten Anhaltspunkten für die Annahme, dass eine Telekommunikationsüberwachung Inhalte erfasse, die zu diesem Kernbereich gehören, sie nicht zu rechtfertigen sei und damit zu unterbleiben habe.[17]

2. Relativierungen in der Rechtsprechung des Zweiten Senats

Im Anschluss an diese Rechtsprechung entschied der *Zweite Senat* des BVerfG bei einer E-Mail-Beschlagnahme, dass bei tatsächlichen Anhaltspunkten für die Annahme, dass ein Zugriff auf gespeicherte Telekommunikation Inhalte erfasse,

13 BVerfG 3.3.2004, 1 BvR 2378/98, Abs. 184 f., NJW 2004, 999, 1007, StV 2004, 169, 175, BVerfGE 109, 279, 331.
14 JZ 2008, 1009, 1020.
15 Ausf. dazu schon Warntjen KJ 2005, 276 ff.
16 Baldus JZ 2008, 218, 220 f.
17 BVerfG 16.3.2005, 1 BvR 668/04, Abs. 163, BVerfGE 113, 348, 391 f.; ausf. dazu Bergemann, Die Telekommunikationsüberwachung nach der Entscheidung des Bundesverfassungsgerichts zum „Großen Lauschangriff“, in: Roggan (Hrsg.), GS Lisken, 2004, S. 69 ff.; a. A. bspw. noch BGHSt 29, 23, 25.

die zum Kernbereich gehörten, er *insoweit* nicht zu rechtfertigen und *insoweit* zu unterbleiben habe.[18]

In dieser Judikatur ist schon sprachlich eine Relativierung der Grundsätze des *Ersten Senats* zum Kernbereichsschutz zu erkennen. Denn während im dortigen Diktum die Auslegung nicht fern liegend ist, dass es ein (Gesamt-)Maßnahmeverbot („eine Telekommunikationsüberwachung")[19] meint,[20] schränkt der *Zweite Senat* das Überwachungsverbot erkennbar auf bestimmte Kommunikationsbeziehungen („insoweit") ein (dazu näher unter III.2.) und geht offenbar einem lediglich *kontaktbezogenen* Kernbereichsschutz aus. Von einer Vorrangigkeit des Kernbereichsschutzes durch Nichterhebung kann hier nur noch sehr eingeschränkt die Rede sein.

3. Gemeinsamer Prognosemaßstab für Überwachungsverbote

Unabhängig hiervon legen beide Senate denselben Prognosemaßstab an: Jeweils lösen „tatsächliche Anhaltspunkte" ein Überwachungsverbot aus. Dieser Terminus ist vor allem aus polizeirechtlichen Eingriffstatbeständen im Bereich der sog. Vorfeldermittlungen[21] bekannt. Gegenstand ist dort die Prognose einer zukünftigen Rechtsgutsverletzung,[22] bei der eine entsprechende *Möglichkeit* bereits ausreicht und nur reine Spekulationen, hypothetische Erwägungen oder lediglich auf kriminalistische Alltagserfahrungen gestützte, fallunabhängige Vermutungen als Grundlage einer Entscheidung nicht ausreichen.[23] Was dort ermächtigungsbegründende tatbestandliche Schwelle ist, wird hier von beiden Senaten als maßnahmeverbotsbegründender Terminus verwandt. Pointiert ist also zu formulieren, dass im bereits eingeleiteten Ermittlungsverfahren unter leichteren Bedingungen ein Datenerhebungsverbot greift, als dasselbe überhaupt einzuleiten ist (*zureichende* Anhaltspunkte, § 152 Abs. 2 StPO).[24]

18 BVerfG 16.6.2009, 2 BvR 902/06, Abs. 90, NJW 2009, 2431, 2437, StV 2009, 617, 622, BVerfGE 124, 43, 70 – Hervorhebungen durch Verf..
19 BVerfG 16.3.2005, 1 BvR 668/04, Abs. 163, BVerfGE 113, 348, 391.
20 So versteht etwa SK-StPO/Wolter, 4. Aufl. 2010, § 100a Rn 57 das BVerfG; zust. Roggan StV 2011, 762, 765; a.A. wohl Gusy, Auswirkungen des Lauschangriffsurteil außerhalb der strafprozessualen Wohnungsüberwachung, in: Schaar (Hrsg.), Folgerungen aus dem Urteil des Bundesverfassungsgerichts zur akustischen Wohnraumüberwachung: Staatliche Eingriffsbefugnisse auf dem Prüfstand?, Bonn 2005, S. 52.
21 Grdl. hierzu Weßlau, Vorfeldermittlungen, 1989.
22 Bergemann DuD 2007, 581, 583.
23 Vgl. etwa BVerfG NJW 2001, 1121; näher Rachor, in: Lisken/Denninger, Handbuch des Polizeirechts, 5. Aufl. 2012, S. 345 ff.
24 Roggan StV 2011, 762, 763.

III. *Zur Entscheidung des Zweiten Senats vom 12. Oktober 2011*

Vor diesem skizzierten Hintergrund hatte der *Zweite Senat* über die Verfassungsmäßigkeit von § 100a Abs. 4 StPO zu entscheiden. Danach ist eine Maßnahme unzulässig, wenn tatsächliche Anhaltspunkte für die Annahme vorliegen, dass durch sie *allein* Erkenntnisse aus dem Kernbereich privater Lebensgestaltung erlangt würden (Satz 1). Erkenntnisse aus dem Kernbereich privater Lebensgestaltung, die durch eine Maßnahme erlangt wurden, dürfen nicht verwertet werden (Satz 2). Aufzeichnungen hierüber sind unverzüglich zu löschen (Satz 3). Die Tatsache ihrer Erlangung und Löschung ist aktenkundig zu machen (Satz 4).

1. Maßnahmebegriff des Gesetzes

Allgemein ist als Maßnahme im rechtlichen Sinne ein hoheitlich begründetes Handeln zu verstehen, das in die (Grund-)Rechte einer Person eingreift und unter Umständen gegen ihren Willen vollzogen wird.[25] Begrifflich kann also sowohl eine einzelne Handlung (eine Festnahme etc.) wie auch eine Anordnung von mehreren, erst noch vorzunehmenden Vollzugshandlungen als Maßnahme aufzufassen sein.

Bei einer systematischen Betrachtung kann § 100a Abs. 4 StPO mit „Maßnahme" nur eine anzuordnende Telekommunikationsüberwachung als *Gesamt*maßnahme meinen, die ihrerseits sodann in einer Vielzahl von Überwachungs*einzelakten* durchzuführen ist. Das ergibt sich daraus, dass § 100b Abs. 1 S. 1 StPO von „Maßnahmen nach § 100a" spricht, die grundsätzlich der richterlichen Anordnung bedürfen. Die Anordnung wiederum betrifft nach § 100b Abs. 2 Nr. 2 den Anschluss oder das Endgerät eines Betroffenen. Mithin meint § 100a Abs. 4 S. 1 StPO einen anschluss- bzw. endgerätebezogenen Kernbereichsschutz. Dieser Umstand ist von Bedeutung für die folgenden Darlegungen.

Als institutionelle Ausprägung eines Überwachungsverbots hatte der Gesetzgeber Anschlüsse der Telefonseelsorge im Blick.[26]

2. Zweiter Senat: Verbindungs- bzw. kontaktbezogener Kernbereichsschutz

Der *Zweite Senat* erteilt einem weitergehenden, anschluss- bzw. endgerätebezogenen Kernbereichsschutz auf gesetzlicher Ebene eine klare Absage, indem er die durch § 100a Abs. 4 StPO geschaffenen Vorkehrungen zum Schutz des Kern-

25 Vgl. nur Lensch, in: Wörterbuch der Polizei, 2. Aufl. 2010, S. 1231.

26 BT-Drucks. 16/5846, 45; sehr krit. dazu Braun/Fuchs Die Polizei 2010, 185, 189 – Gesetzesbegründung überschreitet damit „die Grenze zur Lächerlichkeit".

bereichs privater Lebensgestaltung bei der Telekommunikationsüberwachung auf der Erhebungsebene als den verfassungsrechtlichen Anforderungen genügend bezeichnet.[27] Er befindet sich damit auf einer Linie mit einer in der Kommentar-Literatur verbreiteten Meinung.[28] Demgegenüber entspricht es einer weit verbreiteten Kritik im sonstigen Schrifttum, dass die Ausschlussklausel des Satzes 1 weitestgehend leer läuft.[29]

a) Gründe für schwachen Kernbereichsschutz in der Erhebungsphase

Im Ansatz (nicht jedoch in den Konsequenzen, dazu näher unter 3.) zutreffend konstatiert der *Zweite Senat*, dass es in vielen Fällen praktisch unvermeidbar ist, dass die Ermittlungsbehörden Informationen zur Kenntnis nehmen, bevor sie deren Kernbereichsbezug erkennen.[30] Es genüge in diesen Fällen, für einen hinreichenden Schutz in der Auswertungsphase zu sorgen. Es müssen danach nicht einmal dann TKÜ-Maßnahmen unterlassen werden, wenn – so muss er wohl verstanden werden – von vornherein feststeht, dass *auch* Tatsachen mit erfasst werden, die den Kernbereich des Persönlichkeitsrechts berühren. Als Grund nennt der *Senat*, dass andernfalls die Telekommunikationsüberwachung in einem Maße eingeschränkt werde, dass eine wirksame Strafverfolgung gerade im Bereich schwerer und schwerster Kriminalität nicht mehr gewährleistet wäre.[31]

Sodann stellt der *Zweite Senat* auf die aktuelle TKÜ-Praxis ab und konstatiert zunächst, dass es „in aller Regel" an operationalisierbaren Kriterien fehle,[32] um eine Erhebung von Kommunikationsinhalten mit Kernbereichsbezug vorausschauend zu vermeiden. Hieran anschließend stellt er fest, dass Telekommunika-

27 BVerfG 12.10.2011, 2 BvR 236/08, Abs. 209 ff., NJW 2012, 833, 837 ff., StV 2012, 257, 258 ff., BVerfGE 129, 208, 245 ff..

28 Meyer-Goßner, StPO, 56. Aufl. 2013, § 100a Rn 24; KK-StPO/Nack, 6. Aufl. 2008, § 100a Rn 39; Graf, in: ders. (Hg.), StPO, 2. Aufl. 2012, § 100a Rn 51 ff.; wohl auch Röwer, in: Radtke/Hohmann, StPO, 2011, § 100a Rn 23; AnwKomm-StPO/Löffelmann, 2. Aufl. 2010, § 100a Rn 11.

29 Kutscha (Fn 8), S. 79; Zöller StraFo 2008, 15, 22; ders. ZStW 124 (2012), 411, 431; Eisenberg, Beweisrecht der StPO, 7. Aufl. 2011, Rn 2492; Wolter GA 2007, 183, 196; Puschke/Singelnstein NJW 2008, 113, 114; Nöding StraFo 2007, 456, 458; Knierim StV 2008, 599, 603; Baum/Schantz ZRP 2008, 137, 138; HK-StPO/Gercke, 5. Aufl. 2012, § 100a Rn 33; Gercke StV 2012, 266, 267; Bittmann DRiZ 2007, 115, 116: „überflüssig"; Braun/Fuchs Die Polizei 2010, 185, 189 f.; Roxin/Schünemann, Strafverfahrensrecht, 27. Aufl. 2012, S. 295; ausf. auch Roggan StV 2011, 762, 763 f.; ferner Joecks, Studienkommentar StPO, 3. Aufl. 2011, § 100a Rn 25; Schwabenbauer AöR 137 (2012), 1, 6.

30 BVerfG 12.10.2011, 2 BvR 236/08, Abs. 211, NJW 2012, 833, 837, StV 2012, 257, 259, BVerfGE 129, 208, 245.

31 BVerfG 12.10.2011, 2 BvR 236/08, Abs. 216, NJW 2012, 833, 837, StV 2012, 257, 259, BVerfGE 129, 208, 247.

32 BVerfG 12.10.2011, 2 BvR 236/08, Abs. 217, NJW 2012, 833, 837, StV 2012, 257, 259, BVerfGE 129, 208, 247.

tionsüberwachung mittels automatisierter Aufzeichnung der Kommunikationsinhalte durchgeführt werde und eine persönliche Überwachung durch (paralleles) Mithören in Echtzeit „in der Regel“ nur punktuell stattfinden könne.[33] Und selbst bei einer Echtzeitüberwachung seien „vielfach“ praktische Schwierigkeiten zu gewärtigen, so dass – namentlich bei Kommunikation in fremden Sprachen und Dialekten – eine etwaige Kernbereichsrelevanz „nicht stets sofort“ zutreffend erfasst und beurteilt werden könne.[34] Selbst unter günstigsten Voraussetzungen seien die Strafverfolgungsbehörden „vielfach“ nicht in der Lage, Stimmen bestimmten Personen zuzuordnen.[35]

Ohne dass er dies explizit ausspricht, besteht für den *Zweiten Senat* aus den skizzierten Gründen kein Anlass, auf gesetzlicher Ebene das Gebot einer Echtzeitüberwachung bei der Überwachung bestimmter Anschlüsse oder Endgeräte zu statuieren.

b) Ausschließlicher Kernbereichsbezug als Grund für Maßnahmeverbot

Vom Vorstehenden abgesehen macht der *Zweite Senat* eine Einschränkung vom sich grundsätzlich erst in der Auswertungsphase auswirkenden Kernbereichsschutz: Ein ausschließlicher Kernbereichsbezug könne vor allem dann angenommen werden, wenn der Betroffene mit Personen kommuniziere, zu denen er in einem besonderen, den Kernbereich betreffenden Vertrauensverhältnis – wie zum Beispiel engsten Familienangehörigen, Geistlichen, Telefonseelsorgern, Strafverteidigern oder im Einzelfall auch Ärzten – stehe. Soweit ein derartiges Vertrauensverhältnis für Ermittlungsbehörden erkennbar sei, dürften Maßnahmen der Telekommunikationsüberwachung nicht durchgeführt werden.[36]

3. Kritik

Die Entscheidung ist nicht nur aufgrund begrifflicher Unschärfen, sondern auch deswegen zu kritisieren, weil der *Senat* den Eindruck nicht vollständig zu vermeiden vermag, dass letztlich auch fiskalische Motive meinungsbildend gewirkt haben. Darüber hinaus erscheint es nachgerade befremdlich, dass Einwände aus

33 BVerfG 12.10.2011, 2 BvR 236/08, Abs. 218, NJW 2012, 833, 837, StV 2012, 257, 259, BVerfGE 129, 208, 248.
34 BVerfG 12.10.2011, 2 BvR 236/08, Abs. 219, NJW 2012, 833, 838, StV 2012, 257, 259, BVerfGE 129, 208, 248.
35 BVerfG 12.10.2011, 2 BvR 236/08, Abs. 219, NJW 2012, 833, 838, StV 2012, 257, 260, BVerfGE 129, 208, 249.
36 BVerfG 12.10.2011, 2 BvR 236/08, Abs. 215, NJW 2012, 833, 837, StV 2012, 257, 259, BVerfGE 129, 208, 247.

den Reihen des *Ersten Senats*, wonach das Erfordernis des Kernbereichsschutzes nicht schon dadurch eingelöst werde, dass die Datenerhebung (nur) dann unterbleibe, wenn „alleine" kernbereichsrelevante Erkenntnisse betroffen seien, wie es aber § 100a Abs. 4 StPO und andere Normen[37] vorsähen,[38] dem *Zweiten Senat* nicht einmal eine Erwähnung wert waren.

a) Unterschiedliche Maßnahmebegriffe

Es bedarf zunächst der Klärung, was der *Senat* mit dem „ausschließlichen Kernbereichsbezug" in bezeichnetem Sinne als Auslöser von Maßnahmeverboten meint. Im Ansatz (und vor allem isolierter Betrachtung dieses Absatzes) kommt in Betracht, dass er mit dem *ausschließlichen* auf den *alleinigen* Kernbereichsbezug in § 100a Abs. 4 StPO rekurriert. Dann würde aber jede Kommunikation zwischen Vertrauenspersonen, also beispielsweise ein Telefongespräch unter engen Familienangehörigen, zu einem Verbot der TKÜ als solcher oder jedenfalls ihrer weiteren Durchführung führen. Das würde die TKÜ als Ermittlungsmethode aus Gründen des Kernbereichsschutzes in vielen Fällen verunmöglichen. Erklärtermaßen will der *Zweite Senat* gerade diese Folge vermeiden (s. o.). Dass dieses Verständnis zu verwerfen ist, ergibt sich aber auch aus der inhaltlichen Unrichtigkeit der Aussage. Denn es wäre ja schlicht falsch, einen *ausschließlichen* Kernbereichsbezug anzunehmen, nur weil ein Anschluss oder Endgerät *unter anderem auch* zu entsprechender Kommunikation genutzt wird.

Mit „Maßnahmen der Telekommunikationsüberwachung" kann der *Zweite Senat* also nur *bestimmte* Kommunikationen bzw. TK-Kontakte meinen, die von einer Überwachung auszunehmen sind. Ein Erhebungsverbot gilt demnach für Verbindungen zwischen bestimmten Anschlüssen bei ansonsten weiter zulässiger Überwachung des Anschlusses im Übrigen. Dieses Verständnis liegt auch auf der Linie der referierten, älteren Rechtsprechung des *Senats* zur Email-Beschlagnahme, wonach ein Zugriff auf bestimmte Inhalte bei tatsächlichen Anhaltspunkten für einen Kernbereichsbezug lediglich *insoweit* unzulässig ist.[39]

Selbst bei diesem Verständnis ist die apodiktisch formulierte Aussage aber keineswegs zwingend. Denn das bloße Vertrauensverhältnis macht mitnichten jedwede Kommunikation unter solchen Personen zu einer kernbereichsrelevanten. Besonders deutlich wird dies bei Personen des höchstpersönlichen Vertrauens, die jeweils straftatverdächtig sind: „Gespräche, die Angaben über begangene Straftaten enthalten, gehören ihrem Inhalt nach nicht dem unantastbaren

37 Vgl. §§ 3a S. 1 G10; 20l Abs. 6 BKAG; § 23a Abs. 4a ZFdG.
38 Hoffmann-Riem JZ 2008, 1009, 1021.
39 Vgl. oben Fn 19.

Kernbereich privater Lebensgestaltung an".[40] Weil der *Zweite Senat* insoweit aber nicht differenziert, dürfen nach dem Wortlaut der Entscheidung selbst solche Kontakte nicht überwacht werden. Dies ist wenig überzeugend. Vielmehr hätte spätestens an dieser Stelle nahe gelegen, ein Echtzeitüberwachungsverbot zu statuieren, um im Falle der Kernbereichsrelevanz der Kommunikation der Vertrauenspersonen einen Überwachungsabbruch herbeiführen zu können.[41]

Zu kritisieren ist vor allem, dass sich ein solcher kontaktbezogener Kernbereichsschutz nach Ansicht des *Zweiten Senats* nicht aus dem Wortlaut des Gesetzes ergeben muss: Die Rechtsanwender können die verfassungsrechtlichen Grenzen von Eingriffen in das TK-Geheimnis aus Art. 10 Abs. 1 GG nicht abschließend aus § 100a Abs. 4 StPO entnehmen. In Anbetracht der Bedeutung der her in Rede stehenden Problematik ist das unter dem Gesichtspunkt der Wesentlichkeitslehre grundlegend unbefriedigend. Diese verlangt bekanntermaßen, dass der Gesetzgeber verpflichtet ist, im Bereich der Grundrechtsausübung alle wesentlichen Entscheidungen *selbst* zu treffen.[42] Mit anderen Worten: Ohne Kenntnis der Entscheidung vom 12. Oktober 2011 lassen sich die Voraussetzungen von Überwachungsverboten bei strafprozessualen TKÜ nicht mit der erforderlichen Sicherheit bestimmen.

Auch konkretisiert der *Senat* nicht, auf welche Weise der von ihm gemeinte kontaktbezogene Kernbereichsschutz zu bewirken ist. Der Grundsatz, dass es verfassungsrechtlich um eine möglichst weitgehende Minimierung des Risikos einer Kernbereichsverletzung gehen muss,[43] dürfte nach einem technisch bewirkten Schutz verlangen. Dies bedeutet, dass durch entsprechende Programmierungen der Überwachungstechnik solche TK-Kontakte von vornherein von der Maßnahme ausgenommen werden.

b) Die Bedeutung von praktischen Schwierigkeiten bei der Durchführung

Die Entscheidung vom 12. Oktober 2011 berücksichtigt offenbar – ohne dass sie sich dazu ausdrücklich bekennt – die Funktionsfähigkeit der Strafrechtspflege als Belang von Verfassungsrang bei der Frage, wie stark auf gesetzlicher Ebene der Kernbereichsschutz konkretisiert werden muss.[44] Nach diesem Prinzip enthält der Grundsatz der Rechtsstaatlichkeit die Idee der Gerechtigkeit als wesentlichen

40 BVerfG 3.3.2004, 1 BvR 2378/98, Abs. 137, NJW 2004, 999, 1003, StV 2004, 169, 172, BVerfGE 109, 279, 319.

41 So wohl auch Gusy (Fn 20), S. 52.

42 Vgl. nur BVerfG 29.10.19872 BvR 624/83, BVerfGE 77, 170, 230 f.

43 Vgl. dazu BVerfG 3.3.2004, 1 BvR 2378/98, Abs. 149 f., NJW 2004, 999, 1004 f., StV 2004, 169, 173, BVerfGE 109, 279, 323.

44 In diesem Sinne auch Sachs JuS 2012, 375.

Bestandteil und verlangt insoweit auch die Aufrechterhaltung einer funktionsfähigen Rechtspflege, ohne die der Gerechtigkeit nicht zum Durchbruch verholfen werden kann.[45] Es liegt auf der Hand, dass sich diese Funktionstüchtigkeit auf Kollisionskurs mit strafprozessualen Garantien befinden kann.[46]

Der *Zweite Senat* hält offenkundig bereits den quantitativen Umfang der zu ermöglichenden TKÜ-Maßnahmen für schutzwürdig. Anders ist der Ausspruch, dass ein umfassenderes Erhebungsverbot (auf gesetzlicher Ebene) die Telekommunikationsüberwachung in einem Maße einschränken würde, dass eine wirksame Strafverfolgung gerade im Bereich schwerer und schwerster Kriminalität nicht mehr gewährleistet wäre,[47] kaum zu deuten. Indessen wäre zu erwägen gewesen, dass gesetzliche Restriktionen durchaus zu einem „grundrechtsfreundlicheren" Anordnungsverhalten der Ermittlungsrichter[48] hätte beitragen können.[49] Darum ging es dem Gericht indessen erklärtermaßen nicht.

c) Funktionstüchtigkeit der Strafrechtspflege versus antizipierter Menschenwürdeschutz

Stattdessen ist die Entscheidung durchzogen von Beschreibungen, die auf strafverfolgerische Belange, namentlich „praktische Schwierigkeiten", Rücksicht nehmen. Das Gericht rekurriert insoweit auf die Funktionstüchtigkeit der Strafrechtspflege[50] und damit einen verfassungsrechtlichen Argumentationstopos, der im Ansatz mitnichten in Frage zu stellen ist.[51] Denn – kurz gefasst: Die Durchsetzung materiellen Rechts (und damit der staatliche Strafanspruch) als wesentlichem Prozessziel ist ohne sie nicht möglich. Indessen darf mit Blick auf die hier interessierende Problematik nicht übersehen werden, dass Effizienz für sich genommen keineswegs bzw. stets der Vorrang gegenüber anderen Maximen einer rechtsstaatlichen Beweiserhebung gebührt. Dies gilt umso eher, als sie mit einem an sich unverfügbaren Verfassungswert, der Unantastbarkeit der Menschenwürde, in Widerstreit gerät.[52]

45 St. Rspr.; vgl. etwa BVerfG 19.7.1972, 2 BvL 7/71, BVerfGE 33, 367, 383 mwN.
46 Instruktiv dazu etwa Riehle KJ 1980, 316 ff.
47 BVerfG 12.10.2011, 2 BvR 236/08, Abs. 216, NJW 2012, 833, 837, StV 2012, 257, 259, BVerfGE 129, 208, 247.
48 Vgl. dazu schon die (Zusammenfassung der) Untersuchung von Backes/Gusy StV 2003, 249 ff.
49 Gercke StV 2012, 266, 267.
50 St. Rspr. seit BVerfG 19.7.1972, 2 BvL 7/71, BVerfGE 33, 367, 383 – Zeugnisverweigerung aus beruflichen Gründen.
51 Näher dazu etwa Roxin/Schünemann (Fn 29), S. 4.
52 Grundlegend dazu Wolter, in: Geppert/Dehnicke (Hrsg.), Meyer-GS, 1990, S. 493 ff.

Jenseits des Streits,[53] welches Gewicht dem genannten Topos im Rechtsstaat zukommt, besteht jedenfalls im Grundsatz weitgehend Einigkeit darüber, dass die widerstreitenden Belange im Einzelfall gegeneinander abzuwägen und nach ihrer Bedeutung zu gewichten sind.[54] Dieses Abwägungsgebot spiegelt sich in der Entscheidung vom 12. Oktober 2011 nur insoweit wider, als der hier so verstandene „Reparaturbetrieb“ auf der Auswertungsebene (§ 100a Abs. 4 S. 2 bis 4 StPO) die riskierte Kernbereichsverletzung durch Verwertungsverbote, Löschungsgebote und Dokumentationspflichten zu kompensieren hat. Tatsächlich wird hiermit aber diese Sphäre nicht geschützt, sondern diesbezügliche – ihn zunächst einmal verletzende – Ermittlungen erst einmal ausdrücklich zugelassen.[55] Oder noch deutlicher: Zum – unbeanstandeten – Normprogramm es § 100a Abs. 4 StPO gehört im Sinne einer „allein praxisgerechten Lösung“[56] die planmäßige Verletzung des Kernbereichs privater Lebensgestaltung.

Demgegenüber hätte es nach hier vertretener Auffassung zumindest nahe gelegen, dem differenzierten Verletzungsrisiko durch eine wesentlich feiner gegliederte Dogmatik auf Erhebungsebene zu entsprechen. Oder mit anderen Worten: Dass es nach Ansicht des *Zweiten Senats* in keiner Konstellation verfassungsrechtlich geboten sein soll, eine Echtzeitüberwachung mit der jederzeitigen Möglichkeit zum Überwachungsabbruch durchzuführen, weist auf eine unzureichende und damit grundlegend unbefriedigende Abwägungsleistung des Beschlusses hin. Offenkundig muss eben diese künftigen Einzelfallentscheidungen, wie sie in der Vergangenheit allerdings nur vereinzelt zu registrieren waren,[57] vorbehalten bleiben.

III. Folgerungen für das Strafprozess- und Polizeirecht

Die Funktion der richterlichen Anordnung nach § 100b StPO besteht vor allem in einer vorbeugenden Kontrolle der TKÜ-Maßnahme durch eine unabhängige und neutrale Instanz. Dies gilt für strafprozessuale Ermittlungen ebenso wie für Datenerhebungen auf polizeirechtlicher Grundlage.[58] Nach der st. Rspr. des BVerfG hat der Richter aufgrund seiner persönlichen und sachlichen Unabhängigkeit und seiner strikten Unterwerfung unter das Gesetz (Art. 97 GG) die Rechte der Be-

53 Vgl. exemplarisch einerseits Landau NStZ 2007, 121 ff. und andererseits Hassemer StV 1982, 275 ff. = Freiheitliches Strafrecht, 2001, S. 129 ff.
54 Vgl. wiederum statt vieler Roxin/Schünemann (Fn 29), S. 4 m.w.N.
55 Zöller ZStW 124 (2012), 411, 431; ders. StraFo 2008, 15, 22.
56 So ausdrücklich Meyer-Goßner (Fn 28), § 100a Rn 24.
57 LG Ulm 19.4.2004, 1 Qs 1036/04, StV 2006, 8 f. m. zust. Anm. Roggan.
58 Nachfolgend wird ausschließlich auf die Regelungen des BKA-Gesetzes Bezug genommen.

troffenen im Sinne einer „kompensatorischen Repräsentation" am besten und sichersten wahren.[59] In dieser Funktion hat der Richter die beabsichtigte Maßnahme eigenverantwortlich zu prüfen und insoweit dafür Sorge zu tragen, dass die sich aus der Verfassung und dem einfachen Recht ergebenden Voraussetzungen einer Maßnahme genau beachtet werden. Als Kontrollorgan der Strafverfolgungsbehörden trifft ihn die Pflicht, durch eine geeignete Formulierung des Anordnungsbeschlusses im Rahmen des Möglichen und Zumutbaren sicherzustellen, dass der Eingriff in die Grundrechte messbar und kontrollierbar bleibt.[60]

In diesem Zusammenhang ist in Erinnerung zu rufen, dass beispielsweise § 100b Abs. 2 S. 2 StPO lediglich die Mindestanforderungen an eine Beschlussformel aufführt:[61] Der prozedurale Grundrechtsschutz soll nicht nur die Einhaltung der tatbestandlichen Voraussetzungen (nach § 100a StPO oder beispielsweise § 20l Abs. 1 und 2 BKAG), sondern darüber hinaus auch die grundrechtlichen und insbesondere menschenwürdebezogenen Belange des bzw. der Betroffenen gewährleisten. Dieses Obligo lässt sich auch in § 100b Abs. 2 Nr. 3 StPO (und § 20l Abs. 4 Nr. 3 BKAG) „hineinlesen", wonach die Anordnung auch den „Umfang" der Maßnahme zu bestimmen hat. Umfängliche Grenzen einer TKÜ-Maßnahme können sich – je nach Einzelfall – namentlich aus dem Verhältnismäßigkeitsgrundsatz ergeben; diese haben sich also bereits im Anordnungsbeschluss niederzuschlagen.[62]

Vor diesem Hintergrund sind die Maßgaben des Beschlusses vom 12. Oktober 2011, wonach ein ausschließlicher Kernbereichsbezug anzunehmen ist, wenn der Betroffene von dem zu überwachenden Anschluss mit Personen kommuniziert, zu denen er in einem besonderen Vertrauensverhältnis steht, von Bedeutung, weil sie – ggf. *a priori* – ein Überwachungsverbot im Hinblick auf bestimmte Kontakte auslösen (können).[63] Dies gilt namentlich auch für den Kontakt mit einem Verteidiger.

Betrachtet man die Minimierung einer Betroffenheit des Kernbereichs privater Lebensgestaltung als Ausprägung des Verhältnismäßigkeitsgrundsatzes, so muss dies in TKÜ-Anordnungsbeschlüssen zumindest in dem vom *Zweiten Senat* verlangten Umfang bestimmt werden. Hiernach sind in den genannten Fällen Erhebungsverbote anzuordnen. Denn nur durch explizite Maßgaben kann die vom

59 Zuletzt BVerfG 27.2.2008, 1 BvR 370/07, Abs. 258 f., BVerfGE 120, 274, 331 f. – Online-Durchsuchungen.

60 Vgl. dazu exemplarisch BVerfG 20.2.2001, 2 BvR 1444/00, Abs. 27, BVerfGE 103, 142, 151 – Wohnungsdurchsuchung; BVerfG 3.3.2004, 1 BvR 2378/98, Abs. 275, BVerfGE 109, 279, 359 – Lauschangriff; vgl. auch BVerfG 8.1.59, 1 BvR 396/55, BVerfGE 9, 89, 97 – Haftbefehl; BVerfG 1.10.1987, 2 BvR 1178/86, BVerfGE 77, 1, 51 – Beschlagnahme.

61 HK-StPO/Gercke (Fn 29), § 100b Rn 7.

62 SK-StPO/Wolter (Fn 20), § 100b Rn 13.

63 Vgl. oben III.2.

BVerfG verlangte Mess- und Kontrollierbarkeit des Eingriffs in Art. 10 Abs. 1 GG ausreichend sicher gewährleistet werden. Als von vornherein unzulänglich sind damit Beschlüsse anzusehen, die der die Anordnung durchführenden Strafverfolgungsorganen keinerlei Umfangsgrenzen in gegenständlicher Hinsicht aufgeben. Erforderlich sind insbesondere Vorgaben, wie mit nachträglich gewonnenen Erkenntnissen zur konkreten Nutzung eines überwachten Anschlusses im Sinne eines dann „operationalisierbaren" Kriteriums umzugehen ist.

Anlass für besonders eine sorgfältige Verhältnismäßigkeitsprüfung in bezeichnetem Sinne dürfte die Überwachung der Anschlüsse von Nachrichtenmittlern, mithin Unverdächtigen, sein. Ein gesteigertes und aus Verhältnismäßigkeitsgründen zu minimierendes Risiko einer Kernbereichsverletzung dürfte auch bei Familien- und anderen vorwiegend privat genutzten Festnetzanschlüssen anzunehmen sein.

IV. Fazit: Kernbereichsschutz unter Fiskalvorbehalt?

Zusammenfassend ist zunächst festzuhalten, dass sich der tkü-spezifische Kernbereichsschutz nicht auf das Normprogramm des § 100a Abs. 4 StPO (und § 20l Abs. 6 BKAG) beschränkt, sondern durch einen kontaktbezogenen Kernbereichsschutz ergänzt wird. Damit erkennt der *Zweite Senat* zumindest an, dass entweder von vornherein, oder, weil entsprechende Erkenntnisse zur Nutzung von TK-Anschlüssen bei gegenwärtiger Ermittlungspraxis in aller Regel fehlen werden, im Laufe des Vollzugs der (Gesamt-)Maßnahme durch die Strafverfolgungsbehörden bestimmte Kommunikationen von der Überwachung auszunehmen sind. In Betracht kommt insoweit vor allem eine technisch bewirkte – die Machbarkeit unterstellt – Nicht-Erfassung von Kontakten zwischen Personen des höchstpersönlichen Vertrauens. Indessen verlangt er nicht einmal dann, wenn das nach den Umständen mit besonderer Wahrscheinlichkeit zu erwarten ist, eine jederzeitige Überwachungsabbruchmöglichkeit mittels „manueller" Intervention. Insoweit vermag der *Senat* den Eindruck nicht vollständig zu vermeiden, dass er die Vermeidung einer personalintensiven Begleitung von laufenden TKÜ-Maßnahmen im Blick hatte.

Davon abgesehen kommt der Grundsatz des *Ersten Senats* aus der Lauschangriff-Entscheidung, wonach in den Kernbereich privater Lebensgestaltung nicht etwa eingegriffen werden darf, um erst festzustellen, ob die Informationserhebung diesen Bereich betrifft,[64] im Diktum des *Zweiten Senats* überhaupt nicht

64 BVerfG 3.3.2004, 1 BvR 2378/98, Abs. 149, NJW 2004, 999, 1004, StV 2004, 169, 173, BVerfGE 109, 279, 323.

vor. Auf diese Weise „erspart" er den Ermittlungsbehörden jegliche Vorermittlung zur mutmaßlichen Nutzung eines zu überwachenden Anschlusses.

In Ermangelung einer gesetzlichen Maßgabe haben die Anordnungsbeschlüsse – je nach Wahrscheinlichkeit einer Kernbereichsbetroffenheit – spezifische Vorkehrungen explizit zu bestimmen. Bei der Festlegung des Umfangs einer TKÜ-Maßnahme ist also beispielsweise nicht nur anzugeben, ob und in welchem Umfang die Gespräche aufzuzeichnen, welche von mehreren Anschlüssen zu überwachen sind und ob das durchgehend oder nur zu bestimmten Tageszeiten geschehen soll.[65]

Nach hier vertretener Auffassung kann es bei bestimmten Anschlüssen aus Verhältnismäßigkeitsgründen angezeigt sein, eine Echtzeitüberwachung einschließlich der jederzeitigen Möglichkeit zum Überwachungsabbruch vorzusehen.[66] Diesem Ansatz scheint der *Zweite Senat* freilich nicht folgen zu wollen, wie sich aus seiner Annahme, dass ein Überwachungsvollzug „durch (paralleles) Mithören in Echtzeit in der Regel nur punktuell stattfinden" könne,[67] ergibt. Freilich zeigt sich gerade und auch an dieser Stelle, dass er Gefahr läuft, den menschenwürdedefinierten Schutz des Kernbereichs privater Lebensgestaltung unter den Vorbehalt personaler und damit letztlich fiskalischer Opportunität zu stellen. Der *Erste Senat* wird anlässlich seiner zu erwartenden Entscheidung zum BKA-Gesetz[68] Gelegenheit haben, notwendige Präzisierungen vorzunehmen.

65 Meyer-Goßner (Fn 28), § 100b Rn 4; noch knapper KK-StPO/Nack (Fn 28), § 100b Rn 9; vgl. auch BGH (Ermittlungsrichter) 24.11.2009, StB 48/09, NJW 2010, 1297 – Übermaßverbot bei E-Mail-Beschlagnahme.

66 Roggan StV 2011, 762, 764 ff.

67 BVerfG 12.10.2011, 2 BvR 236/08, Abs. 218, NJW 2012, 833, 837, StV 2012, 257, 259, BVerfGE 129, 208, 248.

68 Dazu ausf. Roggan NJW 2009, 257 ff.

Anhang

Schriftenverzeichnis von Martin Kutscha

- Stand: 30. September 2013 -

Monographien

Verfassung und „streitbare Demokratie". Historische und rechtliche Aspekte der Berufsverbote im öffentlichen Dienst (erweiterte Fassung der Bremer Dissertation), Köln 1979

Im Staat der „Inneren Sicherheit" (Hrsg. zusammen mit N. Paech), Frankfurt a. M. 1981

Politische Rechte der Beamten (zusammen mit K.-J. Bieback), Frankfurt a. M. 1984

Demonstrationsfreiheit. Kampf um ein Bürgerrecht (Hrsg.), Köln 1986

Totalerfassung. „Sicherheitsgesetze", Volkszählung, Neuer Personalausweis (Hrsg. zusammen mit N. Paech), Köln 1986

Recht und Arbeiterbewegung. Zum Gedenken an Wolfgang Abendroth (Hrsg. zusammen mit D. Hensche), Köln 1987

Staat und Recht in der Bundesrepublik (Hrsg. zusammen mit H. Hannover und C. Skrobanek-Leutner), Köln 1987

Herrschaft des Marktes – Abschied vom Staat? (Hrsg. zusammen mit Ch. Butterwegge und S. Berghahn), Baden-Baden 1999

Handbuch zum Recht der Inneren Sicherheit (Hrsg. zusammen mit F. Roggan), 2. Aufl. Berlin 2006

Verfassungsrecht konkret. Die Grundrechte (zusammen mit A. Fisahn), Berlin 2008 (2. Aufl. 2011)

Grundrechtsschutz im Internet? (zusammen mit S. Thomé), Baden-Baden 2013

Bundesverwaltungsgericht contra Grundgesetz (zusammen mit H. Stein und R. Utikal) in: W. Abendroth/A. Azzola u. a., Schutz oder Beugung der Verfassung?, Köln 1975, S. 56 ff.

Freie Meinungsäußerung und gewerkschaftliche Betätigung von Beamten (zusammen mit K. Dammann), in: Erziehung und Wissenschaft 7/1976, S. 15 ff.

Meinungs- und Koalitionsfreiheit von Beamten (zusammen mit K. Dammann), in: Die Personalvertretung 1977, S. 47 ff.

Das KPD-Verbot, in: U. Mayer/G. Stuby (Hrsg.), Das lädierte Grundgesetz, Köln 1977, S. 42 ff.

Geschichte, politische Funktion und Arbeitsweise des Verfassungsschutzes (zusammen mit H. Günther, H. Hölter, A. Landwehr, G. Renz und L. Zschaubitz), in: Blätter für deutsche und internationale Politik 1977, S. 1094 ff.

Neue Entscheidungen des Bundesverfassungsgerichts zum Berufsverbot, in: Demokratie und Recht 1978, S. 48 ff.

Rechtsgrenzen des Verfassungsschutzes, in: Demokratie und Recht 1980, S. 44 ff.

Handhaben gegen den Neofaschismus in Grundgesetz und Völkerrecht (zusammen mit H. Stein), in: Blätter für deutsche und internationale Politik 1980, S. 1169 ff.

Anmerkung zum Beschluss des OLG Düsseldorf vom 11. September 1979, in: Kritische Justiz 1980, S. 331 ff.

„Innere Sicherheit" – für den Bürger?, in: M. Kutscha/N. Paech (Hrsg.), Im Staat der „Inneren Sicherheit", Frankfurt a. M. 1981, S. 9 ff.

Die Problematik eines „Beurteilungsspielraums" bei einer Einstellung, in: Blätter für Steuerrecht, Sozialversicherung und Arbeitsrecht 1981, S. 161 ff.

Abhörpraxis – rechtsstaatlich gedrosselt?, in: Demokratie und Recht 1981, S. 428 ff.

Der allgegenwärtige Überwachungsstaat, in: Demokratische Erziehung 1982, S. 58 ff.

Von der Beamten Pflicht zur Verherrlichung des Staates, in: E. Siemantel/H.-D. Wohlfarth (Hrsg.), Der Fall Hans Peter, Köln 1982, S. 167 ff.

„Gemeinsinn" und „Opferbereitschaft". Konservative Ideologien für die Krise, in: Blätter für deutsche und internationale Politik 1982, S. 1471 ff.

Vom zeitgemäßen Sozialstaatsverständnis, in: Kritische Justiz 1982, S. 383 ff.

Risse im Monolith (zusammen mit N. Paech), in: Demokratie und Recht 1983, S. 420 ff.

Perspektiven von Volkssouveränität und Freiheitsrechten?, in: Forum Wissenschaft 2/1984, S. 28 ff.

Sozialstaatsverheißung und innerstaatliche Feinderklärung. Zum Wandel von Verfassungspositionen in der BRD, in: Jahrbuch des IMSF 7, Frankfurt a. M. 1984, S. 357 ff.

Renaissance des „besonderen Gewaltverhältnisses“?, in: Kritische Justiz 1985, S. 43 ff.

Zwischen Vollzug und Verweigerung, in: Demokratie und Recht 1985, S. 218 ff.

Demonstrationsfreiheit?, in: Blätter für deutsche und internationale Politik 1985, S. 1040 ff.

Das Datennetz, in: Gero von Randow (Hrsg.), Das andere Computerbuch, Dortmund 1985, S. 200 ff.

Il problema del „berufsverbot“ e la posizione della magistratura del lavoro nella Repubblica Federale di Germania, in: Rivista Giuridica del Lavoro 1985, S. 225 ff.

Mehr Recht für Geheimdienste und Polizei (zusammen mit E. Weßlau), in: Demokratie und Recht 1986, S. 3 ff.

Volkssouveränität oder Sicherheitsstaat?, in: Blätter für deutsche und internationale Politik 1986, S. 567 ff.

Der Kampf um ein Bürgerrecht, in: M. Kutscha (Hrsg.), Demonstrationsfreiheit. Kampf um ein Bürgerrecht, Köln 1986, S. 13 ff.

Die Aktualität des Trennungsgebots für Polizei und Verfassungsschutz, in: Zeitschrift für Rechtspolitik 1986, S. 194 ff.

Die Fortgeltung des SS-Verbots (zusammen mit H. Stein), in: M. Hirsch/N. Paech/G. Stuby (Hrsg.), Politik als Verbrechen. 40 Jahre „Nürnberger Prozesse“, Hamburg 1986, S. 192 ff.

Beamtenrecht und Meinungsfreiheit (zusammen mit H.-E. Böttcher), in: Deutscher Gewerkschaftsbund (Hrsg.), Konservatives Beamtenrecht kontra uneingeschränkte Koalitionsfreiheit, Düsseldorf 1986, S. 58 ff.

Kriminalisierung und Erfassung 87, in: Demokratie und Recht 1987, S. 3 ff.

Befugnisse des Verfassungsschutzes aufgrund gesetzlicher Aufgabenzuweisung?, in: Deutsches Verwaltungsblatt 1987, S. 994 ff.

Die Auseinandersetzung um die Volkszählung 1987 – Versuch einer Zwischenbilanz (zusammen mit E. Dähne), in: Jahrbuch des IMSF 13, Frankfurt a. M. 1987, S. 363 ff.

Datenschutz – Barriere gegen den Sicherheitsstaat?, in: Demokratie und Recht 1987, S. 414 ff

Wissenschaftliche Konzepte und reale Tendenzen zum autoritären Überwachungsstaat, in: D. Hensche/M. Kutscha (Hrsg.), Recht und Arbeiterbewegung, Köln 1987, S. 64 ff.

Demonstrationsfreiheit und Strafrecht in der Bundesrepublik, in: H. Hannover/M. Kutscha/C. Skrobanek-Leutner (Hrsg.), Staat und Recht in der Bundesrepublik, Köln 1987, S. 258 ff.

Anmerkung zum Beschluss des Bundesverfassungsgerichts vom 10. 2. 1988 (2 BvR 522/87), in: Deutsches Verwaltungsblatt 1988, S. 531 ff.

Mehr Umweltschutz durch mehr Gesetze?, in: Blätter für deutsche und internationale Politik 1988, S. 1368 ff.

Autopoietischer Verfassungsschutz?, in: Demokratie und Recht 1988, S. 256 ff.

Die heimliche Vermehrung der Geheimnisträger, in: Kritische Justiz 1988, S. 426 ff.

Problems of Civil and Criminal Liability for Environmental and Health Damages in West Germany (in japanischer Sprache), in: Research on Environmental Disruption, Vol. 18 No. 3, 1989, S. 15 ff.

Der flexibilisierte Rechtsstaat, in: Vorgänge 99 (3/1989), S. 82 ff.

In den Kasematten des Rechtsstaates, in: Demokratie und Recht, Sonderheft 1989, S. 33 ff.

Grundgesetz und Handlungsalternativen der Polizei bei Geiselnahmen (zusammen mit E. Weßlau), in: Zeitschrift für Rechtspolitik 1990, S. 169 ff.

Demokratischer Zentralismus? Vom zweifelhaften Schicksal bundesdeutscher Verfassungsprinzipien bei der EG-Integration, in: Kritische Justiz 1990, S. 425 ff.

Abschied vom Prinzip demokratischer Legalität?, in: 31. Assistententagung Öffentliches Recht: Wandel der Handlungsformen im Öffentlichen Recht, Stuttgart u. a. 1991, S. 13 ff.

UNO-Solidarität per Bundeswehreinsatz?, in: Demokratie und Recht 1991, S. 471 ff.

Die Legalisierung des Lauschangriffs, in: Demokratie und Recht 1992, S. 247 ff.

Staatliche Öffentlichkeitsarbeit und Demokratieprinzip (zusammen mit A. Engelbert), in: Neue Juristische Wochenschrift 1993, S. 1233 ff.

Soziale Grundrechte und Staatszielbestimmungen in den neuen Landesverfassungen, in: Zeitschrift für Rechtspolitik 1993, S. 339 ff.

Der Lauschangriff im Polizeirecht der Länder, in: Neue Juristische Wochenschrift 1994, S. 85 ff.

Verfassungsprobleme des Polizeirechts in den neuen Bundesländern und Berlin, in: Neue Justiz 1994, S. 545 ff.

„Politische Säuberung" des öffentlichen Dienstes?, in: Neue Justiz 1995, S. 284 ff.

Götterdämmerung in Karlsruhe?, in: Blätter für deutsche und internationale Politik 1995, S. 1213 ff.

Die Entwicklung der Rechtsprechung zur Kündigung wegen mangelnder Verfassungstreue (zusammen mit T. Lakies), in: Neue Zeitschrift für Arbeitsrecht 1995, S. 1079 ff.

Das Bundesverfassungsgericht und der Zeitgeist, in: Neue Justiz 1996, S. 171 ff.

Verfassungsprobleme des Polizeirechts in den neuen Bundesländern, in: Polizeiführungsakademie (Hrsg.), Polizei im demokratischen Verfassungsstaat, Münster 1995, S. 13 ff.

Security and Intelligence Agencies and Democratic Society (in koreanischer Sprache), in: International Symposium on Democratic Reform of Security and Intelligence Agencies, Seoul 1997, S. 13 ff.

Verfassungsfragen der Privatisierung von Staatsaufgaben, in: Neue Justiz 1997, S. 393 ff.

Die informationelle Aufrüstung der Sicherheitsbehörden, in: Wissenschaft und Frieden 1998, S. 7 ff.

Der unbequeme Datenschutz, in: H.-P. Prümm (Hrsg.), 25 Jahre Lehre und Forschung für die Verwaltung, Berlin 1998, S. 169 ff.

Große Koalition der Inneren Sicherheit?, in: Bürgerrechte & Polizei/CILIP 59 (1/1998), S. 57 ff.

Privatisierung hoheitsrechtlicher Staatstätigkeit?, in: Recht und Politik 1998, S. 107 ff.

Grundrechte als Minderheitenschutz, in: Juristische Schulung 1998, S. 673 ff.

Menschenrechte in der EU – Substanzarmut im Dienste des Marktes?, in: Komitee für Grundrechte und Demokratie, Jahrbuch 1997/98, S. 181 ff.

„Schlanker Staat" mit Januskopf – Ein Zwischenruf, in: Kritische Justiz 1998, S. 399 ff.

Lauschangriffe zur vorbeugenden Straftatenbekämpfung? (zusammen mit M. Möritz), in: Strafverteidiger 1998, S. 564 ff.

Datenschutz durch Zweckbindung – ein Auslaufmodell?, in: Zeitschrift für Rechtspolitik 1999, S. 156 ff.

Das Verschweigen einer früheren MfS-Tätigkeit von Beschäftigten im öffentlichen Dienst (zusammen mit K. Dammann), in: Neue Justiz 1999, S. 281 ff.

Die Anpassung des Verfassungsrechts im „schlanken Staat", in: Ch. Butterwegge/M. Kutscha/S. Berghahn (Hrsg.), Herrschaft des Marktes – Abschied vom Staat? Baden-Baden 1999, S. 93 ff.

Wertfreier Unterricht statt Erziehung zur Demokratie?, in: Ethik und Sozialwissenschaften 1999, S. 422 ff.

Polizeirecht auf dem Prüfstand der Landesverfassungsgerichte, in: Neue Justiz 2000, S. 63 ff.

„Schleierfahndung" und Aufenthaltsverbot, in: Landes- und Kommunalverwaltung 2000, S. 134 ff.

Innere Sicherheit und informationelle Selbstbestimmung, in: H.-J. Lange (Hrsg.), Staat, Demokratie und Innere Sicherheit in Deutschland, Opladen 2000, S. 355 ff.

Alles unter Kontrolle – neue Polizeibefugnisse, in: T. Müller-Heidelberg u. a. (Hrsg.), Grundrechte-Report 2000, Reinbek 2000, S. 149 ff.

Kommentierung des Urteils des Landesverfassungsgerichts Mecklenburg-Vorpommern vom 18. 5. 2000, in: Neue Justiz 2000, S. 481 ff.

Auf dem Weg in einen Polizeistaat neuen Typs?, in: Blätter für deutsche und internationale Politik 2001, S. 214 ff.

Rechtsstaatsdämmerung, in: Blätter für deutsche und internationale Politik 2001, S. 541 ff.

Die Einstellungsteilzeit – Rechtslage und Praxis, in: Zeitschrift für Beamtenrecht 2001, S. 156 ff.

Ist das Versammlungsrecht noch zeitgemäß?, in: Neue Justiz 2001, S. 346 ff.

Europäischer Grundrechtsschutz – in guten Händen?, in: T. Müller-Heidelberg u. a. (Hrsg.), Grundrechte-Report 2001, Reinbek 2001, S. 189 ff.

Anti-Terror-Paket, Fortsetzungslieferung, in: Blätter für deutsche und internationale Politik 2001, S. 1298 ff.

Individuelle Selbstbestimmung in der technisierten Marktwirtschaft?, in: Vorgänge 155 (3/2001), S. 348 ff.

Europa ohne soziale Grundrechte?, in: Rosa-Luxemburg-Stiftung (Hrsg.), Zur Zukunft der Europäischen Union – die demokratische Dimension, Berlin 2001, S. 45 ff.

Überwachung durch moderne Technik – Schutz oder Gefährdung der Demokratie?, in: N. Paech u. a. (Hrsg.), Demokratie – wo und wie? Hamburg 2002, S. 153 ff.

Demonstrationsfreiheit – auch für Neonazis, in: T. Müller-Heidelberg u. a. (Hrsg.), Grundrechte-Report 2002, Reinbek 2002, S. 130 ff.

Polizeirecht nach Landgrafenart, in: Bürgerrechte & Polizei/CILIP 72 (2/2002), S. 62 ff.

Die Flexibilisierung des Beamtenrechts, in: Neue Zeitschrift für Verwaltungsrecht 2002, S. 942 ff.

Bewegung im Versammlungsrecht, in: Die Polizei 2002, S. 250 ff.

Novellierung des Thüringer Polizeiaufgabengesetzes, in: Landes- und Kommunalverwaltung 2003, S. 114 ff.

Mehr Innere Sicherheit durch weniger Freiheit?, in: Humanistische Union (Hrsg.), Innere Sicherheit als Gefahr, Berlin 2003, S. 32 ff.

AWACS-Überflieger, in: Blätter für deutsche und internationale Politik 2003, S. 523 ff.

Glaubensfreiheit – nur für Deutsche, in: T. Müller-Heidelberg u. a. (Hrsg.), Grundrechte-Report 2003, Reinbek 2003, S. 84 ff.

Reform des öffentlichen Dienstrechts – aber wie?, in: Recht und Politik 2003, S. 145 ff.

Rechtsschutzdefizite bei Grundrechtseingriffen von Sicherheitsbehörden, in: Neue Zeitschrift für Verwaltungsrecht 2003, S. 1296 ff.

Schutz vor dem Polizeistaat durch die Dritte Gewalt?, in: S. Albrecht/W. Goldschmidt/G. Stuby (Hrsg.), Die Welt zwischen Recht und Gewalt, Hamburg 2003, S. 18 ff.

Sächsisches Polizeirecht nach Maßgabe der Grundrechte, in: Neue Justiz 2003, S. 623 ff.

Verteidigung rund um die Welt, in: Blätter für deutsche und internationale Politik 2004, S. 270 ff.

Marktfreiheiten contra Grundrechte, in: T. Müller-Heidelberg u. a. (Hrsg.), Grundrechte-Report 2004, Frankfurt a. M. 2004, S. 93 ff.

Weltweite Bundeswehreinsätze, in: N. Paech/A. Rinken/D. Schefold/E. Weßlau (Hrsg.), Völkerrecht statt Machtpolitik, Hamburg 2004, S. 268 ff.

Das Grundrecht auf Leben unter Gesetzesvorbehalt – ein verdrängtes Problem, in: Neue Zeitschrift für Verwaltungsrecht 2004, S. 801 ff.

Die Freiwillige Polizei-Reserve in Berlin, in: G. van Elsbergen (Hrsg.), Wachen, kontrollieren, patrouillieren. Kustodialisierung der Inneren Sicherheit, Wiesbaden 2004, S. 225 ff.

„Verteidigung" – Vom Wandel eines Verfassungsbegriffs, in: Kritische Justiz 2004, S. 228 ff.

Militäreinsätze vor dem Bundesverfassungsgericht, in: H. Kramer/W. Wette (Hrsg.), Recht ist, was den Waffen nützt, Berlin 2004, S. 321 ff.

Große Lauschangriffe im Polizeirecht (zusammen mit F. Roggan), in: F. Roggan (Hrsg.), Lauschen im Rechtsstaat. Gedächtnisschrift für H. Lisken, Berlin 2004, S. 25 ff.

Verfassungsrechtlicher Schutz des Kernbereichs privater Lebensgestaltung – nichts Neues aus Karlsruhe?, in: Neue Juristische Wochenschrift 2005, S. 20 ff.

Beeinträchtigung von Nachbarn durch Personenschutzmaßnahmen, in: Die Polizei 2005, S. 45 ff.

Deutscher und europäischer Grundrechtsschutz – eine spannungsreiche Dreiecksbeziehung, in: H. P. Prümm (Hrsg.), Öffentliche Verwaltungswirtschaft und Rechtswissenschaft, Berlin 2005, S. 73 ff.

Eine Lizenz zum Töten Unschuldiger, in: T. Müller-Heidelberg u. a. (Hrsg.), Grundrechte-Report 2005, Frankfurt a. M. 2005, S. 49 ff.

Eine Lanze für die Normenklarheit, in: T. Müller-Heidelberg u. a. (Hrsg.), a. a. O., S. 183 ff.

Grundrechtsschutz im Dreieck Karlsruhe – Straßburg – Luxemburg, in: Recht und Politik 2005, S. 175 ff.

Rechtsgrundlagen für staatliche Maßnahmen gegen neonazistische Aktivitäten, in: Friedrich-Ebert-Stiftung (Hrsg.), Demokratische Strategien zur Bekämpfung des Rechtsextremismus, Bonn 2005, S. 44 ff.

Neue Grenzmarken des Polizeiverfassungsrechts, in: Neue Zeitschrift für Verwaltungsrecht 2005, S. 1231 ff.

Unerwünschte Hausaufgaben, in: Bürgerrechte & Polizei/CILIP 82 (3/2005), S. 16 ff.

Erinnerung an den Sozialstaat, in: Blätter für deutsche und internationale Politik 2006, S. 355 ff.

Abwehr eines Grundrecht-GAUs, in: Bürgerrechte & Polizei/CILIP 83 (1/2006), S. 76 ff.

Die Polizei darf nicht alles wissen, in: T. Müller-Heidelberg u. a. (Hrsg.), Grundrechte-Report 2006, Frankfurt a. M. 2006, S. 112 ff.

Innere Sicherheit und Verfassung, in: F. Roggan/M. Kutscha (Hrsg.), Handbuch zum Recht der Inneren Sicherheit, 2. Aufl. Berlin 2006, S. 23 ff.

Stichworte „Grundrechte", „Polizeihoheit der Länder" und „Trennungsgebot" in: H.-J. Lange (Hrsg.), Wörterbuch zur Inneren Sicherheit, Wiesbaden 2006

Die Verfassungsbindung der Staatsgewalt, in: F. Roggan (Hrsg.), Mit Recht für Menschenwürde und Verfassungsstaat. Festgabe für Burkhard Hirsch, Berlin 2006, S. 129 ff.

Europäisierung und Ökonomisierung der Hochschulen, in: R. Böttcher/W. Kühnel/H. P. Prümm (Hrsg.), Verwaltung, Recht und Gesellschaft, Berlin 2006, S. 305 ff.

Vermarktung des Geistes (zusammen mit O. Winkel), in: Blätter für deutsche und internationale Politik 2006, S. 1351 ff.

Terrorbekämpfung jenseits der Grundrechte?, in: Recht und Politik 2006, S. 202 ff.

Eingriffsgrundlagen für Maßnahmen gegen neonazistische Betätigung, in: Die Polizei 2007, S. 1 ff.

Grundrechte nach Marktwert. Zur Relativierung der Menschenwürde, in: Blätter für deutsche und internationale Politik 2007, S. 355 ff.

Verdeckte „Online-Durchsuchung“ und Unverletzlichkeit der Wohnung, in: Neue Juristische Wochenschrift 2007, S. 1169 ff.

Gewinnpflege statt Steuergerechtigkeit (zusammen mit N. Reuter), in: T. Müller-Heidelberg u. a. (Hrsg.), Grundrechte-Report 2007, Frankfurt a. M. 2007, S. 133 ff.

Polizei „light“ in Berlin, in: Landes- und Kommunalverwaltung 2007, S. 306 ff.

Konfliktverhütung durch Krieg?, in: Wissenschaft und Frieden 2/2007, S. 27 ff.

Deutschland – ein Verfassungsstaat?, in: Vorgänge 178 (2/2007), S. 44 ff.

Der Soldat als Sozialarbeiter, in: Komitee für Grundrechte und Demokratie, Jahrbuch 2007, S. 76 ff.

Alles in Sicherheit, in: Blätter für deutsche und internationale Politik 2007, S. 905 ff.

Sicherheit ohne Staat – Staat ohne Sicherheit?, in: Friedrich-Ebert-Stiftung (Hrsg.), Moderner Staat im Dialog IV, Berlin 2007, S. 15 ff.

Mehr Schutz von Computerdaten durch ein neues Grundrecht?, in: Neue Juristische Wochenschrift 2008, S. 1042 ff.

Trojanische Pferde im Heimcomputer, in: T. Müller-Heidelberg u. a. (Hrsg.), Grundrechte-Report 2008, Frankfurt a. M. 2008, S. 149 ff.

Das Grundgesetz im „Wind der Veränderung“, in: D. Treubrodt/D. Kirstein (Hrsg.), Auf dem Weg zur Hochschule für öffentliche Aufgaben, Berlin 2008, S. 105 ff.

Neue Chancen für die digitale Privatsphäre?, in: F. Roggan (Hrsg.), Online-Durchsuchungen, Berlin 2008, S. 157 ff.

Innere Sicherheit und bürgerrechtliche Freiheit, in: H.-J. Lange/H. Peter Ohly/Jo Reichertz (Hrsg.), Auf der Suche nach neuer Sicherheit, Wiesbaden 2008, S. 309 ff.

Gezielter Todesschuss ohne gesetzliche Ermächtigungsgrundlage?, in: Die Polizei 2008, S. 289 ff.

Überwachungsmaßnahmen von Sicherheitsbehörden im Fokus der Grundrechte, in: Landes- und Kommunalverwaltung 2008, S. 481 ff.

Neues Versammlungsrecht – Bayern als Modell?, in: Neue Zeitschrift für Verwaltungsrecht 2008, S. 1210 ff.

Demonstrationsfreiheit nach Landesherrenart?, in: Jahrbuch Öffentliche Sicherheit 2008/2009, S. 345 ff.

Grundrechte und innere Sicherheit, in: G. Gillen/W. v. Rossum (Hrsg.), Schwarzbuch Deutschland, Reinbek 2009, S. 340 ff.

Von der verfassungsmäßigen Dezentralisierung der Sicherheitsbehörden zur „vernetzten Terrorismusbekämpfung“ in: Gustav-Heinemann-Initiative/ Humanistische Union (Hrsg.), Graubuch Innere Sicherheit, Berlin 2009, S. 151 ff.

Europäische Union und Grundrechte – Schutz oder Gefährdung?, in: T. Müller-Heidelberg u. a. (Hrsg.), Grundrechte-Report 2009, Frankfurt a. M. 2009, S. 15 ff.

Im Griff der Datenkraken, in: T. Müller-Heidelberg u. a. (Hrsg.), a. a. O., S. 36 ff.

Die Zähmung der Big Brothers, in: Blätter für deutsche und internationale Politik 10/2009, S. 75 ff.

Das Parlament als Friedenswächter?, in: Wissenschaft und Frieden 4/2009, S. 51 ff.

Stichworte zu Begriffen des Datenschutzrechts, in: M. H. W. Möllers (Hrsg.), Wörterbuch der Polizei, 2. Aufl. München 2010

Videoüberwachung des öffentlichen Raumes – die verfassungsrechtliche Perspektive, in: H. Brenneisen/D. Staack/S. Kischewski (Hrsg.), 60 Jahre Grundgesetz, Berlin 2010, S. 135 ff.

Die Freiheitsrechte des Grundgesetzes angesichts neuer Herausforderungen, in: Recht und Politik 2010, S. 90 ff.

Mehr Datenschutz – aber wie?, in: Zeitschrift für Rechtspolitik 2010, S. 112 ff.

Völkerrecht auf den Kopf gestellt, in: T. Müller-Heidelberg u. a. (Hrsg), Grundrechte-Report 2010, Frankfurt a. M. 2010, S. 202 ff.

Verfassungsschutz tut not, in: Blätter für deutsche und internationale Politik 9/2010, S. 21 ff.

Verfassungsstreich. Von der Verteidigungsarmee zur globalen Interventionstruppe, in: Forum Wissenschaft 3/2010, S. 4 ff.

Verfassung und Verfassungsgerichtsbarkeit, in: P. Wahl/D. Klein (Hrsg.), Demokratie und Krise – Krise der Demokratie, Berlin 2010, S. 66 ff.

Informationelle Selbstbestimmung – Grundrecht ohne Zukunft?, in: Jahrbuch Öffentliche Sicherheit 2010/2011, 1. Halbband, S. 377 ff.

Im Mahlstrom des Ausnahmezustandes, in: T. Müller-Heidelberg u. a. (Hrsg.), Grundrechte-Report 20011, Frankfurt a. M. 2011, S. 15 ff.

Bundeswehreinsätze im Inneren – außer Kontrolle?, in: T. Müller-Heidelberg u. a. (Hrsg.), a. a. O., S. 197 ff.

Demonstrationen auf dem Bildschirm der Polizei, in: Kritische Justiz 20011, S. 223 ff.

Grundrechtlicher Persönlichkeitsschutz bei der Nutzung des Internet, in: Datenschutz und Datensicherheit 2011, S. 461 ff.

Freiheit der Wissenschaft – ein bürgerlicher Mythos?, in: Forum Wissenschaft 3/2011, S. 60 ff.

Hochschullehre unter Fachaufsicht?, in: Neue Zeitschrift für Verwaltungsrecht 2011, S. 1178 ff.

Einladung ohne Grenzen – das Bundesverfassungsgericht zu Bundeswehreinsätzen, in: Wissenschaft und Frieden 1/2012, S. 22 ff.

Die Erkenntnisse des Polyphem. Anmerkungen zum Verfassungsschutz, in: Vorgänge 197 (1/2012), S. 86 ff.

Das „Computer-Grundrecht" – eine Erfolgsgeschichte?, in: Datenschutz und Datensicherheit 2012, S. 391 ff.

Wie ein Stadtjugendpfarrer den Landfrieden brach, in: T. Müller-Heidelberg u. a. (Hrsg.), Grundrechte-Report 2012, Frankfurt a. M. 2012, S. 127 ff.

Zukunftsimpulse von Landesverfassungen für eine demokratische Fortschreibung des Grundgesetzes, in: Rosa-Luxemburg-Stiftung (Hrsg.), Deutschland in bester Verfassung? Berlin 2012, S. 41 ff.

Karlsruher Abbruchunternehmen – Die Demontage des verfassungsrechtlichen Friedensgebotes, in: Friedensforum 6/2012, S. 28 ff.

Die Antinomie des Verfassungsschutzes, in: Neue Zeitschrift für Verwaltungsrecht 2013, S. 324 ff.

Buchbesprechungen (Auswahl)

Wolfgang Stöhr,"...wird fernerhin scharf überwacht werden", Frankfurt a. M. 1977, in: Demokratische Erziehung 1978, S. 115 ff.

Thomas Blanke/Dieter Sterzel, Beamtenstreikrecht, Neuwied 1980, in: Recht im Amt 9/1981, S. III

Helmut Ridder, Zur Ideologie der „streitbaren Demokratie“, Berlin/West 1979, in: Demokratie und Recht 1982, S. 225 ff.

Ernst-Wolfgang Böckenförde/Christian Tomuschat/Dieter C. Umbach (Hrsg.), Extremisten und öffentlicher Dienst, Baden-Baden 1981, in: Kritische Justiz 1984, S. 231 ff.

Harald Hohmann (Hrsg.), Freiheitssicherung durch Datenschutz, Frankfurt 1987 und Wilhelm Steinmüller (Hrsg.), Verdatet und vernetzt, Frankfurt 1988, in: Demokratie und Recht 1989, S. 86 ff.

Willy Brandt/Helmut Gollwitzer/Johann F. Henschel (Hrsg.), Ein Richter, ein Bürger, ein Christ. Festschrift für Helmut Simon, Baden-Baden 1987, in: Demokratie und Recht 1990, S. 485 ff.

Gerard Braunthal, Politische Loyalität und Öffentlicher Dienst, Marburg 1992, in: Demokratie und Recht 1993, S. 90 ff.

Alexander Roßnagel (Hrsg.), Freiheit im Griff, Stuttgart 1989, in: Kritische Justiz 1993, S. 513 ff.

Demokratie, ernstgenommen. Neuere staatsrechtliche Literatur über Chancen und Risiken demokratischer Systeme (Sammelrezension), in: Vorgänge 168 (4/2004), S. 113 ff.

Friedrich-Martin Balzer (Hrsg.), Justizunrecht im Kalten Krieg, Köln 2006, in: Forum Wissenschaft 4/2006, S. 62

Klaus Stern, Das Staatsrecht der Bundesrepublik Deutschland, Bd. IV/1, München 2006, in: Neue Justiz 2007, S. 116

Christoph Butterwegge, Krise und Zukunft des Sozialstaates, 3. Aufl. Wiesbaden 2006, in: WSI-Mitteilungen 2007, S. 285

Staatliches Selbstverteidigungsrecht gegen Terrorismus (Sammelrezension), in: Recht und Politik 2007, S. 243 ff.

Hans Lisken/Erhard Denninger (Hrsg.), Handbuch des Polizeirechts, 4. Aufl. München 2007, in: Landes- und Kommunalverwaltung 2008, S. 25 f.

Sebastian M. Heselhaus/Carsten Nowak (Hrsg.), Handbuch der Europäischen Grundrechte, München 2006, in: Recht und Politik 2008, S. 56 ff.

Robert Ch. v. Ooyen/Martin H. W. Möllers (Hrsg.), Das Bundesverfassungsgericht im politischen System, Wiesbaden 2006, in : Recht und Politik 2008, S. 245 ff.

Adrian Pewestorf, Grenzen ordnungsbehördlicher Kompetenz, Berlin 2007, in: Landes- und Kommunalverwaltung 2009, S. 121

Matthias Kötter, Pfade des Sicherheitsrechts, Baden-Baden 2008, in: Der Staat 2009, S. 466 ff.

Arbeitskreis Versammlungsrecht, Musterentwurf eines Versammlungsgesetzes, München 2011, in: Bürgerrechte & Polizei/CILIP 98 (1/2011), S. 60 f.

Autorinnen und Autoren dieses Bandes

Aden, Hartmut
Dr. jur., seit 2009 Professor für Öffentliches Recht und Europarecht an der HWR Berlin. Studium der Rechtswissenschaft, der Sozialwissenschaften (Schwerpunkt Politik- und Verwaltungswissenschaft) und der französischen Literatur an den Universitäten Göttingen und Hannover (1985 bis 1991) sowie an der École des Hautes Études en Sciences sociales (EHESS) Paris (1992 bis 1993). 1997 bis 2005 Wissenschaftlicher Mitarbeiter bzw. Assistent an der Leibniz Universität Hannover, danach bis 2009 Prüfer im Höheren Dienst beim Bundesrechnungshof (Bonn). Letzte Publikationen u.a.: Umweltpolitik, Wiesbaden 2012; „Sichere" versus „unsichere" Ökonomie? Probleme und Kosten weltweiter und europäischer Terrorlisten, in: Klimke/Legnaro (Hrsg.), Politische Ökonomie und Sicherheit, 2013, S. 260 ff.; (als Autor und Hrsg.) Police Cooperation in the European Union under the Treaty of Lisbon, Baden-Baden 2014.

Bautze, Kristina
Dr. jur., seit 1989 Professorin für Allgemeines Verwaltungsrecht und Polizei- und Ordnungsrecht an der Hochschule für Wirtschaft und Recht Berlin. 1975 bis 1981 Studium der Rechtswissenschaften an der Universität Hannover. 1981 bis 1985 Wissenschaftliche Mitarbeiterin an der Universität Hannover. 1985 bis 1988 Wissenschaftliche Mitarbeiterin am Bundesverwaltungsgericht in Berlin. 1989 kurzzeitig Referentin am Bundesministerium für Raumordnung Bauwesen und Städtebau Bonn. *Veröffentlichungen* u.a. zum Thema Menschenwürde und Völkerrecht und Terrorismus; Verfasserin eines völkerrechtlichen Lehrbuches (2012).

Bergemann, Nils
seit 2010 Oberregierungsrat beim Bundesbeauftragten für den Datenschutz und die Informationsfreiheit. Seit 2004 im öffentlichen Dienst, u.a. als Referent im Bundesministerium der Justiz, zuvor Rechtsanwalt. Veröffentlichung *u.a.*: Mitautor in Lisken/Denninger, Handbuch des Polizeirechts, 5. Auflage 2012.

Berghahn, Sabine
Jahrgang 1952, Dr. iur., habilitierte Politikwissenschaftlerin, langjährige Tätigkeit in Forschung und Lehre, zuletzt als Wissenschaftliche Mitarbeiterin am Harriet-Taylor-Mill-Institut für Ökonomie und Geschlechterforschung der HWR Berlin sowie als Vertretungsprofessorin an der Westfälischen Wilhelms-Univer-

sität in Münster und als Gastprofessorin an der HWR Berlin, davor lange am Otto-Suhr-Institut für Politikwissenschaft der FU Berlin, dort bis heute Privatdozentin. *Jüngere Veröffentlichungen*: Legal regulations: responses to the Muslim headscarf in Europe, in: Rosenberger/Sauer (eds): Politics, Religion and Gender. Framing and regulating the veil. London 2011, pp. 97-115; Hrsg. mit Petra Rostock: Der Stoff, aus dem Konflikte sind. Debatten um das Kopftuch in Deutschland, Österreich und der Schweiz. Bielefeld 2009; Hrsg. zusammen mit Maria Wersig: Gesicherte Existenz? Gleichberechtigung und männliches Ernährermodell in Deutschland, Baden-Baden 2013.

Bieback, Karl-Jürgen
Jahrgang 1944, Dr. jur., ehem. Professor für Arbeits- und Sozialrecht an der Universität Hamburg. Infos: www.jura.uni-hamburg.de/forschungsstelle-sozialrecht/bieback.php. Mitherausgeber u.a. von ZSR und RSdE; Leiter von Schiedsämtern der GKV und GPflV. Veröffentlichungen zum Sozialrecht, zum Arbeitsrecht, Europarecht und zur Sozialpolitik. *Letzte Veröffentlichungen u.a.*: Neukommentierung des § 45 SGB III (Maßnahmen zur Aktivierung und beruflichen Eingliederung) und § 46 (Probebeschäftigung und Arbeitshilfe für behinderte Menschen) in: Gagel-Bieback, SGB II und III, 49. Lieferung 2013, 67 S.; Verfassungs- und sozialrechtliche Probleme einer Änderung der Beitragsbemessungsgrenze in der GKV, WSI-Diskussionspapier, Nr. 185 Juni 2013, ISSN: 1861-0625. 38 S.; Die Relevanz konsensualen Handelns im Sozialverwaltungsrecht in: M. Schuler-Harms (Hrsg.), Konsensuale Handlungsformen im Sozialleistungsrecht, 2012, S. 149 – 163.

Brenneisen, Hartmut
Jahrgang 1956, Prof., Leitender Regierungsdirektor. Seit 1972 Angehöriger der Landespolizei Schleswig-Holstein. Verschiedene Funktionen im Polizeivollzugs- und Hochschuldienst. Seit 2001 Dekan des Fachbereichs Polizei der Fachhochschule für Verwaltung und Dienstleistung (FHVD), seit 2004 zugleich Vizepräsident der Hochschule. Daneben Lehrbeauftragter für das Studienfach Verfassungsrecht/Eingriffsrecht im Masterstudiengang „Public Administration – Police Management" der Deutschen Hochschule der Polizei (DHPol). *Zahlreiche Publikationen* zu rechtswissenschaftlichen Problemstellungen sowie zu Fragen der polizeispezifischen Aus- und Fortbildung. Mitherausgeber der wissenschaftlichen Schriftenreihe „Polizei und Sicherheitsmanagement". Im Januar 2013 Ernennung zum Professor durch die Ministerin für Bildung und Wissenschaft des Landes Schleswig-Holstein.

Butterwegge, Christoph
Jahrgang 1951, M.A. (Philosophie), Dipl.-Sozialwissenschaftler und Dr. rer. pol.; seit 1998 Professor für Politikwissenschaft an der Universität zu Köln. Arbeitsschwerpunkte: Globalisierung und (Kritik am) Neoliberalismus; Sozialstaatsentwicklung und Armut; Rechtsextremismus, Rassismus und (Jugend-)Gewalt; Migration und Integration; demografischer Wandel. *Letzte Buchveröffentlichungen*: Armut in einem reichen Land. Wie das Problem verharmlost und verdrängt wird, 3. Aufl. 2012; Armut im Alter. Probleme und Perspektiven der sozialen Sicherung, 2012; Krise und Zukunft des Sozialstaates, 5. Aufl. 2013.

Däubler, Wolfgang
Jahrgang 1939, Dr. jur., von 1971 bis 2004 Professor für deutsches und europäisches Arbeitsrecht an der Universität Bremen; Gastprofessuren an den Universitäten Paris X (1987 und 1990), Bordeaux (1994), Antwerpen (1996), Shanghai (Tongji 2005-2007), Trento (2006 – 2007), China-EU School of Law, Beijing (seit 2011). *Zahlreiche Veröffentlichungen*, insbesondere zum Arbeitsrecht und zum Datenschutz. Beratung von Betriebsräten, Gewerkschaften, Stiftungen sowie von ausländischen Arbeitsministerien und Gewerkschaften, insbesondere Kirgisstan (1994/1995), Slowenien (1998 – 2003), Vietnam (seit 2002), Volksrepublik China (seit 2003), Mongolei (seit 2011). Zahlreiche Gastvorträge in Lateinamerika.Tätigkeit als Einigungsstellenvorsitzender und Schlichter, Mitglied im Aufsichtsrat der Bremer Landesbank (seit 1987).

Dalby, Jakob
Jahrgang 1986, Dipl. Jur., wissenschaftliche Hilfskraft an der Deutschen Hochschule der Polizei im Fachgebiet Öffentliches Recht mit Schwerpunkt Polizeirecht einschließlich des internationalen Rechts und des Europarechts sowie wissenschaftlicher Mitarbeiter der Hamburger Kanzlei Schwemer, Titz & Tötter im IT-Recht. Forschungsschwerpunkt (Dissertation) seit 2011 Strafverfolgung im Internet und Zugriff auf Cloud-Speicher. *Veröffentlichung*: Das neue Auskunftsverfahren nach § 113 TKG – Zeitdruck macht Gesetze, Eine Beurteilung der Änderung des manuellen Auskunftsverfahrens und der Neuschaffung des § 100j StPO (CR 2013).

Deiseroth, Dieter
Jahrgang 1950, Dr. jur., seit 2001 Richter am Bundesverwaltungsgericht. Studium der Rechtswissenschaft, Soziologie und Politikwissenschaft; Wissenschaftlicher Mitarbeiter an der Universität Gießen und Rechtsanwalt; 1981 – 1988 Wissenschaftliche Kooperation mit dem Forschungsinstitut für Friedenspolitik in Starnberg; 1983 – 1989 Verwaltungsrichter in Düsseldorf; 1989 bis 1991 Abord-

nung zum BVerfG in Karlsruhe; 1992-2000 Richter am OVG des Landes NRW in Münster; sodann Abordnung zur Datenschutzbeauftragten des Landes NRW als Leiter des Referats Polizei, Verfassungsschutz und Justiz. Mitglied der Wissenschaftlichen Beiräte von Forum Justizgeschichte, IPPNW, IALANA und Humanistische Union/Gustav-Heinemann-Initiative. Seit 1999 Mitglied der Jury zur Vergabe des „Whistleblower-Preises". *Zahlreiche Veröffentlichungen* zum Verwaltungs-, Verfassungs- und Arbeitsrecht sowie zum Völkerrecht und zur Rechtsgeschichte: Kommentator von Art. 24, 65a, 115a – 115l sowie 139 GG in: Umbach/Clemens (Hrsg.), Grundgesetz, 2002; Stärkung des Völkerrechts durch Anrufung des Internationalen Gerichtshofs?, 2004; Mit-Herausgeber der Doku-Bände zum Whistleblower-Preis, 1999 ff.

Dix, Alexander
Jahrgang.1951, Dr. jur., LL.M., ist seit Juni 2005 Berliner Beauftragter für Datenschutz und Informationsfreiheit. Zuvor war er sieben Jahre Landesbeauftragter für den Datenschutz und für das Recht auf Akteneinsicht in Brandenburg. Er ist Vorsitzender der Internationalen Arbeitsgruppe zum Datenschutz in der Telekommunikation (international auch bekannt als „Berlin Group") und Mitglied der Artikel 29-Gruppe der Europäischen Datenschutzbeauftragten, in der er die Bundesländer vertritt. Das Studium der Rechtswissenschaften in Bochum, Hamburg und London schloss er mit dem Grad eines Master of Laws an der London School of Economics and Political Science ab und promovierte 1984 zum Dr. jur. an der Universität Hamburg. Er begann seine Tätigkeit beim Berliner Datenschutzbeauftragten 1985 und war von 1990 bis 1998 dessen Stellvertreter. Alexander Dix hat *zahlreiche Beiträge* zu Fragen des Datenschutzes und der Informationsfreiheit veröffentlicht. Er ist Mitherausgeber des Jahrbuchs Informationsfreiheit und Informationsrecht.

Gorges, Irmela
Jahrgang 1944, Dr. phil., Privatdozentin für Soziologie an der Freien Universität Berlin. 1992 bis 2009 Professorin für Organisationssoziologie, allgemeine Soziologie und empirische Sozialforschung an der heutigen Hochschule für Wirtschaft und Recht Berlin. Gastprofessorin an der Freien Universität Berlin, der Universität Hamburg, der Technischen Hochschule Mittweida. 1987 bis 1992 wissenschaftliche Projektleiterin im Sonderforschungsbereich „nicht-technische Determinanten des Konstruierens", Teilprojekt „Geschichte der CAD-Forschung" an der Technischen Universität Berlin. Wissenschaftliche Mitarbeiterin in verschiedenen Forschungsprojekten an der Freien Universität Berlin und dem Wissenschaftszentrum Berlin. Seit 1969 Lehrbeauftragte für Methoden der empirischen Sozialforschung an verschiedenen Hochschulen.

Gössner, Rolf
Dr. iur., ist Rechtsanwalt, Publizist und Vizepräsident der Internationalen Liga für Menschenrechte (Berlin), stellv. Richter am Staatsgerichtshof der Freien Hansestadt Bremen sowie Mitglied der Deputation für Inneres der Bremischen Bürgerschaft. Mitherausgeber des jährlich erscheinenden "Grundrechte-Reports" und Mitglied der Jury zur Vergabe des „BigBrotherAwards". Sachverständiger in Gesetzgebungsverfahren von Bundestag und Landtagen. Internet: www.rolf-goessner.de. Autor zahlreicher Bücher zum Themenbereich Demokratie, Innere Sicherheit und Bürgerrechte, zuletzt: Geheime Informanten. V-Leute des Verfassungsschutzes: Neonazis im Dienst des Staates, München 2003; Akt. Neuauflage als e-book 2012 bei Knaur-Verlag, München. Download-Direktlink: http://bit.ly/J8XWNC; Menschenrechte in Zeiten des Terrors. Kollateralschäden an der „Heimatfront", Hamburg 2007.

Hecker, Wolfgang
Dr. jur., seit 1994 Professor für Staats-, Verfassungs- und Verwaltungsrecht an der Hessischen Hochschule für Polizei und Verwaltung. 1987 Promotion, bis 1993 Dezernent beim Regierungspräsidium Darmstadt in den Bereichen Verkehrsrecht und Verkehrsplanungsrecht. Aktuelle Arbeitsschwerpunkte u.a. in den Bereichen der Entwicklung des öffentlichen Raums, der Freiheit und Sicherheit im demokratischen Rechtsstaat und aktuellen Entwicklungen im Polizei-, Ordnungs-, Verfassungs-, und Europarechts. *Veröffentlichungen u.a.*: Hessisches Staats- und Verfassungsrecht, Lehrbuch, 2002; Aufenthaltsverbote und Ausreiseverbote, in: Roggan/Kutscha (Hrsg.), Handbuch zum Recht der Inneren Sicherheit, 2. Aufl. 2006, S. 322 ff.; Freizügigkeit, Art. 11, in: Fisahn/Kutscha (Hrsg.), Verfassungsrecht konkret, 2. Aufl. 2011, S. 131 ff.

Kugelmann, Dieter
Studium der Rechtswissenschaft in Mainz und Dijon; 1991 Promotion; 2000 Habilitation; ab 2001 Lehrstuhlvertretungen an den Universitäten Frankfurt am Main, Köln, Bielefeld und Leipzig, Lehraufträge an den Universitäten Passau und Mannheim; Vertretung der Professur für Europarecht und europäisches Verwaltungsmanagement an der Hochschule Harz; seit 2008 Universitätsprofessor für Öffentliches Recht, mit Schwerpunkt Polizeirecht einschließlich des internationalen Rechts und des Europarechts an der Deutschen Hochschule der Polizei in Münster. *Veröffentlichungen u.a.* zu den deutschen und europäischen Grundrechten, insbesondere Datenschutz und Meinungsfreiheit; zum Medienrecht; zum Flüchtlingsrecht; zum Europarecht, zuletzt insbesondere zur europäischen polizeilichen Kooperation; Lehrbuch und Handbuchartikel zum Polizei- und Ordnungsrecht.

Möllers, Martin H. W.

Jahrgang 1951, Dr. phil., Professor für Staatsrecht und Politik an der Fachhochschule des Bundes für öffentliche Verwaltung, Fachbereich Bundespolizei in Lübeck. *Letzte Veröffentlichungen u.a.*: Wörterbuch der Polizei, 2. Aufl., C. H. Beck, München 2010; Der Bundespräsident im politischen System, Springer VS, Wiesbaden 2012; Bundesverfassungsgericht und Öffentliche Sicherheit, 2 Bde., 3. Aufl., VfP, Frankfurt/M. 2013; Die Verwaltung der öffentlichen Sicherheit, VfV, Frankfurt/M. 2013; Grundrechtsschutz bei Polizeimaßnahmen, 2 Bde., VfP, Frankfurt/M. 2013; Informatik in die Verwaltung, VfV, Frankfurt/M. 2013; zahlreiche weitere Bücher und Aufsätze im Bereich Öffentliche Sicherheit, Gesellschaft, Politik und Recht [unter www.möllers.info].

Müller-Heidelberg, Till

geb. 1944, Dr. jur., Seniorpartner einer wirtschaftsrechtlich ausgerichteten Rechtsanwaltskanzlei, Beiratsmitglied und langjähriger Bundesvorsitzender der HUMANISTISCHEN UNION, Gründungsmitglied der IALANA, Sachverständiger in verschiedenen Landtagen und dem Bundestag zu Sicherheitsgesetzen (u.a. Terrorismusbekämpfungsgesetz). *Veröffentlichungen* zu verfassungsrechtlichen Fragen und zu Sicherheitsbehörden, Herausgeber des seit 1997 jährlich erscheinenden Grundrechte-Report.

Narr, Wolf-Dieter

geboren am 13.3.1937 in Schwenningen/Neckar. Die nicht eigene Lebenszeit prägte und privilegierte. Sie privilegierte in einer ansonsten eher kargen Zeit nach einem altphilologisch, historisch und philosophisch akzentuierten Studium mühelos Lehrer einer als Einheit verstandenen Sozialwissenschaft vor allem an der FU Berlin zu werden und eine weithin selbstbestimmte Freiheit in Lehre und Forschung zu praktizieren. Sie prägte, insofern dem kindlichen Nationalsozialisten, Analyse und Kritik menschenverachtender Herrschaft zum Lebensthema wurde. Darum das Engagement für materiell begründete, radikaldemokratisch gebettete Menschenrechte.

Paech, Norman

Jahrgang 1938, Dr. jur., Professor i.R. für öffentliches Recht, insbes. Verfassungs- und Völkerrecht an der Universität Hamburg. Mitglied im Wissenschaftlichen Beirat von IALANA, IPPNW und Attac, der Vereinigung demokratischer Juristinnen und Juristen (VDJ) sowie im Vorstand der Deutsch-Vietnamesischen Freundschaftsgesellschaft. Von 2005 bis 2009 Mitglied im Deutschen Bundestag, außenpolitischer Sprecher der Linksfraktion. Letzte Veröffentlichungen: Gemeinsam mit Gerhard Stuby, Völkerrecht und Machtpolitik in den internationalen Beziehungen, 3. Aktualisierte Auflage, Hamburg 2013; UN-Friedensmissionen und Menschenrechte, Wissenschaft und Frieden 2/2013; Die Schlacht um Damaskus: Syrien und das Völkerrecht, in: Edlinger/Kraitt (Hrsg.), Syrien, Hintergründe, Analysen, Berichte, Wien 2013. www.norman-paech.de

Prümm, Hans Paul

Jahrgang 1948, Dr. jur., Professor für öffentliches Recht an der Hochschule für Wirtschaft und Recht Berlin – Berlin Law School und Berlin Public Administration School. Seit 2010 Vorsitzender der Vereinigung Deutscher Rechtslehrender. Lehrveranstaltungen u.a. in Australien, China, Finnland, Russland, Ukraine. *Letzte Veröffentlichungen u.a.*: The didactic turn of German legal methodology, Jurisprudencija/Jurisprudence 2011, 18 (4), 1233; Friedrich II. von Preußen und das Recht – Das Interpretationsverbot im ALR, der Prozess des Müllers Arnold und der Überfall auf Sachsen, ZJS 2012, 24; Die didaktische Wende der deutschen Rechtsmethodik, Rechtslehre. Jahrbuch der Rechtsdidaktik 2011, 21; Was die deutsche von der anglo-amerikanischen Rechtslehre lernen kann, in: Axel Kokemoor/ Karl Kroeschell/ Klaus Slapnicar/ Rainer Wedde (Hrsg.): Recht im Dialog. Gedächtnisschrift für Rainer Wörlen, 2013, 685; Notwendigkeit einer verwaltungsethischen Didaktik, in: Tobias Trappe (Hrsg.): Ausgewählte Probleme der Verwaltungsethik (I). Ethik der öffentlichen Verwaltung Bd. 4, 2013, 21.

Roggan, Fredrik

Jahrgang 1971, Dr. jur., Professor für Strafrecht und Besonderes Verwaltungsrecht an der Fachhochschule der Polizei des Landes Brandenburg. Sachverständiger in verschiedenen Landtagen und dem Bundestag zu verfassungsschutz- und polizeirechtlichen sowie strafprozessualen Gesetzesinitiativen. Bis 2008 Lehraufträge u.a. an den Universitäten in Bremen, Potsdam und der Humboldt-Universität zu Berlin. *Letzte Veröffentlichungen*: Der Einsatz von Video-Drohnen bei Versammlungen (NVwZ 2011, 590); Kommentierung des G 10 (Nomos-Kommentar, 1. Aufl. 2012); Der polizeiliche Zeugenschutz in der Hauptverhandlung (GA 2012, 434); Bekennendes Schwarzfahren – Zugleich ein Beitrag zur Auslegung des „Erschleichens“ in § 265a StGB (JURA 2012, 299); Die nachträgliche Bejahung des (besonderen) öffentlichen Interesses als Rechtsmissbrauch (StraFo 2013, 231).

Schaar, Peter

Jahrgang 1954, diplomierter Volkswirt, seit dem 17. Dezember 2003 Bundesbeauftragter für den Datenschutz, seit dem 1. Januar 2006 auch Bundesbeauftragter für die Informationsfreiheit. Zuvor Gründung eines Datenschutzberatungsunternehmens und bis 2002 stellvertretender Dienststellenleiter beim Hamburgischen

Beauftragten für den Datenschutz. 2008 Preis der Friedrich-Ebert-Stiftung „Das politische Buch“ für sein Buch „Das Ende der Privatsphäre“. Lehrbeauftragter an der Fakultät für Mathematik, Informatik und Naturwissenschaften der Universität Hamburg.

Schlögel, Martina
Jahrgang 1976, M.A., Referentin für Informationsfreiheit beim Landesbeauftragten für den Datenschutz und die Informationsfreiheit Rheinland-Pfalz, Doktorandin am Institut für Politische Wissenschaft an der Friedrich-Alexander-Universität Erlangen-Nürnberg, Studium der Politischen Wissenschaft und der Soziologie in Erlangen und Budapest. 2010/2011 Visiting Scholar am Kluge Center der Library of Congress in Washington DC, von 2009 bis 2011 Lehrbeauftragte an der FAU Erlangen-Nürnberg. *Letzte Veröffentlichungen*: Das Bundesverfassungsgericht, die informationelle Selbstbestimmung und das Web 2.0 (ZPol 2012); Die höchstrichterliche Entscheidung zur Sicherungsverwahrung: Eine Antwort auf die Frage wer wen wovor schützen soll (GWP 2011); Wodurch werden höchstrichterliche Entscheidungen beeinflusst? (Europas Politik vor neuen Herausforderungen, 2011).

Singelnstein, Tobias
Jahrgang 1977, Dr. iur., Juniorprofessor für Strafrecht und Strafverfahrensrecht an der Freien Universität Berlin, Mitherausgeber der Zeitschrift „Neue Kriminalpolitik“. Arbeitsschwerpunkte im Bereich des Straf- und Strafverfahrensrechts (u.a. Amtsdelikte, Ermittlungsmaßnahmen und Beweisrecht, Datenverarbeitung im Strafverfahren) sowie in der Kriminologie (u.a. Wandel sozialer Kontrolle, Polizei und Justiz, Wirtschaftskriminologie). *Jüngere Veröffentlichungen u.a.*: Die Sicherheitsgesellschaft – Soziale Kontrolle im 21. Jahrhundert, 3. Aufl. 2012 (zusammen mit Peer Stolle); Möglichkeiten und Grenzen neuerer strafprozessualer Ermittlungsmaßnahmen (NStZ 2012, 593 ff.); Wirtschaft und Unternehmen als kriminogene Strukturen? Vernachlässigte Aspekte einer theoretischen Perspektive auf Corporate Deviance (MschrKrim 2012, 52 ff.).

Steven, Elke
Jahrgang 1955, Dr. phil., Soziologin und Journalistin, Referentin beim Komitee für Grundrechte und Demokratie, Mitherausgeberin des jährlich erscheinenden Grundrechte-Reports. *Veröffentlichungen u.a.* zu Versammlungsrecht, Demonstrationsbeobachtungen, „Innerer Sicherheit“, Friedenspolitik und elektronischer Gesundheitskarte.

Stuby, Gerhard

Jahrgang 1934, Dr. jur., war bis 2000 Professor für öffentliches Recht und wissenschaftliche Politik am Fachbereich Rechtswissenschaft der Universität Bremen. Studium Philosophie und Rechtswissenschaften in Trier, München, Grenoble und Freiburg i. Br., 1963 Promotion, danach bis 1969 Wissenschaftlicher Assistent in Freiburg und Mannheim, 1970 Lehrstuhlvertretung in Marburg, ab 1971 Professor am Fachbereich Rechtswissenschaft der Universität Bremen, 1974-1976 Konrektor derselben. Wissenschaftliche Arbeiten vor allen auf dem Grenzgebiet von Geschichte, Politik und Jurisprudenz, insbesondere Verfassungsrecht und Völkerrecht; Forschungsschwerpunkt Völkerrechtsgeschichte, hier vor allem deutsche Völkerrechtslehre von 1933 bis 1945. *Letzte Veröffentlichungen u.a.*: Abendroth und das Völkerrecht (mit Fischer-Lescano), in: Fischer-Lescano/Perels/Scholle (Hrsg.), Der Staat der Klassengesellschaft. Rechts- und Sozialstaatlichkeit bei Wolfgang Abnedroth, Baden-Baden 2012, S. 237 ff.; Völkerrecht und Machtpolitik in den internationalen Beziehungen (mit Paech), aktualisierte Ausgabe 2013.

Treubrodt, Detlef

Jahrgang 1949, Diplom-Verwaltungswirt (ORR), nach einer über 20-jährigen Tätigkeit in mehreren Verwaltungsbehörden des Landes Berlin seit September 1991 hauptamtliche Lehrkraft für Personalrecht und Personalmanagement am Fb 3 (Allgemeine Verwaltung) der FHVR bzw. HWR Berlin. Vorlesungen auch in den Fächern Staats- und Verfassungsrecht, Verwaltungsrecht und Ordnungsrecht. Langjähriger Dozent (seit 1995) und fachlicher Berater für Personalwesen beim Kommunalen Bildungswerk e.V. (KBW Berlin) sowie seit 2005 Dozent für Öffentliches Dienstrecht an der Akademie Auswärtiger Dienst (FH Bund). Letzte Veröffentlichungen u.a.: Von 1995 bis 2008 (Einstellung der Sammlung): Prümm, Treubrodt, Wanninger, Mitherausgeber und Bearbeiter der Vorschriftensammlung für die Verwaltung in Berlin (VSV Berlin), Boorberg; Auf dem Weg zur Hochschule für öffentliche Aufgaben, Festschrift für Prof. Dr. Hans Paul Prümm zum 60. Geburtstag (Mitherausgeber), Hitit Verlag, 2008; Rekrutierung und Entwicklung des Personals in der öffentlichen Verwaltung, Studienbrief (und Reader) für den Fernstudiengang Master Public Administration (MPA) am FSI der HWR, 2. Aufl. 2012, BoD Norderstedt; Beamtenrecht Bund, Lehrbrief, 4. Aufl. 2013, VAK Berlin.

Weichert, Thilo

Jahrgang 1955, Dr. jur., Jurist u. Politologe, Studium in Freiburg und Genf/ Schweiz, 1984-1986 Landtagsabgeordneter in Baden-Württemberg, von 1982 an Tätigkeiten als Rechtsanwalt, Politiker, Publizist, Dozent in Freiburg, Stuttgart,

Dresden und Hannover, 1991 Justiziar beim Sächsischen Landtag, zugleich juristischer Berater der Bürgerkomitees zur Auflösung der Staatssicherheit, 1990 bis 2004 Vorsitzender der Deutschen Vereinigung für Datenschutz (DVD), 1992 bis 1998 Referent beim Landesbeauftragten für den Datenschutz in Niedersachsen, von 1998 an stellvertretender, seit 2004 Landesbeauftragter für Datenschutz Schleswig-Holstein und damit Leiter des Unabhängigen Landeszentrums für Datenschutz in Kiel (ULD).

Olaf Winkel
Prof. Dr. habil., Professor für Public Management mit dem Schwerpunkt öffentliche Verwaltung an der Hochschule für Wirtschaft und Recht Berlin. Magisterexamen in Soziologie; Promotion und Habilitation in Politikwissenschaft. Vorher u.a. wissenschaftlicher Mitarbeiter, Projektleiter, Hochschullehrervertreter und Geschäftsführer. Heimatinstitut: Institut für Politikwissenschaft der Westfälischen Wilhelms-Universität Münster; vor der Berufung nach Berlin an der Ruhr-Universität Bochum. *Letzte Veröffentlichungen u.a.*: Perspektiven der Bürgerkommune in Deutschland – von der kleinen Demokratie zu erweiterten Partizipation?, in: Verwaltung und Management 3/2013, S. 123-135; Participation ciudadana y gobierno electronico (übersetzt in das Spanische von Renate Hoffmann und Dieter Schonebohm) in: Dialogo Politico 3/2012, S. 45-76; Perspektiven der Kommunalreform. Modernisierung unter konzeptionellen und pragmatischen Aspekten, Baden-Baden 2011.